過雲樓藏書書目圖録

陳海燕 主編
叶建成 副主編

目録

顧氏過雲樓及其藏書(序)

我國江南地區素有藏書之傳統。自宋元以來，古城蘇州私人藏書更是蔚爲風尚，雖寒儉之家，亦往往有數十百册，至於富裕之家，更是連櫝充棟，琳琅滿目。藏書之家指不勝屈，擁有數千百卷之圖籍者多不勝舉，總數高居全國之甲。從南朝的陸澄、宋朝的葉夢得，到清乾嘉年間名震藏書史的“藏書四友”黄丕烈、顧之逵、周錫瓚和袁廷梼以及現代史學大家顧頡剛、目録學宿耆顧廷龍等，藏書傳統綿延不斷。多數藏書家默默守持着自己的癖好，博藏群書，精心呵護，使中國浩如烟海的文化典籍在他們的嬗遞中得以保存。蘇州歷史上還有許多家藏富贍，然未以藏書著稱的世家文人，他們的藏書事迹被湮没於其他聲名下而不爲世人所知。近代史上著名書畫世家、蘇州顧氏一族當時享有“江南收藏甲天下，過雲樓收藏甲江南”、“半壁江山過雲樓”的稱譽，則是因過雲樓收藏宋、元、明、清名人字畫之豐達到了無與倫比的程度。顧氏家藏善本則因“秘不示人”家規，雖藏書宏富却不爲外界所知，否則過雲樓作爲私人藏書樓的聲名當不在晚清“四大藏書樓”之下。在《過雲樓藏書書目圖録》(鳳凰出版傳媒集團典藏)一書付梓之際，我們采摭過雲樓樓主、蘇州顧氏一族的藏書故事，介紹其藏書内容，旨在搜揚潜逸，使後人能够記取顧氏一門在保存中華文化遺産上做出的傑出貢獻。

顧氏一門

顧家是南北朝顧野王(519 – 581)之後裔，顧野王是中國歷史上著名的文學家、史學家，工詩文，善丹青。過雲樓的建造者名顧文彬(1811–1889)，字蔚如，號紫珊(一説子山)，晚號艮庵，清道光二十一年進士，官至寧紹臺道。工書善詩，尤長倚聲。書法歐褚，精鑒賞，善收藏，所着碑版卷軸，烏欄小字，題識殆遍，著有《眉淥樓詞》、《過雲樓書畫記》、《過雲樓帖》、《百衲琴譜》等。

光緒初年，顧文彬隱退原籍蘇州，因官囊充斥，耗二十萬兩銀，購得古春申君廟址和明尚書吴寬復園故址等明清建築，以七年時間改建爲包括住宅、花園、義莊、祠堂的深宅大院，夾峙於護龍街尚書裏南北兩側。住宅正路東側依次爲花廳“艮庵”和“過雲樓”。過雲樓名取蘇東坡言“書畫於人，不過烟雲過眼而已”之意，爲顧文彬祖孫四代專貯書畫及古籍、金石之所，這裏以收藏既精且富，曾得“江南第一家”美譽。樓面闊三間12米，進深9.5米，高9.2米，兩層，硬山重檐式。紅木屏風隔斷雕刻精細，門窗裝飾古雅。樓前左右軒廊壁開扁式六角磚細框，内嵌亂冰片紋木花窗，工藝精良。樓後原有乾隆八年款磚雕門樓及堂樓兩進，整幢建築高敞古樸，自成一區。

花園名怡園，園名取《論語》“兄弟怡怡”之意。由顧文彬三子顧承參考畫家任阜長意見主持營建。顧承尤精鑒別，極受顧文彬器重，贊譽他“性愛古董，别有神悟，物之真僞，一見即决，百不失一”，祗可惜壽不永年。怡園在蘇州諸園林中，年代最晚，却以小巧見長。其結構之精巧，非胸中有丘壑者，莫能出此，被時人評爲“最足勾留”的一處。怡園的詩情畫意頤養了一代代顧氏子孫，成就最著者即是文彬之孫——顧鶴逸。

顧鶴逸（1865–1930），本名麟士，字鶴逸，號西津。别號諤一、筠鄰、西津漁夫、西津散人、一峰亭長。室名鶴廬、海野堂、甄印閣等。在文彬孫輩行六，爲顧承之子。“體幹秀偉，妙於語言，秉不世出之天資，上綿家學，鴻博爲同輩推服”，“天性於畫學爲近，髫齡隨長者自鄉祭掃歸，即屏坐空齋，揣寫所見。”過雲樓藏古今書畫真迹至富，甲於吴下，加上家學濡染，待他“稍長，益取經明賢，上規宋元，又兼綜於國初六家，寢饋以之，自成高格”。作畫涵濡功深，筆多逸氣，以山水見長，尤長臨古。關於他的風姿，時人冒廣生曾記云：“余來吴門游顧氏之園屢矣，因得識吾鶴逸，而余友吴子昌碩又時時爲餘稱道鶴逸不去口。鶴逸少時，即有灑然之致。其所作畫，出入烟客、元照，世之真鑒賞者，未聞有閑言也。既性喜鶴，因以鶴名其廬。陳眉公云：‘若是學道，故是黄鶴背上者，捨鶴逸將誰屬也。’”

顧鶴逸家計富足，少年應童子試時，見一老童生跪請易换被污試卷遭人呵斥，因此鄙視科舉黑暗，一生未仕。父親顧承早亡，事母至孝，以父母在不遠游爲則，終生不離家鄉，在鐵瓶巷舊宅畫室中，終年浸淫於書畫詩詞之間，樂在其中，自娱自遣。淡泊名利，往來皆書畫文友。光緒中葉，怡園名流雲集，每月開畫社，吴昌碩、金心蘭、吴清卿、顧若波、王勝之、費屺懷等咸隸社籍。鶴逸所作，常被同儕推爲執牛耳者。怡園還曾有書畫家客居其中，加上他精於賞鑒，請其鑒別、題識者踵門如市，怡園水木清華，“遂爲有清一代藝苑傳人之殿”，他在繪畫方面的成就，生前就譽滿海内外，時人贊其有雲林清秘遺風。他矯時俗重畫輕書之習，凡先賢翰墨，均加甄采；還喜收金石、碑拓、古印等，極大豐富了過雲樓藏品，使過雲樓收藏進入全盛時期。顧鶴逸自敘“予家自曾王父以來，大父及仲父、先子咸惟書畫是好，累葉收藏，耽樂不怠。溯道光戊子（1825）迄今丁卯（1927），百年於兹。唐宋元明真迹入吾過雲樓者，如千里馬之集於燕市”，過雲樓顧家成爲當時與上海虛齋主人龐萊臣并稱的兩大收藏家。顧鶴逸多才多藝，於方劑、營造、種樹、雕刻諸藝尤具神解，著有《因因庵石墨記》（未完）、《續過雲樓書畫記》、《鶴廬畫識》、《鶴廬畫趣》、《鶴廬集帖》數種。晚年目疾封筆，1930年5月19日，中風疾卒。遺命以僧服道人鞋殮，葬蘇州西津橋。

顧鶴逸有四子：公可、公雄、公柔、公碩。其書畫精品以前三子所得居多，日寇打進蘇州時，顧家老宅院子裏落下一顆炸彈，房間一面墻上的窗子全被炸飛，而窗下

過雲樓

的兩祇畫箱却意外無恙。受此驚嚇，過雲樓第四代主人顧公雄急忙携帶裝有整包字畫精品的車子進入上海租界，竟無暇顧及兩個幼子的安危。日本人和漢奸到處打聽他的住所，目的是要得到這批字畫，顧氏家人和親屬個個嚴守秘密，無論生活如何拮據，都從未出讓一幅書畫，直到抗戰勝利。1949 年以後顧氏子孫多次將珍藏捐獻國家，現以故宮博物院、上海博物館收藏爲多。捐獻最多的一次是在 1951 年，由顧公雄之妻沈同樾率子女將四代相傳的包括巨然、倪雲林、趙孟頫、沈石田、文徵明等人作品在内的 300 餘件書畫以及明正德、萬曆、崇禎時期的善本書和罕見稿本十餘部捐獻給上海市文管會，顧家的捐獻是當時文管會所藏書畫的半壁江山，後來歸入上海博物館，上海博物館還曾舉辦過雲樓書畫特展。

萬壑草堂顧氏藏書印

西津

過雲樓藏書

清華大學圖書館研究員劉薔對顧氏藏書作過較深入研究。考察顧氏藏書要追溯到顧文彬一代。顧文彬雅好書畫收藏，於鄉邦文獻亦有藏，在他的《過雲樓書畫記》中就記録有明祝枝山的《正德興寧縣志》稿本以及東林五君子的詩札手迹等。他念及這些“斷種秘本”、“銘心絶品”，在《欽定四庫全書提要》中具未收入，於是仿阮元的《研經室外集・四庫未收書》目録體例悉爲考核，依樣著録行款、源流，極爲詳備。他希望這些家藏舊鈔能“益吾世世子孫之學”并“後世志經籍者采擇焉”。

顧鶴逸藏書印

顧承祖上幾代人收藏不輟，流風綿延，至顧鶴逸而發揚光大。鶴逸“好版本之學”，憑藉殷實，“宋元舊槧，及老輩遺著，悉懸金求之”。清末民初因社會動蕩，戰亂紛紜，許多江南故家藏書流散出來，使顧鶴逸得以大量購書。顧氏藏書中有許多是貴州獨山莫友芝舊藏的書籍，莫友芝曾充任曾國藩幕僚，曾在江南搜集經兵亂流失的文宗、文匯二閣藏書。莫友芝晚年寄人籬下，寓居蘇州，後疾逝於去揚州訪書途中。莫友芝的影山草堂藏書傳與其子，因生活窘迫很快被鬻與他人。顧鶴逸得近水樓臺之便，大量購進莫氏遺藏，且均爲罕見珍秘的宋元以來佳槧名抄，過雲樓藏書得以縹緗盈架，傲視一方。過雲樓藏書多鈐有“顧麟士”、“顧鶴逸”、“顧六”、“麟士”、“麟士之印”、“麟士之章”、“鶴”、“鶴逸”、“鶴廬”、“鶴廬主人”、“西津老鶴”、“西津漁父”、“古稀老人”、“元和顧麟士之章”等印。

麟士之印

鶴逸

有關顧鶴逸的藏書活動，記載甚寥，常見於時人筆下的多是與當時藝壇文人的繪畫交流，記藏書往來則很稀見。如 1908 年 3 月，繆荃孫友人徐翰清拜訪藝風老人，帶來了顧鶴逸交送的文集一部、《對雨堂叢刻》一部；1909 年 5 月繆荃孫又托人帶給顧鶴逸“小叢書一部”；1919 年 12 月，張元濟爲影印《四部叢刊》，曾向他借抄宋刻遞修本《龍川略志》六卷和《别志》四卷；顧鶴逸還曾屢書囑章鈺爲之代抄衢本《讀書志》和《倚杖吟》，因其上有黄蕘圃的跋文，等等。蘇州爲文人聚居之地，顧鶴逸又是當地名流，而藏書之名并未流傳，僅局限於胡玉縉、章鈺、傅增湘、繆荃孫等小範圍友朋中間，足見其用心良苦，善自韜晦，對家藏古籍善本珍秘有加。

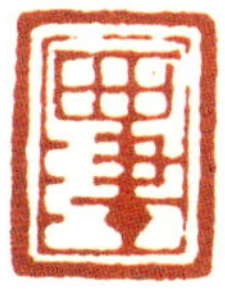
西津

顧鶴逸不僅藏書，還時有丹黄手校，現藏天津圖書館的清顧千里稿本《邗水雜詩》上有其手跋，“澗蘋先生詩册，去秋吾友曹君君直得諸滬上書賈，歸檢《思適齋集》校之，如‘次韵答夏孝廉詞仲’‘驅逐’作‘馳逐’、‘代釋讒’作‘爲釋讒’、‘凱佩’作‘覬佩’，‘次韵答郭頻伽’‘五餐’作‘庬’，皆較集本爲長，以集本出楊芝士寫録，容有未精，此册則先生手稿也。又册中‘和程湘舟見寄次韵五古’及‘金近園餞秋分得落字七古’，皆集本所無。據先生自題邗水雜詩道光辛巳歲作則，此册不過游邗江時詩，集本已遺其二，知先生集外詩多矣，安得如我君直者盡獲手稿爲思適齋集補也。光緒二十八年（1902）壬寅二月元和顧麟士”，并鈐“西津”印。

顧鶴逸

對顧鶴逸藏書接觸最多的是著名版本目録學家傅增湘先生。民國壬子 (1912) 年 2 月，傅增湘旅居蘇州，曾至過雲樓觀書，并將所見編成《顧鶴逸藏書目》一卷，其精良之本多有跋語，已收入《藏園群書經眼録》。在他的《藏園群書題記續集・卷二》中還記載了一段感人至深的藏書掌故：傅氏客居蘇州時，書賈楊馥堂曾携一巨篋來訪，内中有洪武刻本《蘇州府志》。此書爲常熟汲古閣毛氏及吴門石韞玉舊藏，且爲婁水宋賓王校補，是吴中最早的志書，流傳甚罕。藏園以四十金易得。數日後訪過雲樓主

元和顧氏寶藏

人，顧鶴逸詢及新獲之書，對此書一見傾心，説："此吾郡故物，訪求頻年不可得，且爲石琢堂殿撰修府志時所用，在理宜以歸我。"請以相讓，而藏園以爲是吴中所購歸途壓箱之物，未肯易許，言俟有他本，定當爲之代購，顧鶴逸知此書難得，笑藏園是對他"畫餅以充饑"，遂相視一笑而罷。藏園返京後，偶於琉璃廠翰文齋復見此書，欣喜過望，馳書告鶴逸，竟以百金爲之代購。這年秋天，藏園重至蘇州，將此書鄭重相付顧鶴逸。顧鶴逸酷嗜鄉邦先輩手澤，又愛書成癖，就請藏園把宋賓王的校補過録於新得之書上。藏園返京後，因牽於事務，荏苒未果，可顧鶴逸不久就故去了。藏園把卷遐想，以爲愧負良友，就托友人汪孟舒順返姑蘇之便，將原書奉還顧鶴逸嗣子顧公碩諸人，以示吴季劄延陵挂劍之意，聊表司馬相如返璧深情。

促成陸氏皕宋樓藏書東流日本静嘉堂文庫的日本人島田翰，也曾與顧鶴逸有一段往來。張元濟在給繆荃孫的信中曾述及此事："島田翰來，至顧鶴逸家購去士禮居藏元刊《古今雜劇》，明本雜劇《十段錦》，殘宋本《聖宋文選》，聞出資者皆不少，令人爲之悚懼耳。"在傅增湘所編的《顧鶴逸藏書目》上，其中士禮居藏《古今雜劇》和曾經朱彝尊和錢曾收藏的雜劇《十段錦》下標明"已去"，可知此事是發生在壬子（1912）歲前。因這段記載言之草草，當時具體情形及後來是否尚有其他珍本流出現在已不得而知了。皕宋樓藏書東流曾使當時學界極爲痛惜，顧鶴逸藏書雖僅數種爲日本人購去，不免令人遺憾。

但據顧鶴逸之孫、昆曲藝術家顧篤璜先生回憶，《古今雜劇》等書并非售出，而是被島田翰騙走的。島田翰常來蘇州訪書，顧鶴逸對他精通版本之學頗爲贊賞，以爲他是學者而信任於他。當島田翰商借《古今雜劇》等書時便慨然相借，不想他竟一去不返，此後顧鶴逸托其他日本朋友多次催討，被告之島田翰在日本犯案入獄并自盡於獄中，此事便不了了之。

過雲樓藏書，其中的三份通過蘇州古舊書店的聯繫，在潘天禎先生極力促成下，於 1992 年以 40 萬人民幣售歸南京圖書館，共 500 餘種，3000 餘册。由潘天禎先生整理編目，但潘先生衹整理出其中 100 餘種就於 2003 年 1 月 6 日遽歸道山。

過雲樓收藏的 1360 種善本在顧鶴逸歿後全部傳給了他最鍾愛的幼子公碩（1904－1966）。顧公碩篤守家藏的珍秘遺書，抗戰期間及早應變，使古籍的精華部分幸免於難。顧公碩是蘇州知識界第一個堅信"希望在延安"的人，1949 年以前即傾心革命，冒着生命危險以顧家世代名門的身份掩護地下工作者。解放後歷任蘇州文物保管委員會委員、市文聯國畫組組長等，1960 年蘇州博物館成立，任副館長，1962 年任蘇州市工藝美術研究所所長，爲研究蘇綉、緙絲、虎丘泥人、桃花塢年畫、紅木雕刻等傳統工藝做出了很大貢獻。1953 年 12 月他倡議捐贈了顧氏的私家花園"怡園"及其西側的顧氏祠堂。1959 年又將家藏金石書畫捐獻國家。顧文彬所着的《眉淥樓詞》、《百衲琴譜》、《過雲樓書畫記》諸手稿，被蘇州圖書館華開榮、葉瑞寶於零帙斷簡中逐册

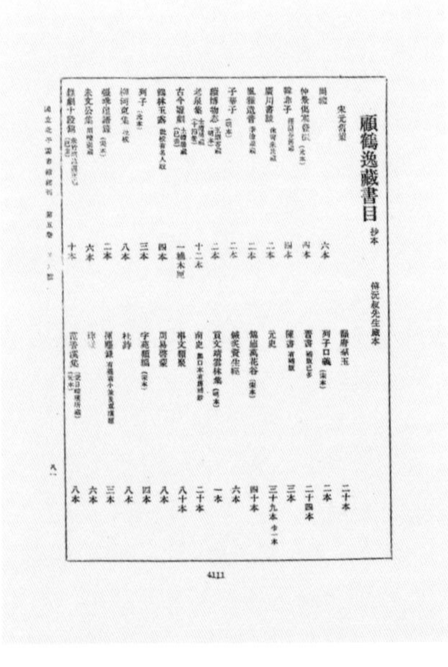

顧鶴逸藏書目 抄本 傅沅叔先生藏本

宋元舊槧

周禮 六本
廣川書跋 二本
子華子 二本
老泉集 十二本
古今雜劇 一樟木匣
鶴林玉露 四本
列子 三本
朱文公集 六本
雜劇十段錦 十本
列子口義 二本
晉書 二十四本
陳書 三本
元史 三十九本
錦繡萬花谷 四十本
南史 二十本
藝文類聚 八十本
周易啓蒙 八本
字苑類編 四本
杜詩 八本

4111

搶救出來，久之始成完書，現保存於蘇州圖書館中。值得慶幸的是過雲樓所藏絶大多數古籍爲蘇州市文物管理委員會代爲妥善保管，并編爲目録，其後大部分被歸還，分爲四份，由顧家第五代子孫繼承保藏。謝國楨先生去江浙訪書時，曾到蘇州博物館觀看顧氏舊藏，并爲其中珍本秘本撰寫題跋，收入《江浙訪書記》一書，蘇州顧鶴逸的藏書借此才得以名揚天下。

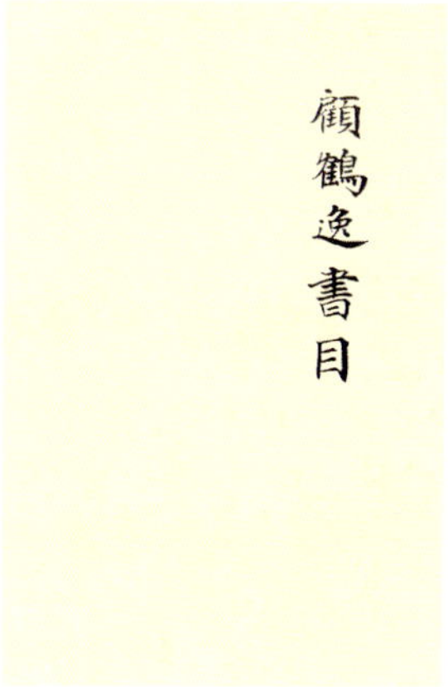
顧鶴逸書目

過雲樓藏書内容

傅增湘的《顧鶴逸藏書目》最早刊登於《國立北平圖書館館刊》（民國20年11–12月）上，筆者於清華大學圖書館還見到過一册手抄本《顧鶴逸藏書目》，板心下有“感峰樓鈔藏本”字樣，經核對，内容與傅沅叔所編一致，當是抄自傅氏藏本。這部《藏書目》雖爲草目，但仍可從中看出當年過雲樓藏書的梗概。書目分“宋元舊槧”、“精寫舊抄本”、“明版書籍”、“國朝精印本”四部，書名下不着撰者及卷數，僅著録函册情況，甚至如“一楠木匣”、“全套”、“全本”，堪稱簡陋。宋元本及部分名人批校本下着明曾經何人收藏及批校題跋情況，文字精省。共計著録：宋元本50種；精抄本165種；明刻本149種；清刻本175種；總539種，5000餘册。傅氏對版本目録學獨具隻眼，識見特高，記録在這個《藏書目》中的多是藏園以爲的珍稀、精善之本，普通綫裝書并未收録在内，即便是已列入其中的，藏園也自言“目録下漏注尚多”。由此推知，顧氏藏書總量當在萬卷以上。

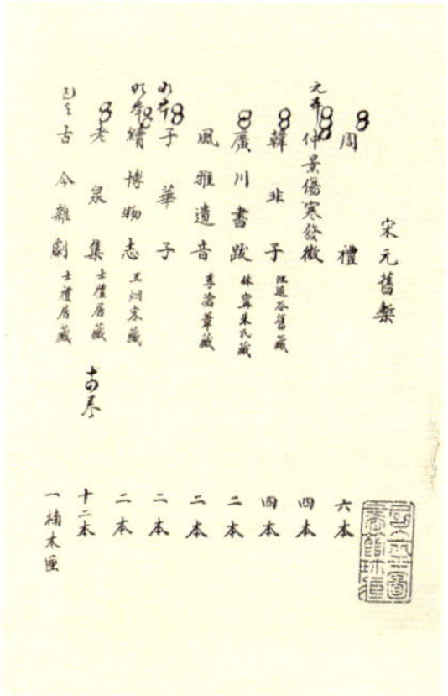
宋元舊槧
周禮 六本
仲景傷寒發微 四本
韓非子 汲古閣舊藏 四本
廣川書跋 林宗朱氏藏 二本
風雅遺音 季滄葦藏 二本
子華子 二本
續博物志 王同宋藏 二本
老泉集 士禮居藏 十二本
古今雜劇 士禮居藏 一楠木匣

顧鶴逸對其家藏善本秘而不宣，藏書宏富不爲外界所知，其版本精良更難爲人稱道。所藏衆多的宋元舊槧，琳琅滿目，令人嘆爲觀止；尤其是大量的精抄、舊抄本，爲一般藏家絶難比擬，其中大部分是出自名家，如士禮居黄氏、汲古閣毛氏、池北書庫王氏、小山堂趙氏等。這些抄本或影宋、或精抄，都是抄取的罕見秘笈，有些如今已淪爲世間僅存之孤本。將《顧鶴逸藏書目》與現有其他目録，尤其是與《中國古籍善本書目》核查可知，有些爲目前中國大陸圖書館無藏，如宋刻本《字苑類編》、宋刻本《胡曾咏史詩》、抄本《本草元命包》、抄本《象象金針》、抄本《太白陰經》、吴騫抄并跋的《詩經澤書》等；更有大量的是僅一兩家圖書館見藏的稀見之本，如抄本《今韵正義》、《韓詩遺説》等；還有許多見諸各目録的版本是晚於或劣於過雲樓藏書者，如宋刻本《列子口義》、宋刻本《針灸資生經》等，其版本價值之高由此可略見一斑。這些藏書大多精美異常，如明錢穀精楷手抄《唐朝名畫録》一卷，錢穀，字叔寶，亦是吴中人士，以精抄圖書名於世。過雲樓所藏者爲錢叔寶二十八歲時抄寫的，字體娟秀超逸，中具晋人風致。此書等同於法帖，極爲珍貴。謝國禎先生評此書“一展卷，而紙白如玉，墨光如漆，鐵畫銀鉤，筆筆具到，珠光寶氣，光彩奪目，不覺老眼之欲明，爲之心曠神怡，洵吴門之風範，珍貴之文物也。”

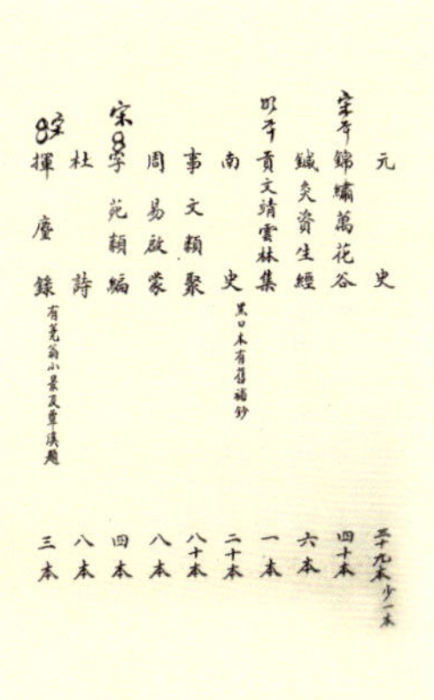
元史 四十本
錦繡萬花谷 六本
鍼灸資生經 一本
貢文靖雲林集 二十本
南史 黑口本有舊補鈔 八十本
事文類聚 八本
周易啟蒙 四本
字苑類編 八本
杜詩 三本
揮麈錄

這些藏書具有很高的史料價值和學術價值。明初抄本《東家子佚稿》、明刊本《草木子》、《鬱離子》等書記述了明初的學術思想；清初鈔本《國變傳疑》記南明朝野史事尤詳，明鈔本《國初事迹》言明初史事，都可爲研治明季稗乘者，作爲參考。顧鶴逸於吴郡文獻最爲留意，所藏《光庵集》、《吴中舊事》、《桃穀遺稿》等足備吴郡掌故之徵；其他地方文獻也多有收藏，如記滬上掌故的《碧園吟稿》、記嶺南風土人情的《北户録》等。還有部分稿本，如何焯的《披華啓秀》、盧文弨的《掌録》、吴騫的《巾箱集》等。很多藏書因顧家的深藏秘扃，民國時期的幾次大規模古籍整理出版，都絶少涉及，至使現在學術界才漸漸注意到它的價值。

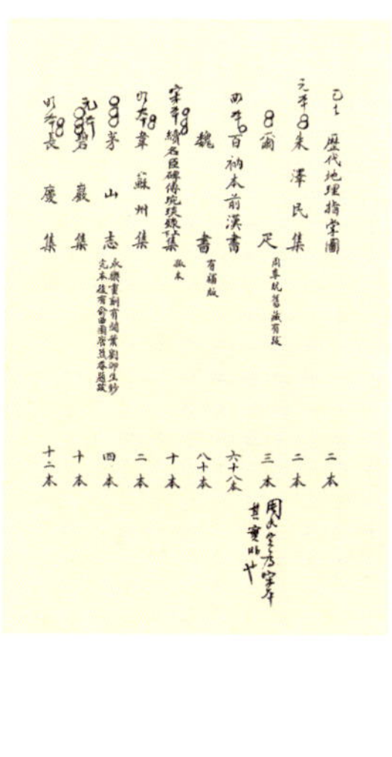
歷代地理指掌圖 二本
朱澤民集 二本
爾疋 三本
百衲本前漢書 六十本
魏書 有補版 八十本
續名臣碑傳琬琰録集 十本
韋蘇州集 二本
茅山志 四本
碧巖集 十本
長慶集 十二本

在述及顧鶴逸藏書活動的隻言詞組中，有一個易被疏忽的重要細節，即顧氏可能曾收藏有後來煊赫一時的脉望館抄校《古今雜劇》。酷嗜中國古典戲曲小説收藏的鄭振鐸先生在他的《西諦書話》中有一篇長跋，詳細記載了這批書的流傳和發現經過：明常熟鄉賢趙琦美的藏書樓名“脉望館”，其所抄校的《古今雜劇》，除去重復所選，共保存雜劇340種，遠比著名的臧懋循《元曲選》爲多，且其中一多半是後人聞所未聞的孤傳。這批書曾經董其昌批閲。脉望館藏書在天啓、崇禎間散出，全部批校本售歸錢謙益。錢氏“絳雲樓”大火時，這批書幸免於難，又被贈與其族孫錢曾，此後陸續遞藏於季振宜、何煌、黄丕烈、汪士鐘、趙宗建、丁祖蔭手中。民國二十七年（1938），丁氏湘素樓藏書連同這部脉望館抄校《古今雜劇》一同流入蘇州坊間，經鄭振鐸與書賈反復商價，最後以九千金爲國立北平圖書館代購，現藏國家圖書館。鄭振鐸高度評價這次發現的重要，“在近五十年來，恐怕是僅次於敦煌石室與西陲的漢簡出世的”。脉望館抄校《古今雜劇》經過三百年的輾轉授受，卷帙也漸次遞減。《也是園書目》中的340種，到《季滄葦書目》中則爲300種，100册，但此數蓋舉成數而言，并非實數。據黄丕烈手鈔“待訪古今雜劇存目”凡71種，實際應爲74種，即書到黄蕘圃手上時已缺失了74種，故黄氏藏有266種，66册；再傳至汪士鐘時，又缺了26種，這是將汪氏手抄目録與黄蕘圃目録相較後統計出的，此後這批書便再無損失地傳至今天，共計242種，64册。張元濟和傅增湘都提到顧鶴逸收藏有“士禮居藏元刊《古今雜劇》”，這部書是否也是脉望館舊物呢？如若確實，據以上可知當爲黄丕烈至汪士鐘之間所缺的那26種的全部或部分。鄭振鐸曾爲這座“最弘偉的戲曲寶庫”所缺佚的近三分之一内容而抱憾無窮，若果然如推測的那樣，顧氏至使其部分東流異國，又格外令人慨嘆了。

流覽過雲樓藏書，多滿紙丹黄，歷代藏家、版本目録學家濃圈密點，精批細校，毛晋、何焯、朱彝尊、王士禛、吴焯、鮑廷博、翁方綱、吴翌鳳、黄丕烈、孫星衍、陳鱣、顧廣圻、周星詒、莫友芝……難以勝數。這些批校、題跋，既是藏書家們枕經宿史，精心校讎的心血結晶，又體現了古代文化遺産輾轉流傳之不易，愈發令人感慨顧氏保藏古籍的可貴。

清洪亮吉在《北江詩話》中將私人藏書家别爲五等，即考訂、校讎、收藏、鑒賞、掠販諸家。依洪氏之分，顧鶴逸以一代名畫家而兼蓄圖籍，似屬“收藏家”、“鑒賞家”之流。近年對古代藏書史的研究，多以私藏家對藏書秘而不宣、鮮有利用而大肆批評，但設想當年顧鶴逸若將所藏佳鈔名槧炫耀世人，上海商務印書館近在咫尺，張元濟主持涵芬樓收書時，必不止衹是移録過雲樓藏書的極少副本，那麽1931年“一・二八”事變時，涵芬樓46萬餘册古籍被日人縱火焚燒，盡數化爲灰燼，過雲樓藏書怕也在劫難逃了；顧氏子孫謹守家藏，多年來辛勤護書，使我們今天仍能看到這批珍貴的文化典籍，從這一點上説，我們不能不肯定藏書家的保藏之功，感念他們爲保存傳統文化典籍所做的貢獻。

“過雲樓秘藏”回歸江南

2012年4月12日，北京匡時國際拍賣公司在北京發布了“過雲樓藏書” 拍賣發布會。這批累計達179種、1292册的古籍善本集中現身拍賣市場，驚艷書林，引起各方高度關注。鳳凰集團作了大量調研工作，先後在北京、上海組織了多次“過雲樓藏書”專家論證會。著名藏書家、古籍鑒賞家、上海政法學院教授田濤，故宫博物院圖書館館長、研究員翁連溪，人民大學古籍研究所原所長、研究員宋平生，首都圖書館原副館長、研究員周心慧，首都圖書館研究員馬文大，國家博物館圖書資料部、學術研究中心主任、研究員黄燕生，中國科學院國家科學圖書館研究員羅琳、上海圖書館研究員陳先行，上海朵雲軒拍賣公司原總經理、上海新聞出版局副局長祝君波等專家學者應邀參加研討會。專家們得出結論：以宋版《錦綉萬花谷》爲代表的這批“過雲樓藏書”，流傳有序，經多位名家收藏或批校題跋，鈐蓋的收藏印數量甚多，因此此套拍品真僞問題不存疑，而且珍品精品突出。顧氏這179種藏書有150多部都可歸入善本，又使這批藏書具有極高的歷史文化價值和經濟價值。特别是宋版40册《錦綉萬花谷》於南宋淳熙十五年刊刻發行，品相完整，印制精美，爲南宋大型類書，也是目前已知海内外最大部頭的宋版書，其重要價值在於它保存了大量佚傳古籍中的内容，并融入作者獨到見解。清代學者阮元有“書成錦綉萬花谷，畫出天龍八部圖”的評價，實屬罕見文化珍品，舉世無雙。這部“宋代的百科全書”，將現存百科全書的年代拉到歷史上限，其文獻與輯佚價值之高罕有與之比肩者。此後，北京市文物局組織北京市文物鑒定委員會專家對文物類標的進行了實物審核，并下發了“京文物〔2012〕561號”文：“經審核，此次拍賣會申報的古籍類標的1件（179册），均屬於文物監管範圍。其中，元黄瑞節附録《易學啓蒙朱子成書》、元胡一桂撰《周易啓蒙傳三篇外傳一篇》八卷、宋杜大桂編纂《皇朝名臣續編碑傳婉琰集》、元太監王公編《針灸資生經》七卷、宋《錦綉萬花谷前集四十卷後集四十卷》共 5 册爲一級文物”。

2012 年 6 月 4 日，倍受矚目的“過雲樓藏書”拍賣在北京國際飯店落槌。經過多家八輪緊張競拍，最終由鳳凰集團以 1.88 億元人民幣的落槌價，加傭金總計 2.16 億元人民幣的成交價格成功競得，開創了中國古籍善本拍賣的最高紀録。拍賣會第二天，鳳凰集團在北京召開了成功競購“過雲樓秘藏”媒體見面會，公開向社會承諾永久收藏、公藏公享。社會公衆對鳳凰集團收購“過雲樓藏書”反響熱烈。隨後圍繞“過雲樓藏書”優先購買權引發的“南北之争”，更讓這次古籍競拍演變成一次前所未有的公共文化事件，讓社會大衆接受了一次塵封已久的文化洗禮。“過雲樓藏書”一詞入選國家語言資源監測與研究中心等機構聯合發布的“2012 年春夏季中國報紙流行語”。9 月，經國家文化部、國家文物局批準，部分“過雲樓藏書”在臺北世貿中心展出，引起極大轟動。12 月，在南京舉辦了“《過雲樓藏書》回歸江南特展”，展出了鳳凰集團收藏的全部“過雲樓藏書”。顧氏一門創下了“江南收藏甲天下，過雲樓收藏甲江南”的傳奇，但顧氏對收藏的古籍善本從來“秘不示人”，使“過雲樓藏書”蒙上了神秘的面紗，成了“私藏”、“秘藏”。這次特展可以説是過雲樓集書匯藏以來，最大規模的一次公開展示。累計觀摩人數達到上萬人次，讓社會大衆共同分享了國寶的恒久魅力。鳳凰集團爲了踐行公藏公享的理念，傳承中華優秀文化，專門制定了“過雲樓藏書”開發計劃。過雲樓藏書影印再出版、數位化還原工程有序推進。同時，組織創作以顧氏一門傳承文化爲主題的文學作品，包括大型原創音樂劇《錦綉過雲樓》及小説、影視作品等，深度挖掘過雲樓的文化價值。讀者朋友當可期待。

鳳凰銜書，書藴鳳凰。在蘇州過雲樓故居門額上，刻着“霞暉淵映”四個隸書大字。今天，“過雲樓”藏書及字畫大都化私爲公，永無散失之虞，并得以發揚光大，過眼雲烟終化作了霞暉淵映。過雲樓的前世，演繹的是悲歡離合；過雲樓的今生，承載的是百愛千寵；過雲樓的將來，呈現的定是蔚爲大觀。中華文化史上將記載下這一段新的“過雲樓”佳話！

一批國寶古籍書，記録下中華文化的千年傳承，

一座百年藏書樓，講述着江南望族的文化傳奇。

陳海燕

2013 年 12 月 1 日

附：

過雲樓歷代樓主關係圖（蘇州顧氏家族主要收藏人物關係圖）

顧大瀾（顧家藏書畫的奠基者）

顧文彬（第一代過雲樓樓主，廣納書畫）

顧廷熏　　顧廷熙　　顧廷烈（顧承，主持營造過雲樓，第二代樓主）

顧麟士（顧鶴逸，第三代過雲樓主，鼎盛時期）

顧公柔　　顧公可　　顧公雄（藏品多捐贈給上博）　　顧公碩（藏品多在蘇博）

子女三人繼承　　下落不明　　子女五人（全部藏品捐贈上博）　　顧篤璜（從事昆曲事業）

進入宋代，形成了杭州和眉山兩個雕版印刷業中心，所刻書籍，通常被稱爲『浙本』和『蜀本』，過雲樓藏《錦繡萬花谷》即爲浙本。到南宋時，在這兩個中心之外，福建的建陽，又成爲另一個刻書中心，所刻之書被稱作『建本』或『閩本』。

一般說的宋浙本是指南宋時以杭州爲中心的地區的刻本，嚴格說是南宋浙本。南宋浙本中的官刻本仍以國子監本爲主，當時因北宋國子監書版都落入金人之手，爲了滿足讀書人的需要，在南宋都城臨安的國子監重刻了北宋國子監本群經的經注本和單疏本，其中有的流傳至今。

南宋浙本和浙本系統的刻本中還有家刻，但其數量遠遠比不上官刻。需要注意的是，很多建陽刻本也有『某某刻梓於家塾』之類的牌記，但其實並不是家刻而是坊刻。另外，南宋浙本中的坊刻本數量介於官刻和家刻之間。杭州的書坊最爲集中，書坊也叫書棚，刻書也就叫書棚本。

宋建本主要是指今福建北部建寧府建陽縣的書坊刻本。現存的南宋建刻本，爲數眾多，就數量而言，可以和官刻的浙本相比，大大超過浙本的家刻和坊刻。

早期的蜀刻本除《開寶藏》尚有零卷外其他均已看不到，現存最早的只有北宋末南宋初刻本，再加上南宋一代的刻本，爲數也不是很多，遠遠比不上現存的浙本和建本。

宋·錦繡萬花谷

通明殿
金階兩闕
白瑶宫凝虚殿
鍊石斷鰲
鈎天廣樂
補天穿
天柱地維
三清
閶闔
五帝

難如此淳熙十五年十月一日序

錦繡萬花谷目錄
卷之一
天
九關虎豹
磨蟻
銀漢左界
金階兩闕
通明殿
燿魄寶
白瑤宮凝虛殿
白玉樓玉華殿
黃闕白玉京黃金城
鈞天廣樂
鍊石斷鰲
天柱地維
補天穿
閶闔
三清
五帝
漏天
積氣
知之矣而不敢懟雖懟而甘於此人雖我非
而我自信而不輟故夫是書獨可以自娛而
不可以傳人蓋天下之書不可盡而余之心
亦不可足以不可足之心而讀不可盡之書
其抄無旣其事無窮望其畢如憒如而後止
故於其類之間白其行者有差所以容其方
來也乜日子姪或能有書亦足以見吾之艱
難如此淳熙十五年十月一日序

1

錦繡萬花谷四十卷、後集四十卷

宋刻本。全40册，書長10.5厘米，寬15.3厘米。

提　要：宋刻宋印，皮紙佳墨，品相精良，爲海内外孤本，世界最大部頭宋版書。
此本内有少量朱筆校勘。此本首有淳熙十五年序，在清季以來藏書界極負盛名，深爲歷代藏書家所重。
此書日本静嘉堂文庫存有宋本一册，爲卷十一至十二，見《静嘉堂文庫宋元版圖録》宋版部分第81種。傅增湘《藏園訂補<邵亭知見傳本書目>》在著録此本之後云："楊守敬及日本静嘉堂文庫均有殘本。"然考《静嘉堂文庫宋元版圖録》，日本静嘉堂存宋版《錦繡萬花谷》與此本并非同一版本。校勘卷十一首葉第三行，静嘉堂本"烏府烏臺"，此本無"臺"字；四行，静嘉堂本"愽"此本作"博"。故此本與静嘉堂本并非同一版本，均爲存世孤本。
另，此版與《四庫全書》底本亦不同，具有極高的版本、校勘、輯佚的價值。

鑒藏印：趙氏子善、周允元印、䣭如珍藏書籍私記、有竹莊圖書印、宋本、季振宜印、季振宜藏書印、兆洛審定、顧鶴逸、萬壑草堂顧氏藏書印、顧鶴逸藏書印

刻　工：宋、潘刊、才、徐（後集卷十四）。

避　諱：玄、朗、恒、楨、貞、禎、徵、桓、完、慎、敦

著　録：1、季振宜《延令宋版書目》，清嘉慶乙丑年（1805）黄氏士礼居刻本。
2、《國立北平圖書館館刊》第五卷第六號，《顧鶴逸藏書目》宋元舊槧。
3、《藏園群書經眼録》卷十·子部四·類書類頁695，中華書局，2009年。
4、《藏園訂補<邵亭知見傳本書目>》卷十下·子部十一·類書類頁785，中華書局，2009年。
5、《中國著名藏書家書目匯刊–近代卷22》頁537，商務印書館，2005年。

備　注：趙子善、周允元、季振宜、李兆洛、顧麟士遞藏。
季振宜（1630–1674），字詵兮，號滄葦，泰興人。明末清初著名的藏書家、版本學家、校勘家，著《季滄葦藏書目》一卷。
李兆洛（1769–1841），字申耆，晚號養一老人，江蘇常州人。精輿地、考據、訓詁之學，陽湖派代表作家之一。著《養一齋文集》二十卷。

知之矣而不敢懟雖懟而甘於此人雖我非而我自信而不輟故夫是書獨可以自娛而不可以傳人蓋天下之書不可盡而余之心亦不可足以不可足之心而讀不可盡之書其抄無既其事無窮望其畢如憤如而後止故於其類之間白其行者有差所以容其方來也它日子姪或能有書亦足以見吾之艱難如此淳熙十五年十月一日序

余爲童時適當[redacted]馬蹂踐之間又居窮鄉無
業儒者余獨背馳而爲之文籍最爲難得苟
可以假鬻亦未嘗不戛戛以盡其誠以余有
書之癖每讀一篇章如小兒之於飴劑有加
而不能自止當其劇時雖夜分漏盡不之覺
也所患性魯無強記之敏誦久亦漫漶而不
牢先人既老又獨麏門出入乎衡陽胥伍之
中而喔咿於籧篨俛仰之際如是者數年索
諸故吾子然矣其後家益貧奔走於四方爲
飢寒計幸焉一温亦若隔世人夫以窮鄉亂

錦繡萬花谷目録上

卷之一

天

九關虎豹　磨蟻

銀潢左界　金階兩闕

通明殿　燿魄寶

白瑶宫凝虚殿　白玉樓玉華殿

黄闕白玉京黄金城　鈞天廣樂

鍊石斷鼇　天柱地維

補天穿　閶闔

三清　五帝

漏天　積氣

錦繡萬花谷目録下

卷之二十一

詩律

錦繡萬花谷卷第十一

御史

烏府烏

漢朱博爲御史大夫府中列栢樹常有野烏數千棲其上朝去暮集因名烏臺又名烏府又名栢臺

栢臺

見上又名栢署

獬豸鐵冠

御史法冠一名柱後一名獬豸豸獸名正直常觸不正柱後以鐵爲柱言其審固不撓漢胡廣傳

柱後惠文

柱後以鐵爲柱張武曰當以柱後惠文冠治之漢

錦繡萬花谷卷之一

天

九關虎豹

虎豹九關兮啄害下人些（四箇切）注虎豹九關言天門九重虎豹守之些（楚詞）

磨蟻

天圓如倚蓋地方如棊局天旁轉半在地上半在地下日月本東行天西旋入于海牽之以西如蟻行磨上磨左旋蟻右行磨疾蟻遲蟻不得不西（晉天文志吳王蕃傳）

銀漢左界

河漢水之精發而浮上宛轉隨流名曰天河一曰

錦繡萬花谷卷之二十九

浮圖名議

佛生

阿含經昔晉宋周隋等十餘家書並云佛生周莊王七年魯莊公七年癸巳歲四月八日常星不見至匡王五年七十九歲死於拘尸那城雙林木下葬於回鹿山又魚豢魏畧曰佛生天竺城下臨視國王父曰屑頭邪母曰莫邪好誕之徒改曰佛父淨梵王母曰摩邪且摩耶自是高祖非也老子化胡經

夢金人

漢明帝夢金人長丈餘飛空而下訪之羣臣傅毅曰西域之神其名曰佛今陛下所夢將是乎乃使

錦繡萬花谷卷第十二

左右史

書言動

動則左史書之言則右史書之 禮記

記言記事

古者天子左史記言右史記事 晉志注

起居注

起居郎曰左史起居舍人曰右史所書言動皆曰

起居注

左右史

文宗開成中始詔左右史立螭頭下 張弘靖傳

螭首

在此當移在
七卷之前

錦繡萬花谷卷之三十七

鳳

九苞

一曰歸命二曰心合度三曰耳聰達四曰舌屈伸五曰彩色光六曰冠短州州當朱色也七曰銳鈎八曰音激揚九曰腹戶口所由出入

鳳形

鳳雞冠燕喙龍肼鶴翼魚尾鴻前鱗後鶴顙鴛鴦臆龜目而中注 韓詩外傳

長雛鸑鷟鵷雛

唐薛收與姪元敬德奇齊名世稱河東三鳳收為長雛德奇為鸑鷟元敬年最少為鵷雛 唐書

錦繡萬花谷卷之三十六

饌食

十字羮餅

晉何曾羮餅上不作十字不食 本傳

九飣盤

唐御厨進饌用九盤裝名九飣盤 明皇雜録

甘露羮

李林甫壻鄭平爲省郎鬢班林甫曰上明日賜甘露羮鄭郎食之能烏髪食之一夕髪如堅 同上

炊金饌玉

駱賓王謂盛饌爲炊金饌玉 拾遺

厨珍

錦繡萬花谷後集卷第一

天

洞天六宮

洞天六宮周一萬里高二千六百里是爲六天鬼神之宮一曰紂絶陰天宮二曰泰煞諒事宮三曰明辰耐犯宮四曰怙照罪氣宮五曰宗靈七非宮六曰敢司連宛宮人死皆至其中人欲常念六天宮名空洞之小天三陰所治也 酉陽雜俎

九方天名

南方曰炎天西南方曰朱天西方曰成天西北方曰幽天北方曰玄天東北方曰變天亦名九野 廣雅

九天

錦繡萬花谷後集目録卷上

卷第一

天

書成錦繡萬花谷 畫出天龍八部圖
——宋版孤本《錦繡萬花谷》考略

撰者考

《錦繡萬花谷》前集卷四十收盧襄《西征記》，曰："更念衢爲小邦，處會稽姑蔑之地，山川形勢不足爲天下偉。觀居常病，是不足廣吾胸中之氣"，表明盧襄確是衢州人。文章的最後落款是"庚辰仲春元日記"。其下小字標識"衢人襄贊元"。盧襄，原名盧天驥，字駿元，北宋徽宗時"天"字避諱，故改名盧襄，字贊元。大觀元年（1107）登進士第。金人破汴京，開封失守，宋室南渡，盧襄則參預推册張邦昌爲皇帝，故於建炎初被奪職，安置衡州。

《錦繡萬花谷》自序中有"自九華之歸，編粗成，爲三集，每集析爲四十卷"之説，使人想到此書之編者是否就是盧襄。然盧襄，字贊元，爲三衢人，可是《西征記》的署名却是"衢人襄贊元"。將盧襄之名的"襄"字當成了姓，再與盧襄的表字"贊元"作名，於是就出現了"襄贊元"。因此，我們有非常大的理由懷疑此書編者很有可能就是盧襄。

自序中還提到："先是烏江蕭恭父、河南胡恪聞其大概，爲余命名曰《錦繡萬花谷》。"蕭恭父一時難以稽考，胡恪則有迹可考。明張國維《吴中水利全書》卷十一亦載"乾道間命前進士胡恪開修三江五匯"。可知胡恪生活的時代與盧襄大體相同，都是進士，又都做過官，由他來爲盧襄所編的這部類書命名，在時間上、身份上也都很契合，也證明《錦繡萬花谷》的編者絶非一介寒士。

謂此書爲宋盧襄所編，并不是無稽之談。因盧襄多才，長於詩，此書之編或經盧襄之指點。書中既收盧襄《西征記》，又收其詩十首；《前集》收秦檜書，而各集均不收李綱、李光、宗澤、趙鼎、岳飛、辛弃疾等抗金一派的作品，因此可以確定作者是站在主和一派的，這也與盧襄被貶的背景對的上。

版本考

《錦繡萬花谷》前、後集的版式行款相一致，且紙張相同，係同時刷印，表明前後書版聚存於一處，同屬一家鎸刻，其版本情況如下：

一、該書最初編成與刻印流傳的僅爲四十卷，原本并無"前集"二字，這與卷首作者自序所言也相符合。後來出現了後集四十卷，乃至續集四十卷、别集三十卷，於是才將最初的四十卷稱爲"前集"。過雲樓舊藏本面貌已反映後集之成書、刊刻與前四十卷不在同時，而且前四十卷先事單行，并很可能不止一種傳本，那麽，有後集的本子與無後集的本子應當屬兩個版本系統，而不能將無後集的本子視爲不足本。同理，以後隨着續集的成書與刊刻，出現三集合刻的本子，便有了三集本系統；隨着别集的成書與刊刻，出現四集合刻的本子，又有了四集本系統。

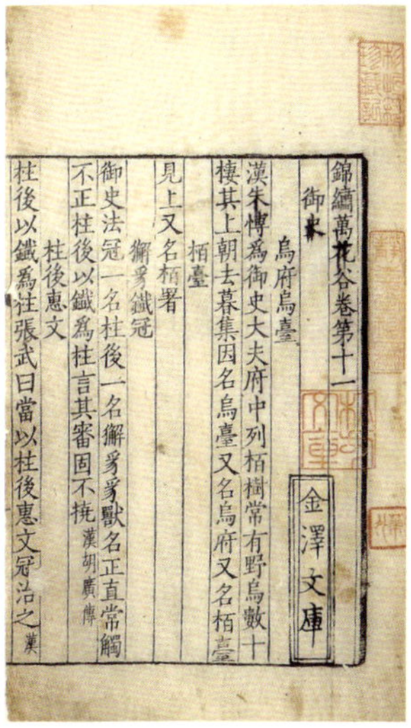

錦繡萬花谷卷第十一
御史
烏府烏臺
漢朱博爲御史大夫府中列柏樹常有野烏數十
棲其上朝去暮集因名烏臺又名烏府又名柏臺
柏臺
見上又名栢署
獬豸鐵冠
御史法冠一名柱後一名獬豸豸獸名正直常觸
不正柱後以鐵爲柱言其審固不撓漢胡廣傳
柱後惠文
柱後以鐵爲柱張武曰當以柱後惠文冠治之漢
金澤文庫

静嘉堂藏《錦繡萬花谷》

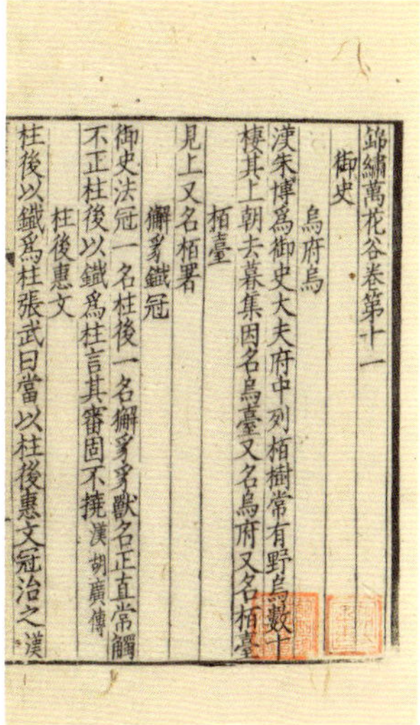

錦繡萬花谷卷第十一
御史
烏府烏
漢朱博爲御史大夫府中列柏樹常有野烏數十
棲其上朝去暮集因名烏臺又名烏府又名柏臺
柏臺
見上又名栢署
獬豸鐵冠
御史法冠一名柱後一名獬豸豸獸名正直常觸
不正柱後以鐵爲柱言其審固不撓漢胡廣傳
柱後惠文
柱後以鐵爲柱張武曰當以柱後惠文冠治之漢

過雲樓藏《錦繡萬花谷》

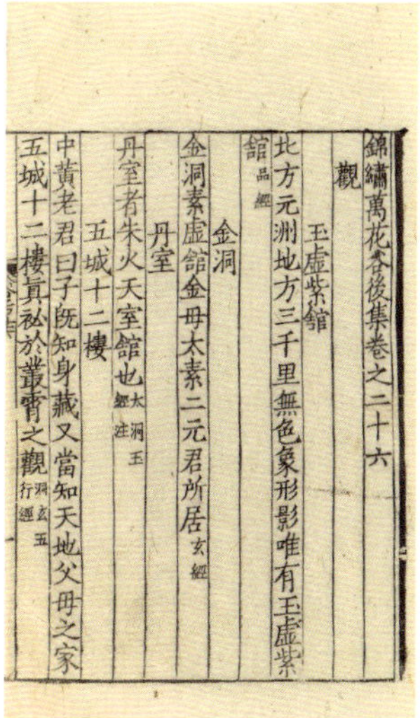

錦繡萬花谷後集卷之二十六
觀
玉虛紫館
北方元洲地方三千里無色象形影唯有玉虛紫
館品經
金洞
金洞素虛館金母太素二元君所居玄經
丹室
丹室者朱火天室館也太洞玉經注
五城十二樓
中黃老君曰子既知身藏又當知天地父母之家
五城十二樓眞祕於叢霄之觀洞玄五行經

過雲樓藏《錦繡萬花谷》

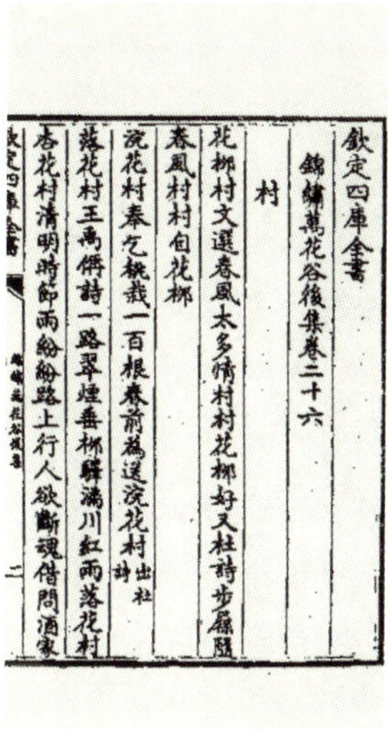

欽定四庫全書
錦繡萬花谷後集卷二十六
村
花柳村文選春風太多情村村花柳好又杜詩步屧隨
春風村村自花柳
浣花村奉乞桃栽一百根春前爲送浣花村出杜詩
落花村王禹偁詩一路翠煙垂柳驛滿川紅雨落花村
杏花村清明時節雨紛紛路上行人欲斷魂借問酒家

四庫全書本《錦繡萬花谷》

明代的秦汴本，因將“前集”二字刻在書上，自應著録於目。但秦本如此做法，淹没了四集的成書過程，混淆了各集因成書時間不同而出現的不同版本系統，僅就此而言，其版本價值便不及弘治間華氏會通館銅活字印本。

二、根據該本前後八十卷同時刷印而不是異本相配的情况，加之寫、刻、印三者較其它版本講究（惟日本静嘉堂皮藏殘本可與媲美，但仍然不及），則該本極有可能出於作者自刻，即前後八十卷之編纂可能成於一人之手，那麽，該《錦繡萬花谷》刻本便是前後八十卷本的祖本。

因此，可知在今存宋刻傳本中，衹有過雲樓藏本與金澤文庫藏本不涉《續集》、《别集》，而且過雲樓本《前集》卷四十“帝皇誕節名”門，止於“寧宗”及“宣仁聖烈皇後”，保存了《錦繡萬花谷》較早的成書面貌。但因爲金澤文庫本才一册、兩卷，過雲樓藏本爲煌煌四十册、八十卷，所以對於《錦繡萬花谷》的研究與利用意義之大，過雲樓藏本值得細細研究。

校勘、辑佚考

因《錦繡萬花谷》爲類書，而且是南宋原刻，因此校勘、輯佚的價值極大。如《前集》卷一“天”類引有蘇軾《上元侍飲樓上三首呈同列》一詩，其中“侍臣鵠立通明殿，一朵紅雲擁玉皇”句，今“擁”字作“捧”；據《翼聖傳》載：“玉帝坐處，常有紅雲擁之”，蘇軾當用此典；從語境來説，“擁”字更符合上元侍飲的情境，故“擁”字爲佳。卷三十六“菓木”類“紅塵一騎”條，引杜牧《過華清宫絶句》與後蜀韋縠所輯《才調集》同爲：“紅塵一騎妃子笑，無人知道荔枝來”，今多作“無人知是荔枝來”；同卷“雪花雲野”條，引杜甫《甘園》詩：“春日清江岸，黄柑二畝園”，後一句今作“千甘二頃園”，相較之下，“黄柑”二字更爲形象。從以上所舉三例，可見《錦繡萬花谷》在别集校勘上的重要價值。

《前集》卷三十三對《夢溪筆談》的徵引，就有十條之多；其徵引雖亦有語句的省略和文字的瑕疵，但却勝義殊多，有足供勘讎者。如“敗墙成象”條，胡道静先生《夢溪筆談校證》有一句作：“觀之既久，隔素見敗墻之上，高平曲折，皆成山水之象。”宋本《綿繡萬花谷》卷三十三則作：“觀之既久，隔素見敗墻之土，高平曲朽，皆成山水之象。”而“以小爲大”條，《夢溪筆談》各本多作“蓋見小馬無毛，遂以不法”，而宋本《錦繡萬花谷》作：“遂以不畫”，似以畫字爲好。又如“佛光風不可動”條，宋本《錦繡萬花谷》作“今畫工畫佛光有圓匾如扇者，謂身側則光側，此大謬也。”而《夢溪筆談》各本皆是：“畫工畫佛身光有匾圓如扇者，身側則光亦側，此大謬也。”此多一“身”字，而少“今”和“謂”字。今觀之，當以宋本《錦繡萬花谷》所引義佳。

此卷還有一條引自《夢溪筆談》，爲現今《夢溪筆談》所無。其一文字如下：“永嘉僧擇仁畫松，一日夢看四百條龍，由是臻於神。每醉揮墨，醒後乃補之，形狀極於奇怪。常醉永嘉布，顧竹壁取拭盤布濡墨灑其上，來日少增修，爲狂根枯枿，人伏其神。”這條文獻也見於郭若虚的《圖畫見聞志》，衹是文字有所不同；因兩書成書時間相近，誰先誰後，需深加細論。關於釋擇仁，目前衹見這麽一條文獻。《式古堂書畫匯考》著録的釋擇仁《萬松寒翠圖》、《戰龍松圖》和兩件《墨松圖》，都有賴此文獻的支撑與驗證。除此之外，今人研究《夢溪筆談》，取資於《錦繡萬花谷》之處，還遠不僅此。

另外，此卷引用的《炙轂子》、《盧氏雜説》、《窮怪録》、《談賓録》等四種書，雖然可在《説郛》中見其名目，但《錦繡萬花谷》援引之文，則全爲《説郛》所缺。而《異人録》、《海外記》、《蓬山志》、《廣漢記》四種，更是久佚之書，雖説一鱗半爪，却也能顯其雕龍炙轂。實際上，《錦繡萬花谷》所保存的逸章剩什，遠遠超過了《四庫提要》的臚列。這些寶貴的古代文獻，正是今人應該珍視并大力研究的（以上文字據《過雲樓藏書研討會文集》整理）。

元代建國之初，杭州、建陽的刻書業，不僅沒有停滯衰落，反而有所發展。這兩個刻書中心所刻書籍，習慣上將建陽刻本稱爲元建本，杭州以及其他各地所刻則不加區分地統稱爲元刻本。北方原來金的刻書業中心平陽府依然存在，爲北方新的刻書中心。

南宋杭州的國子監，在入元以後改爲西湖書院，原國子監的書版，仍然保存在西湖書院裡。西湖書院不僅仍用原南宋國子監書版印書，而且還新刻了若干種書，有的还流傳至今。江浙行省還刻過其他一些書籍，這些也是元浙本中的杭州官刻。家刻本傳到今天最有名的是相台岳氏荊溪家塾刻的一套經注，過去長期認爲是南宋時岳飛之孫岳珂所刻。經今人張政烺考證，實際是元代岳飛後裔在今江蘇宜興覆刻南宋末廖瑩中刻本，並非宋刻，屬元代江浙地區的家刻本。

元代建陽刻書業仍然非常興盛。雖說朝代短，但現存元建本甚多，總數還是超過了南宋建本。與南宋時一樣，元代官府有時也會把書稿交給建陽書坊刊刻。元建本多有牌記，有的是某某堂、某某書舍，其實既非家刻，更非官刻，仍是書坊刻本。

元刻本

元和顧氏鶴廬藏書

類　　種卷

著

本

冊　　函

2

黄瑞節附録　易學啓蒙

元至正元年（1341）日新堂刻本。4册，書長19.5厘米，寬12.1厘米。

提　要：竹紙，建刊。此書爲元至正日新堂刻朱子成書十集之零種，此本初刻初印，品相上佳。

朱熹一生著述宏富，《易學啓蒙》成於淳熙十三年（1186）。關於《易學啓蒙》的卷數，歷代目録著録差異很大。該書首見於南宋陳振孫《直齋書録解題》，陳氏著録該書爲一卷，清末藏書家丁丙《善本書室藏書志》著録亦爲一卷，清初藏書家錢曾《錢遵王述古堂藏書目録》著録爲二卷，《宋史•藝文志》著録爲三卷，《四庫總目提要》著録亦爲三卷，明代祁氏《澹生堂藏書目》著録爲四卷，共四册，與過雲樓藏本册數相同。

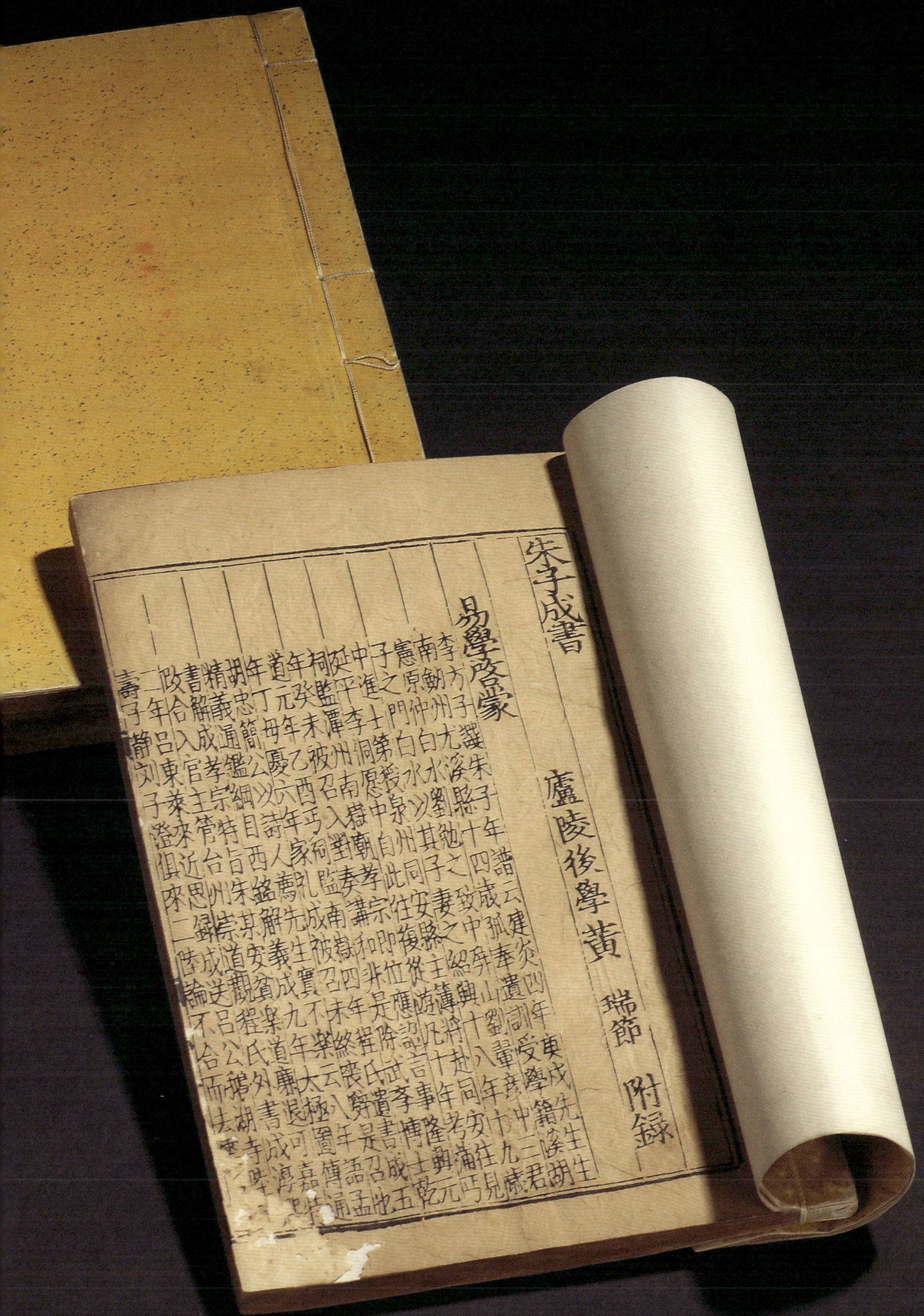
朱子成書

易學啓蒙

廬陵後學黃 瑞節 附錄

十四卦者其出於天理之自然與人爲之造作蓋不同矣○四象之名所包甚廣大抵須以兩畫相重四位成列者爲正而一二三四者其位之次也七八九六者其數之實也其以陰陽太少分之者合天地而言也其以陰陽剛柔分之者專以天道而言也若專以地道言之則剛柔又自有太少矣推而廣之縱橫錯綜凡是一物無不各有四者之象不但此數者而已矣

伏羲八卦圖

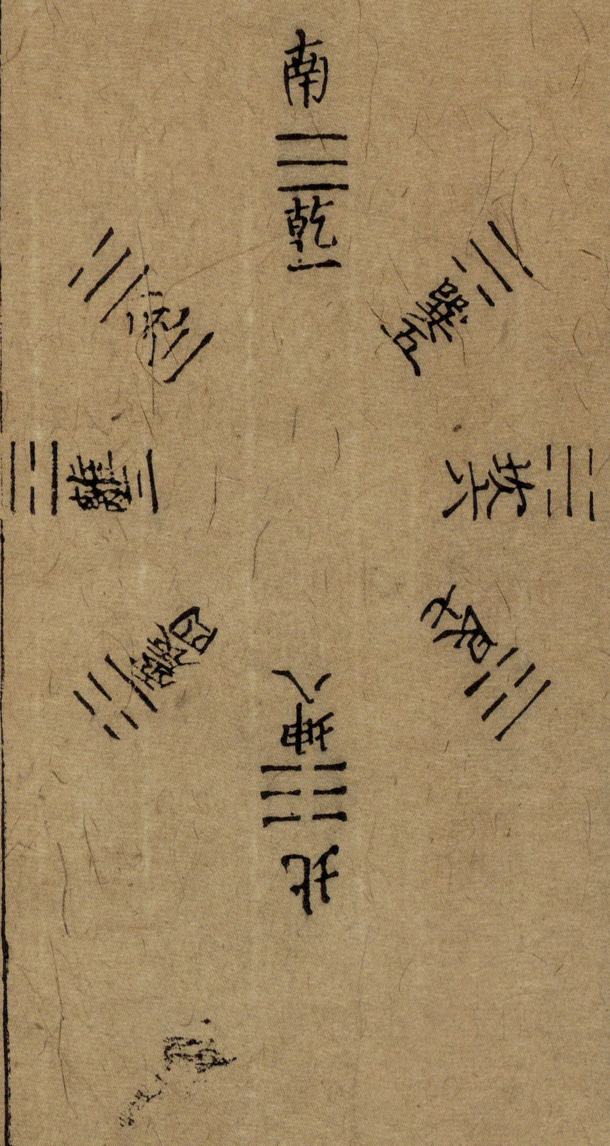

廬陵後學黄　瑞節　附録

易學啓蒙

李方子撰朱子年譜云建炎四年庚戌先生生南劍州尤溪縣十四歲孤奉遺訓受學籍溪胡憲原仲白水劉勉之致中屏山劉彦冲三君子之門白水以其子妻之紹興十八年十九歲中進士第授泉州同安縣主簿將赴同安往見延平李侗愿中自此往復從遊凡十年考滿丐祠監潭州南嶽廟孝宗即位應詔言事隆興元年癸未被召入對奏講和非是除武學博士乾道元年乙酉丐祠監南嶽四年程氏遺書成五年丁母憂六年家礼成被召未終喪辭是召也胡忠簡公以詩人薦先生實不樂云八年語孟精義通鑑綱目西銘解義成九年太極圖傳通書解成孝宗特旨朱某安貧樂道廉退可嘉特改合入官主管台州崇道觀程氏外書成淳熙二年呂東萊來近思録成送呂公鵝湖寺陸子壽子静刘子澄俱來二陸論不合而去[illegible]

離

旅　大有　噬嗑　賁　同人　豐

鼎　晉　艮　遯　小過

睽　大畜　乾　大壯

頤　无妄　震

家人　明夷　革

未濟　蠱　姤　恒

剝　否　豫

漸　謙　咸

元本《易學啓蒙》考

黃瑞節，字觀樂，安福（今屬江西吉安）人。舉鄉試，薦授泰和州學正，未赴。元末棄官隱居，力學精思，得朱門傳授，因輯朱子《太極圖説解》、《通書解》、《西銘解》、《正蒙解》、《易學啓蒙》、《文公家禮》、《律呂新書》、《皇極經世指要》、《周易參同契考異》、《陰符經解》並附録己意而成一書，目之曰《朱子成書》。每書各爲一卷，共十卷。

北宋周敦頤嘗作《太極圖説》和《通書》，張載嘗作《西銘》。朱熹之師李侗頗仰慕周敦頤，熹受乃師影響，亦究心於周敦頤的《太極圖説》，並巧妙地將無極、太極之説與程頤、程顥性命之説融會貫通，而作《太極圖説解》和《通書解》，將宋代理學源頭自二程推至周敦頤，這是朱熹對理學的一大貢獻。

張載講學關中，嘗把《張子全書》中《乾稱篇》榜書於學堂東西兩牖，東曰“砭愚”，西曰“訂頑”。後來程頤將之改爲“東銘”、“西銘”，其“西銘”即原寫在西面牆上的“訂頑”。此篇摭拾經傳中有關天道倫理之説，主張知化窮神，存心養性，天人一體，民爲同胞，物則吾與。朱熹則將《西銘》與《太極圖説》並舉並加以釋解，較二程解《西銘》更深。三書之成，構建起朱熹的太極本體論及宇宙觀，亦將張載與周敦頤作爲聖人納入道統，程朱理學遂備。其餘七書，或朱熹本人之作，或解他人之作，均不離其理學思想。

黃瑞節輯此十書，每書正文之下先列朱熹或蔡元定之解，解之下以小字附録己見。附録徵引各家之説，頗爲該備。故清人沈佳所著《明儒言行録》卷五謂：“朱子成書之行世者，蓋嘗自言平生精力盡在《四書》，學者誠能於其所注沈潛玩索，省察體驗，使此理已瞭然心目之間，而更參諸此編以博之，則《四書》中或有論議所未及，著明所未盡，又或引而不發者，將於此編盡得之。如是，此編之有益於學者不小。”

此書卷前有大德九年乙巳（1305）盧陵劉將孫序。目録後有“至正元年辛巳日新書堂刊行”牌記，知此書之成書蓋在大德九年，而日新書堂梓行此書則已是三十六年之後的事情了。日新堂是元代建陽名肆，刻書甚多，此《易學啓蒙》乃其中之一。

3

胡一桂撰、胡思紹校　周易本義啓蒙翼傳三篇外傳一篇

元刻本。8册，書長18.8厘米，寬13.4厘米。

提　要：李福題簽稱此本爲顧之逵“小讀書堆藏”舊物。此本前有皇慶癸巳胡一桂序，題“新安前鄉貢進士胡一桂學”，全國公藏書目著録僅存一部，此爲偶也。

過雲樓藏本雕版精湛，乃初刻初印，觸手如新，紙質精良，字體寬厚中不失俊秀。

著　録：1、《國立北平圖書館館刊》第五卷第六號，《顧鶴逸藏書目》宋元舊槧。

2、《中國著名藏書家書目匯刊–近代卷22》頁537，商務印書館，2005年。

備　注：胡一桂，字庭芳，江西婺源人。《元史》卷一八九有傳。胡氏生而穎悟，好讀書，尤精於易學。宋元之際，朱子易學被學者篡改，多失其義。鑒於此，胡氏承其家學，依朱子原書，撰成《周易本義附録纂疏》、《易學啓蒙翼傳》二書，着力恢復朱子易學之原貌。朱熹易學中的象數思想，胡氏皆能傳之，且能對兩漢易學加以概括，因此成爲元代少有的對象數有研究者。另，胡氏還有《朱子詩傳附録纂疏》、《十七史纂》等傳世。

於大傳即此而推隨讀而受用焉是則君平依孝依忠之微意也雖日端策而筮其根底所在亦何以尚此請申之皇慶癸丑歲一陽來復之日新安後學胡一桂庭芳父序

朱子於易有本義有啓蒙其書則古經其訓解則主卜筮所以發明四聖人作經之初旨至於專論卦畫蓍策則本圖書以首之考變占以終之所以開啓蒙昧而爲讀本義之階梯大抵皆易經之傳也先君子懼愚不敏既爲啓蒙通釋以誨之愚不量淺陋復爲本義附錄纂疏又承先志今重加增纂之餘又成翼

周易本義啓蒙翼傳上篇

新安前鄉貢進士胡一桂學

○天地自然之易

日月爲易

易大傳曰日月運行一寒一暑陰陽之義配日月懸象著明莫大乎日月日月月之道貞明者也日往則月來月

周易本義啓蒙翼傳目録

新安前鄉貢進士胡一桂庭芳父

上篇

杜大珪編纂　皇朝名臣續碑傳琬琰集八卷

元刻本。10册，書長20.2厘米，寬13厘米。

提　要：此書扉頁有鮑正言題記稱：嘉慶十年（1805）録於趙氏竹崦庵。《皇朝名臣續碑傳琬琰集》被選入《中華再造善本》，該書裒輯國内各級各類圖書館珍貴善本，僅有兩部私人藏書被收入，此爲其一。

鑒藏印：養一、曾爲徐紫珊所藏、歙西長塘鮑氏知不足齋藏書印、毛晋、毛晋之印、抱經堂藏書印、曾窺未見書、上海徐渭仁收藏印、毛扆之印、鶴逸、臣楙

刻　工：劉本、葉松、姚名、周壽、劉子和。

著　録：1、《國立北平圖書館館刊》第五卷第六號，《顧鶴逸藏書目》“宋本、孤本”。

2、《藏園訂補<邵亭知見傳本書目>》卷五上・史部七・傳記類頁321，中華書局，2009年。

3、《藏園群書經眼録》卷四・史部二頁285，中華書局，2009年。

4、《中國著名藏書家書目匯刊–近代卷22》頁539，商務印書館，2005年。

備　注：此本歷經明末毛晋、鮑廷博、徐渭仁遞藏。鮑廷博雙跋、鮑正言題記、徐渭仁跋。

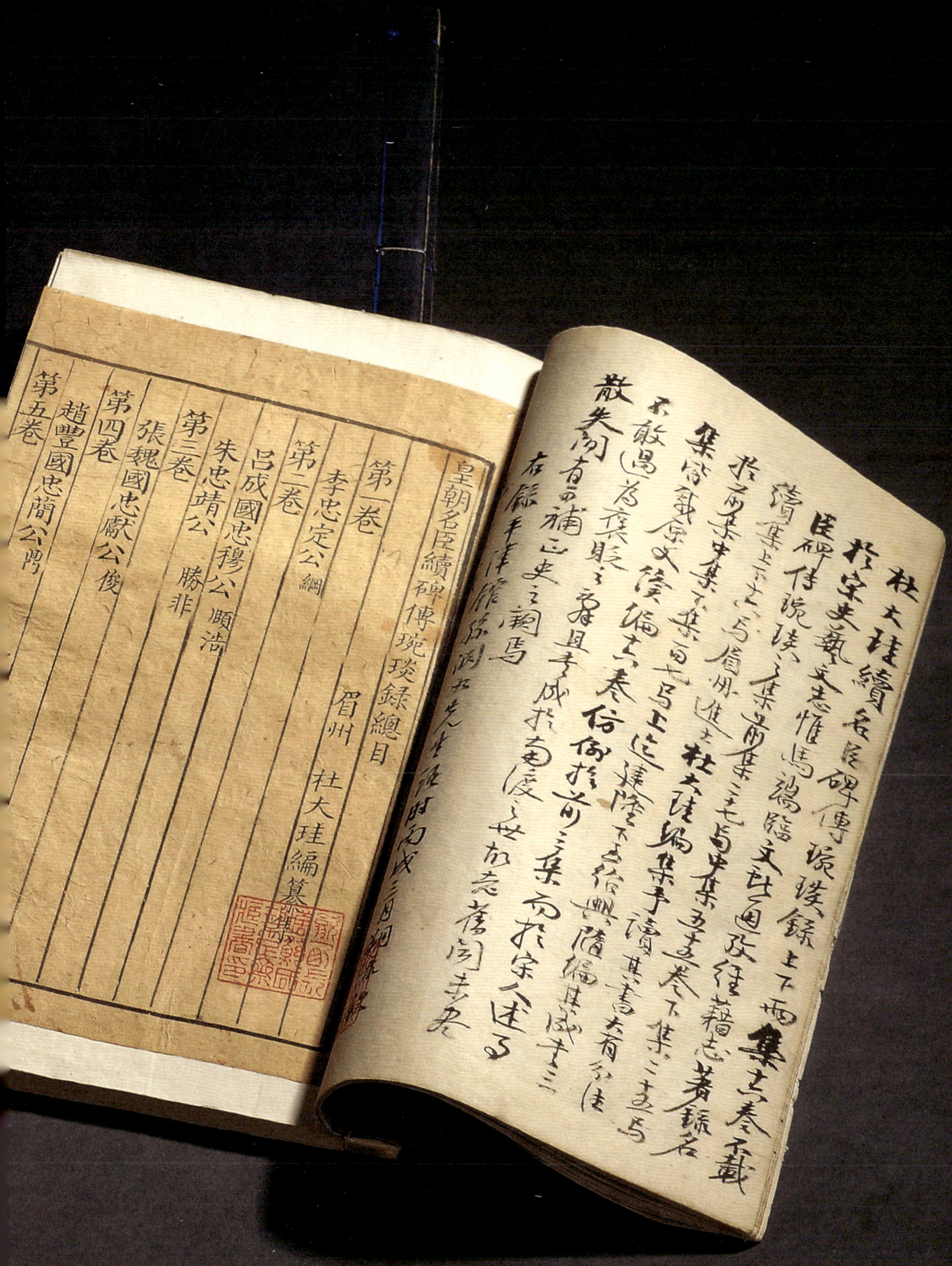
皇朝名臣續碑傳琬琰錄總目
眉州 杜大珪編纂
第一卷
李忠定公 綱
第二卷
呂成國忠穆公 頤浩
朱忠靖公 勝非
第三卷
張魏國忠獻公 浚
第四卷
趙豐國忠簡公 鼎
第五卷

皇朝名臣録卷第四

葉夢得

字少藴蘇州吳縣人　紹聖四年登進士第尉丹徒崇寧元年除婺州教三年召爲議禮武選編修官四年遷祠部員外郎五年徙起居郎大觀初爲中書舍人兼寳録院修撰兼直學士院二年爲翰學三年以龍圖閣學知汝州尋免提舉洞霄　政和五年除顯制知蔡州六年復閣職重和初知潁昌　宣和二年提舉鴻慶七年召爲吏書再提舉鴻慶　靖康初知潁昌　建炎二年召爲翰學拜户書三年遷尚書左丞資政學士提舉中太乙兼侍讀　紹興初爲江東帥三年祠十年召除建康留守十二年知福州十四年授崇信軍節度使十

皇朝名臣續碑傳琬琰錄卷第一

眉州□□杜大珪纂集

李綱　忠定公

字伯紀邵武軍人　政和二年登進士乙科調州教授鎮江四年召除國正除尚書考功員外郎六月除監察御史兼權侍御十一月除尚書比部員外郎八年五月除常少起居郎兼國史編修　宣和初同知舉六月言水災責監南劍州沙縣稅二年復本等差遣三年丁六年吉知秀州未赴七年除常少除兵侍　靖康初除行營司參謀官除右丞親征行營使罷尋復右丞充提舉京城四壁守禦使罷尋知密院除河東北宣撫使罷爲

杜大珪續名臣碑傳琬琰錄上下兩集十六卷不載於宋史藝文志惟馬端臨文獻通考經籍志著錄名臣碑傳琬琰之集前集二十七卷中集五十五卷下集二十五卷續集上下十六卷眉州進士杜大珪編集予讀其書大有分注於前集中集下集百七卷上迄建隆下至紹興隨編其成書三集皆載原文續編十六卷仿例於前二集而於宋人述作不敢遺爲存褒貶之意且書成於南渡之世所志舊聞未免散失間有可補正史之闕焉

右錄平津館孫淵如先生語　時丙戌三月朔

鮑廷博識

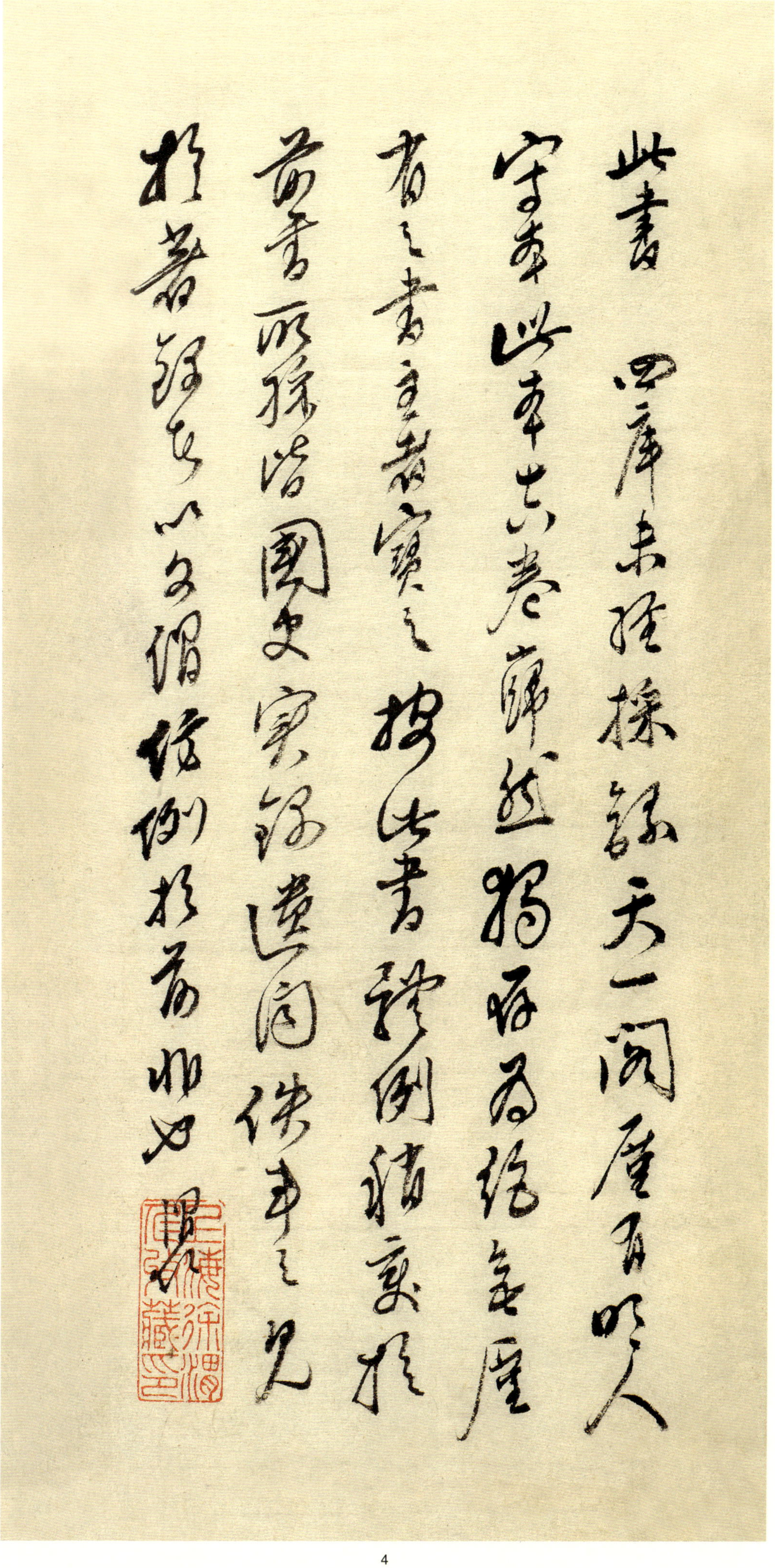

元·《皇朝名臣續碑傳琬琰集》·59

5

王執中撰　針灸資生經七卷

元廣勤書堂刻本。6册，書長20厘米，寬12.6厘米。

提　要：此書目後有“廣勤書堂新刊”牌記，爲廣勤書堂原刻，傳世少見。前有嘉定徐正明序。

傅沅叔先生記云：“壬子二月觀”，顧鱗士藏書。書中第一卷總載諸穴，二卷至末分列針灸諸法，其銅人圖式非獨正背，兼具側形，前後經緯相資，各有條理，明白易曉。是書對宋之前的針灸學進行了全面系統的總結，并且明確提出“男左女右手中指第二節内庭兩横紋相去爲一寸”的同身寸法，沿用至今，仍是公認的針灸取穴標準，可見其對後世針灸學影響之大。

鑒藏印：顧鶴逸藏書印、曾在上海郁泰峰家

著　録：1、《國立北平圖書館館刊》第五卷第六號，《顧鶴逸藏書目》宋元舊槧。

2、《中國著名藏書家書目匯刊-近代卷22》頁537，商務印書館，2005年。

備　注：郁泰峰舊藏。

郁泰峰（1800-1866），名松年，字萬枝，號泰峰。家資巨萬，道光年間爲貢生。然不慕仕途，性好讀書。曾斥巨資收購歷代名著典籍數十萬册，築藏書樓。

鍼灸資生經序

銅人明堂黃帝岐伯君臣道留以詔至於後世自漢經遷變之妙世傳乃廢是於絕筋脈傷血肉主這而果之為瘡思用心於庸醫百業之但試於初病者歲老必灸風池風府兆椎枝輩所能攻

鍼灸資生經第一

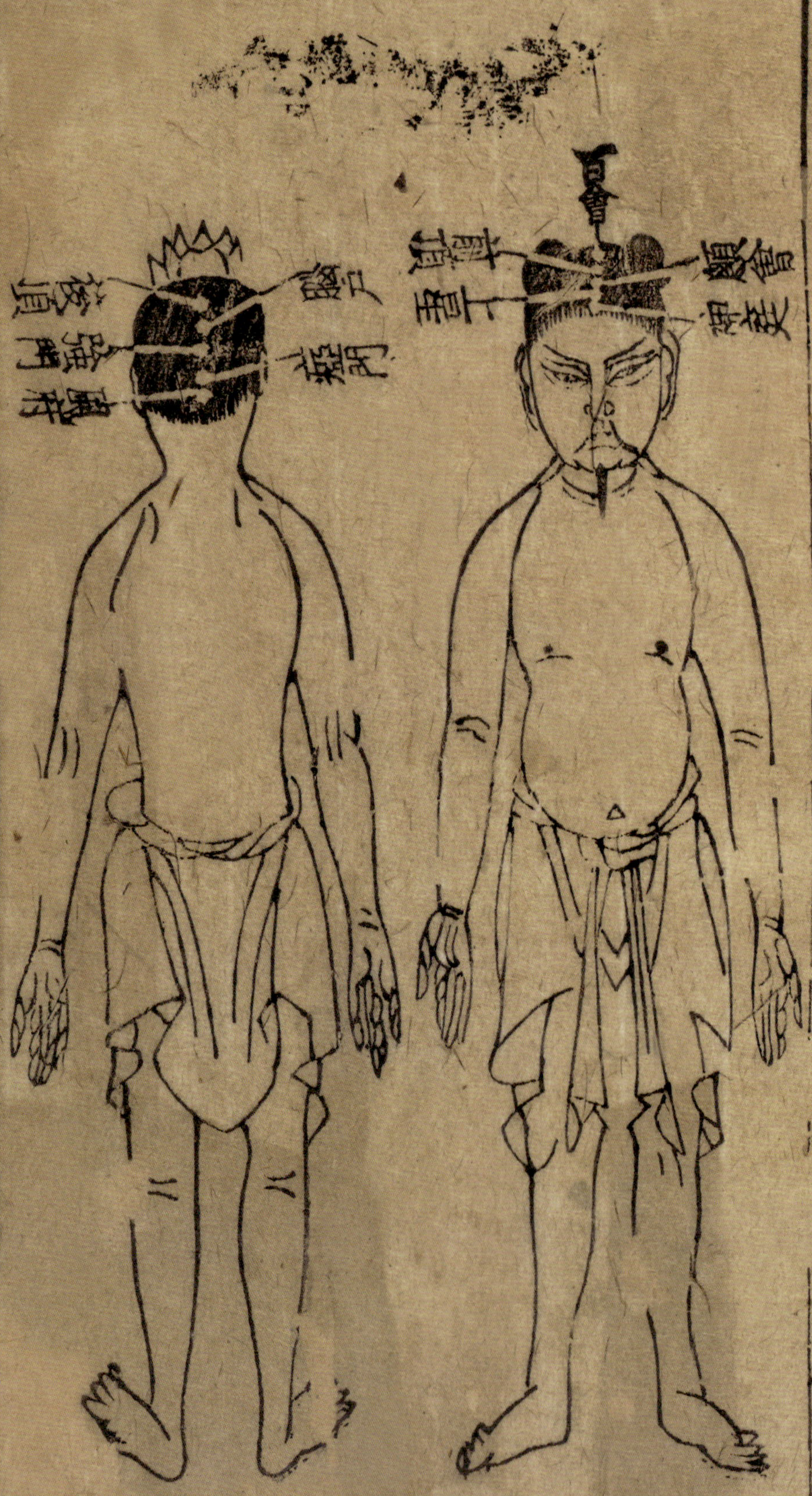

太監王公編

鍼灸資生經目録上

廣勤書堂新刊

頭部中行

偃伏二

批校本是稿本、抄本、刻本在流傳過程中經過名家學者、收藏家親自校點、校勘、題跋、批註、評閲本的統稱。一部書，如果經過文人學者的批校、題跋，無論是文獻學術價值，還是文物、經濟價值都會得到提升，批校題跋文字越多，批校題跋者的學術地位越高，名氣越大，其價值就提升越多。以近代而論，國學大師王國維、梁啓超的批校題跋，版本目録學家傅增湘、趙萬里的批校題跋，都具有極高的價值。

此批過雲樓藏書中抄校稿本就有近數十種之多，詩人葉昌熾《藏書紀事詩》涉及的許多清代藏書家都名列其中。

說到批校本，就不能不說在藏書界享有盛譽的『顧批黄跋』本。所謂『顧批黄跋』是指清代中葉兩位著名的學者、藏書顧千里和黄丕烈批校或題跋過的書籍。二人是蘇州同鄉，又都是飽學之士，同樣嗜書如命，又是莫逆之交。凡經顧、黄批校題跋的書，都具有較高的文獻價值和文物價值。

『顧批黄跋』成爲藏書界的美稱，歷代古書，凡經顧黄之手，題跋校勘，即可身價百倍。幾乎與宋版相酹。按現代確定的善本古籍定級標準，凡有『顧批黄跋』之書，即可列入一級古籍善本。此次過雲樓藏書中，不乏黄氏士禮居的舊藏本，其中的汲古閣本《易傳》還有黄氏的通篇校字，尤爲珍貴。

批校本

元和顧氏鶴廬藏書

類　種卷

著

本

册　函

6

孔平仲撰　談苑六卷

明抄本，黄丕烈、顧錫麒校。2册，書長29厘米，寬17.5厘米。

提　要：顧錫麒題識云："此本向藏黄蕘圃家，曾加校勘，惜未精審，黄氏書散後輾轉入余家，即以《藝海珠塵》本對校補其脱略，猶未足爲盡善盡美也。"此本内有二朱筆校，一爲黄丕烈校（朱筆）、一爲顧錫麒校（絳紅），另一墨筆校者，亦黄氏筆也。

此書《中國古籍善本書目》著録僅存兩部明抄本，未見刻本。

鑒藏印：毛晋之印、毛氏子晋、竹泉珍秘圖籍、黄丕烈印、蕘圃、吴平齋讀書記、謏聞齋、汪鱼亭藏閲書、竹泉手校、鶴逸

備　注：此書爲毛晋、汪宪、黄丕烈、顧錫麒、吴雲舊藏：明抄、黄校、顧錫麒校，更顯名貴。顧錫麒題識。

黄丕烈（1763–1825），字紹武，號蕘圃、蕘夫，又號復翁，清江蘇吴縣人。每獲一書，日夜讎校，研索訂正，有校至三四次若五六次者。故所刻《士禮居叢書》雖寥寥十餘種，率附札記，而得之者幾與"天水"同珍。自著《汪本隸釋刊誤》一卷，辨證頗詳。

顧錫麒，號竹泉，瀏河人。喜藏書，搜羅甚富，其藏書室曰"謏聞齋"。向居申江，道光辛丑（1841），遇英軍之擾，倉皇遷徙，書多散佚，所存者則售於商務印書館附設之東方圖書館。其藏印曰"顧氏珍藏"、"竹泉珍秘圖籍"、"謏聞齋主人"。

孔平仲談苑目録

卷之一

謝朓云好詩圓美流轉如彈丸故東坡云中有清圓句銅丸飛柘彈盖詩貴圓也然圓熟多失之平易老硬多失之乾枯能不失二者之間則可與古詩者並驅矣

、鳩車竹馬

王元長曰小兒五歲曰鳩車之戲七歲曰竹馬之遊

壺郎金柝

掌漏官曰壺郎潘岳謂刁斗曰金柝今銅點是也

孔氏談苑

提要作四卷藝海珠塵作五卷而此作六卷徵有多寡其實一也此本向藏黃蕘圃家曾加校勘惜未精審黃氏書散後輾轉入余家即以藝海本對校補其脫略猶未足為盡善盡美也

竹泉顧錫麒識

談苑卷之六終

談苑卷之一

金部郎中孔 平仲 毅父

呂許公知許州

張鄧公呂許公同作宰相一日朝退 仁宗獨留呂公問曰張仕遜久在政府欲與一差遣出去呂公曰士遜出入兩府亦頗宣力

仁宗曰恩命如何呂公曰與除靜江軍節度使撿校大傅知許州 仁宗曰不虧它否呂公曰聖恩優厚呂公既退張呂親姻也私焉曰主上獨留公必是士遜別有差遣因祈以恩命呂沈吟久之曰使彌使彌張亦欣然慰望是日張公打屏閣子內物色過半矣既夕鎖院明日早張公令院子盡般閤子

易解序
唐 李鼎祚 撰
自卜商之後傳註百家唯王鄭相沿頗行於代
鄭則多參天象王乃全釋人事易之道豈偏滯
於天人哉而天象難尋人事易習折楊黃華學
徒多從之今集諸家刊輔嗣之野文輔康成之
逸象以貽同好

7

李氏集解　易傳十卷易解附録一卷

明萬曆三十一年（1604）胡震亨刻本。4册，書長19.3厘米，寬13.7厘米。

提　要：黄丕烈通校通批注者，實爲罕見之物。
此書卷十後張紹仁題記云："借影宋本易傳於蕘翁所，蕘翁以此校本屬爲重勘，拾遺補缺又得一百五十餘字，記於下方云"，以字迹審之，書口上及行間墨筆校注者爲黄丕烈先生手迹，下方小字者爲張紹仁手迹。黄丕烈士禮居藏有汲古閣舊藏明抄本易傳十卷本，張紹仁借此影宋本校此本。張紹仁題跋。

著　録：1、《國立北平圖書館館刊》第五卷第六號，《顧鶴逸藏書目》明版書籍。
2、《中國著名藏書家書目匯刊－近代卷22》頁561，商務印書館，2005年。

備　注：新、舊《唐書》無李鼎祚傳，其生平不詳，先儒多失考。明朱睦㮮云："鼎祚，資州人，仕唐爲秘閣學士，以經術稱於時。"《四庫總目》提要亦持此説。

易傳序

借影宋本易傳於　黄蕘翁所　蕘翁以此校本

屬爲重勘拾遺補闕又得一百五十餘字記於下方云

紹仁

易傳卷第一　　李氏集解

（明武原胡震亨　海虞毛　晉同挍）

周易上經

☰乾下乾上　乾。元亨利貞。

案說卦乾健也言天之體以健爲用運行不息應化無窮故聖人則之欲使人法天之用不法天之體故名乾不言天也

子夏傳曰元始也亨通也利和也貞正也言乾禀純陽之性故能首出庶物各得元始開

8

葉隆禮撰　契丹國志二十七卷

清中期抄本。6册，書長26.7厘米，寬17.2厘米。

提　要：首有淳熙七年葉隆禮上表，黄丕烈舊物，書内校改甚精，并墨筆補脱漏，朱筆校字。據考黄丕烈極重此書，曾藏抄本有三，一爲曹彬侯抄本，另一本爲據元刻抄本，此二本不知所踪。此書上方有小字標明書中眼目者，爲黄丕烈跋元刻殘本時曾提及者。

鑒藏印：士禮居、黄丕烈印、蕘圃、平江黄氏圖書

備　注：黄丕烈舊藏。

契丹國志卷十五

外戚傳

述律魯速

述律魯速太祖皇后兄也番部人世為酋長少壯武有膽畧部人憚之從太祖平奚有功授統軍使盧文進自新州來奔太祖歲入燕雲魯速以兵從又從圍周德威于幽州機巧善智城幾克會救至退師改授奚王府監軍東路兵馬都統軍子屈列尚輿哥公主

蕭延思

蕭延思涿州人太宗皇后父也少習武藝有材力能左右馳射自太祖時從平諸番嘗單騎數十深入敵陣屢戰有

閒者軒帖考
燕丘孫承澤述 [redacted]
禊帖
隋本蘭亭敘刻于開皇間真本在智永處手摹
上石爲禊帖石刻之祖唐太宗爲秦王時見此
本因訪求真蹟唐何延年云右軍永和中與大
原孫承公四十有一人修祓禊擇毫製序用蠶

9

孫承澤述　閑者軒帖考一卷

清刻本。1册，書長21.7厘米，寬14.3厘米。

提　要：內有鮑廷博朱墨筆校，首扉頁有沈樹鏞題記："知不足齋鮑渌飲手校"。清初刻本《閑者軒帖考》極爲罕見，此本未見《顧鶴逸藏書目》著録，是鮑氏知不足齋所刻《閑者軒帖考》之底本（附《庚子銷夏記》之後）。

是書考源流，品次第，自《蘭亭序》而下至《停雲館帖》，計有三十八種。

鑒藏印：寶董室

備　注：鮑廷博校，沈樹鏞舊藏。

鮑廷博（1728–1814），字以文，號渌飲，祖籍安徽歙縣，隨父居杭州，後定居桐鄉。鮑氏父子殷富好文，不惜巨金求購宋元書籍，築室收藏，取"學然後知不足"義，名其室爲"知不足齋"。鮑廷博刻書，博采衆長，廣搜遺編，凡經史考訂、算書、金石、地理、書畫、詩文集、書目等皆擇優收入。其中不少是海內孤本。刊刻態度嚴謹，校勘精細，每得一書，必廣借善本，參互考訂，不妄改一字，極受時人稱道。刊刻《知不足齋叢書》，將家藏善本古書公諸海內，前後共30集，207種，781卷，其中後4集爲其子鮑士恭、孫鮑正言續成。又刻《銷夏記》、《名醫類案》、《聊齋志異》等行世。

沈樹鏞（1832–1873），字均初，一字韵初，號鄭齋，川沙城廂人。官至內閣中書。生平收藏書畫、秘籍、金石甚豐。尤對碑帖，考訂精辟。著有《漢石經室叢刻目録》等，與趙之謙合編《續寰宇訪碑記》。

閑者軒帖考　二十九

停雲館帖

文衡山父子皆精書學而又自能鐫刻下嘉靖中摹勒舊蹟及近時名筆上石共十卷爲停雲館帖清勁不俗近世諸刻推此第一又南北近刻如眞賞齋清餘堂快雪堂鬱岡諸帖當備稽遺本以爲續考

唐荆川先生云予見文氏所刻帖中載李懷琳絕交書後乃見孫氏所藏宋刻本則精神相去

嘗附録金石林一則

河莊淳化帖見聞記

諸

真賞齋跋珊瑚網有

墨林快事服膺四帖至云辨魚丸泥

为清供首事

寒山金石林五十二卷第十一卷祝京兆書第十二卷文待詔書也○王弇州跋第十卷为

餘清齋

十卷

齋

餘清齋新安吳用卿刻正帖十六卷續帖八卷

閒者軒帖考

燕丘孫承澤述

禊帖 [redacted]

隋本蘭亭敘刻于開皇間眞本在智永處手摹上石爲禊帖石刻之祖唐太宗爲秦王時見此本因訪求眞蹟唐何延年云右軍永和中與大原孫承公四十有一人修祓禊擇毫製序用蠶

吾衍撰　竹素山房詩集三卷附録一卷補一卷閑居録一卷

清乾隆二十七年（1762）錢塘郁禮東嘯軒抄本。1册，書長29.7厘米，寬17.7厘米。

提　要：此本爲知不足齋鮑廷博先生批注并校補乾隆十三年傅樊榭山人手校、嘉慶十四年（1809）趙之玉校、徐承禮校。諸家朱墨磁黄校注，琳琅滿目，甚爲罕見。毛裝，鮑印俱佳，版心下有“東嘯軒藏書”。此書《中國古籍善本書目》著録，僅存鮑抄一部，此當爲鮑校本，可謂存世雙絶。戴光曾跋、杭世駿跋。

鑒藏印：歙西長塘鮑氏知不足齋藏書印、老屋三間賜書萬卷、遺稿天留、嘉興戴光曾鑒藏經籍書畫印、鮑以文藏書記、好學爲福、趙玉人、宗生

著　録：1、《國立北平圖書館館刊》第五卷第六號，《顧鶴逸藏書目》。
2、《中國著名藏書家書目匯刊-近代卷22》頁557，商務印書館，2005年。
3、《江浙訪書記》頁115-116，三聯書店，1985年。

備　注：郁禮，清錢塘（今浙江杭州）人。字佩先，一作佩宣，一字陛宣，號潜亭。諸生。家世素封，儲書充盈，禮又增其所未備，遂成巨觀。

余与鮑丈淥飲交二十餘年矣。余之性愛古書，及搜羅前人秘笈，皆得淥飲講習討論，匡所不逮。每獲異書，相与傳觀訂正以爲樂。淥飲老年貧病，且多家累，不通音問經年矣。癸酉五月十日，忽偕夏君儀過余，形神枯槁，索然意盡。自云生平以書爲命，々閱卷輒々精神不自檢束，所藏之書半爲不肖子孫變賣，恐不能再向此中討生活矣。余聞之酸鼻，自恨無力稍爲佽助。既去，因檢淥飲歸余之書，此二册係淥飲手校增訂之本，久假未歸者。既憫淥飲老境之衰，益惜秘書之不可再得，因附記于此。

松崖戴光曾

郭忠恕倨傲玩褻一世遇人巧宦善富如蟲蛆臭腐將唾涤已其所厭棄者詣門請謁從樓上遥與語吾出有間矣顧吹洞簫撫弄如意不輟好刺譏輕侮詩人文學士獨盛推杭仇仁近婺胡穆仲汲仲至謂百年七有所著書凡數十卷至大四年冬子行以事逮玄不知所終此策淂之於其從父家攬其遺跡使人慨然至正五年正月甲辰養痾東阁捉筆以紀吴郡陸友仁書

乾隆壬午三月初五日錢唐郁禮校錄

趙之玉較於味古室

竹素山房詩集卷之一

魯郡吾衍子行

藏雲閣

凌空結飛甍，歷覽周遠山。白雲爾何來，憩我棟宇間。前山過風雷，此地無瞑色。惟應山中人，與尔共休息。

龍吟軒

四山若龍盤，精廬剡溪曲。中有不蟄龍，長吟破幽緑。道人宴坐起，拂袖自牖開。手持碧琅玕，聽此風雨來。

送謝鄉游北

黃鵠振六翮，一舉凌蒼空。高飛固其常，誰言待秋風。

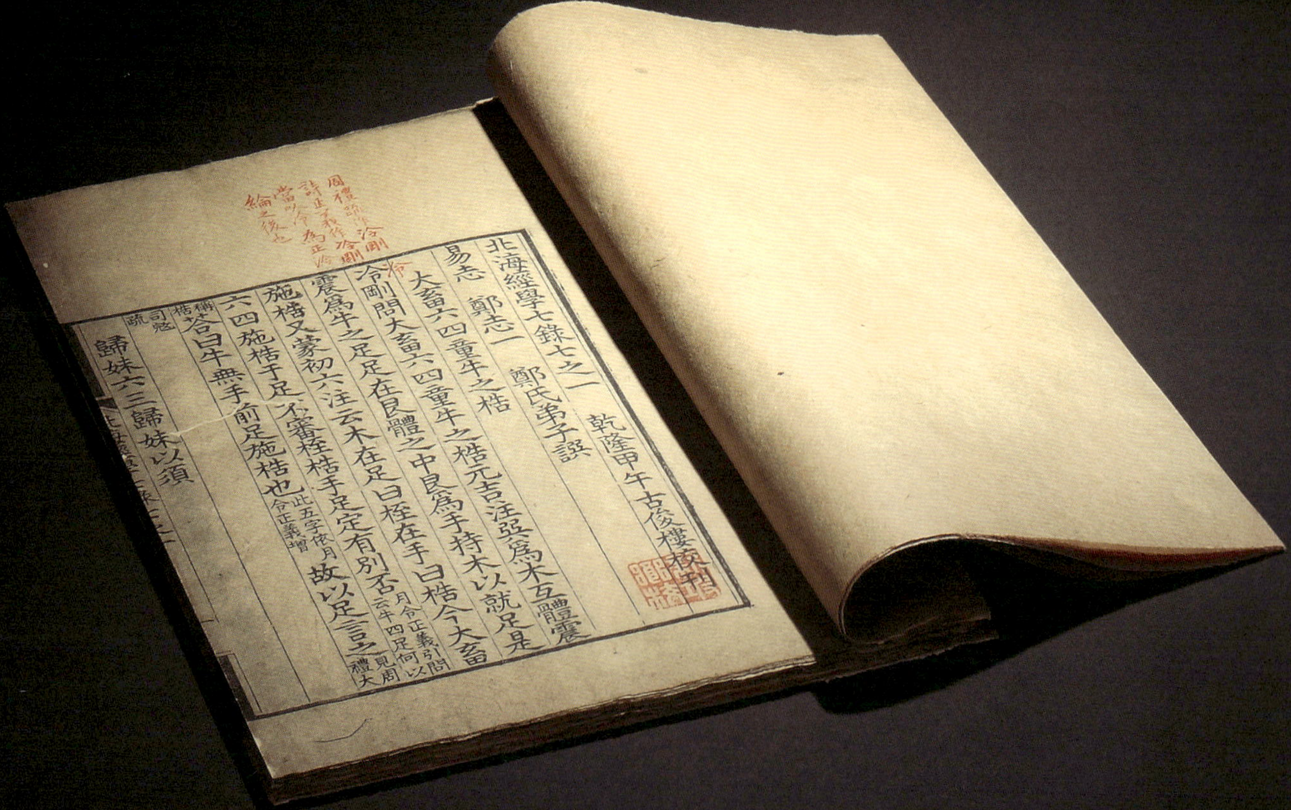
北海經學七錄七之一　乾隆甲午古俟樓校刊
易志　鄭志一　鄭氏弟子譔
大畜六四童牛之梏
冷剛問大畜六四童牛之梏元吉注巽爲木互體震
震爲牛之足足在艮體之中艮爲手持木以就足是
施梏又蒙初六注云木在足曰桎在手曰梏今大畜
六四施梏于足不審桎梏手足定有別否
荅曰牛無手前足施梏也
故以足言之
歸妹六三歸妹以須

11

孔廣林録　北海經學七録八卷

清乾隆三十九年（1774）古俊樓刻本。1册毛裝本，書長17.5厘米，寬13.5厘米。

提　要：此本曾經清代著名藏書家吴騫收藏，鈐有其印“新坡鄉校”，眉上朱筆校語出吴氏之手。

鑒藏印：新坡鄉校

著　録：1、《國立北平圖書館館刊》第五卷第六號，《顧鶴逸藏書目》清朝精印本，稱北海經學七録。
2、《中國著名藏書家書目匯刊–近代卷22》頁577，商務印書館，2005年。

備　注：吴騫（1733–1813），字槎客，又字葵裏，號兔床、兔床山人，海寧新倉人。積有名刻善本45000餘卷，築拜經樓以庋藏。常與同里陳鱣、周春，吴縣黄丕烈往來，鑒賞析疑，互相抄校。每校一書，必撰題跋。曾得宋版乾道、咸淳、淳祐三朝《臨安志》近百卷，乃刻一印：“臨安志百卷人家”。時黄丕烈擁有宋版珍本書百種，自題其藏書室爲“百宋一廛”。吴騫多宋元珍本，便自題其居曰“千元十駕”，以相匹敵，學林傳爲佳話。所輯《拜經樓叢書》，校勘精審，著名於世。

儀禮聘禮疏亦引周禮趙商問只長八寸四八三十二幅廣三丈二寸大廣非其度荅云古積畫誤爲四當爲三三咫則二尺四寸矣此賈官本亦采之今案當附此下

趙商問云天子巡守禮制文八尺純四䍧何荅云巡守禮制文八尺咫八寸四咫三尺二寸又大廣四當爲三三八二十四二尺四寸幅廣也古三三積畫是以三誤爲四也見本疏及質人疏

内司服掌王后之六服

趙商問司服王后之六服之制自不解請圖之荅曰大裘衮衣鷩衣毳衣絺衣玄衣此六服皆纁裳赤舄韋弁衣以韎皮弁衣以布此二弁皆素裳白舄冠弁服黑衣裳而黑舄冠弁玄端韠衣玄舄首服副從王見先王揄翟青舄首服副從王見先公闕翟赤舄首

周禮疏作泠剛
詩正義作泠剛
當以泠為正泠
綸之後也

北海經學七錄七之一　乾隆甲午古俊樓校刊

易志　鄭志一　鄭氏弟子譔

泠

大畜六四童牛之梏

泠剛問大畜六四童牛之梏元吉注巽爲木互體震震爲牛之足足在艮體之中艮爲手持木以就足是施梏又蒙初六注云木在足曰桎在手曰梏今大畜六四施梏于足不審桎梏手足定有別否（月令正義引問云牛四足何以稱梏）荅曰牛無手前足施梏也（此五字依月令正義增）故以足言之（見周禮大司寇疏）

歸妹六三歸妹以須

12

查慎行撰、陳鱣録　敬業堂文集二卷

清嘉慶十四年（1809）吴騫拜經樓抄本。1册，書長25.5厘米，寬16.5厘米。

提　要：首有吴騫序，清嘉慶十四年吴騫跋，稱前曾以涉園張選岩舫傳抄一部，毁於火，又從王紫溪仲言借録。書中有校。此書《中國古籍善本書目》未見著録，且爲著名學者吴騫拜經樓抄、校，極可寶貴。

鑒藏印：月樹、拜經樓吴氏藏書印

著　録：1、《國立北平圖書館館刊》第五卷第六號，《顧鶴逸藏書目》。

2、《中國著名藏書家書目匯刊－近代卷22》頁545，商務印書館，2005年。

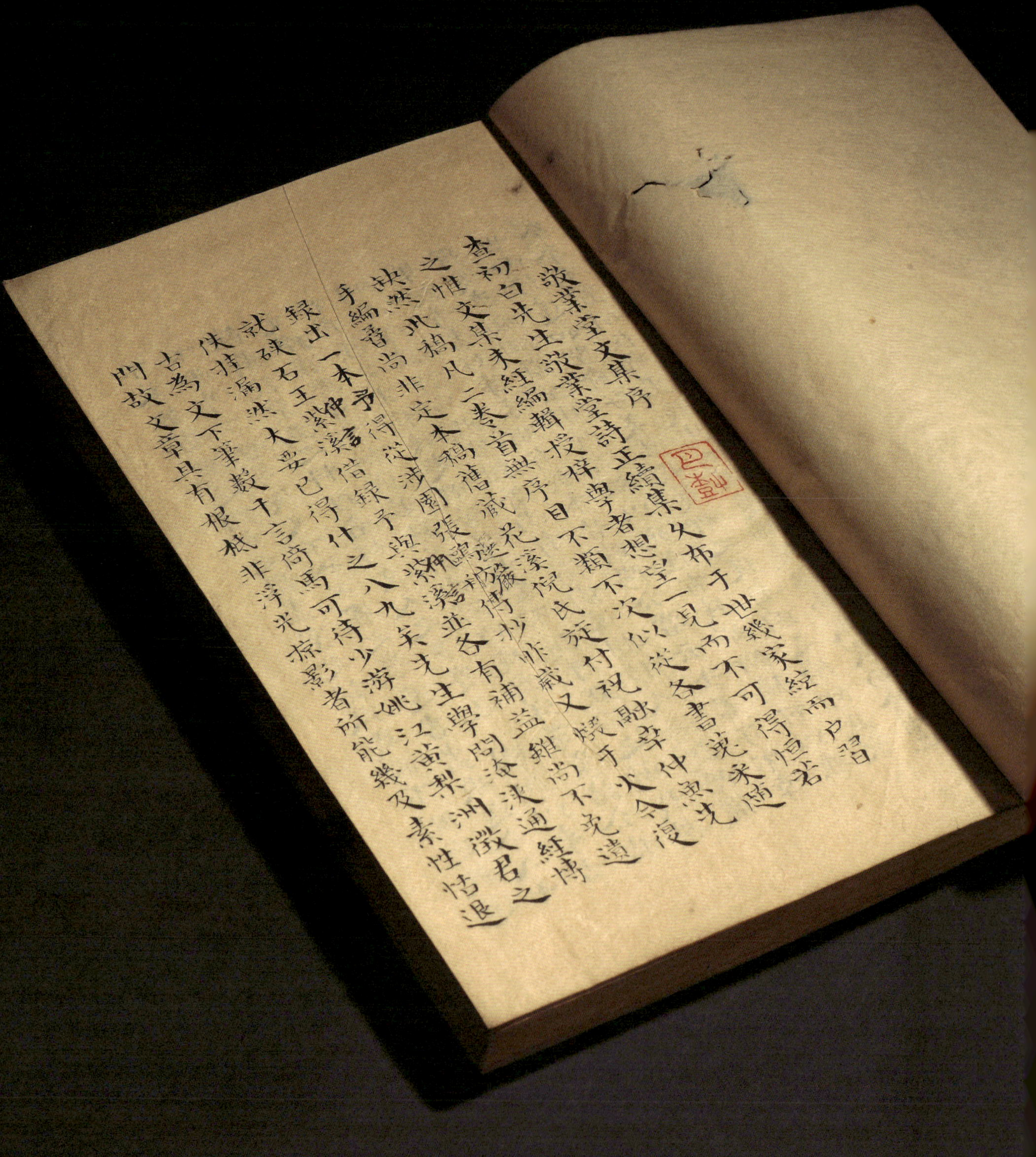

敬業堂文集卷上

海寧 查慎行 悔餘 譔

後學 陳鱣 仲魚 録

重修飛雲巖月潭寺碑記代楊中丞作

向讀陽明先生飛雲巖記謂天下之山聚於雲貴而雲貴之勝萃於茲巖心竊欣然向往時繫官於 朝而黔陽僻在荒徼去京師六千餘里以為生平遊跡無由至焉矣無何奉撫黔之 命是時西南猶阻寇亂既而王師罙阻恢復疆圉兩年之間余方從事鞍馬厭苦馳驅出入於荒榛宿莽猿猱虎豹之穴丹危翠險力之所窮興與俱盡雖雅有山水勝情者宜其困躓憔悴一變疇

13

吴景旭撰　歷代詩話十二集

清中期抄本。10册，書長25.8厘米，寬18厘米。

提　要：内有朱筆詳校，出張紹仁手筆。此書據《中國古籍善本目録》著録僅存清抄本，此係張紹仁校，可謂所知最善之本者。

鑒藏印：張氏秘籍、讀異齋藏、張紹仁、訒庵居士、學安、以正留畣、吴姓張紹仁學安藏書、訒庵珍藏、誦詩讀書與古人居

著　録：1、《國立北平圖書館館刊》第五卷第六號，《顧鶴逸藏書目》精寫舊抄本。
2、《中國著名藏書家書目匯刊-近代卷22》頁545，商務印書館，2005年。

備　注：張紹仁，字學安，號訒盦，清乾嘉時期長洲人。好蓄書，校讎精到。黄丕烈自嘆不如，稱其心到眼到手到，在朋友中無出其右者。

歷代詩話卷之一 甲集

荓谿 吴景旭 旦生 著

三百篇一

關雎

小序關雎后妃之德也先儒議其詩雖若專美太姒而實以深見文王之德序者徒見其詞而不察其意遂壹以后妃為主而不復知有文王失之矣至于化行國中三分天下皆以為后妃所致則是禮樂征伐皆出于婦人之手而文王徒擁虛器以為之君也其失甚矣南豐曾氏曰先王之政必自內始故其閨門之治所以施之

一

14

劉義慶撰　世説新語六卷

清光緒三年（1877）湖北崇文書局刻本。4册，書長19.2厘米，寬14.6厘米。

提　要：此《世説新語》（未見《顧鶴逸藏書目》），内有巳翁批校并題書衣。“巳翁”乃清末藏書及版本目録名家周星詒，書眉上墨筆批校之語，即周氏手迹。

備　注：周星詒（1833–1904），字季貺，河南開封人。季貺兄星譽官至廣東鹽運使，藉其資財，喜收藏金石書畫秘籍，藏書甚富，多前賢手録本、乾嘉名家精校善本及宋元舊槧，若嚴可均校《北堂書鈔》等，所藏甄擇甚精，朱黄爛然，皆有題跋，約數萬卷。著有《窳櫎藏書目》、《傳忠堂書目》、《勉熹集詩》等書。

世説新語三五十年先諸舊家所藏皆萬歷間刻題曰世説補有評語在上方刪節原書以何氏補混雜其間全失劉氏之舊大是恨事語云二十歲後酷嗜此書力求真本先得一仿宋本巾箱刻不知出何氏似亦明季槧本惜無注以既料之嗣得重刻蔣仿帳閣書本每擕行篋最後乃得明袁氏本若稀同宋本出者也以校周樹刻寔祖袁本惟不免訛誤耳今袁本久售与人蔣書本遠在閩中乃購此刻似亦祖袁書而勘以別後為事

己酉

攬轡澄清

[illegible]引書有證人名

注音義

引古人若字

鄙吝復生

注初見人注別見

世說新語卷一

宋　劉義慶　撰　　梁　劉孝標　注

德行第一

陳仲舉言爲士則行爲世範登車攬轡有澄清天下之志汝南先賢傳曰陳蕃字仲舉汝南平輿人有室荒蕪不掃除曰大丈夫當爲國家掃天下值漢桓之末閹豎用事外戚豪橫及拜太傅與大將軍竇武謀誅宦官反爲所害爲豫章太守海內先賢傳曰蕃爲尚書以忠正忤貴戚不得在臺遷豫章太守至便問徐孺子所在欲先看之謝承後漢書曰徐穉字孺子豫章南昌人清妙高跱超世絕俗前後爲諸公所辟雖不就及其死萬里赴弔常預炙雞一隻以綿漬酒中暴乾以裹雞徑到所起冢隧外以水漬綿斗米飯白茅爲藉以雞置前醊酒畢留謁則去不見喪主主簿白羣情欲府君先入廨陳曰武王式商容之閭席不暇煖許叔重曰商容殷之賢人老子師也車上跽曰式吾之禮賢有何不可袁宏漢紀曰蕃在豫章爲穉獨設一榻去則縣之見禮如此

周子居常云吾時月不見黃叔度則鄙吝之心已復生矣子居別見

15

陶宗儀撰　游志續編二卷

清嘉道間抄校本。2册，書長28厘米，寬17.6厘米。

提　要：宋陳仁玉有《游志》，陶宗儀又續輯前人記游之文，名《游志續編》。所録多宋、元人游覽之作。書尾録有錢穀跋、吴翌鳳跋、鮑廷博跋，内有墨筆校字。
鑒藏印：星詒印信、祥符周氏瑞瓜堂圖書、季貺
著　録：1、《國立北平圖書館館刊》第五卷第六號，《顧鶴逸藏書目》精寫舊抄本，作“游志編”。
2、《中國著名藏書家書目匯刊－近代卷22》頁548，商務印書館，2005年。
備　注：周星詒舊藏。

遊志續編卷上

南村居士陶宗儀九成

絳守居園池記

樊宗師

絳即東雍為守理所稟參實沈分氣蓄兩河潤有陶唐冀遺風餘思晉韓魏之相剝剖世說揔其土田士人令無磽雜擾宜得地形勝瀉水施法豈新田又蒙𧟌不可居州地或自有興癈人因得附為奢儉將為守悅致平理歟抑侈心耗物害時歟自將失敦窮華終披夷不可

一

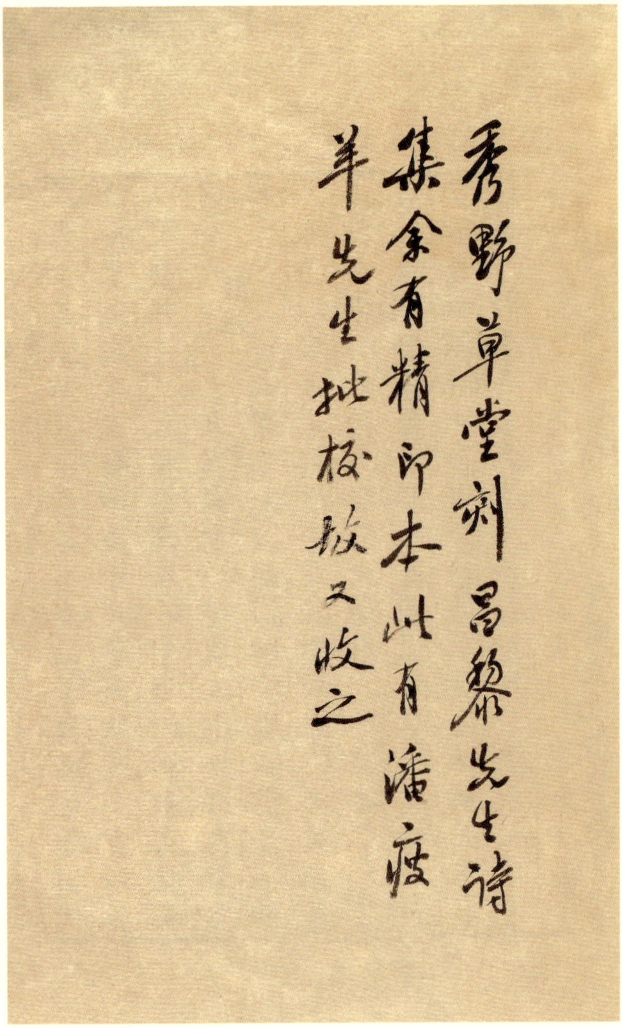

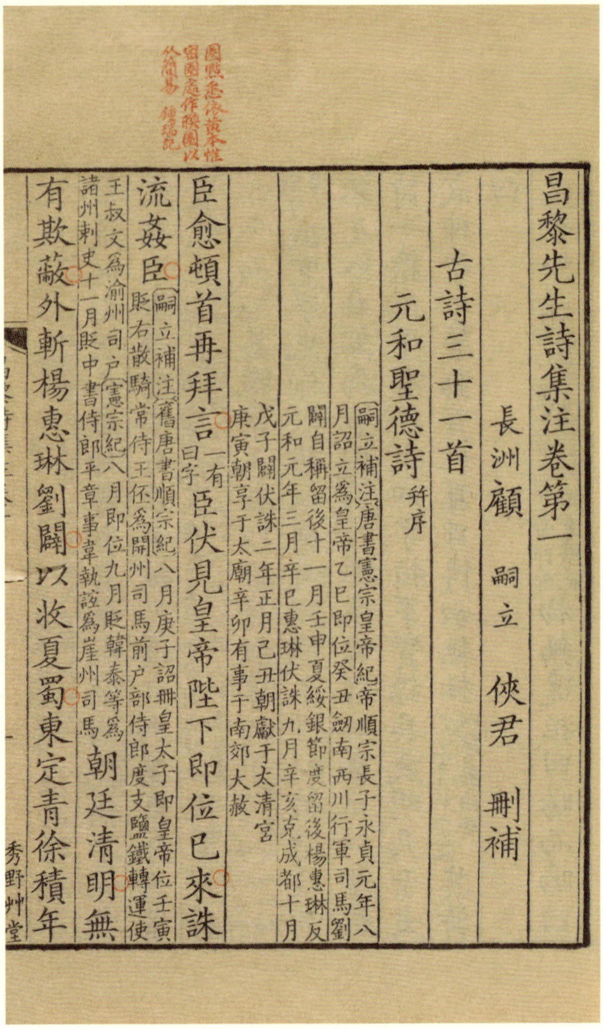

16

16

韓愈撰、顧嗣立删補　昌黎先生詩集注十一卷

清蘇州顧氏秀野草堂精刻本。4册，書長19.2厘米，寬14.8厘米。

提　要：此書版心下有“秀野草堂”及刻工。墨筆眉批甚工。《清代版本圖録》著録原刊曰：“版心右上記字數，右下記刻工。凡例末鐫‘吴郡鄧明璣初驤開雕’，是其時寫刻精本。”首有題記云：“内有潘瘦羊先生批校，故又收之。”知爲潘鍾瑞所批校并藏。

鑒藏印：長洲潘鍾瑞慶生所得、曾藏吴趨潘氏香禪精舍

備　注：潘鍾瑞，字麟生，長洲人。諸生，候選太常寺博士。有《香禪精舍集》。

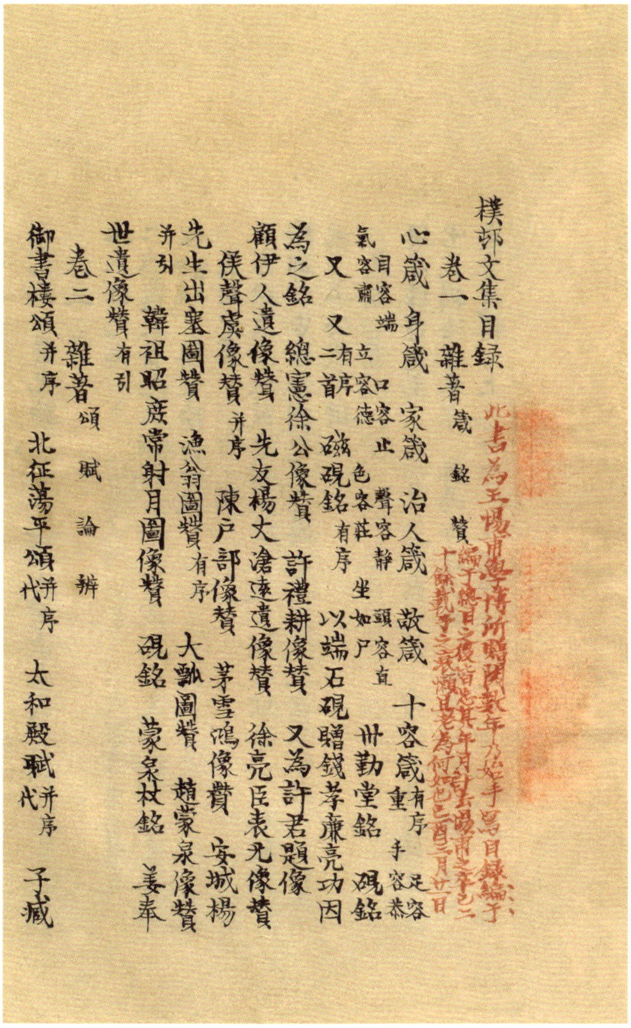
樸邨文集目録
卷一　雜著　箴　銘　贊
心箴　身箴　家箴　治人箴　敬箴　十容箴有序　足容重　手容恭　目容端　口容止　聲容靜　頭容直　氣容肅　立容德　色容莊　坐如尸　冊勤堂銘　硯銘
又　又有序二首　端硯銘有序　以端石硯贈錢孝廉亮功因爲之銘　總憲徐公像贊　許禮耕像贊　又爲許君題像
顧伊人遺像贊　先友楊大滄遠遺像贊　徐亮臣表兄像贊
侯聲虞像贊并序　陳户部像贊　茅雪鴻像贊　安城楊
先生出塞圖贊　漁翁圖贊有序　大勳圖贊　趙蒙泉像贊
并引　韓祖昭庭常射月圖像贊　硯銘　蒙泉杖銘　姜奉
世遺像贊有引
卷二　雜著　頌　賦　論　辨
御書樓頌并序　北征蕩平頌代并序　太和殿賦代并序　子臧

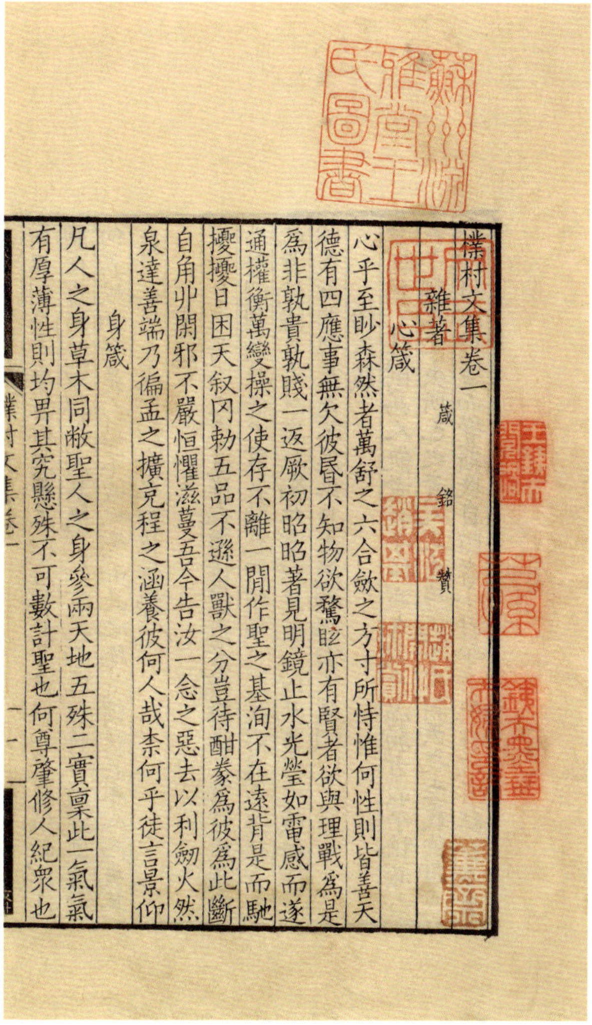
樸村文集卷一
雜著　箴　銘　贊
心箴
心乎至眇森然者萬舒之六合歛之方寸所恃惟何性則皆善天
德有四應事無欠彼昏不知物欲騖眩亦有賢者欲與理戰爲是
爲非孰貴孰賤一返厥初昭著見明鏡止水光瑩如雷感而遂
通權衡萬變操之使存不離一閒作聖之基洵不在遠背是而馳
擾擾日困天叙罔勅五品不遜人獸之分豈待酣豢爲彼爲此斷
自角丱閑邪不嚴恒懼滋蔓吾今告汝一念之惡去以利劍火然
泉達善端乃徧孟之擴克程之涵養彼何人哉柰何乎徒言景仰
身箴
凡人之身草木同敝聖人之身參兩天地五殊二實稟此一氣氣
有厚薄性則均畀其究懸殊不可數計聖也何尊肇修人紀衆也

17

17

張雲章撰　樸村詩集十三卷文集二十四卷

清康熙五十三年（1714）精刻本。6册，書長18.2厘米，寬13.4厘米。

提　要：書前有張雲章序，此本内有王芑孙友人批注，爲王芑孫藏，贈於友人。

鑒藏印：蘇州淵雅堂王氏藏書、王鐵夫閲過、王芑孫、吴江趙基、鐵夫墨琴夫婦印記、泰和半窗梅月、味根、鱖橋、敕慎齋藏書、芑孫、歐波舫、惕夫、趙氏開仲真賞、王鐵夫閲過

備　注：王芑孫，字念豐，一字漚波，號惕甫，一號鐵夫、雲房，又號楞伽山人，長洲人。乾隆五十三年(1788)召試舉人，官華亭教諭。工書逼劉墉，不期而合。吴門自明季以來，書家用筆，皆以清秀俊逸見長，至芑孫，始以遒厚渾古矯之，遂爲三百年所未有。著《碑版廣例》、《楞伽山房集》、《淵雅堂集》。

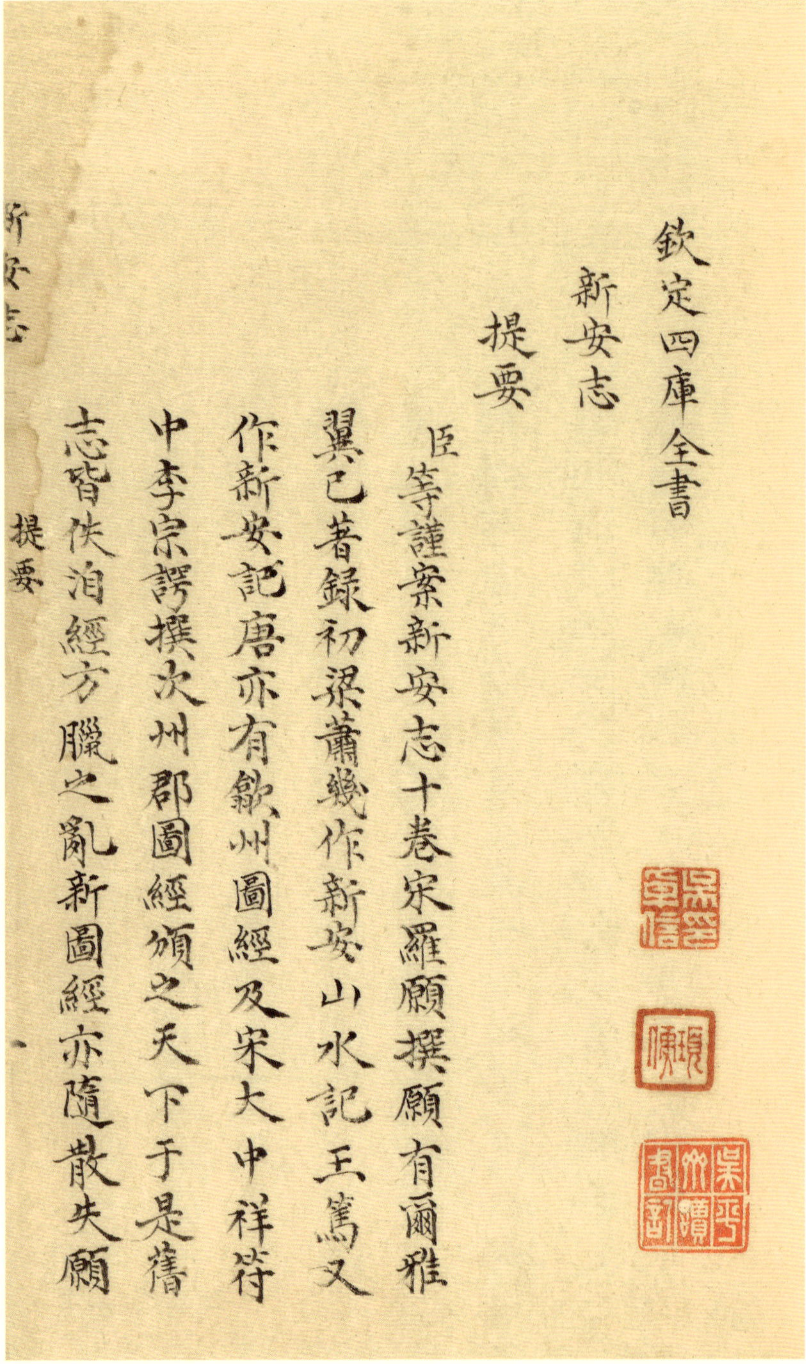
欽定四庫全書

新安志

提要

臣等謹案新安志十卷宋羅願撰願有爾雅翼已著録初梁蕭幾作新安山水記王篤又作新安記唐亦有歙州圖經及宋大中祥符中李宗諤撰次州郡圖經頒之天下于是舊志皆佚泊經方臘之亂新圖經亦隨散失願

新安志　提要　一

18

18

羅願撰　新安志十卷

清中期抄本。10册，書長24.7厘米，寬17厘米。

提　要：首録有四庫提要，書中“寧”字不避諱，當在乾嘉之間所抄。書中有佚名校。十卷尾録錢大昕跋。此書爲影宋淳熙本。《中國古籍善本書目》著録，僅存清抄本，此本經吴卓信、張金吾、吴雲等名家遞藏，可稱現存所知最善之本。

鑒藏印：吴卓信印、項儒、秘册、張月霄印、愛日精廬藏書、金竹山房、吴平齋讀書記

著　録：1、《國立北平圖書館館刊》第五卷第六號，《顧鶴逸藏書目》精寫舊抄本。

2、《中國著名藏書家書目匯刊–近代卷22》頁545，商務印書館，2005年。

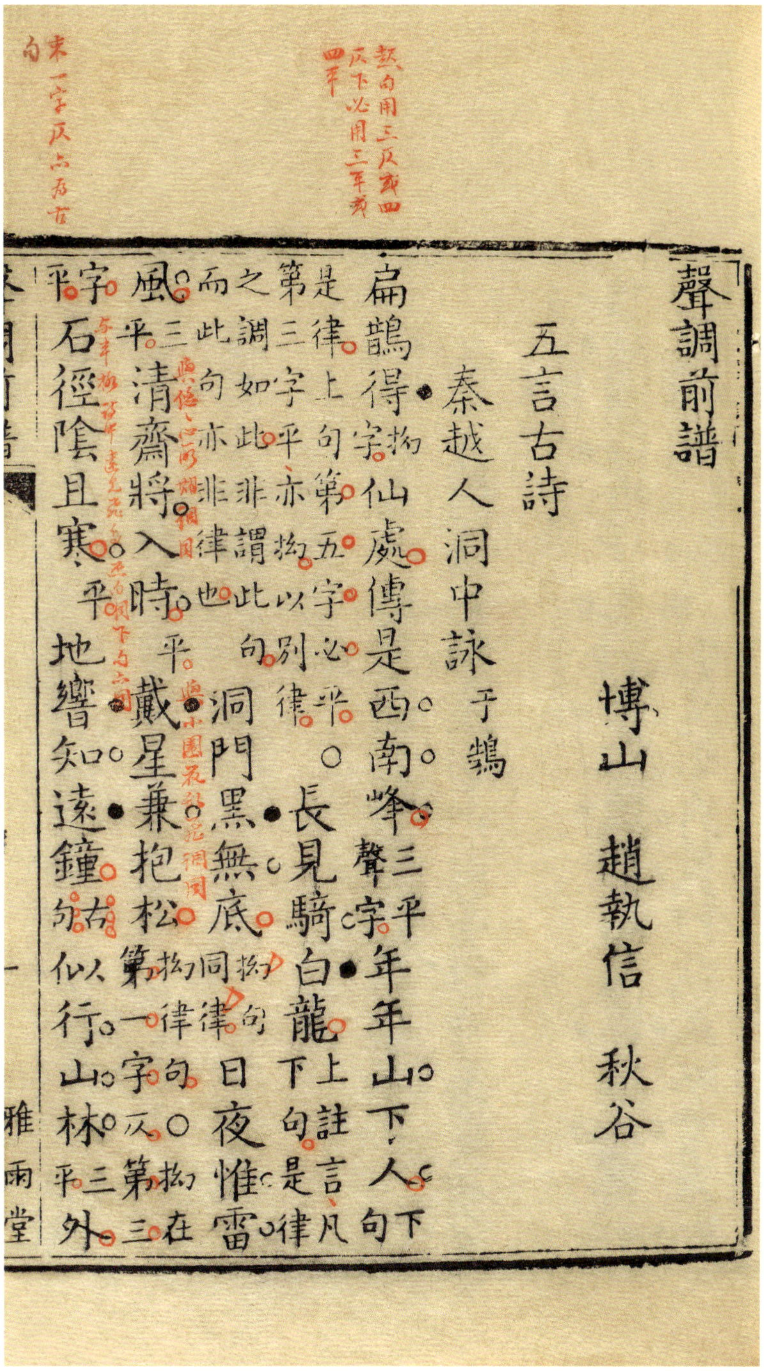
聲調前譜

五言古詩

博山　趙執信　秋谷

秦越人洞中詠　于鵠

扁鵲得仙處傳是西南峰三平聲字年年山下人下句是律上句第五字必平第三字平亦拗以別律之調如此非謂此句而此句亦非律也長見騎白龍上註言凡下句是律洞門黑無底日夜惟雷風清齋將入時戴星兼抱松石徑陰且寒地響知遠鐘似行山林外

19

19

趙執信撰　聲調譜附談龍録

清乾隆間盧氏雅雨堂刻本。1册，書長19.2厘米，寬14.3厘米。

提　要：首盧見曾序，後有乾隆乙酉年（1765）錢東照跋，書内墨筆批注者爲錢東照手筆，朱筆者佚名。

鑒藏印：安士、問山、東照

20

盧見曾輯　金石三例十卷附古文詞類纂目文章精義

清乾隆二十年（1755）盧氏雅雨堂精刻本。2册，書長20.2厘米，寬15.1厘米。

提　要：此本首有潘貴生手録王芑孫跋，目録後有嘉慶戊辰潘貴生跋。書内各卷潘貴生咸豐間墨筆録王芑孫批校，朱筆爲潘貴生嘉慶戊辰年手批。潘貴生題簽。

鑒藏印：潘貴生印、青芝山人、秋谷鑒藏、三松老人之曾孫、蘆中一秀才、秋谷墨緣、迦蘭陀室、無有恐怖遠離顛倒夢想、曾登泰岱、貴生、拂假白石彈我素琴、康寶、順卿、臣戈戴印、戈小蓮秘籍印、秋谷、潘九、秋谷藏本、青芷山館、又字鶴秋、半日静聖、順卿

著　録：《國立故宫博物院善本舊籍總目》。

備　注：盧見曾（1690—1768），字澹園，又字抱孫，號雅雨，山東德州人。著《金石三例》、《雅雨堂詩集》、《雅雨堂文集》、《雅江新政》、《出塞集》、《感舊集》、《山左詩鈔》等。
潘貴生，字秋谷，又字寉秋，號青芝山人，江蘇吴縣人。

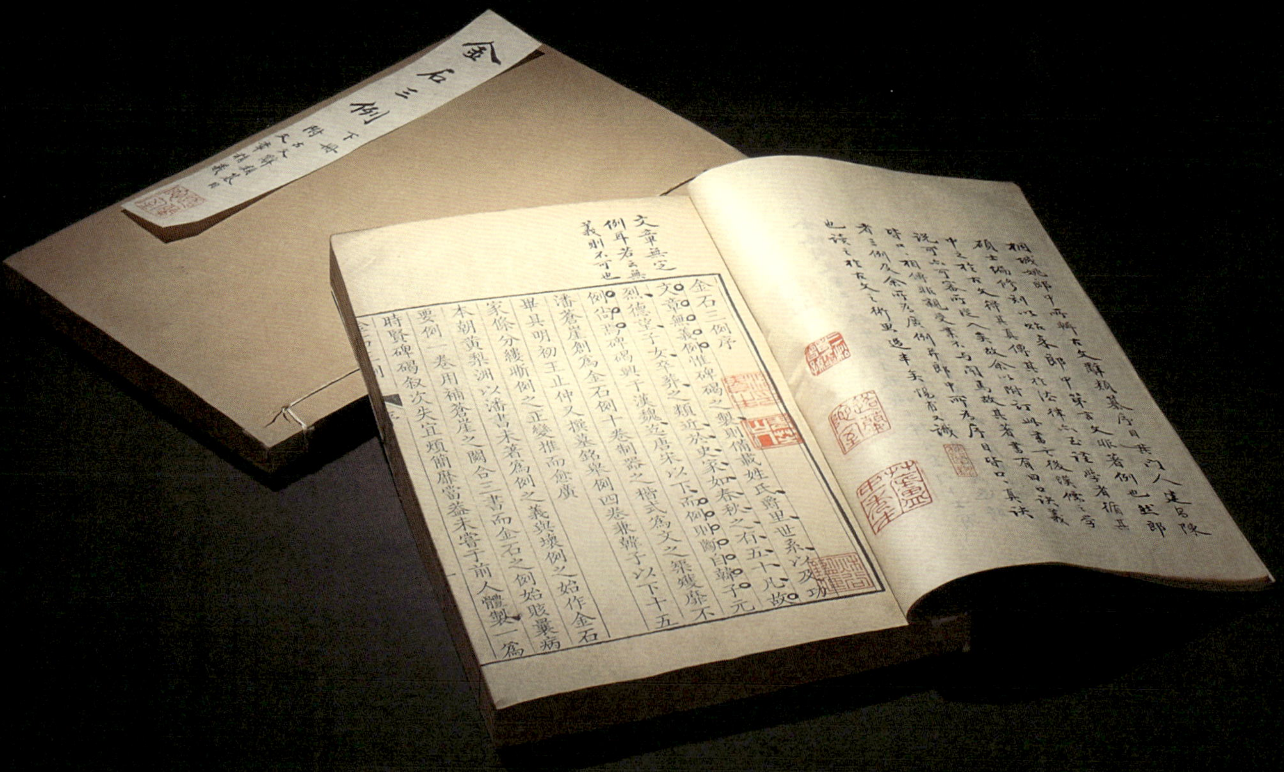

三代時廟碑以麗牲墓碑以下窆故皆有圓穿而無文字

漢碑雖已無屬紼之事然今隸釋隸續及金石圖所

金石例卷之一

濟南　潘昂霄　景梁

○碑碣之始

禮記檀弓下季康子之母死公肩假曰公室視豐碑註言視者時僣天子也豐碑斲大木為之形如石碑於椁前後四角樹之穿中於閒為鹿盧下棺以繂繞天子六繂四碑前後各重鹿盧也三家視桓楹註時僣諸侯諸侯下天子也斲之形如大楹耳四植謂之桓諸侯四繂二碑碑如桓矣大夫二繂二碑士二繂無碑　疏視比擬之辭也斲大木為之形如石碑者禮廟庭有碑故祭義云牲入麗于碑儀禮每云當碑揖此云豐碑故知斲大木為碑也云於椁前後四角樹之者謂椁前後及兩旁樹之角落相望故云非正當椁四角也云穿中於閒為鹿盧者謂穿去碑中之木令使空於空閒著鹿盧兩頭各入碑木云下棺以繂繞者繂卽紼也人各背碑負紼末頭聽鼓聲以漸卻行而下之案春秋天子有隧以羨道下棺所以用碑者凡天子之葬掘地以為方壙漢書謂之方中又方中之內先累椁於其方中南畔為羨道以蜃車載柩至壙說而載以龍輴從羨道而入至方中乃屬紼於棺之緘從上而下棺入於椁之中於此時用碑繂也　又云以言視桓楹不云碑知不似碑形故云如大楹耳通而言之亦

至正丁亥予忝教番昜公之子敏中爲理官嘗屬郡士楊本端如緝其次第既已刻于家而公諸人學之賓師景陽吳君旭子謙吳君以牧謂此書將歸中州則邦之人焉能一一而見之哉盍列之學官以垂永久乃復加校正而壽諸梓於乎古人吾不得而見之矣得見古文斯可矣明年戊子夏六月既望廬陵王思明謹敘

余繙閱是書二十餘年隨手點識不擇丹墨門下士有欲倩度其批點者余靳弗與非靳之也因前此逐時信筆重沓漏略既所弗免且有自相矛盾處未可為學子津梁故也比吾友江錢君試白門歸見此本煩余輒合前後所閱手自重度一過會余病痁呻吟之餘精神未復或尚有複重未可知異日門人中有為余精加刪替併余今所作碑版廣例合刻行之雖謂之金石四例可也嘉慶十三年歲在戊辰重九後三日楞伽山人自識校漚波舫

21

汪士鋐撰　瘞鶴銘考

清康熙五十三年（1714）松南書屋刻本。1册，書長15.5厘米，寬11.4厘米。

提　要：此本刊刻精雅，經梁巘、沈樹鏞遞藏，沈樹鏞同治戊辰年批校并跋，益增其輝。

鑒藏印：安定梁氏、鄭齋校閲本、靈壽花館鑒藏印記、沈氏藏本、金石苑、鄭齋、沈樹鏞印、樹鏞之印

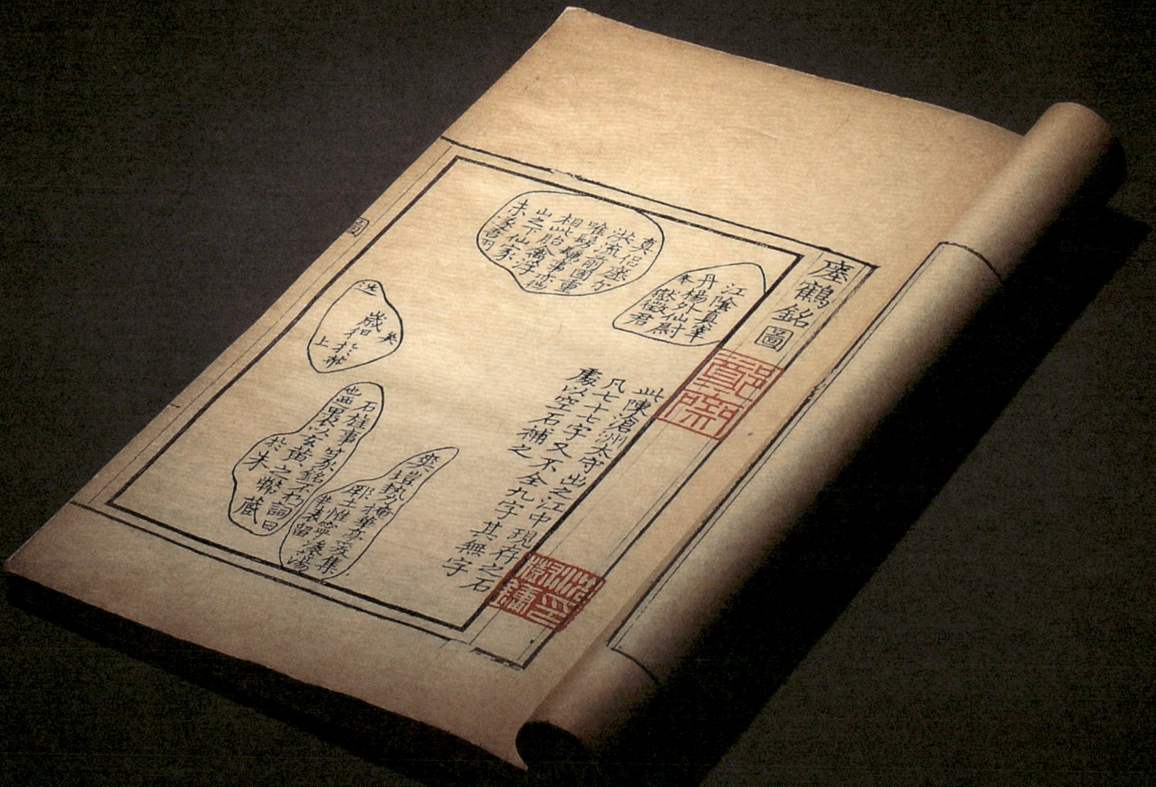

瘞鶴銘考

吳郡　汪士鋐　編

邵資政考次瘞鶴銘文（資政名元字興宗）

鶴壽不知其紀也壬辰歲得於華（闕一字當為亭）甲午歲化於朱方天其未遂吾翔（闕一字當為寥）廓耶奚奪（闕一字）邃也迺裹以玄黃之幣藏乎茲山之下仙家無（闕四字）我竹（此字不全）故立石旌事篆銘不朽詞曰

相彼胎禽浮丘（闕二字）余欲無言尒（闕五字當有雷門二字）去鼓（闕一字當作華）表留（闕二字當為形義）唯髣髴事亦微冥尒將何之解化（闕五字）厂（此字不全又闕五字）惟寧後蕩洪波前固重扃右害荓尸シン字（又闕八）華亭爰集真侶瘞尒（闕二字或文但）

同治丁卯十月重来都門尋此書于廠肆
因假大興劉子重比部家藏蘇齋校本
用朱筆手録一過

鄭齋记時
寓興勝禅
院

瘞鶴銘圖

江陰真宰
丹楊外仙尉
夆嶽徵君

此陳滄洲太守出之江中現存之石
凡七十七字又不全九字其無字
處以空石補之

真侶瘞爾
洪流前固重
唯髣髴事亦微
相此胎禽浮
山之下仙家
未遂吾翔

矣
歲化於華
上
迷

爽塏勢掩華亭爰集
厥土惟寧後蕩
芉表留

石旌事篆銘不朽詞曰
也迺裹以玄黃之幣藏
於朱

22

金幼孜撰　北征録一卷

清同治十三年（1874）潘介祉淵古樓抄明弘治劉氏安正堂本。1册，書長27.8厘米，寬16.7厘米。

提　要：潘介祉先生跋云，此本爲甲戌間借得弘治甲子劉氏安正堂刊本，依原書抄録於“淵古樓抄藏本”黑格稿紙，并以朱筆校其中舛錯脱漏。尾有潘介祉校跋。

鑒藏印：潘叔潤圖書記、潘介祉印、玉笋、叔潤手翰、叔潤藏書

著　録：1、《國立北平圖書館館刊》第五卷第六號，《顧鶴逸藏書目》。

2、《中國著名藏書家書目匯刊-近代卷22》頁543，商務印書館，2005年。

備　注：潘介祉，字叔潤，號玉笋，江蘇吴縣人。藏書甚豐，淵古樓爲其書齋之名。

北征録

太子少保禮部尚書兼武英殿大學士金幼孜撰

永樂八年二月初十日

上親征北虜是日師出北京

駕出德勝門幼孜與光大胡公由安定門出兵甲之雄車馬之盛旌旗之衆耀於川陸風清日和埃塵不興鐃鼓之聲訇震山谷晚次清河行李載車上迯間車行甚艱不能相及乃令從者回取隨身行李炒糒車及餘物俱不能將十一日早發清河迯間雪融泥深馬行甚滑晚次沙河勉仁始至十二日

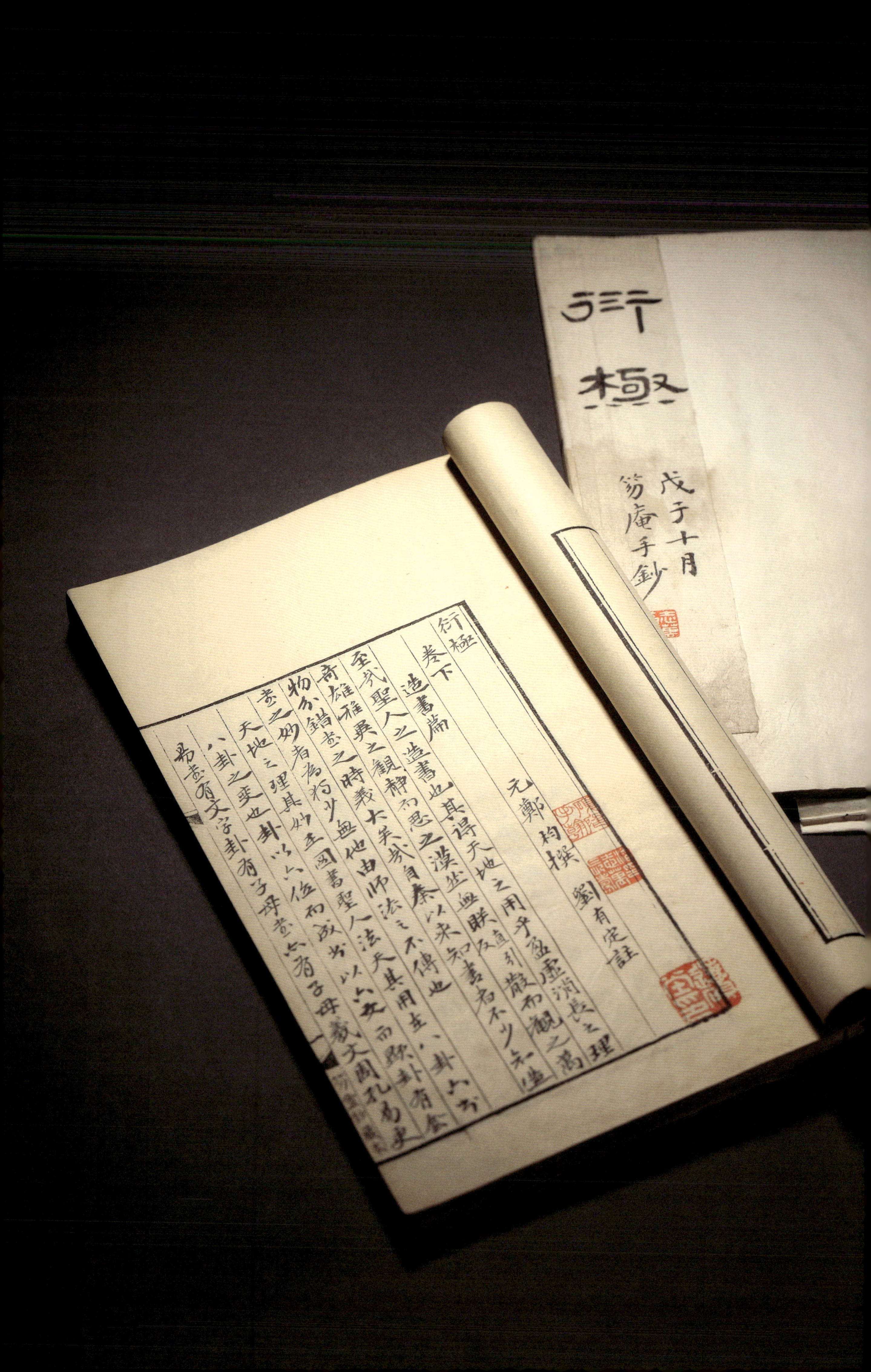
衍極
戊子十月
笏庵手鈔
衍極
卷下
造書篇
元鄭杓撰 劉有定註
至哉聖人之造書也其得天地之用乎盈虛消長之理

23

鄭杓撰、劉有定注　衍極二卷

清末潘志萬抄本。2册，書長27.5厘米，寬17厘米。

提　要：此本以“笏庵抄藏本”黑格稿紙抄成，并録《四庫總目》提要及延祐七年李齊仲思序，至治壬戌劉有定序。潘志萬跋云：“采入四庫，此爲蘇齋校本，師鄦得之緑潤堂，余爲借讀，喜其詳究書學源流，甚爲精博，手録副本以存。”

鑒藏印：碩庭藏書記、碩庭手翰、潘印志萬長壽、道碩堂印、己卯潘生

備　注：潘志萬題簽、手抄并跋。
潘志萬，字碩廷，號笏庵，江蘇吴縣人。諸生。與其父介繁均喜藏書，字學顏、柳，多藏碑版，晚年所書多金石氣。

衍極一書元鄭杓撰劉有定注
採入四庫館此爲蘇齋校本
師鄦得之綠润堂余爲借讀
喜其詳究書學源流甚爲
精博手錄副本以存十日而
竟後之展玩須念家寒抱
一燈忍凍握管時也戊子冬易庵

衍極

卷上

元鄭杓撰　劉有定註

至朴篇

至朴散而八卦興八卦興而書契肇書契肇而篆籀滋

河出圖洛出書聖人則之以畫八卦而書之文已具上古結繩而治後世易之以書契而書之用遂行周官保氏教國子以六書而書之法始備古文籀篆變而至於隸草而書之體滋廣矣

飛天八會已前不可得而詳也

書之本始有三元八會羣方飛天之書又有八龍雲

24

翁方綱撰　粵東金石略九卷附録二卷

清嘉慶十二年（1807）怡亭姜寧冬碧樓影抄本。2冊，書長28.5厘米，寬17.7厘米。

提　要：清抄本，嘉慶丁卯間姜寧朱筆校字。
鑒藏印：怡亭姜氏藏書、姜寧、怡亭、怡園珍藏金石文字圖記

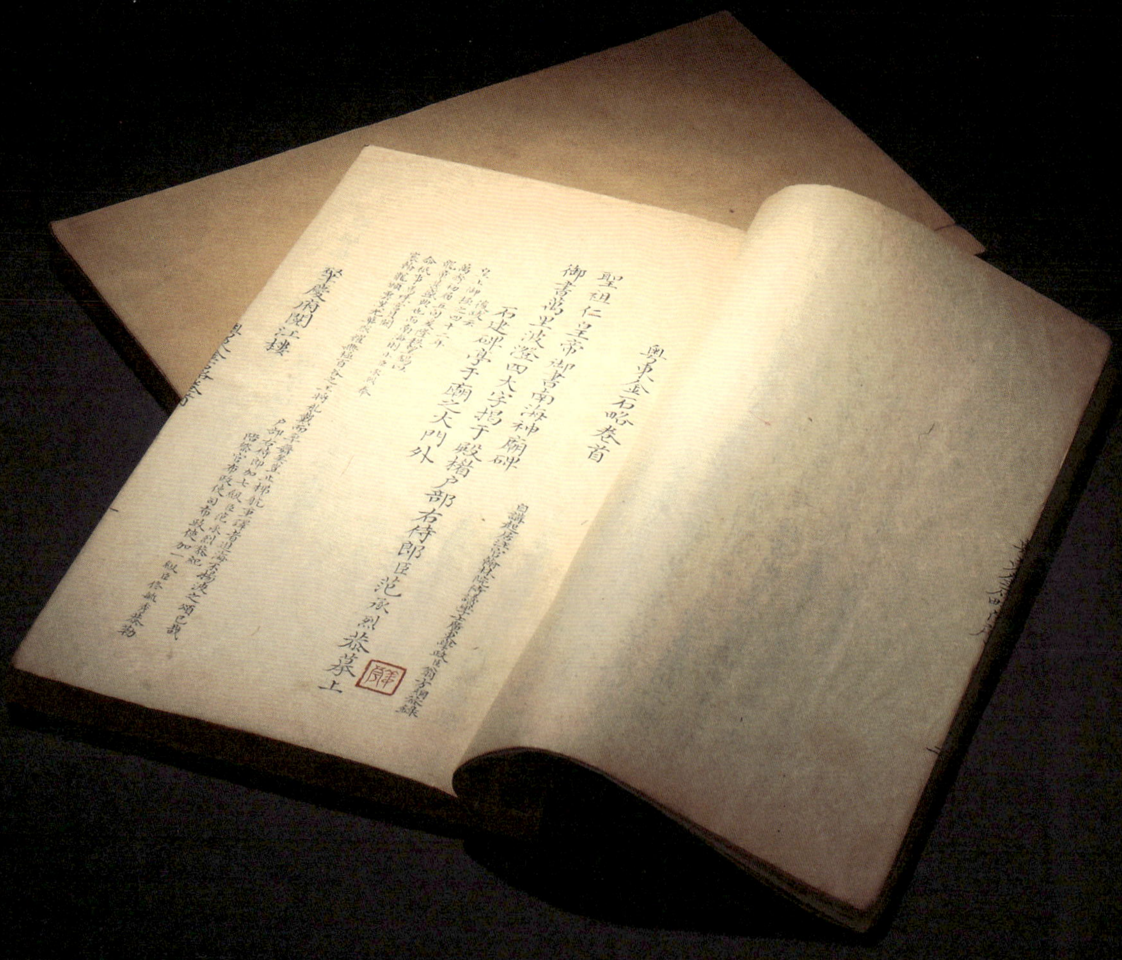

粵東金石略卷第一

廣州府金石一

至聖先師像碑

先師像碑在廣州府學後圃番山燕居亭摹吴道子筆也

左有篆書

宣聖遺像四字右有八分書一段叙摹勒原委至正五年

乙酉正月望日中奉大夫廣東道宣慰使都元帥僧家

奴記承直郎廣東道宣慰使司都元帥府經歷貢師譕

篆額廣東憲曹天台張諲書

宣聖兗公小影碑

張氏重刊
宋本廣韻
澤存堂藏板
宋本廣韻
韻入聲

25

宋本廣韵五卷

清康熙四十一年（1702）張氏澤存堂刻本。5册，書長20.8厘米，寬15.5厘米。

提　要：書有扉頁，書口下有刻工，前有抄配朱彝尊“重刊廣韻序”。此本卷一下有“乙丑三月以集韵勘彼不載者，其旁爲識，澗”朱字一行。卷四尾有“道光元年歲在辛巳，用洪鈐庵所藏曹楝亭家宋小字本，略校一過，千里。”尾有抄“顧炎武書殿撰廣韵後”跋，又有顧千里“書宋槧廣韵後”跋（道光元年顧千里記於環翠山房）。據王大隆先生考訂，此爲顧千里臨惠棟、段玉裁校，并以集韵自校，均爲元和丁士涵先生手録，夾簽均爲丁氏自校者，而顧校原本不知所歸，故王大隆先生編撰“校録”以此臨本爲據，是爲底本。

《廣韻》版本衆多，主要分詳略兩類，張氏存澤堂本爲詳本《廣韻》的代表。葉德輝在《書林清話》讚道：“摹仿宋刻，極肖極精。自明至國朝，刻工如此之精研者，蓋亦鮮矣”，可見其價值之高。

鑒藏印：吴淩張氏、陳寶晋、陳守吾文房印

備　注：丁士涵過録校語，王大隆題跋。

丁士涵（1828–1860），字泳之，元和（蘇州）人，授業陳奐，以經學小學著名。同治舉人，官工部員外郎。

王欣夫（1901–1966），名大隆，字欣夫，號補安，以字行。嘉興人，後遷居蘇州。

廣韻上平聲卷第一

乙丑三月以集韵勘彼不載者以其旁為識 澗薲

東德紅第一獨用　冬都宗第二鍾同用

鍾職容第三　江古雙第四獨用

支章移第五脂之同用　脂旨夷第六

之止而第七　微無非第八獨用

魚語居第九獨用　虞遇俱第十模同用

模莫胡第十一　齊徂奚第十二獨用

佳古膎第十三皆同用　皆古諧第十四

灰呼恢第十五咍同用　咍呼來第十六

眞職鄰第十七諄臻同用　諄之純第十八

道光辛巳再閱 千里

宋文欣同用吻隱同用問獨用焮獨用張書皆如此

重刊廣韻序

聲韻之學盛于六代周捨以天子聖哲分四聲而學者言韻悉本沈約顧其書終莫有傳者今之廣韻源於陸法言切韻而長孫訥言爲之箋注者也其後諸家各有增加已非廣韻之舊然分韻二百有六部未之紊焉自平水劉淵淳祐中始併爲一百七韻於是合殷于文合隱于吻合焮于問盡乖唐人之官韻好異者又惑于婆羅門書取華嚴字母三十有六顛倒倫次審其音而紊其序逮洪武正韻出脣齒之不分清濁之莫辨雖以天子之尊行之不遠則是非之心

韻序 一

陳鱣

之說戴子高擇入校正而顧校原本據前未出京獻徵遺誤亦藏丁處今不知流轉何所幸有此臨校副本在得以據錄入拙撰校錄以惠世之治此書者爰于還書　顧君之日率綴數語以志感乙亥八月九日補安王大隆

此曹張刻廣韻顧澗薲臨惠定宇段茂堂校並自校而前人又從之過錄者不署姓名　顧君公碩出以見示余審定為元和丁泳之先生士涵手錄本中附夾簽則為丁先生所自校余方輯松崖讀書記並欲撰廣韻校錄二書因借歸照錄于自校本上前年曾從上海涵芬樓借得黃蕘圃臨段校與此相勘則黃本多出此本幾百數十條蓋澗薲錄本在乾隆六十年乙卯而蕘圃錄本已在道光四年甲申相去二十九年自以黃本為後定本丁先生為陳南園入室弟子所校集韻殊精審今在張仲仁丈處其改正筱子

宋龔希仲先生著
中吳紀聞
汲古閣原板

26

龔明之撰、毛晉訂　中吴紀聞六卷

明末汲古閣刻本。2册，書長20.3厘米，寬14.5厘米。

提　要：是書卷首第一頁書口中縫有“汲古閣”、“毛氏正本”字樣。首有淳熹九年龔明之原序，尾有毛晉跋。序後録有何焯跋，并校注。據《顧鶴逸藏書目》此本下省注曰：“何義門批”。《中吴紀聞》版本较多，而《四庫全書》本即“據毛晉本繕録”。

鑒藏印：松道人、思齋、梁溪秦玉齋藏書印

著　録：1、《國立北平圖書館館刊》第五卷第六號，《顧鶴逸藏書目》明版書籍。
2、《中國著名藏書家書目匯刊-近代卷22》頁562，商務印書館，2005年。
3、江澄波《古刻名抄經眼録》頁71-72。

備　注：此爲秦鼎雲舊藏。
秦鼎雲，字汾祥，乾隆四十二年拔貢生，爲如皋教諭。常集課諸生，與邑人徐觀政等爲詩社。好古博覽，藏書甚富，鼎彝書畫，無不精審。著有《慎戰慎守編》、《見聞隨筆録》。

毛斧季從崑山葉九來借得舊録本乃其先文莊公菉竹堂所藏故物開卷有文莊名字官銜三印卷末一行云洪武八年從盧公武假本録傳此書始自公武訪求校定復出於世此同邑録傳之本宜其可從是正也友人王受桓借得斧季勘本予復傳焉因記其所自

康熙庚辰十二月十九日雪霽牕明呵凍書 焯

中吳紀聞序

吾家自先殿院占籍中吳距今幾二百祀相傳已及雲仍矣嘐之幼嘗逮事王父每聞講論鄉之先進所以誨化當世者未嘗不注意高仰云抄作景少長從父黨游皆名人魁士及又獲識典刑於親炙之久乃從事於進取虞庠曾泮餘三十年同舍亦多文人行士揭德振華咸有可紀厥後世異事變利門名路絕不復往由是聲迹益晦陋瓜疇芋區不過老農相爾汝所與笑談者無復

紀聞序

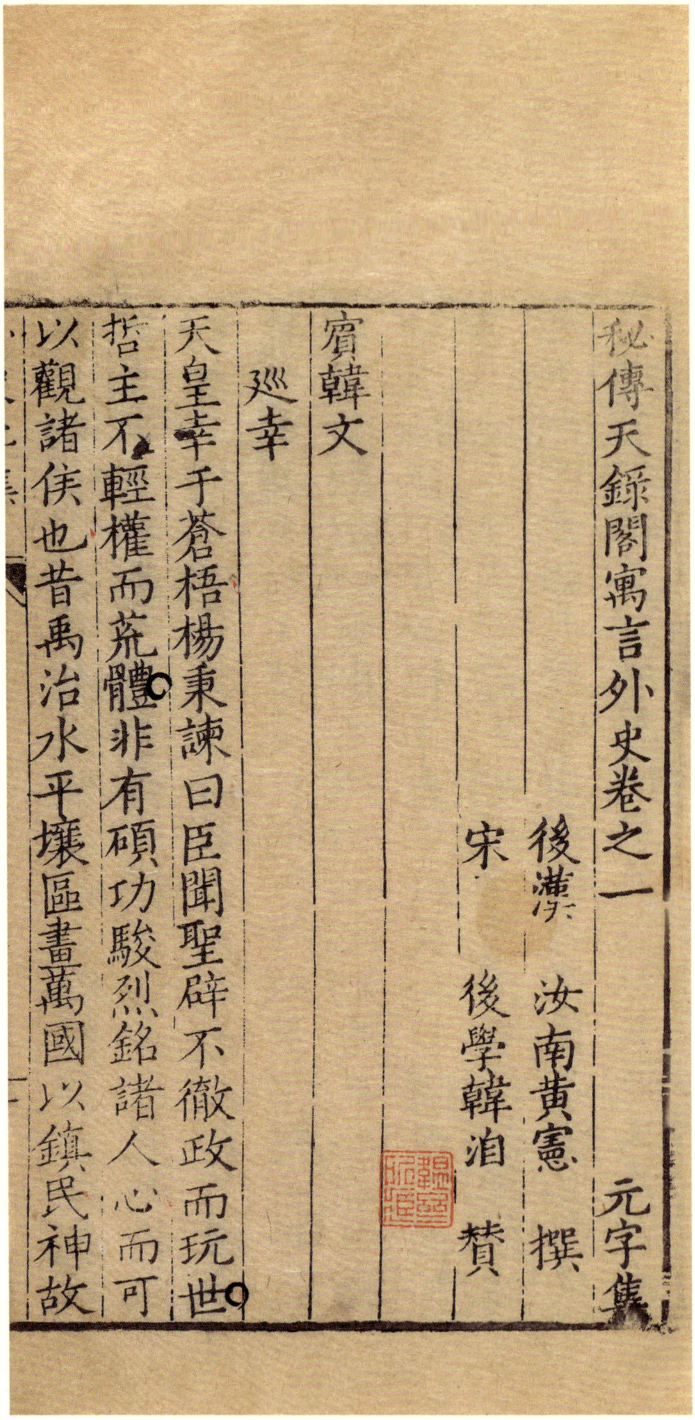
秘傳天錄閣寓言外史卷之一　元字集
後漢　汝南黃憲　撰
宋　後學韓洎　贊
賓韓文
巡幸
天皇幸于蒼梧楊秉諫曰臣聞聖辟不徹政而玩世
哲主不輕權而荒體非有碩功駿烈銘諸人心而可
以觀諸侯也昔禹治水平壤區畫萬國以鎮民神故

27

27

黃憲撰　秘傳天禄閣寓言外史八卷

明隆慶四年（1570）昆山沈松石刻本。4册，書長18厘米，寬11.8厘米。

提　要：此書卷首序後有刻書牌記，卷末有“皇明隆慶庚午昆山沈松石校槧於留春書院”牌記。

鑒藏印：莎□課經、履芬讀過、汝玉、臣沈印、鐵雲、瓶水齋、沄生之印、履芬讀過、韞齋所藏、江山劉履芬彦清考得

著　録：1、《國立北平圖書館館刊》第五卷第六號，《顧鶴逸藏書目》清朝精印本，并注爲舒鐵雲、王仲霞手批本。
2、《中國著名藏書家書目匯刊–近代卷22》頁578，商務印書館，2005年。

備　注：劉峴、舒鐵雲跋。劉峴舊藏。

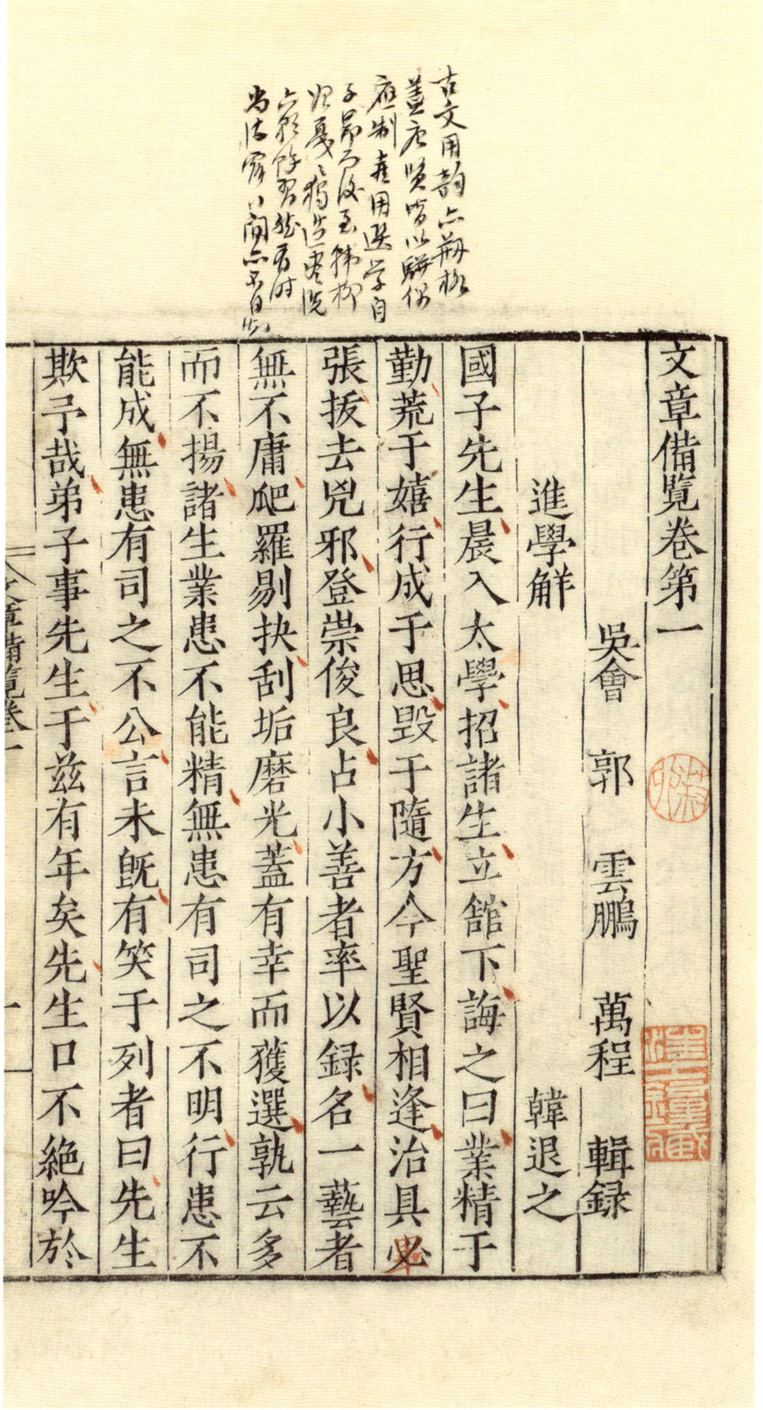

文章備覽卷第一

吳會 郭 雲鵬 萬程 輯録

進學解 韓退之

國子先生晨入太學招諸生立館下誨之曰業精于勤荒于嬉行成于思毀于隨方今聖賢相逢治具畢張抜去兇邪登崇俊良占小善者率以録名一藝者無不庸爬羅剔抉刮垢磨光蓋有幸而獲選孰云多而不揚諸生業患不能精無患有司之不明行患不能成無患有司之不公言未既有笑于列者曰先生欺予哉弟子事先生于茲有年矣先生口不絶吟於

28

28

郭雲鵬輯録　文章備覽二卷

明姑蘇郭榜峰家刻本。1册，書長18厘米，寬14厘米。

提　要：此書刻於嘉靖年間，爲罕見之本。目録後下有小牌記："姑蘇盤門内郭榜峰家梓"，内有佚名朱筆校字。

鑒藏印：郭海陳氏家藏、菽卯、汪士鐘藏、子晋

著　録：1、《國立北平圖書館館刊》第五卷第六號，《顧鶴逸藏書目》。
2、《中國著名藏書家書目匯刊–近代卷22》頁549，商務印書館，2005年。

備　注：毛晋、汪士鐘舊藏。
汪士鐘，字春霆，號閬源，長洲人，清代藏書家。尤喜黄丕烈舊藏，凡有黄氏跋語之書，雖一行數字，必重價收之。

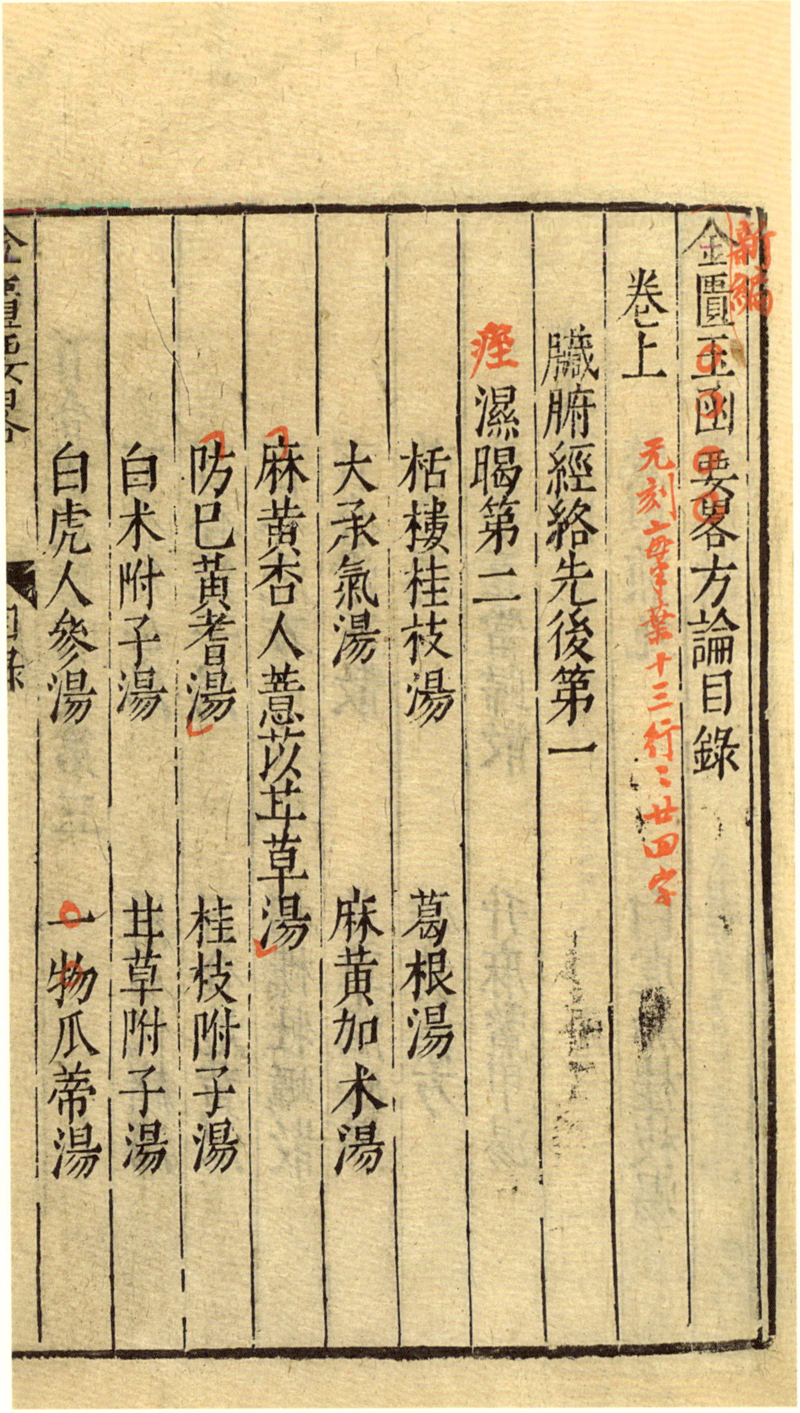

29

29

新編金匱要略方論三卷

明萬曆間刻本。1册，書長20.2厘米，寬13.5厘米。

提　要：内有朱筆評校。尾有同治丁卯“借元刻本校正舊本，藏孫從添家，後入袁氏五硯樓”題記，并補抄元至元鄭珍序。
鑒藏印：清獻後裔、子晋
備　注：毛晋舊藏。

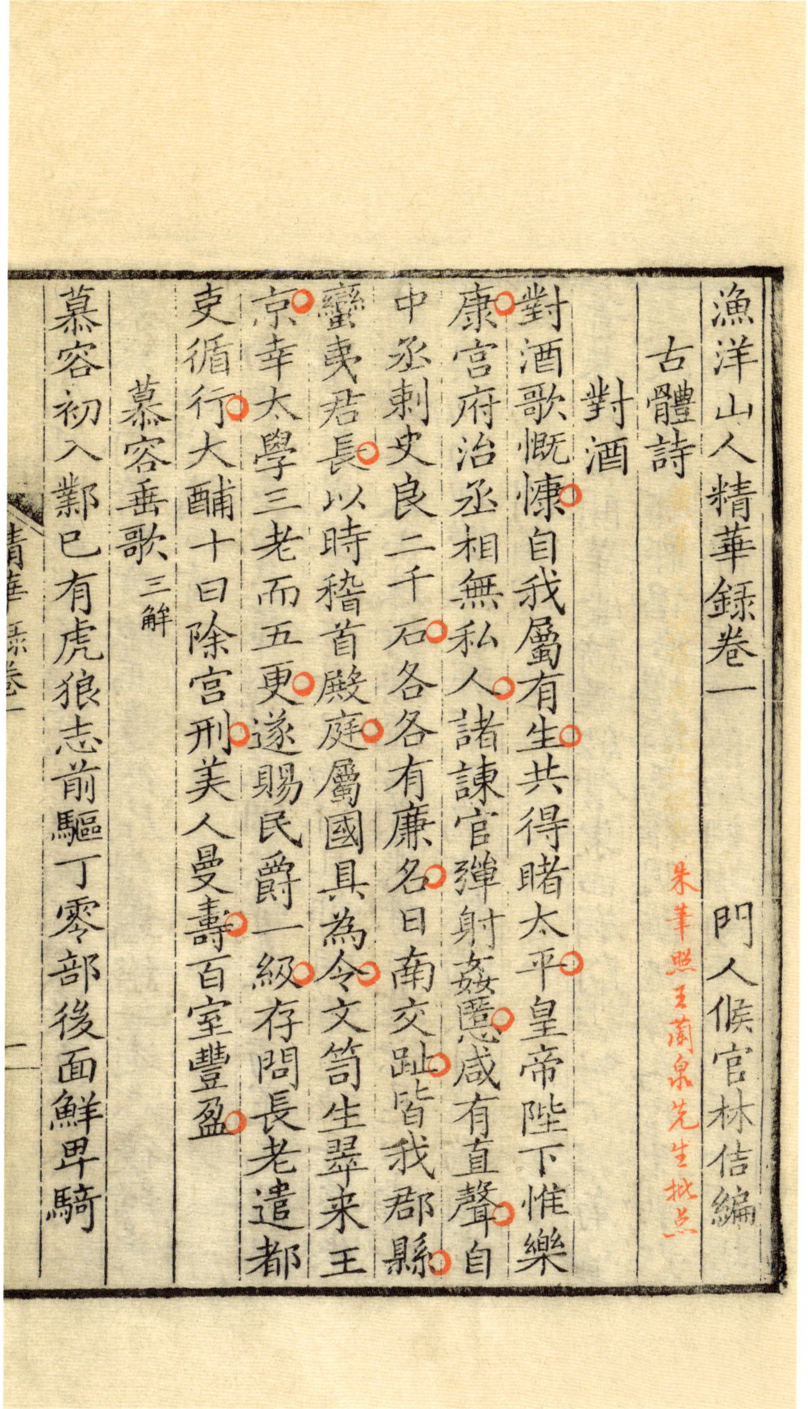

漁洋山人精華録卷一　門人侯官林佶編

古體詩

朱筆照王蘭泉先生批点

對酒

對酒歌慨慷自我屬有生共得睹太平皇帝陛下惟樂康宮府治丞相無私人諸諫官彈射姦慝咸有直聲自中丞刺史良二千石各各有廉名日南交趾皆我郡縣蠻夷君長以時稽首殿庭屬國具為令文筍生翠来王京幸太學三老而五更遂賜民爵一級存問長老遣都吏循行大酺十日除宮刑美人曼壽百室豐盈

慕容垂歌三解

慕容初入鄴巳有虎狼志前驅丁零部後面鮮卑騎

30

30

王士禛撰、林佶編　漁洋山人精華録十卷

清康熙三十九年刻本。4册，書長18.6厘米，寬14.6厘米。

提　要：林佶手寫上版，此書爲康熙朝軟體寫刻的典範。内有黄朱二筆過録校，黄筆過録沈歸愚批點，朱筆過録王蘭泉批點。首有王士禛像，爲鮑聞野刊。

《漁洋山人精華録》於康熙三十九年（1700）編定，林佶所作漁洋山人精華録後序，落款是“庚辰夏五”，書成時士禛六十七歲，已至晚年；漁洋自撰年譜未載。《四庫全書總目》提要曰：“士禛晚年，仿宋黄庭堅精華録例，自定其詩爲此本”。書凡十卷，前四卷載古體詩，後六卷載今體詩，共一千六百九十四首，堪稱巨著。

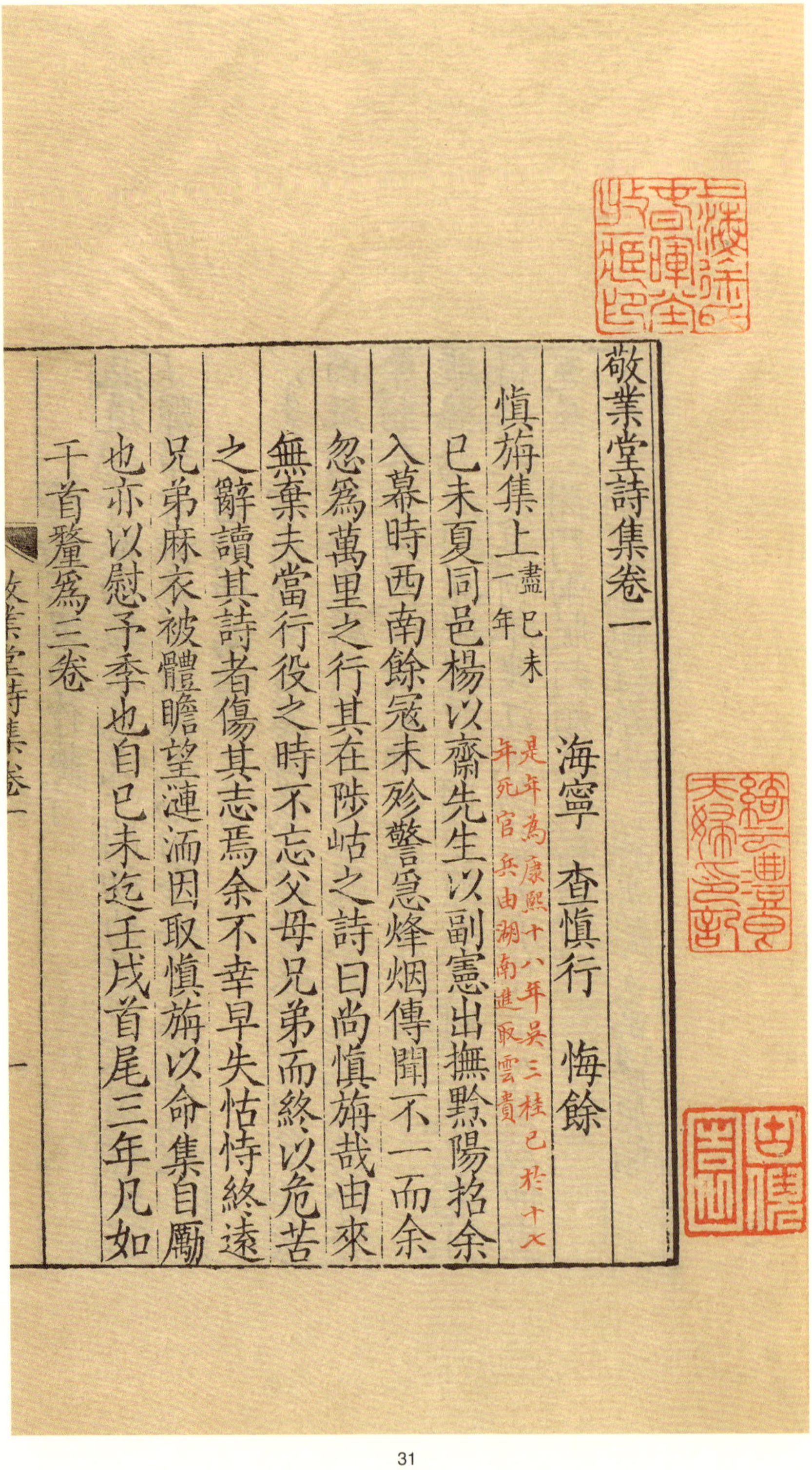
敬業堂詩集卷一

慎旃集上 盡己未一年　　海寧　查慎行　悔餘

是年爲康熙十八年吳三桂已於十七年死官兵由湖南進取雲貴

己未夏同邑楊以齋先生以副憲出撫黔陽招余入幕時西南餘寇未殄警急烽烟傳聞不一而余忽爲萬里之行其在陟岵之詩曰尚慎旃哉由來無棄夫當行役之時不忘父母兄弟而終以危苦之辭讀其詩者傷其志焉余不幸早失怙恃終遠兄弟麻衣被體瞻望漣洏因取慎旃以命集自勵也亦以慰予季也自己未迄壬戌首尾三年凡如干首釐爲三卷

敬業堂詩集卷一　一

31

31

查慎行撰　敬業堂詩集五十卷

清康熙五十八年（1719）刻本。6册，書長17.6厘米，寬13厘米。

提　要：書内有朱筆批校。

鑒藏印：曾爲徐紫珊所藏、徐渭仁印、紫珊、上海徐氏春暉堂收藏印、綺雲澧香夫婦印記、古倪園、瓔珞經齋、沈恕私印、沈恕點勘、沈大成、沈敬彝印、沈郎書室讀本、徐渭仁印、七松、七菘因所珍藏印、學子

備　注：沈恕、徐渭仁舊藏。

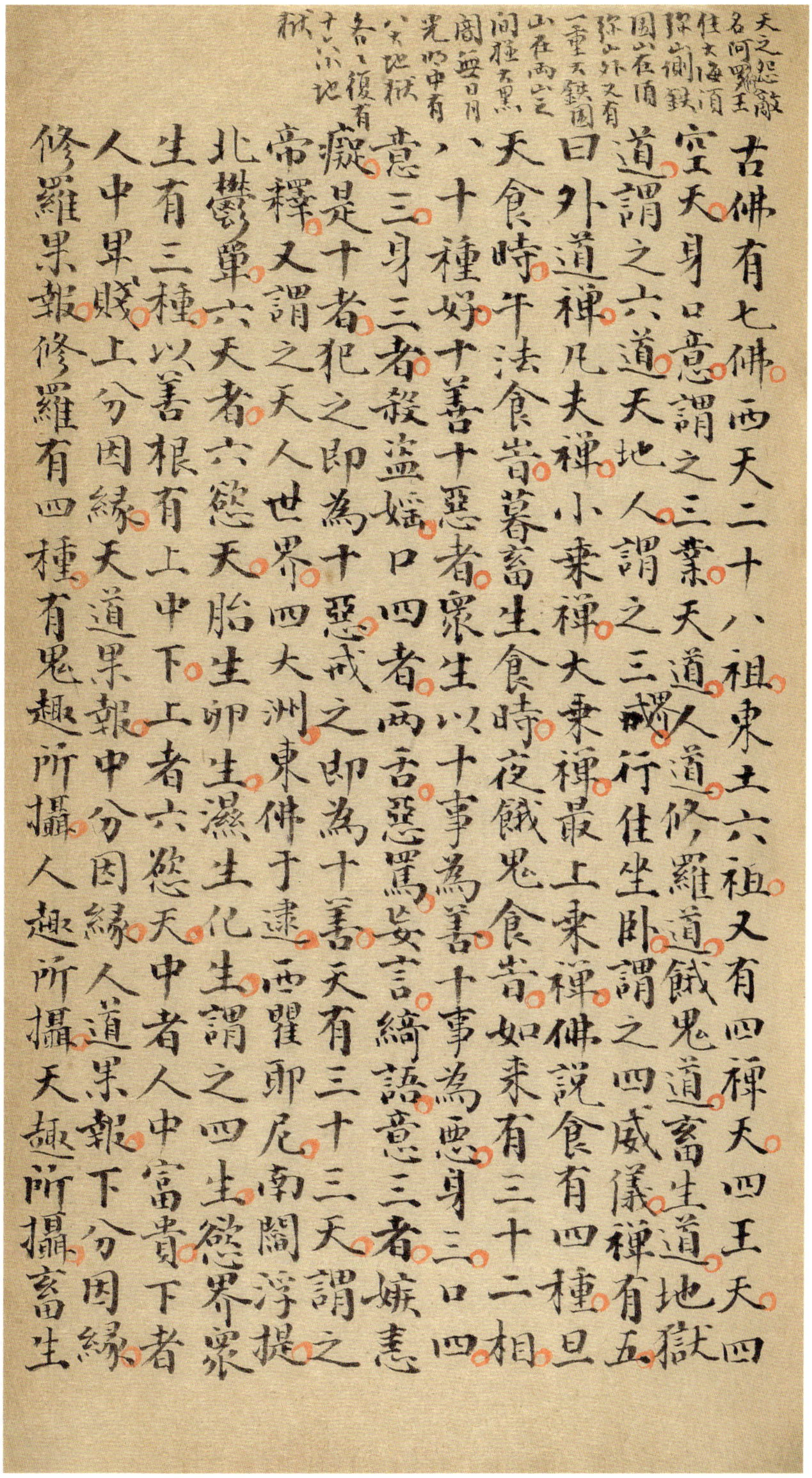
天之怨敵名阿脩羅王住大海須彌山側鐵圍山在須彌山外又有一重大鐵圍山在兩山之間極大黑闇無日月光明中有八大地獄各又復有十六小地獄

古佛有七佛西天二十八祖東土六祖又有四禪天四王天四空天身口意謂之三業天道人道修羅道餓鬼道畜生道地獄道謂之六道天地人謂之三才行住坐卧謂之四威儀禪有五曰外道禪凡夫禪小乘禪大乘禪最上乘禪佛説食有四種旦天食時午法食旹暮畜生食時夜餓鬼食旹如來有三十二相八十種好十善十惡者衆生以十事為善十事為惡身三口四意三身三者殺盜婬口四者兩舌惡駡妄言綺語意三者嫉恚癡是十者犯之即為十惡戒之即為十善天有三十三天謂之帝釋又謂之天人世界四大洲東佛于逮西瞿耶尼南閻浮提北鬱單六天者六慾天胎生卵生濕生化生謂之四生慾界衆生有三種以善根有上中下上者六慾天中者人中富貴下者人中卑賤上分因緣天道果報中分因緣人道果報下分因緣修羅果報修羅有四種有鬼趣所攝人趣所攝天趣所攝畜生

32

32

佚名　佛道集録

清初抄本。1册，書長24厘米，寬15.5厘米。

提　要：内有墨筆批語。

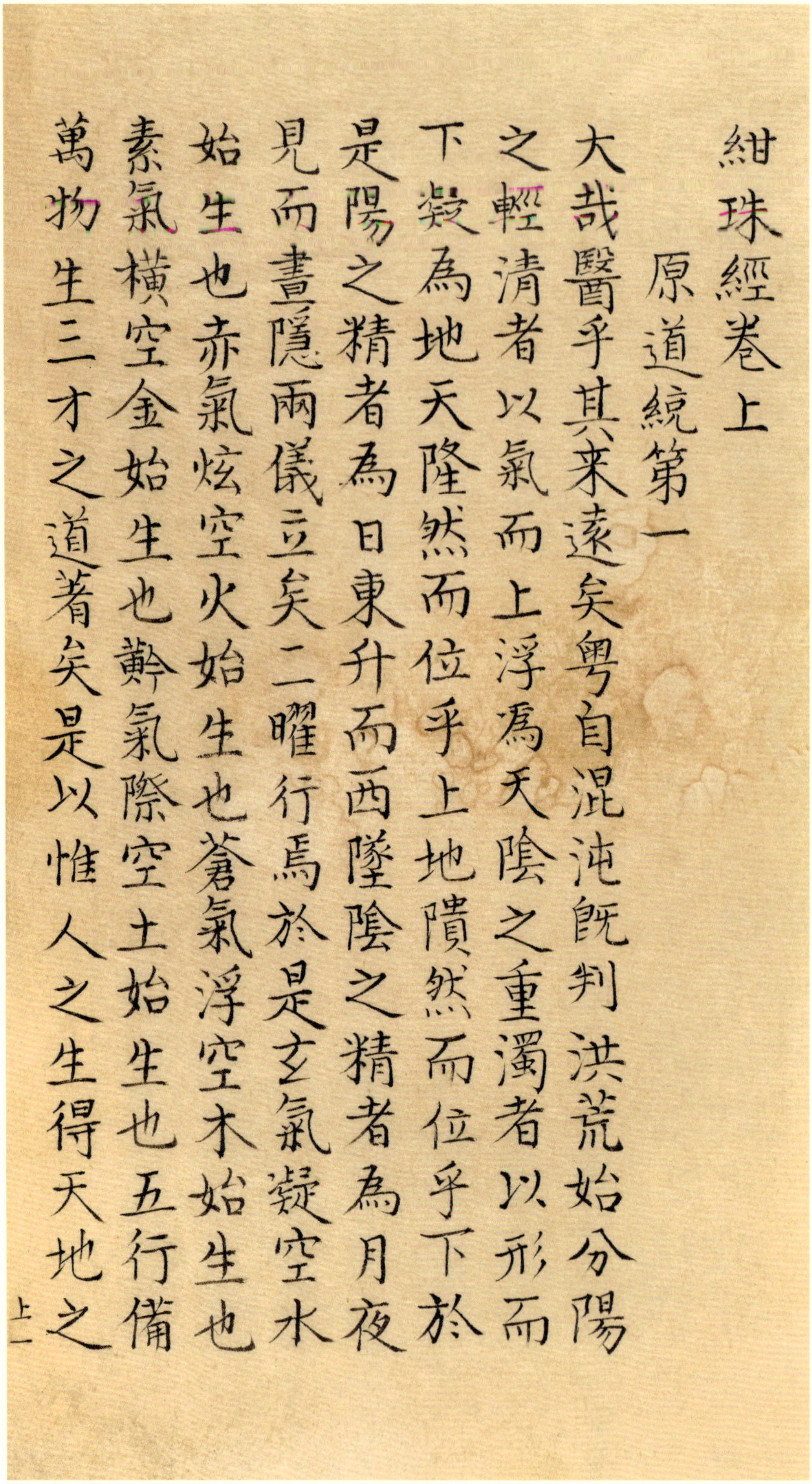
紺珠經卷上

原道統第一

大哉醫乎其來遠矣粤自混沌既判洪荒始分陽之輕清者以氣而上浮爲天陰之重濁者以形而下凝爲地天隆然而位乎上地隤然而位乎下於是陽之精者爲日東升而西墜陰之精者爲月夜見而晝隱兩儀立矣二曜行焉於是玄氣凝空水始生也赤氣炫空火始生也蒼氣浮空木始生也素氣橫空金始生也黅氣際空土始生也五行備萬物生三才之道著矣是以惟人之生得天地之

33

33

紺珠經二卷

清抄本。2册，書長25.8厘米，寬16.2厘米。

提　要：上卷曰原道統，曰推運氣，曰明形氣，曰評脉法。下卷曰察病機，曰理傷寒，曰演治法，曰辨藥性，曰十八劑。融會諸家之説，議論頗爲純正。内有朱筆校。

著　録：1、《國立北平圖書館館刊》第五卷第六號，《顧鶴逸藏書目》精寫舊抄本。

2、《中國著名藏書家書目匯刊-近代卷22》頁552，商務印書館，2005年。

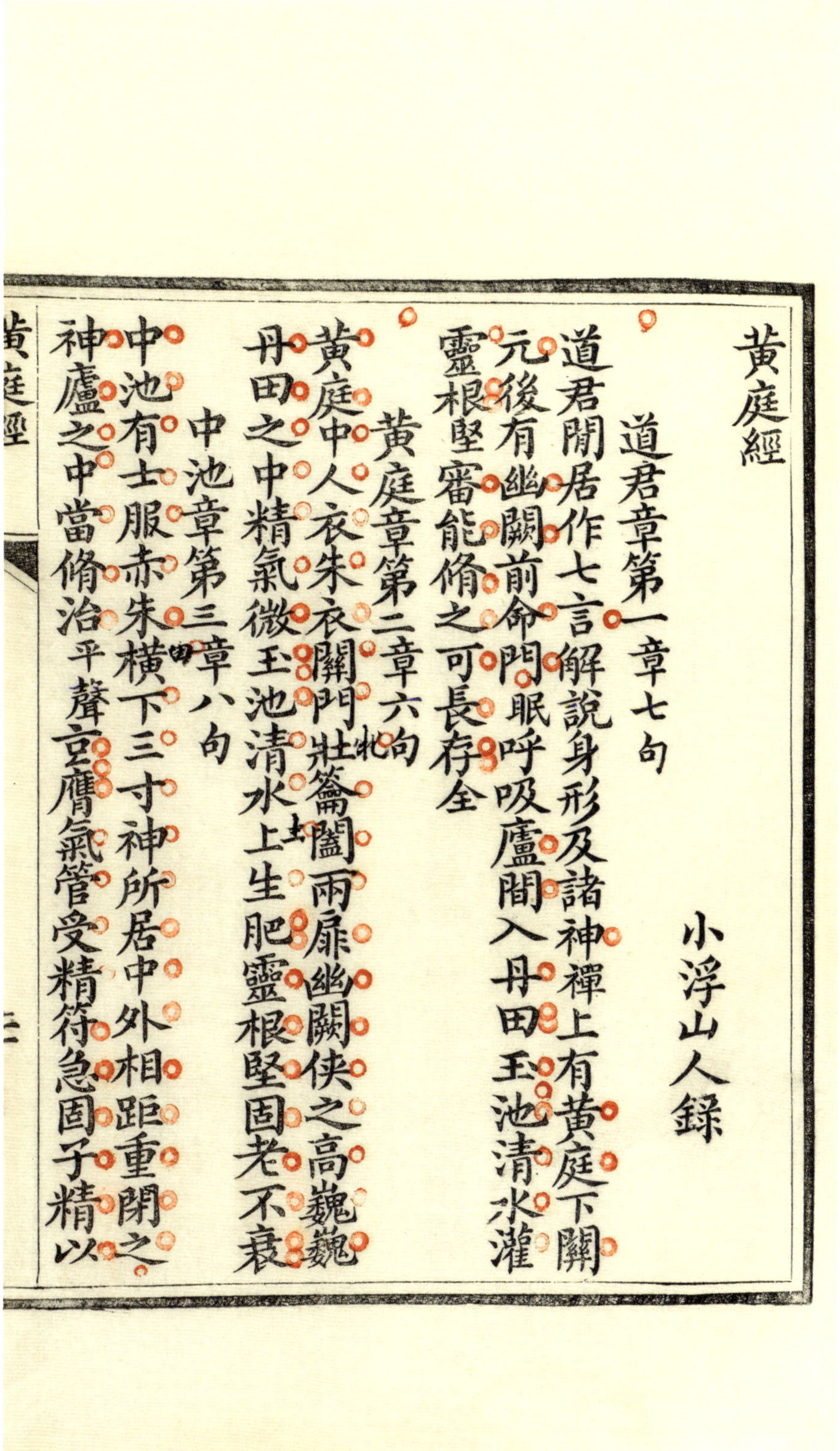
黃庭經

小浮山人録

道君章第一章七句

道君閒居作七言解說身形及諸神禪上有黃庭下關元後有幽闕前命門眠呼吸廬間入丹田玉池清水灌靈根堅審能脩之可長存全

黃庭章第二章六句

黃庭中人衣朱衣關門壯籥闔兩扉幽闕俠之高巍巍丹田之中精氣微玉池清水上生肥靈根堅固老不衰

中池章第三章八句

中池有士服赤朱橫下三寸神所居中外相距重閉之神廬之中當脩治平聲玄膺氣管受精符急固子精以

黃庭經　二

34

34

小浮山人録　道經四種

清光緒十四年（1888）刻本。1册，書長17.8厘米，寬14.5厘米。

提　要：此書尾有欲寡過齋原跋，考書内收藏印爲相同者，可證爲作者自留本也。書内有收藏及刻書者親筆批注。内有金光神咒、黃庭經、清净經、南華副黑亂辭等道經四種。

鑒藏印：萬物静觀、欲寡過齋

稿本

所謂稿本，就是書籍的原始形態，由於稿本的真實性、唯一性，稿本往往是孤本，因而具有較高的學術價值和文物價值。稿本中有的書從來未經傳鈔刊刻，當然是孤本，價值自不待言。

稿本又分爲清稿本和草稿本兩種。

清稿本是指作者的寫定本，有的是作者親自繕寫，有的是請人繕寫，再由作者審定，準備付印的書稿。草稿本則是作者信筆書寫或修改而成的，是書籍的最原始形態。從草稿本中最易看清作者的思想脈絡和心路歷程，便於知人論世。名家稿本，更是珍貴的手跡文物。

抄本

抄本大致可分以下三種：一、原稿本亡佚，又未曾刊刻，僅靠抄本保留了原書的面貌，可以說是下真跡一等，起到了稿本的作用。二、名家抄本。抄本原來就比印本稀少，價值就高。如果是名家抄本，出於名人手筆，具有名人效應，價值就更高。此次過雲樓藏書中有劉履芬稿抄本8部，包括抄本《乾道臨安志》、《遂初堂書目》、《秋笳集》、《鄭志》、《尚書大傳考纂》等；其中還包括他的稿本《鷗夢詞》，尤爲人矚目。三、影抄本。影抄本顧名思義，就是指後人用近乎透明的薄紙在宋元明古書上影寫或摹寫，保存了原書面貌。有的原書亡佚，影抄本就成爲下真跡一等的孤本。其資料價值、文物價值之高，毋庸置疑。

稿本、抄本

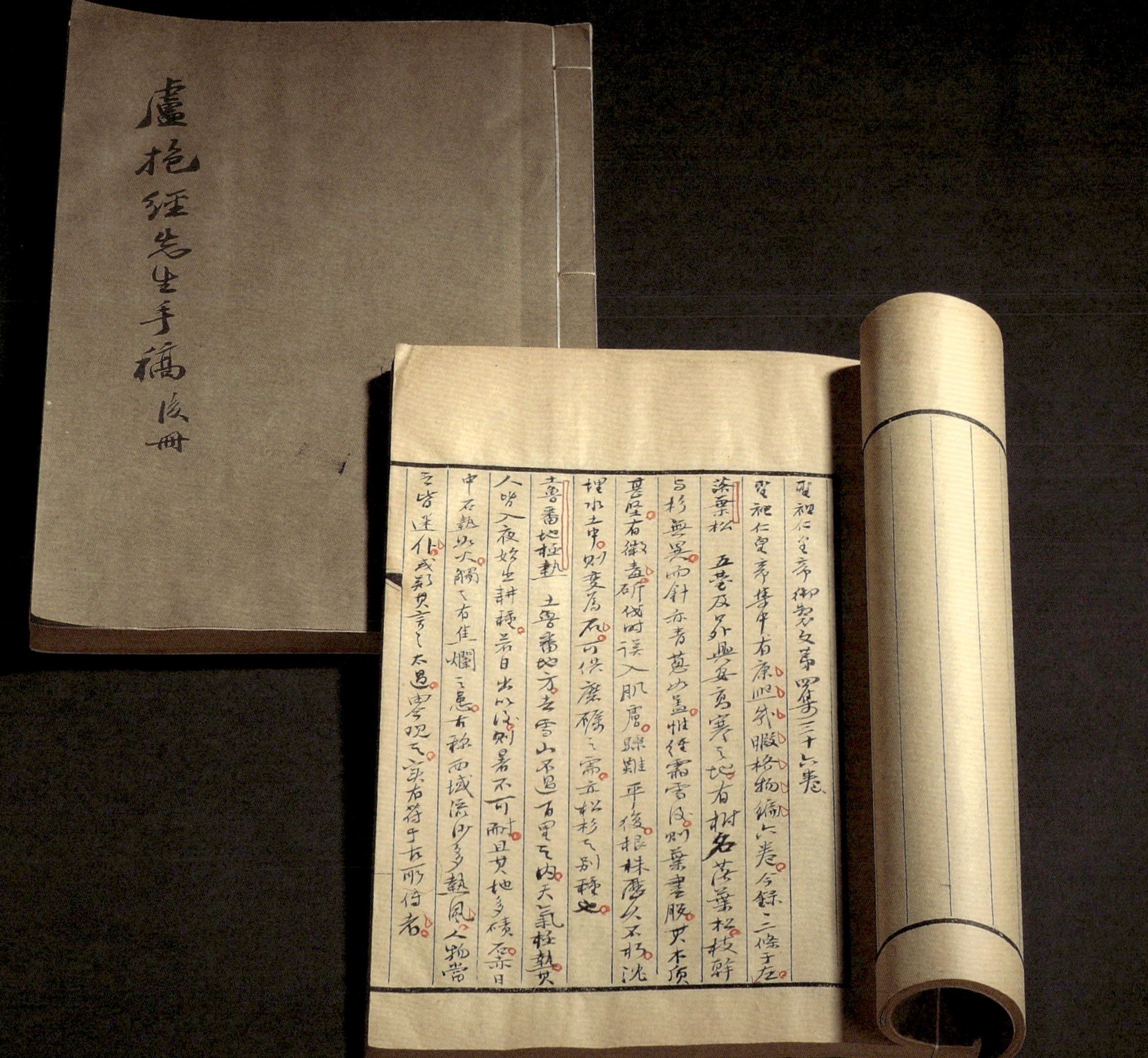
聖祖仁皇帝御製文第四集三十六卷
落葉松

35

盧文弨撰　盧抱經先生手稿

清乾隆間盧文弨稿本。2册，書長26.9厘米，寬17.3厘米。

提　要：此本爲盧文弨讀書筆記稿本，内容天文地理、先朝掌故、本朝聖訓，無不涉及。

著　録：1、《國立北平圖書館館刊》第五卷第六號，《顧鶴逸藏書目》精寫舊抄本，作"掌録"。
2、《中國著名藏書家書目匯刊-近代卷22》頁542，商務印書館，2005年。

備　注：盧文弨（1717-1796），字召弓，一作紹弓，號磯漁，又號檠齋，抱經，人稱抱經先生，仁和人。文弨一生好學，與戴震、段玉裁友善，潛心漢字，以校勘古籍稱名於世。他對經義注疏有獨到的見解。他校勘的古籍多達210多種，并鏤板刊印，匯成《抱經堂叢書》十五種。他又廣收博采，搜羅珍異版本，家有藏書樓名"抱經堂"，與寧波盧址抱經樓爲浙江東、西兩"抱經"，藏書達數萬卷。著有《抱經堂集》三十四卷、《禮儀注疏詳校》十七卷、《鐘山札記》四卷、《龍城札記》三卷、《廣雅釋天以下注》二卷。

聖祖仁皇帝御製文第四集三十六卷

聖祖仁皇帝集中有康熙幾暇格物編六卷今録一二條于左

落葉松　五臺及口外興安高寒之地有樹名落葉松枝幹與杉無異而針亦青葱蓋惟經霜雪則葉盡脱其木質甚堅有微香斫伐時誤入肌膚雖平復根株歷久不朽沈埋水土中則變為石可供磨礪之需亦松杉之別種也

土魯番地極熱　土魯番地方去雪山不過百里之内天氣極熱其人皆入夜始出耕種若日出以後則暑不可耐且其地多磧石赤日中石熱如火觸之有焦爛之患古稱西域流沙多熱風人物當之皆迷仆或竟死其言之太過然吾觀之實有符于古所傳者

聖祖仁皇帝庭訓格言一卷，共二百四十六則。世宗憲皇帝記錄所奉隨時

訓諭之緒也。此書在聖訓之外，刻於雍正八年。周詳諄摯，皆修己

治人之要道也。敬錄數則于左。

訓曰：朕八歲登極，即知黽勉學問。彼時教我句讀者有張、林兩

侍從，係明時多讀書人。其教書惟以經書為要，至于詩文則在所

後。及至十七八，更篤於學，逐日未理事前五更即起誦讀，日暮

理事稍暇，復講論琢磨，竟至過勞，痰中帶血，亦未少輟。朕少

年好學如此。更耽好筆墨，有翰林沈荃素學明時董其昌字

體，曾教我書法。張、林二內侍從及見明時善於書法之人，亦常

指示。故朕之書法有異於尋常人者以此。

致身録十無辨
溧陽族孫史 夔冑司鑒定 十二世孫史 煒纂述
徐 釚虹亭填諱 史氏通族子姓訂正
邑後學 邑 咸南川校閱 同學諸子參考
先公諱仲彬字文質號清號謚忠獻吴江之黃家溪人禾郡思賢
鄉其祖籍也明洪武二十四年應詔縛倉縱官獻闕下數奏詳敏
帝嘉悅命主政户部慮金穀事重固辭賜饌及鈔傳歸建文嗣統
以明經薦授翰林侍書時慎教諸王增賓輔秩先公得除徐府王
未之國留中朝疏諫時政多所建明甫拜侍讀學士而靖難兵已
入金川遂決龍潛之策載帝以歸文皇即位徧籍亡去諸臣追奪

36
史夔鑒定、史煒纂述　致身録十無辨

清雍正元年（1723）史煒稿本。3册，書長27.2厘米，寬16厘米。

提　要：此本尾有雍正元年史煒跋，稱“重訂謹書”。書中“貞”字避諱，“弘”字不避諱，爲史煒稿本。此係史氏家傳之物。此書《中國古籍善本書目》著録，然著録爲《致身録》一卷，明史仲彬撰，或有附編一卷附録一卷，而此本作致身録十無辨，致身録續辨證，題致身録續辨後。《致身録》爲明代史仲彬著筆記小説，記帝出亡後事甚具。

鑒藏印：松陵史蓉莊藏

著　録：1、《國立北平圖書館館刊》第五卷第六號，《顧鶴逸藏書目》精寫舊抄本。
2、《中國著名藏書家書目匯刊–近代卷22》頁551，商務印書館，2005年。

備　注：史夔（1661–1713），字胄司，號耕岩，江蘇溧陽人。康熙四十九年受命爲《康熙字典》纂修官，居於27名纂修官的第二位。詩品甚高，沈德潛多有稱贊，有《樟亭》、《扶胥》等集。

無𢫬之於前四謬三妄咻之於後昌言讜論而嚴斥之者如張瑶星黄石齋吴匪庵顧芝岩聶恒佩宋豫庵諸公後先橐筆幾按劍而衝冠為子孫者聳其邪而破其偽據事直書以就正於有道亦情不能已而理所不得不然也古者造言之刑次於不孝不弟彼飾詞誣善搖乱是非者其能逃論世者之誅哉

右十無諸辨徵討史集志乘碑記襍言凡六十餘種援名賢之碩論攻蒙叟之偏私亦庶以表隱節雪沉冤矣繼得潘傍續誣蓋其客廣時搆讒者嗾之逞一時虛憍之氣激發而為風影游掠之言詆〻自矜遽災梨棗未能鑠金銷骨先多誤記招尤因復為理解附之卷末回憶旅次孤燈親朋高會間有所得必札記不遺數十年来彙粹之艱不知幾經隕心危涕也 先公靈爽實鑒臨之雍正元年陽月中浣日竹圃史煒重訂謹書

致身録十無辨

溧陽族孫史　夔冑司鑒定　十二世孫史　煒纂述

邑後學　徐　釚虹亭填諱　史氏通族子姓訂正

邑　咸南川校閱　同學諸子叅考

先公諱仲彬字文質號清號謚忠獻吳江之黃家溪人禾郡思賢鄉其祖籍也明洪武二十四年應詔縛貪縱官獻闕下數奏詳敏帝嘉悅命主政户部應金穀事重固辭賜饌及鈔傳歸建文嗣統以明經薦授翰林侍書時慎教諸王增賓輔秩先公浮除徐府王未之國留中朝疏諫時政多所建明甫拜侍讀學士而靖難兵已入金川遂決龍潛之策載帝以歸文皇即位徧籍亡去諸臣追奪

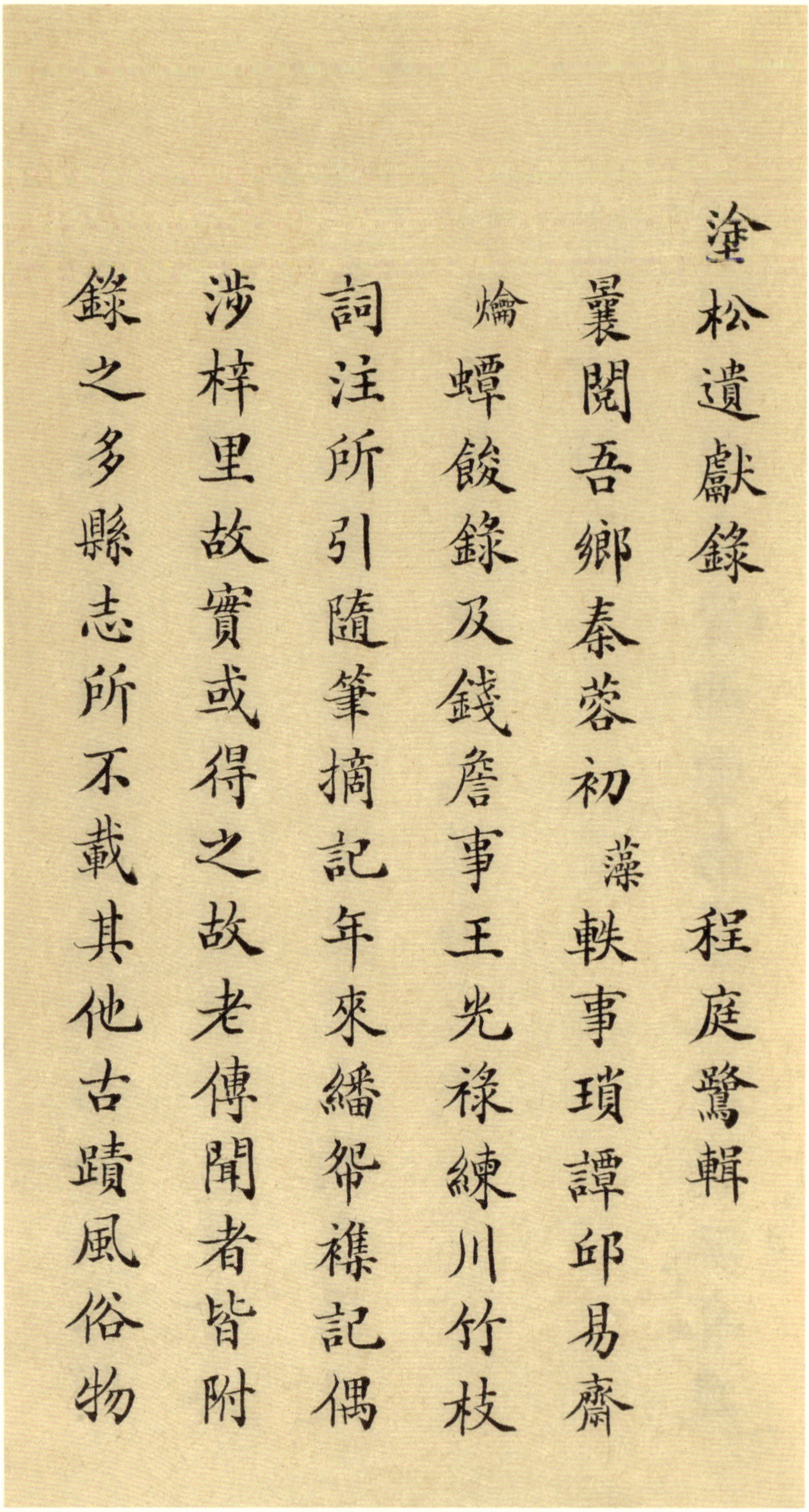

塗松遺獻錄

程庭鷺輯

曩閱吾鄉秦蓉初藻軼事瑣譚邱易齋[illegible]蟫餕錄及錢詹事王光祿練川竹枝詞注所引隨筆摘記年來繙帋襍記偶涉梓里故實或得之故老傳聞者皆附錄之多縣志所不載其他古蹟風俗物

37

37

程庭鷺輯　塗松遺獻録

清程庭鷺稿本。1册，書長20.7厘米，寬12.8厘米。

提　要：此書首有鶴槎山民識，爲嘉定地方文獻。分官司、學校、鄉型、古迹、風俗、物産、志異、軼事，其中有關嘉定的抗清史料頗爲珍貴。

著　録：1、《國立北平圖書館館刊》第五卷第六號，《顧鶴逸藏書目》精寫舊抄本。

2、《中國著名藏書家書目匯刊–近代卷22》頁554，商務印書館，2005年。

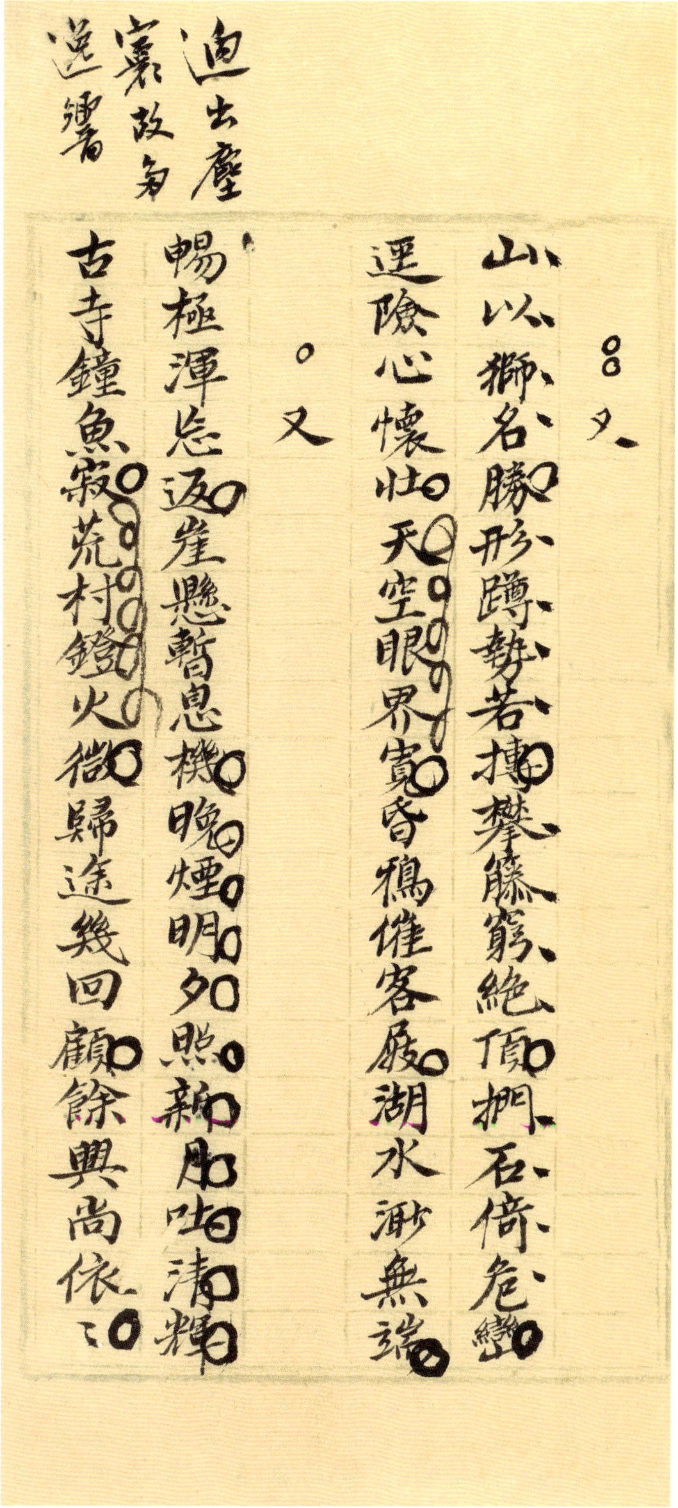

夕

山以獅名勝形蹲勢若搏攀藤窮絶頂捫石倚危巒運險心懷壯天空眼界寬昏鴉催客屐湖水渺無端

又

暢極渾忘返崖懸暫息機晚煙明夕照新月吐清輝古寺鐘魚寂荒村鐙火微歸途幾回顧餘興尚依依

38

38

秋圃詩稿

清道咸間稿本。1册，書長23厘米，寬12.5厘米。

提　要：尾有礪鑄、程泳等跋。此秋圃，道光中人，居常熟，與汪梯愚、談鶴雛友善。此書亦未見各家書目著録。

39

沈欽韓撰　漢書證經

清隱蛛盦稿本。2册，書長26.2厘米，寬10厘米。

提　要：此書以“隱蛛庵”紅格稿紙寫成，首尾無著者姓名。此書按傅沅叔先生注爲沈欽韓書稿本，未見流傳和著録。

著　録：1、《國立北平圖書館館刊》第五卷第六號，《顧鶴逸藏書目》精寫舊抄本。名下有注曰：陳培之手録，沈欽韓書稿本。

2、《中國著名藏書家書目匯刊-近代卷22》頁553，商務印書館，2005年。

備　注：沈欽韓（1775-1831），字文起，號小宛，江蘇吴縣人。淹通諸學，於詩古文駢體外，尤長於訓詁考證。著有《幼學堂文集》八卷，《幼學堂詩集》十七卷，《兩漢書疏證》七十四卷，《水經注疏證》四十卷等。

陳倬，字培之，元和人。咸豐己未進士，歷官户部郎中。有《隱蛛盦詩存》。

史部

高紀

已字婚嘉禮曰婚書冊漢史月多作婚古字也師古曰[illegible]

擇其賢[illegible]婚為任身[illegible]已妊[illegible]宮自為害[illegible]字不作婚

史記令讀大夫曰進不滿千錢 師古曰進者會禮之財也字本作賮又作贐

[illegible]時用其古字作借轉寫為近書文書耳也[illegible]

古之告歸之田 服虔曰告音如嗥呼之嗥李斐曰休謁之名也吉曰告凶曰寧

孟康曰古者名吏休假曰告告又音嚳漢律吏二千石有予告有賜告

予告者在官有功最法所當得也賜告者病滿三月當免天子優賜其

告使得帶印綬將官屬歸家治病至成帝時郡國二千石賜告不得

歸家至和帝時予賜皆絕 師古曰告者請謁之言謂請休耳或謂之謝

謝亦告也假音工暇反 二告並無別義同音依本字讀之 左氏傳

曰韓獻子告老[illegible]云[illegible]皆同義

[illegible]記云[illegible]大澤之陂[illegible]也[illegible]仲山[illegible]

[illegible]出[illegible]也 師古曰[illegible]

[illegible]也

師古曰[illegible]也[illegible]字[illegible]意[illegible]

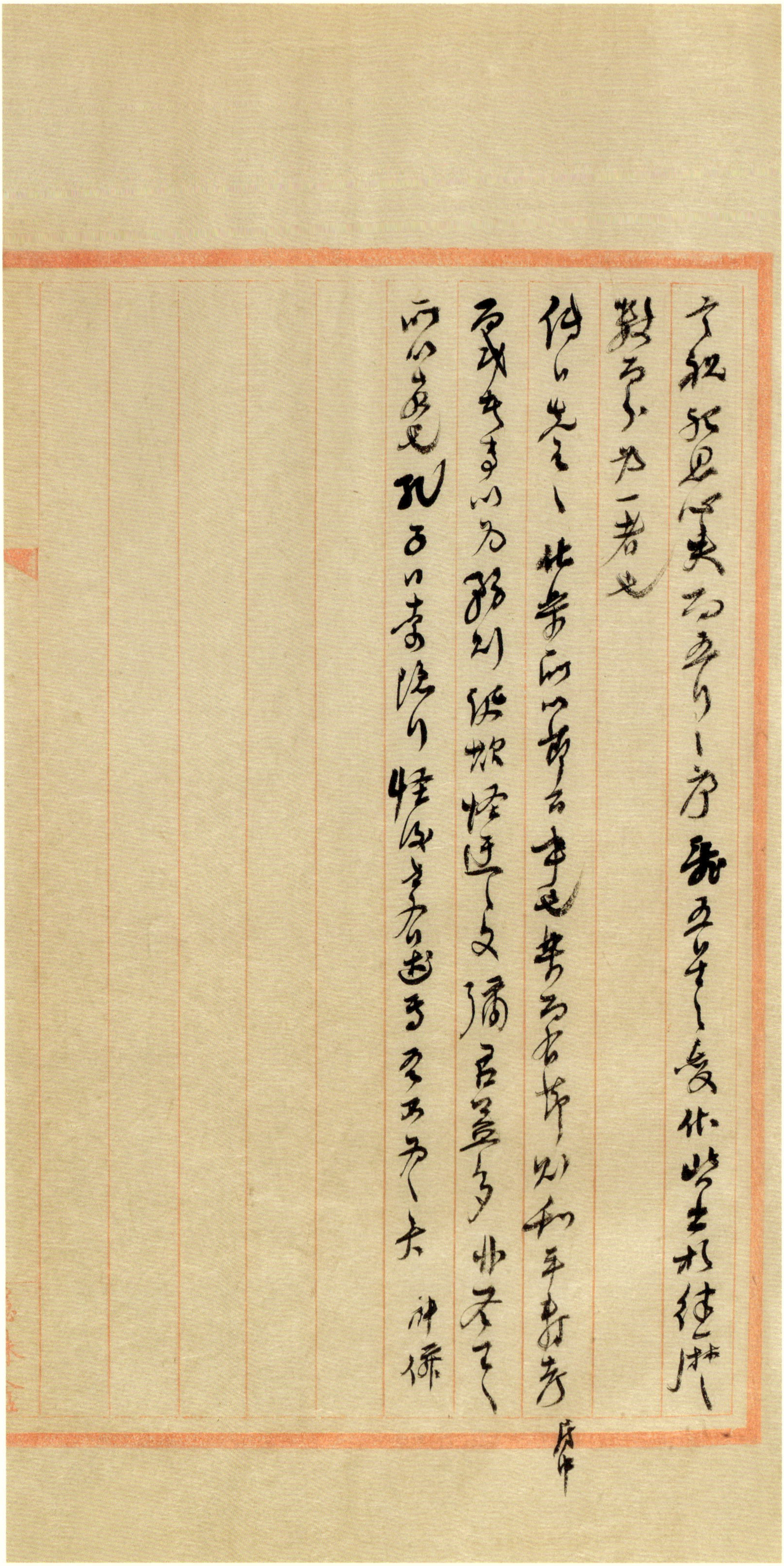

蘇林今言之始歸亡之所之文與流意其人遵明主者也
以其所執中之服膺之材已仲尼者言孔子為邪方
今之學人遠道衛鈌虔多以應京攷九宮者不從據於郢中
古者諸侯卿大夫交接鄰國以微言相感當揖讓之時必稱
詩以諭其志蓋以別賢不肖而觀盛衰故孔子曰不學詩無
以言也　詩經
兵家者蓋出古司馬之職王官之武備也洪範八政八曰師孔子
曰為國者足食足兵以不教民是謂棄之明兵之重也易曰
古者弦木為弧剡木為矢弧矢之利以威天下其用上矣
書云初一曰五行次二曰羞用五事羞用五事以順五行也就

40

吴芝輯　真迹題跋録不分卷

清吴芝手稿本。1册，書長25.5厘米，寬16.8厘米。

提　要：此書以“心逸軒”蘭格紙抄成，原爲張廷濟舊藏，後其從孫贈與魏錫曾。此書未見刻本流傳，孤本。前録魏錫曾題跋、沈德潛跋。吴芝題書名。

鑒藏印：得美人兮、古歡、耕烟外史時年七十有一、萬金、吴芝、千休居士、勤樓、平叔、松老、吴芝、芝、古意、勿忘書屋、雨竹、吴芝之印、白髮滿頭歸故園

辛未之春於觀性處見一卷石谷自題并臨大癡之跋画草率而有神

不信倪迂畫粉淡道子臨古樹緣峰曲蹊竹抱村陰碧澗寒泉落表山幽迂深此中宜習隱絕似舊雲林　戊戌閏八月十五日題于重陽閣　梁溪湯玉孫

迂叟雖有荊關餘意然筆墨蹊逕超然脫去凡做自成一種幽致真可為古今逸品之祖　己亥春王辱雨文社兄於桃溪話雨忽出素紙索余倣雲林小景予雖之才豈不欲博極諸收藏家以詩示手惜其疏少不可概見揣摩數番亦保有觀記勉勒以應之知具眼當不我咎也　吳歷

王石谷臨黃大癡富春山圖卷

壬寅長夏避暑俯青堂臨　虞山後學王翬　王翬之印　石谷

此余壬寅歲所臨癡翁富春卷也壬子冬重過毘陵烏目山樵允襄出示此卷蓋已十年餘矣恨筆不逮古雖重加點定于癡翁神氣猶隔一塵　烏目山中人石谷子王翬題于楊氏秋水軒　王翬之印　字石谷

董文敏書冊 名其昌字玄宰號香光居士 又字思白晚號思翁

壽杜太公 宣德紙小行書烏絲欄四頁

世業城南尺五天擁垣花並綵衣鮮似聞丹

穴春申浦怡捧編書絳玄年瀚沐恩

華明主賜逍遙真訣玉人傳祝觴漫進

鳩頭杖鶴背洪崖與拍肩

杜黄门以使事過家省覲省：志喜

父郎諫草氣崢嶸又捧天書拜慶頌克以

圭璋遠千里思尊江左韻百城賢譽會稽

歸愚先生
此等平生
第一

戚勳字世臣江陰人以鄉貢士官中翰
烈皇帝殉社稷後世臣夫婦子女
奴僕全宗死難緣位卑無人奏請
興朝不及卹贈而畫史曾妄只以藝
人目之未免大節矣余於畫冊中
表之使尚論者有所考焉

沈德潛 时年八十有九

心逸軒

41

姜垓釋　孫過庭書譜釋文

明蘭格姜垓稿本。1册，書長28.3厘米，寬18.6厘米。

提　要：此本爲姜實節收藏其叔所作孫過庭書譜釋文手稿，蘭格紙抄就，内有朱筆校補。姜實節書畫皆精，其父、叔皆明末氣節之士。

鑒藏印：玉涵寶藏、姜、實節、鶴澗、如皋、山東姜垓

備　注：姜垓，字如須，萊陽人。崇禎十三年（1640）進士，兄允官禮科給事中，以建言獲獄，垓盡力營護。《明史》、《天啓崇禎兩朝遺詩傳》均有傳。

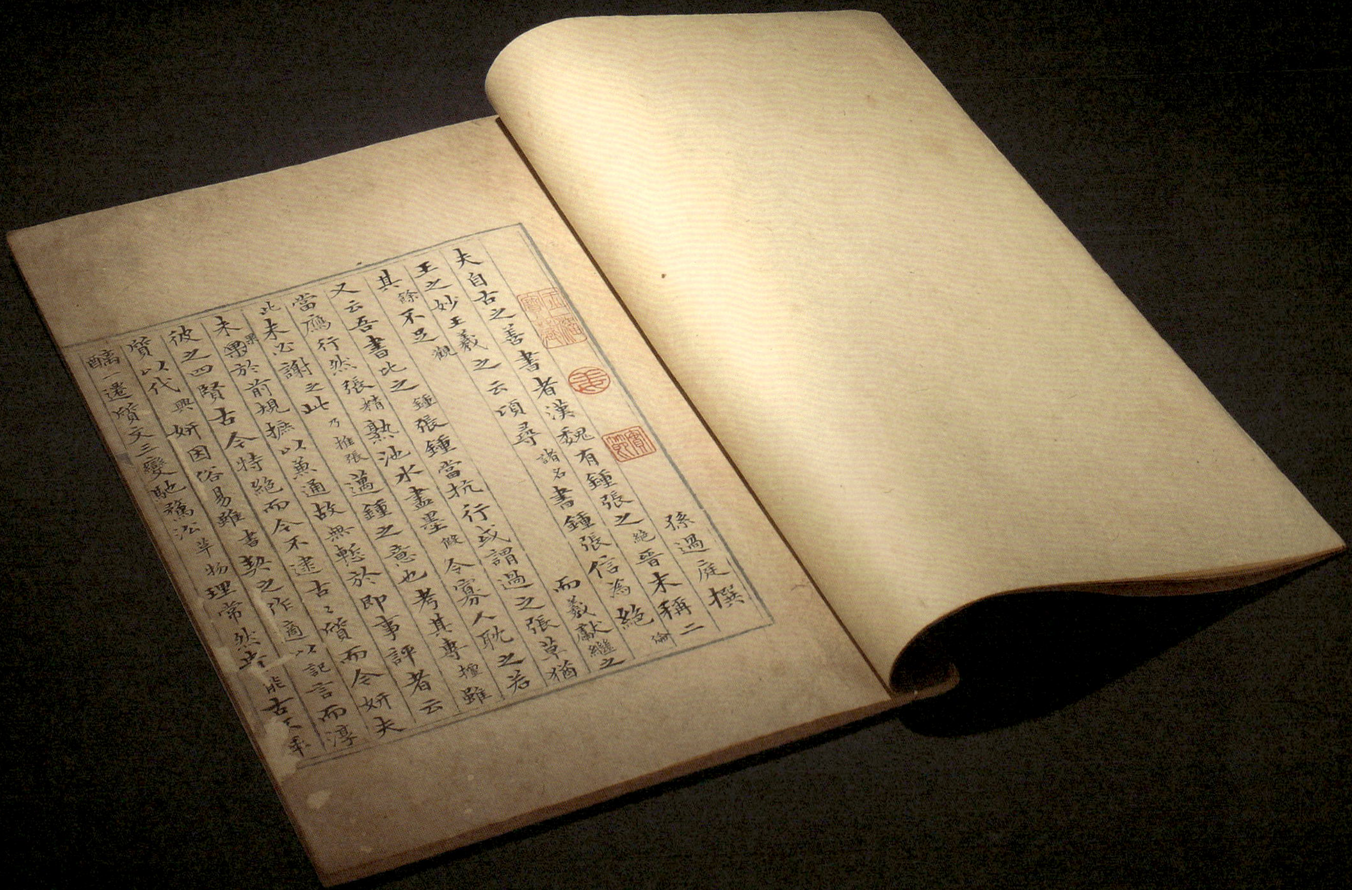

孫過庭撰

夫自古之善書者漢魏有鍾張之絕晉末稱二
王之妙王羲之云頃尋諸名書鍾張信為絕倫
其餘不足觀　而羲獻繼之
又云吾書比之鍾張鍾當抗行或謂過之張草猶
當鴈行然張精熟池水盡墨假令寡人耽之若
此未必謝之此乃推張邁鍾之意也考其專擅雖
未果果於前規摭以兼通故無慚於即事評者云
彼之四賢古今特絕而今不逮古古質而今妍夫
質以代興妍因俗易雖書契之作適以記言而淳
醨一遷質文三變馳騖沿革物理常然貴能古不乖

而子　知与不知也夫士屈於不知己而申於知己彼不知
也曷足怪乎故莊子　　蟪蛄不知春秋老
子云下士聞道大笑之不笑之則不足以為道也豈可執
氷而　夏蟲哉
自漢魏已來論書者多矣妍蚩雜糅條目　紛或重述舊
章了不殊於既往或苟興新說　無益於將來徒使繁
者彌　繁闕者仍闕今撰為六　分成兩卷第其工用
名曰書　庶使一家後進奉以規模四海知音或存
觀省緘祕之旨余無取焉
垂拱　年寫記

在豈有貽謀令嗣道叶義方章則頓虧一至於此
又云与張伯英同學斯乃更彰虛誕若指漢末伯英時
代全不相接必有晉人同號史傳何其寂寥非訓非經宜
從棄擇夫心之所達不易盡於名言言之所通尚難形於紙
墨粗可髣髴其狀綱紀其辭冀酌希夷取會佳境闕而
未逮請俟將來今撰執使用轉之由以祛未悟執謂深淺
長短之類是也使謂從橫牽掣之類是也轉謂鉤環盤紆之
類是也用謂點畫向背之類是也方復會其數法歸於一途
編列衆工錯綜羣妙舉前賢之未及啓後學於成規窺
其根源析其枝派貴使文約理贍迹顯心通披卷可明
下筆無滯詭詞異說非所詳焉然今之所陳務裨學

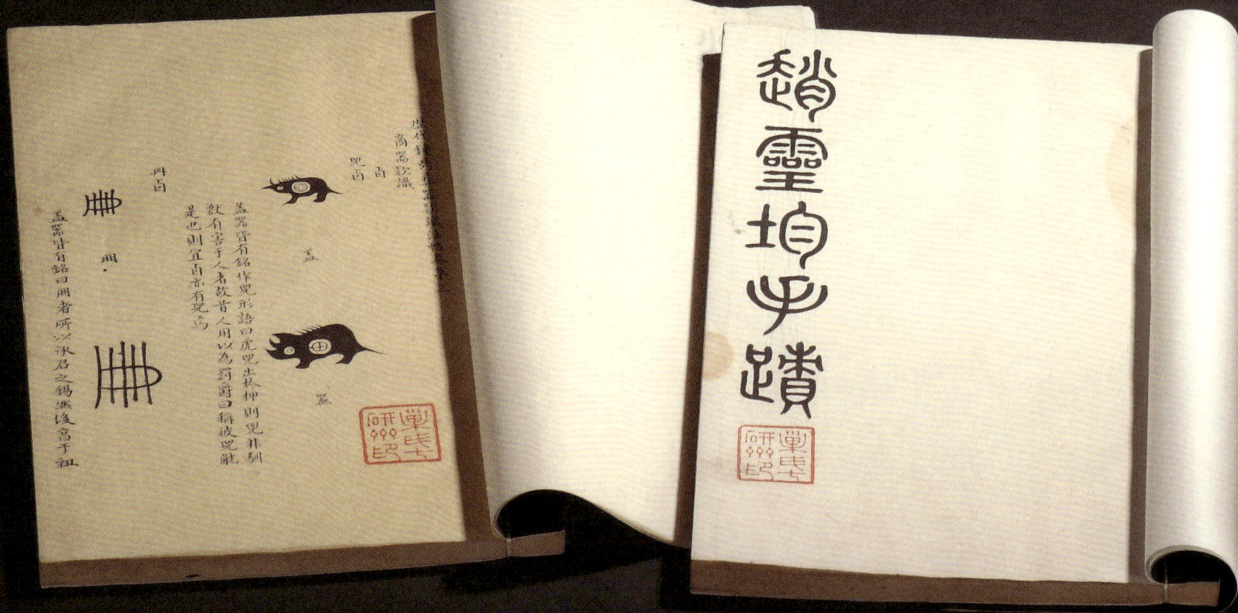
趙靈均手蹟

42

薛尚功撰　鐘鼎彝器款識二十卷

明末趙均抄本。6册，書長26厘米，寬16.7厘米。

提　要：此本前有巢氏七研齋題簽，副葉有“趙靈均手蹟”五個篆字，并有佚名考爲趙靈均手抄本。書尾過録楊伯巖跋、周伯温題記、王行觀識、鄞豐坊題記、至正柯九思題記等跋。

鑒藏印：巢氏七研齋印、花綺、天國、顧鶴逸藏書印

備　注：趙均，字靈均，趙宧光之子，吴縣人。能詩，善草篆，所居室曰：“小宛堂”。目前可知趙均所抄書有《説文解字》四十卷、《説文字原》十六卷、《續古篆韵》六卷、《六書正譌》五卷；撰有《先考凡夫府君行實》、《寒山堂金石林時地考》等。

林驛書是日以潘雲谷墨試張
掖劉伯溫所遺黃羊尾毛筆

至正七年秋八月十二日
白野泰不華觀

歷代鍾鼎彝器款識法帖卷第七

周器款識

鍾

遲父鍾一 維揚石本

遲父作姬齊姜龢林鍾
用昭乃穆不顯龍光乃
用祈匄多福侯父眔齊
萬年眉壽子子孫孫無疆寶

遲父鍾二 博古録

遲父作姬齊姜龢林鍾
用昭乃穆不顯龍光乃
用祈匄多福侯父眔齊

43

趙均撰　寒山堂金石林時地考

清黄鈞抄本。1冊，書長25.8厘米，寬16厘米。

提　要：首有明萬曆己未年（1619）趙均序，此書《中國古籍善本書目》著録僅有清抄本，此本内有校考。

鑒藏印：小學齋、黄鈞、次歐、黄氏次歐所藏

備　注：黄鈞，字次歐，江蘇蘇州人。祖藏吴中先哲秘稿極富，著《十三種醫學本草書目》百卷。

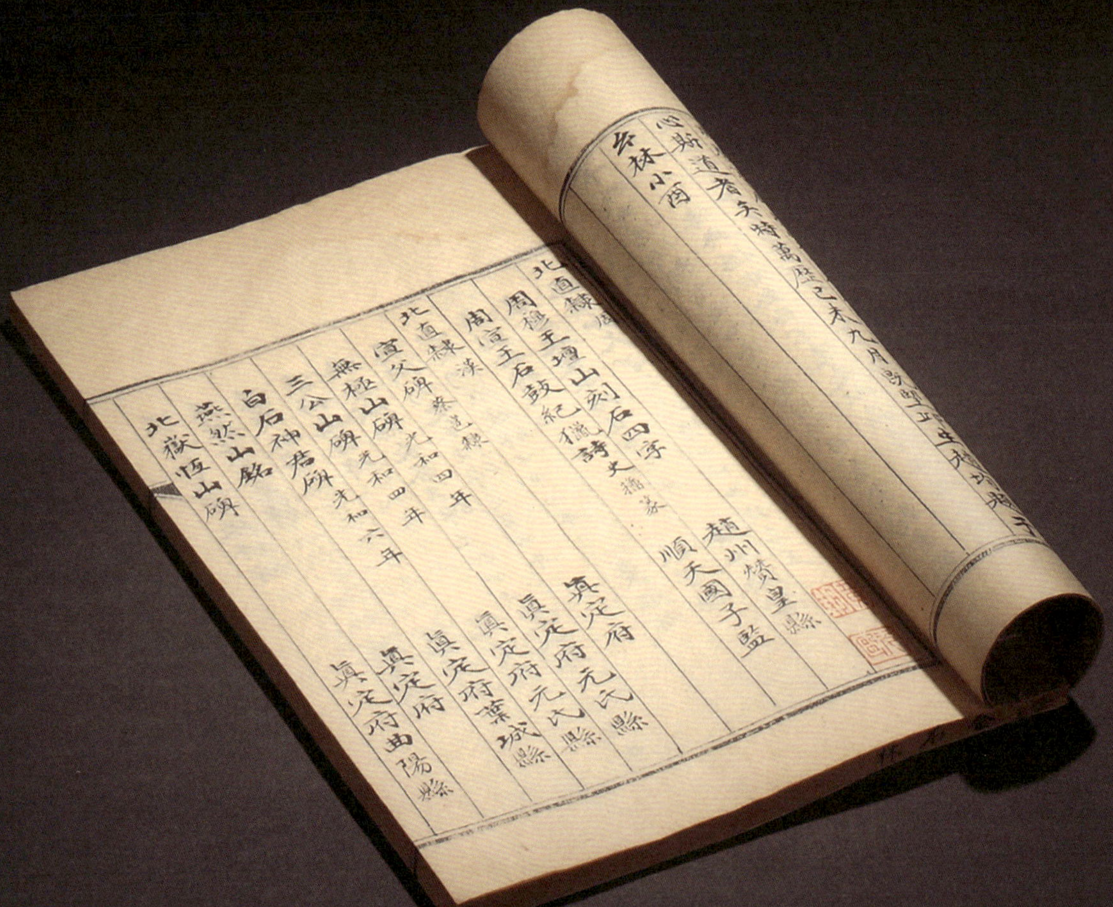

寒山堂金石林時地攷敘

千秋典據所賴者金石古人面目所見者書翰書翰非金石不傳典據非金石不遠是以鼎彝碑碣谷變陵遷時移世易彼之存于天下猶古人之復生于今日也余生實晚所見無何每得殘碑片言隻字等之天球河圖今也僻處一隅未及遊覽上都循歷齊魯燕秦搜剔梵宇琳宮王侯陵寢閟所有珍奇祕藏可令千古常新者顧余家藏先代名人攷索如黄伯思東觀餘論祕監中宣和書譜鄭漁仲金石略朱長文墨池編歐陽公集古録洪景伯漢隸釋我明文壽承

北直隸　周

周穆王壇山刻石四字　趙州贊皇縣

周宣王石鼓紀獵詩史籀篆　順天國子監

北直隸　漢

宣父碑蔡邕隸　眞定府

無極山碑光和四年　眞定府元氏縣

三公山碑光和四年　眞定府元氏縣

白石神君碑光和六年　眞定府藁城縣

燕然山銘　眞定府

北嶽恆山碑　眞定府曲陽縣

寒山金石林符印部凡六種分六冊

先秦一冊　漢三冊　後代一冊　外國一冊

第一冊　先秦璽書

第二冊　鐘鼎奇文

第三冊　闊邊朱文

第四冊　字法白文

第五冊　後代逸品

第六冊　外國奇文

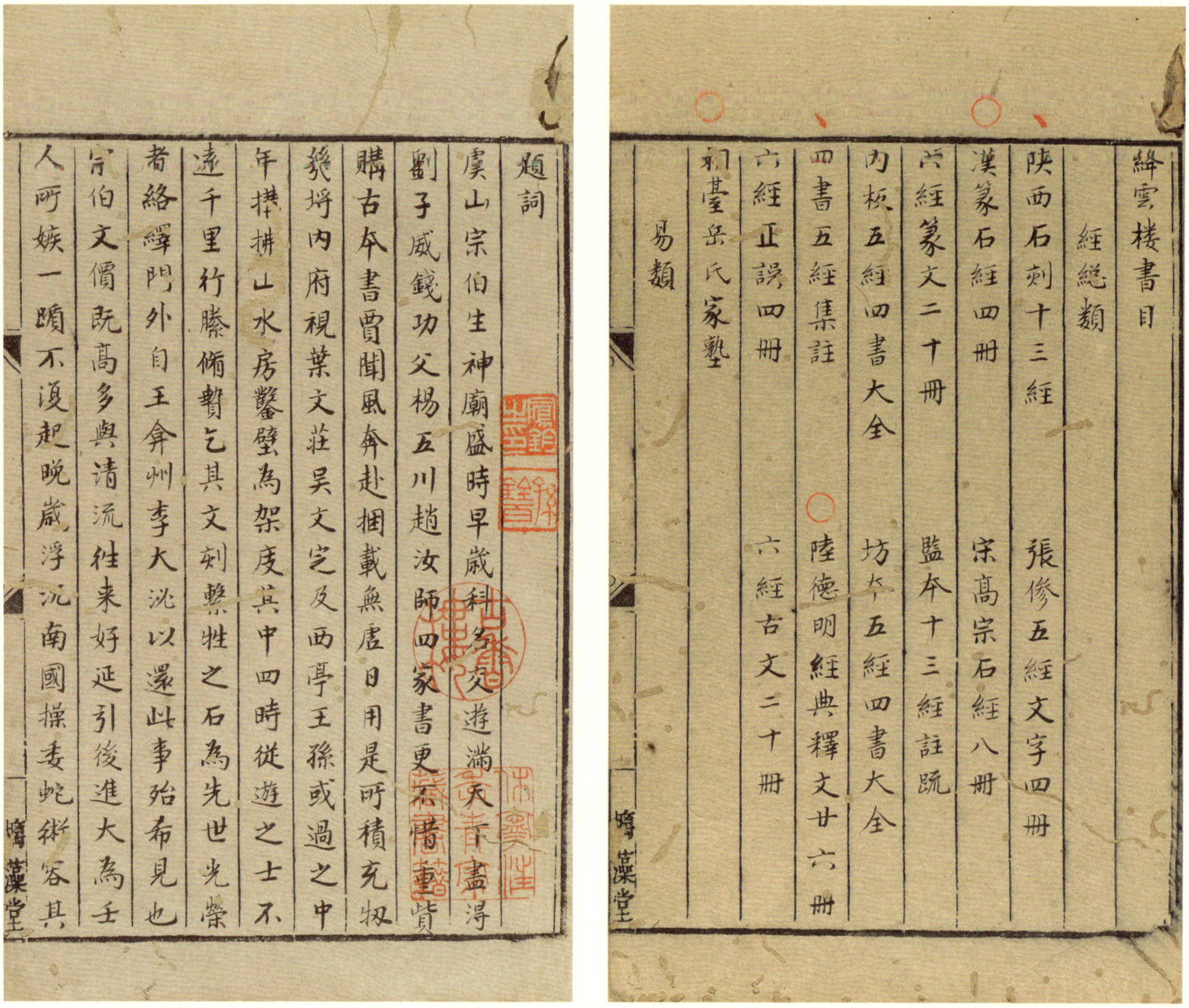
題詞
虞山宗伯生神廟盛時早歲科名交遊滿天下盡得
劉子威錢功父楊五川趙汝師四家書更不惜重貲
購古本書賈聞風奔赴捆載無虛日用是所積充牣
幾埒内府視葉文莊吳文定及西亭王孫或過之中
年搆拂山水房鑿壁為架庋其中四時從遊之士不
遠千里行縢脩贄乞其文刻繫牲之石為先世光榮
者絡繹門外自王弇州李大泌以還此事殆希見也
宗伯文價既高多與清流往来好延引後進大為壬
人所嫉一蹶不復起晚歲浮沉南國操委蛇術容其
擷藻堂

絳雲樓書目
經總類
陝西石刻十三經　張修五經文字四冊
漢篆石經四冊　宋高宗石經八冊
六經篆文二十冊　監本十三經註疏
内板五經四書大全　坊本五經四書大全
四書五經集註　陸德明經典釋文廿六冊
六經正誤四冊　六經古文二十冊
相臺岳氏家塾
易類
擷藻堂

44

44

絳雲樓書目附静愓堂書目

清初休寧汪氏擷藻堂抄本。2冊，書長25.4厘米，寬16.8厘米。

提　要：首有曹溶題詞，此抄本"玄"字不避諱。傅增湘先生藏本《顧鶴逸藏書目》中僅記有一部，然顧氏共存二部，均爲一個系統，不知傅增湘《顧鶴逸藏書目》所指何者。此清初康熙初年休寧汪季青擷藻堂抄本。曹溶抄本今不可見，是本應係所知現存最早的錢氏《絳雲樓書目》。

鑒藏印：休寧汪季清家藏書籍、古香樓、孫銓百、鳳鈞之印、鹽容孫氏

備　注：汪氏擷藻堂抄，孫鳳鈞舊藏。
汪文柏，字季青，號柯庭，一作柯亭，安徽休寧人，占籍浙江桐鄉。精鑒賞，晚年手定詩稿《柯亭餘習》，朱彝尊序之，又有《古香樓吟稿》，家有藏書樓"古香樓"、"擷藻堂"、"擁書樓"。
孫鳳鈞（1839–1904），字溥恩，號銓百，浙江海昌人。酷嗜典籍，所藏多珍本。

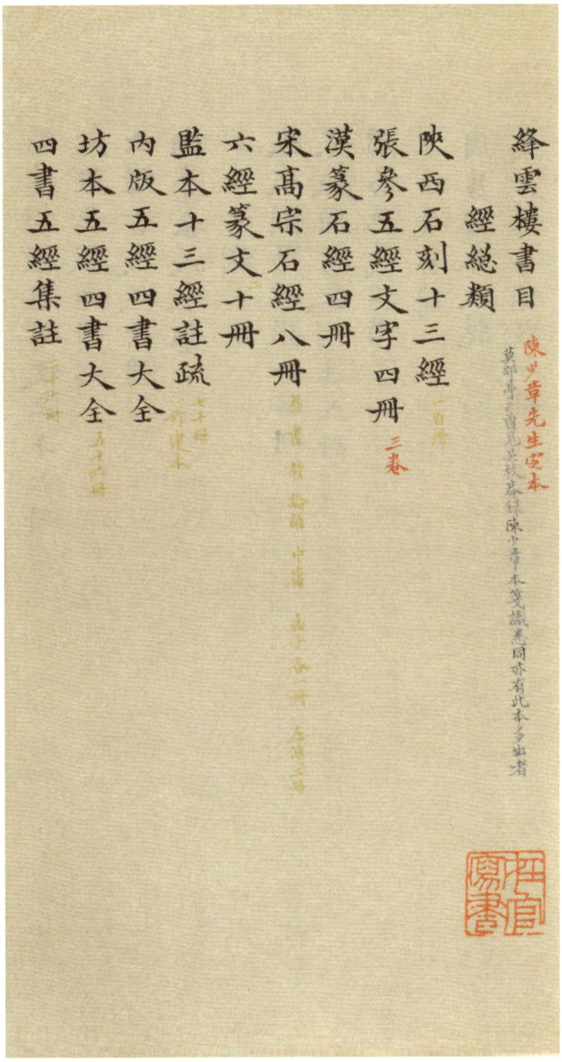

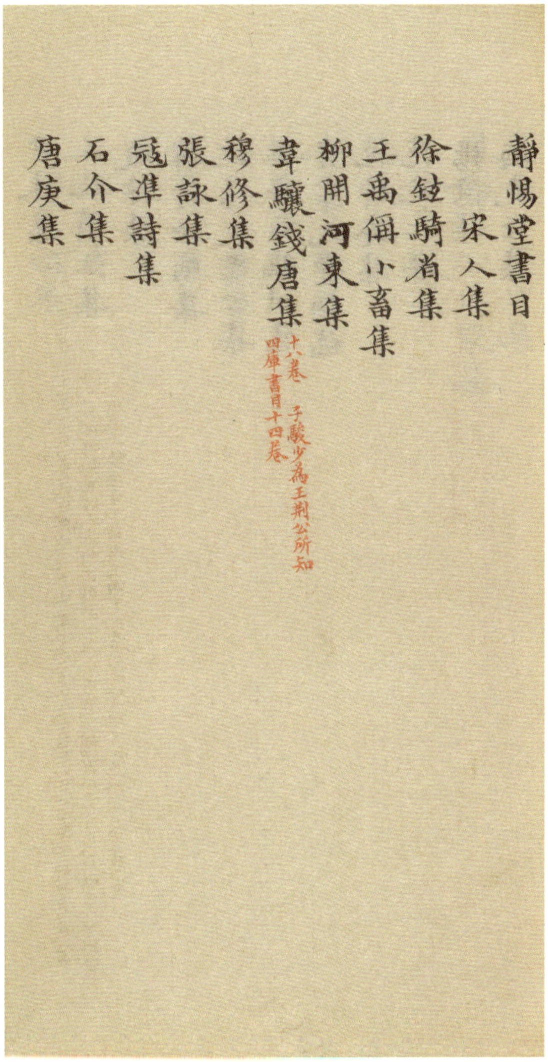

45

45

絳雲樓書目附靜惕堂書目

清同治九年（1870）劉履芬抄本。1册，書長25.3厘米，寬16厘米。

提　要：此本首録有曹溶序，内藍筆録黄丕烈注跋，紅筆録吴翌鳳注跋，墨筆録吴翌鳳、陳景雲注批，瓷黄筆當爲劉履芬自注。章鈺跋。

鈐　印：彦清繕本、在官寫書、文字江山、泖生

備　注：章鈺舊藏。

章鈺（1865–1937），字式之，號堅夢、負翁、全貧居士等，江蘇蘇州人。長於金石目録及掌故之學，著《讀書敏求記校證》、《胡刻通鑒正文校宋記》、《宋史校勘記》、《四當齋集》等。

劉履芬撰　鷗夢詞一卷

清劉履芬稿本。1册，書長26.3厘米，寬17.8厘米。

提　要：此本尾有潘鍾瑞手校一過題記。
鑒藏印：劉彥清父、鍾瑞讀過、瘦羊
備　注：劉履芬（1827–1879），字彥清，號泖生，浙江江山人，客居蘇州。曾任蘇州書局提調，著名藏書家，收宋本《鄧析子》、元本《樂府》等。著作有《古紅梅閣集》、《鷗夢詞》一卷，藏書目有《古紅梅閣書目》。

鷗夢詞

浣溪紗

影亂坡塘水戲羅，蘸窓一碧柳痕搓，東風無賴近簾波。啼鳥意闌催曙早，賣花情重報春多，昨宵有雨奈愁何。

前調

春倦圖幀

燕語簾鉤日影遲，髻雲無力壓花枝，和風倦倚繡闌時。心字香燒酬薄命，眉痕春緲記相思，還應好夢自家知。

鑠窓寒

秋海棠

敗柳欺人，癡蛩仾語，半侵牆角。三生替恨，忍待斷腸人覺。淚豆星、珠勻露搓，昨宵夢裡西風惡。恨玉烟易化，湘痕輕捲，竟

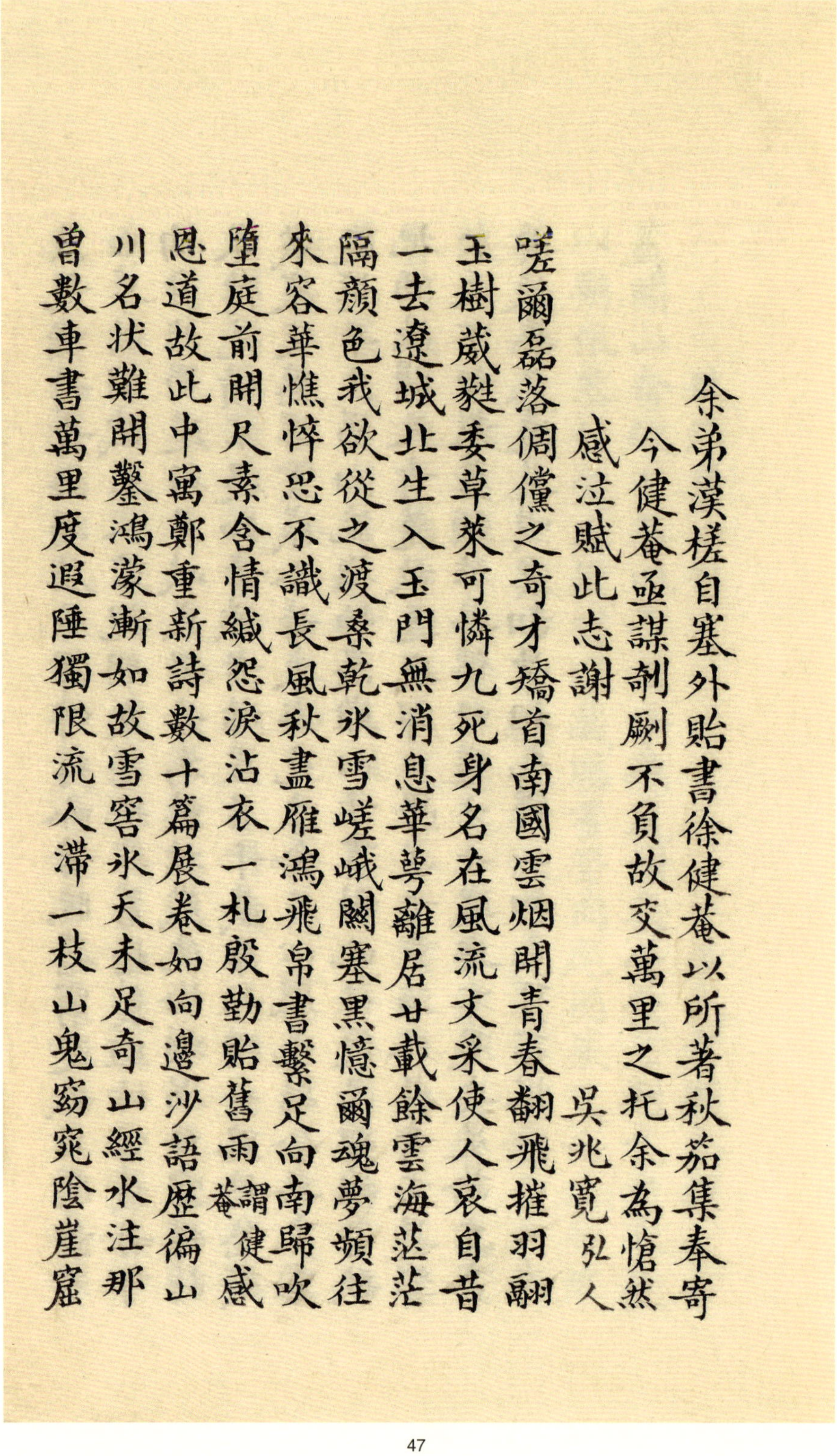
余弟漢槎自塞外貽書徐健菴以所著秋笳集奉寄今健菴亟謀剞劂不負故交萬里之托余為愴然感泣賦此志謝　吳兆寬弘人

嗟爾磊落倜儻之奇才矯首南國雲烟開青春翻飛摧羽翮玉樹葳蕤委草萊可憐九死身名在風流文采使人哀自昔一去遼城北生入玉門無消息華萼離居廿載餘雲海茫茫隔顏色我欲從之渡桑乾氷雪嵯峨關塞黑憶爾魂夢頻往來容華憔悴恐不識長風秋盡雁鴻飛帛書繫足向南歸吹墮庭前開尺素含情緘怨淚沾衣一札殷勤貽舊雨謂健菴感恩道故此中寓鄭重新詩數十篇展卷如向邊沙語歷徧山川名狀難開鑿鴻濛漸如故雪窖氷天未足奇山經水注那曾數車書萬里度遐陲獨限流人滯一枝山鬼窈窕陰崖窟

47

47

吴兆騫撰　秋笳集八卷

清同治六年（1867）劉履芬抄本。2册，書長24.7厘米，寬17.5厘米。

提　要：尾有清同治丁卯年，劉履芬從佐康壽處借得是書抄録題記。翁樂署簽。
鈐　印：彦清繕本、劉履芬字彦清、古紅梅閣、劉棻、彦清珍秘
著　録：1、《國立北平圖書館館刊》第五卷第六號，《顧鶴逸藏書目》精寫舊抄本。
　　　　2、《中國著名藏書家書目匯刊–近代卷22》頁556，商務印書館，2005年。

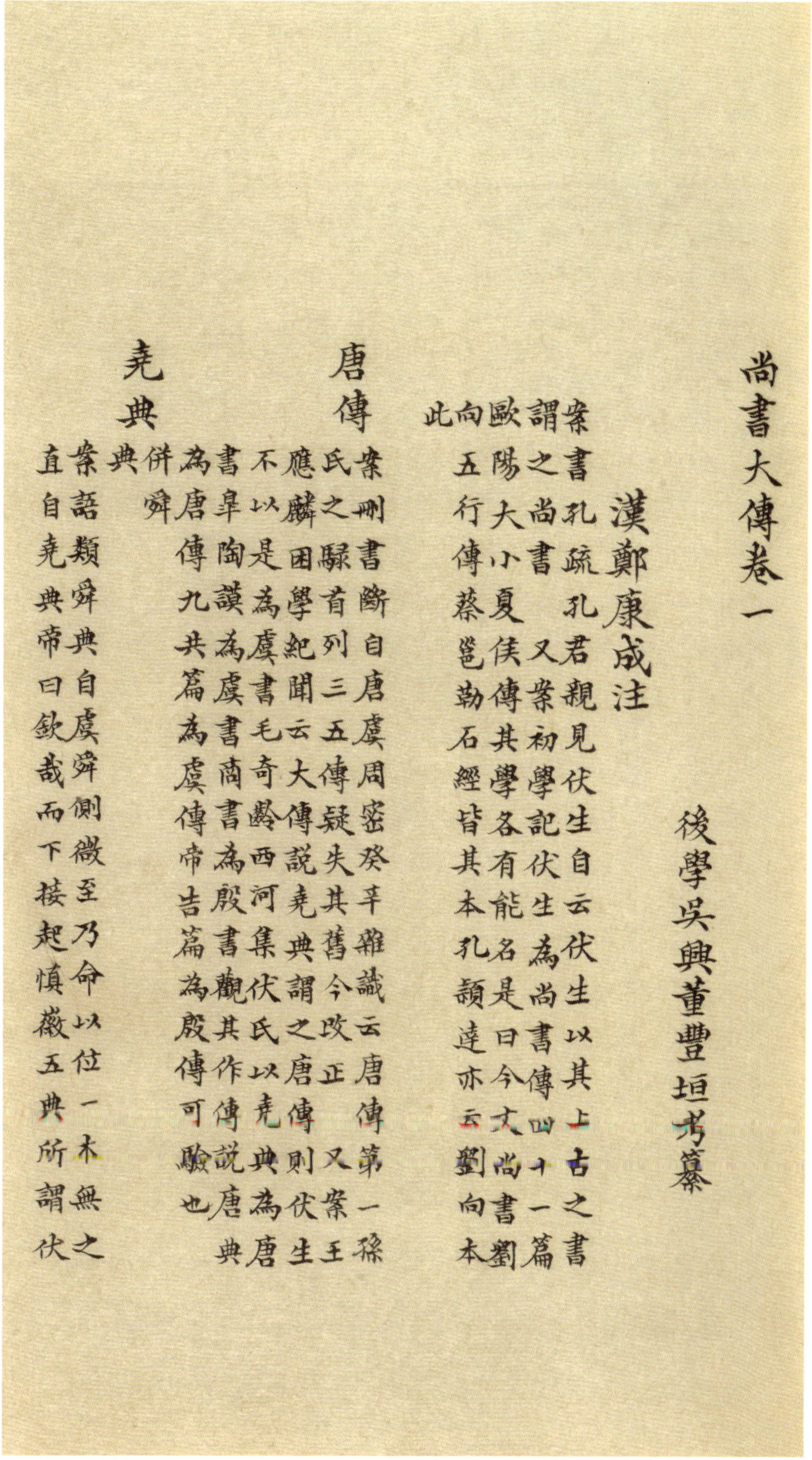
尚書大傳卷一

後學吳興董豐垣考纂

漢鄭康成注

案書孔疏孔君親見伏生自云伏生以其上古之書謂之尚書　又案初學記伏生為尚書傳四十一篇歐陽大小夏侯傳共學各有能名是曰今文尚書劉向五行傳蔡邕勘石經皆其本孔穎達亦云劉向本此

唐傳

案刪書斷自唐虞周密癸辛雜識云唐傳第一孫氏之騶首列三五傳疑失其舊今改正　又案王應麟困學紀聞云大傳說堯典謂之唐傳則伏生不以是為虞書毛奇齡西河集伏氏以堯典為唐書皐陶謨為虞書商書為殷書觀其作傳說唐典為唐傳九共篇為虞傳帝吉篇為殷傳可驗也併舜典

堯典

案語類舜典自虞舜側微至乃命以位一本無之直自堯典帝曰欽哉而下接起慎徽五典所謂伏

48

48

董豐垣考纂　尚書大傳三卷

清同治十年（1871）劉履芬抄本。1册，書長28.4厘米，寬18厘米。

著　録：1、《國立北平圖書館館刊》第五卷第六號，《顧鶴逸藏書目》精寫舊抄本。
　　　　2、《中國著名藏書家書目匯刊-近代卷22》頁554，商務印書館，2005年。

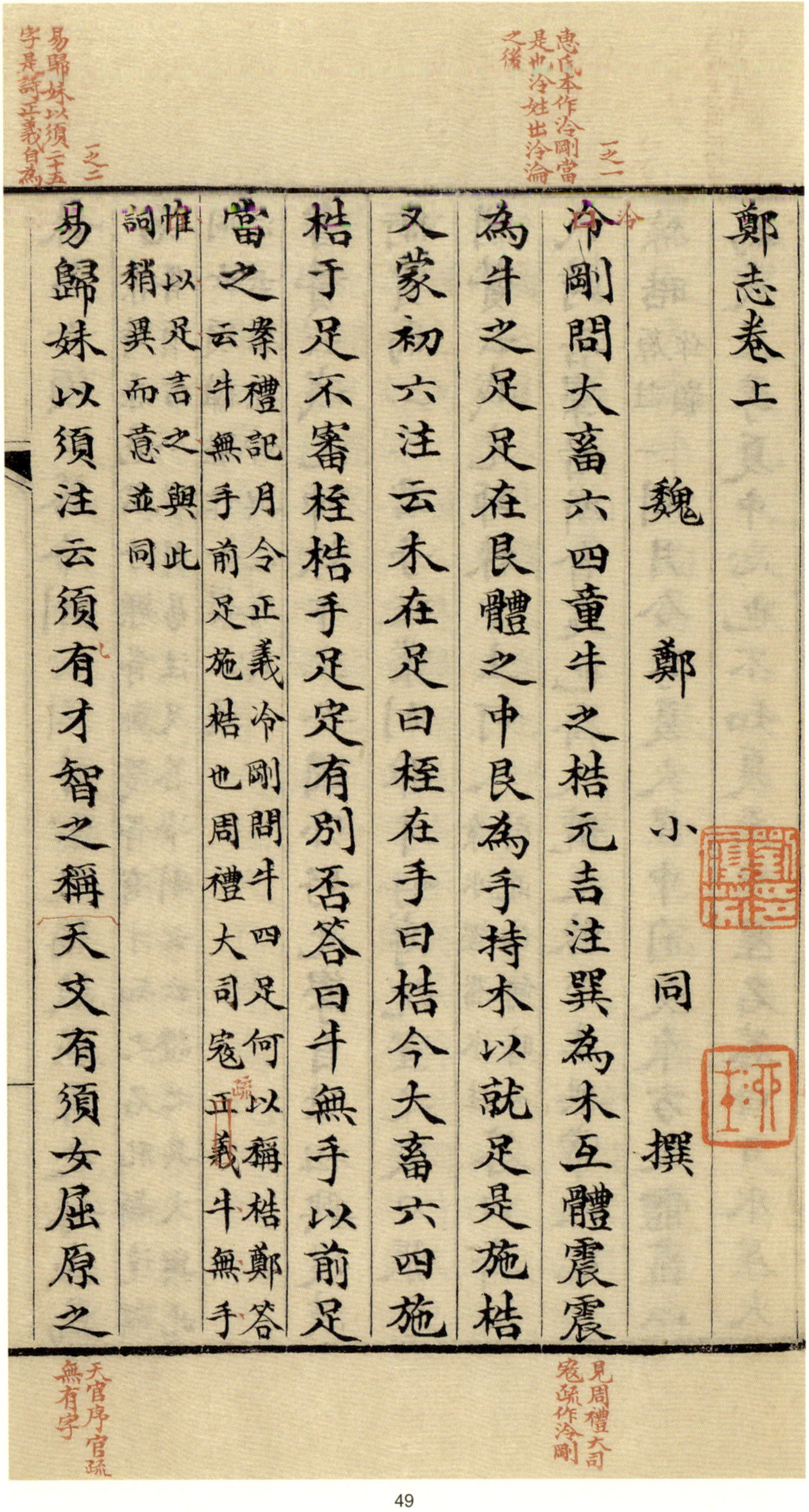
鄭志卷上
魏　鄭小同　撰
泠剛問大畜六四童牛之梏元吉注巽為木互體震震為牛之足足在艮體之中艮為手持木以就足是施梏又蒙初六注云木在足曰桎在手曰梏今大畜六四施梏于足不審桎梏手足定有别否答曰牛無手以前足當之　案禮記月令正義泠剛問牛四足何以稱梏鄭答云牛無手前足施梏也周禮大司寇正義牛無手惟以足言之與此詞稍異而意並同
易歸妹以須注云須有才智之稱天文有須女屈原之

一之一　志代本作泠剛當是也泠姓出泠淪之後
一之二　易歸妹以須二十五字是詩正義自為
見周禮大司寇疏作泠剛
天官序官疏無有字

49

49

鄭小同撰　鄭志三卷

清光緒二年（1876）劉履芬抄武英殿聚珍本。1册，書長24厘米，寬15.6厘米。

提　要：尾有劉履芬光緒抄録題記，云卷中朱筆及附録七頁依拜經樓本，并朱筆過録陳鱣乾隆四十九年校。并於書尾録盧文弨、吴騫、丁小雅觀款。藏園先生注此本云“陳仲漁批校”，當指過録者。

鈐　印：劉履芬印、泖生

著　録：1、《國立北平圖書館館刊》第五卷第六號，《顧鶴逸藏書目》精寫舊抄本，注云“陳仲漁批校”。
2、《中國著名藏書家書目匯刊-近代卷22》頁555，商務印書館，2005年。

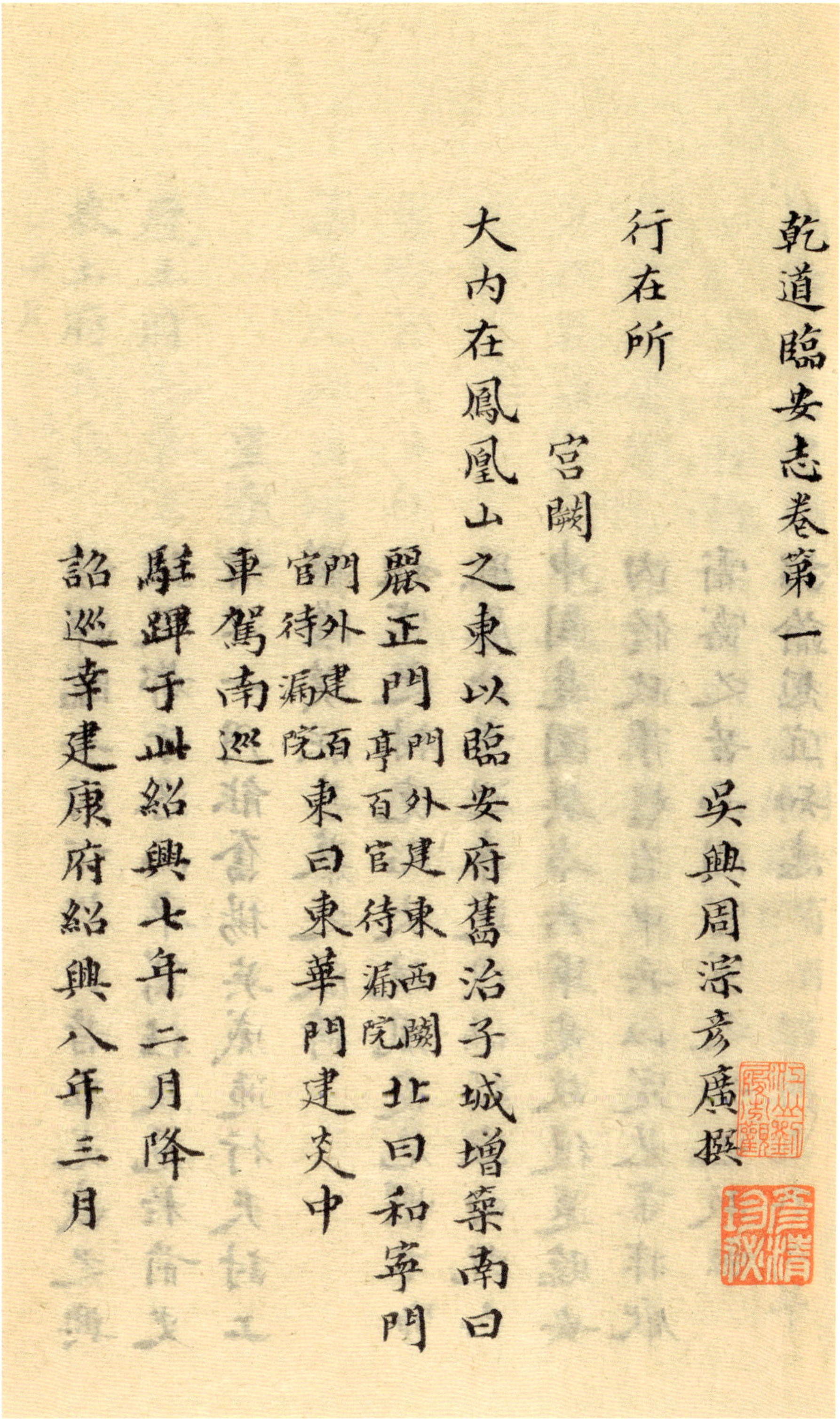
乾道臨安志卷第一
吴興周淙彦廣撰
行在所
宫闕
大内在鳳凰山之東以臨安府舊治子城增築南曰
麗正門門外建東西闕亭百官待漏院北曰和寧門門外建百官待漏院東曰東華門建炎中
車駕南巡
駐蹕于此紹興七年二月降
詔巡幸建康府紹興八年三月

50

50
周淙撰　乾道臨安志三卷

清同治三年（1864）劉履芬抄本。1册，書長23.5厘米，寬16.4厘米。

提　要：有紅梅閣藏書簽，書後過録杭世駿跋，乾隆五十二年江藩跋。
鈐　印：江山劉履芬觀、彦清珍秘、彦清繕本
著　録：1、《國立北平圖書館館刊》第五卷第六號，《顧鶴逸藏書目》精寫舊抄本。
　　　　2、《中國著名藏書家書目匯刊–近代卷22》頁556，商務印書館，2005年。

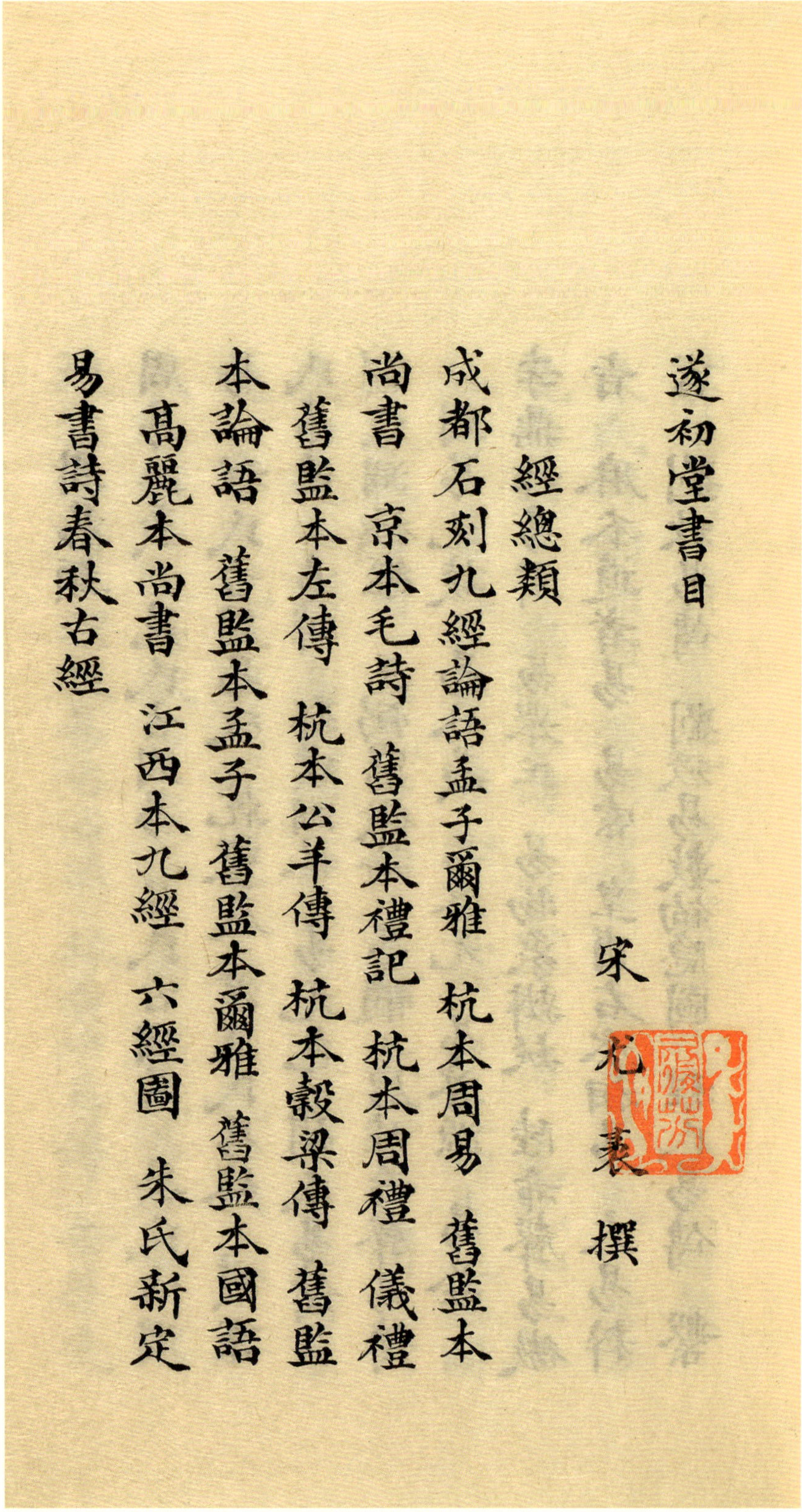

遂初堂書目

宋　尤袤　撰

經總類

成都石刻九經論語孟子爾雅　杭本周易　舊監本

尚書　京本毛詩　舊監本禮記　杭本周禮　儀禮

舊監本左傳　杭本公羊傳　杭本穀梁傳　舊監

本論語　舊監本孟子　舊監本爾雅　舊監本國語

高麗本尚書　江西本九經　六經圖　朱氏新定

易書詩春秋古經

51

51

尤袤撰　遂初堂書目一卷

清同治十年（1871）劉履芬抄本。1册，書長25.3厘米，寬15.9厘米。

提　要：書尾有同治辛未劉履芬依海山仙館叢書本附録題記二行。

鈐　印：彦清　副墨、履芬、鷗

著　録：1、《國立北平圖書館館刊》第五卷第六號，《顧鶴逸藏書目》精寫舊抄本。

2、《中國著名藏書家書目匯刊-近代卷22》頁555，商務印書館，2005年。

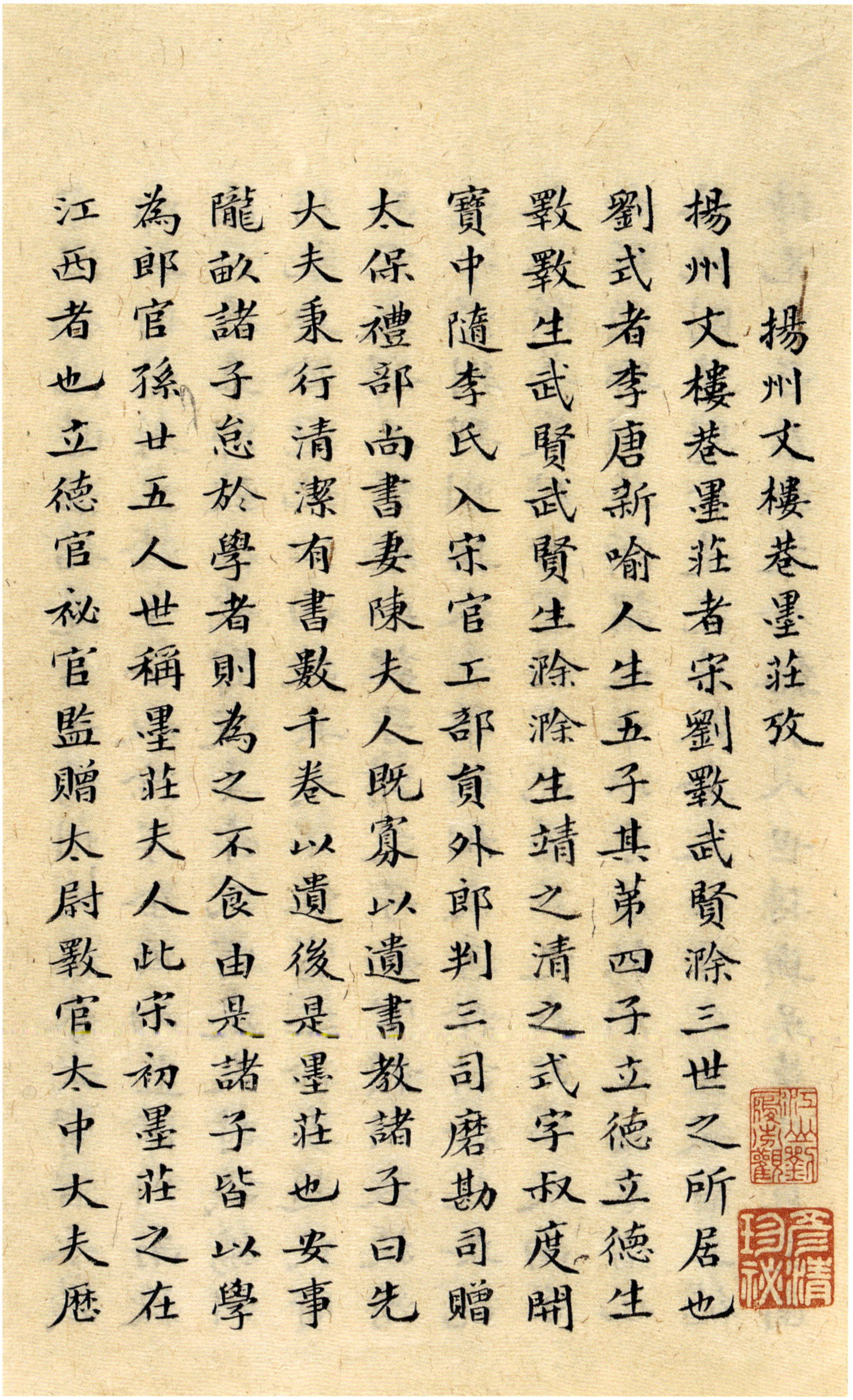
揚州文樓巷墨莊攷
揚州文樓巷墨莊者宋劉敞武賢滁三世之所居也
劉式者李唐新喻人生五子其第四子立德立德生
敞敞生武賢武賢生滁滁生靖之清之式字叔度開
寶中隨李氏入宋官工部員外郎判三司磨勘司贈
太保禮部尚書妻陳夫人既寡以遺書教諸子曰先
大夫秉行清潔有書數千卷以遺後是墨莊也安事
隴畝諸子怠於學者則為之不食由是諸子皆以學
為郎官孫廿五人世稱墨莊夫人此宋初墨莊之在
江西者也立德官祕官監贈太尉敞官太中大夫歷

52

52

揚州文樓巷墨莊考

清中期抄本。1册，書長23.3厘米，寬16.3厘米。

提　要：此本内以劉氏墨莊、揚州文樓巷墨莊一路考究，甚是詳備。
鑒藏印：江上劉履芬觀、彥清珍秘、彥清繕本

53
黄虞稷編次、周在浚輯　徵刻唐宋秘本書目

清同治十三年（1874）潘介祉抄本。1册，書長27.7厘米，寬16厘米。

提　要：此本尾有“同治甲戌孟冬借伯父所藏舊抄本手録一過，淵古樓潘介祉誌”。
是書輯唐宋秘本九十六種，後匯入《通志堂經解》、《武英殿聚珍版叢書》、《知不足齋叢書》等。

鑒藏印：潘氏淵古樓藏書記、古吴潘介祉叔潤氏收藏印記、叔潤藏書、潘叔潤圖書記、潘介祉印、玉笋、叔潤手翰

徵刻唐宋祕本書目

温陵黄虞稷俞邰編次
大梁周在浚雪客同輯

卜子夏易傳十卷

隋唐秇文志皆云二卷文獻通考曰子夏易十卷崇文總目謂此書係王弼式非子夏之文鼂氏曰唐蓺文志子夏書已亡今乃約王弼註而為之者景迂云唐張弧作弧大理評事亦不詳何時人此書得之侯官徐與公計十卷說卦一卷附之

宋李衡周易義海撮要十二卷

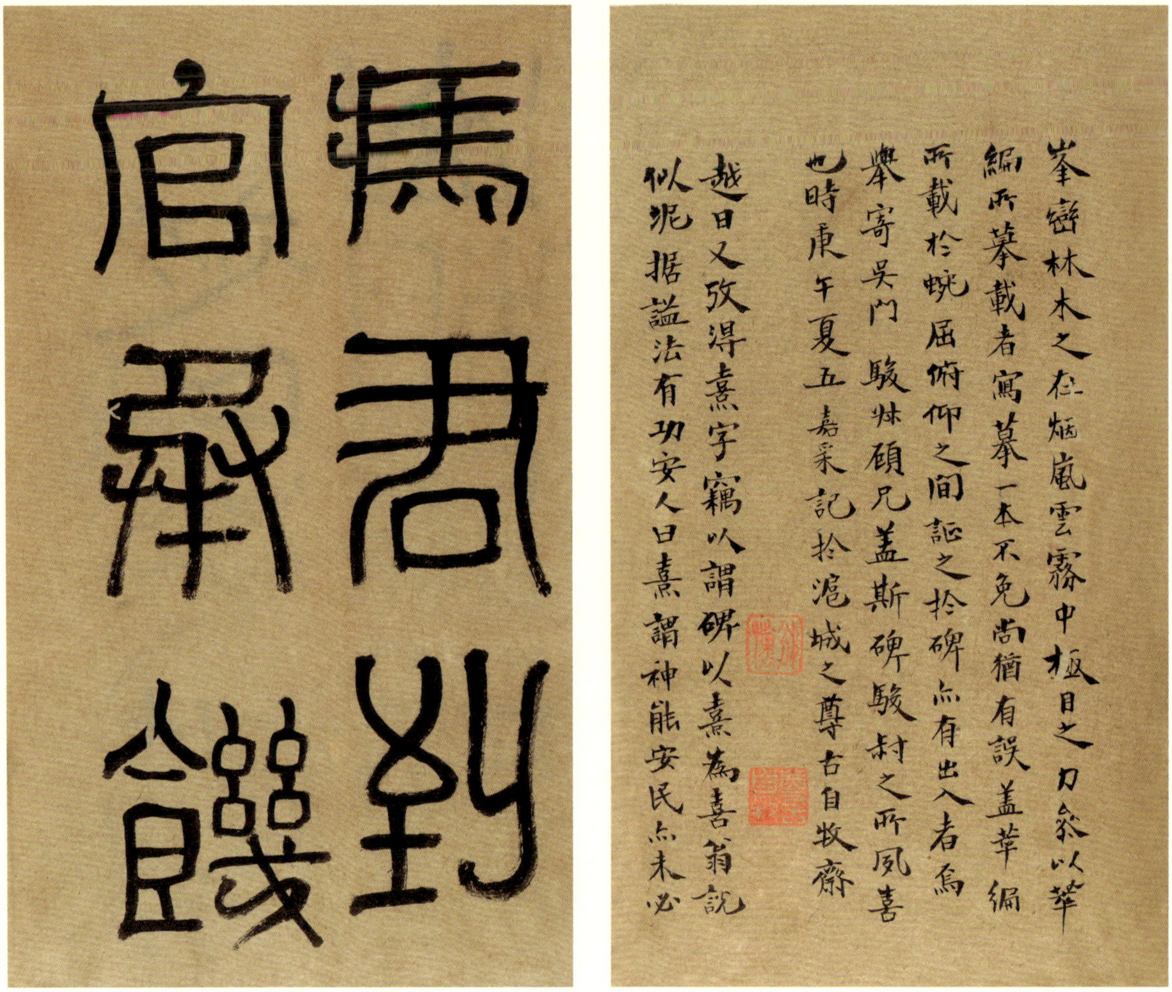

54

54

金嘉穗手摹　篆文三公山碑

清道光間稿本。1册，書長26厘米，寬18.5厘米。

提　要：此本爲滬上金嘉穗手摹三公山碑，寄贈顧承之物。顧承題書衣，後有金邠卿庚午年跋。

鈐　印：邠槐、尊古自牧、楓入

鑒藏印：顧承之印

備　注：顧承（1833–1882），譜名廷烈，字樂泉，號晋叔、駿叔。通音律、善繪畫、精鑒賞、好璽印，曾集拓新舊印章，刊印《畫餘庵印存》《畫餘庵古泉譜》《百納琴言》。顧承幼時便與其兄長顧廷熏、廷熙入徐江帆私塾習畫，并拜翁小海、范引泉、沈竹賓、程序伯等蘇州名家爲師，諸先生皆愛之，引爲“小友”。書則學柳公權、顏真卿，吴雲、何子貞等諸家對顧承畫藝推崇備至。顧文彬曾評曰：“性愛古董，别有神悟，物之真僞，一見即决，百不失一。”

金嘉穗，室名尊古自牧齋，著《泉志校誤》四卷。

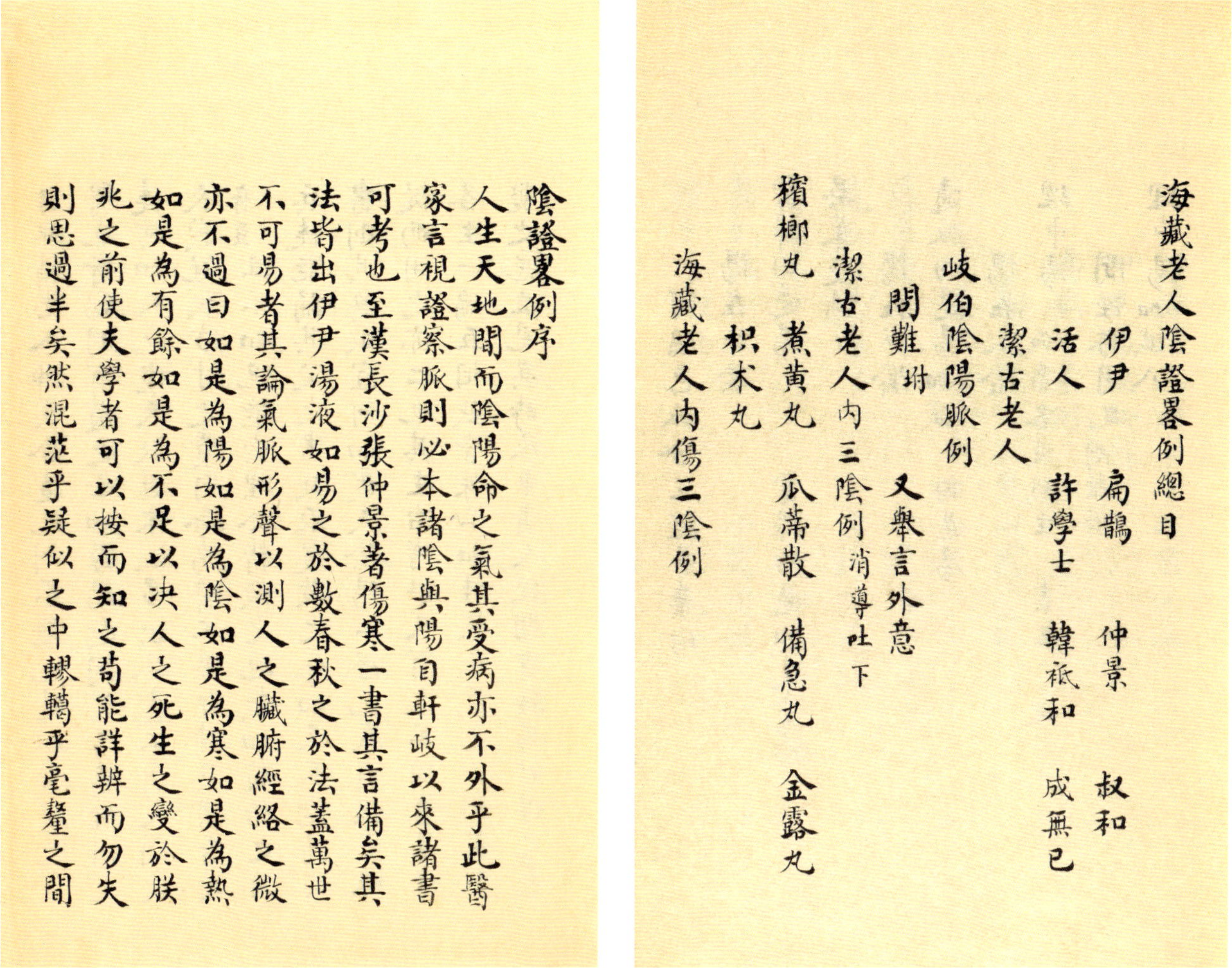

海藏老人陰證畧例總目

伊尹　扁鵲　仲景　叔和

活人　許學士　韓祇和　成無已

潔古老人

岐伯陰陽脈例

問難 附　又舉言外意

潔古老人內三陰例 消導吐下

檳榔丸　煮黄丸　瓜蒂散　備急丸　金露丸

枳朮丸

海藏老人內傷三陰例

陰證畧例序

人生天地間而陰陽命之氣其受病亦不外乎此醫家言視證察脈則必本諸陰與陽自軒岐以來諸書可考也至漢長沙張仲景著傷寒一書其言備矣其法皆出伊尹湯液如易之於數春秋之於法蓋萬世不可易者其論氣脈形聲以測人之臟腑經絡之微亦不過曰如是為陽如是為陰如是為寒如是為熱如是為有餘如是為不足以決人之死生之變於朕兆之前使夫學者可以按而知之苟能詳辨而勿失則思過半矣然混淆乎疑似之中轇轕乎毫釐之間

55

55

王好古撰　陰證略例二卷

清同治三年（1864）汪曰楨抄本。2册，書長24.7厘米，寬17.8厘米。

提　要：尾有汪曰楨跋，考證是書原委。
《陰證略例》是研究傷寒陰證的專著。該書首列“岐伯陰陽脈例”；次述潔古老人及作者自己的“內傷三陰例”；後引述伊尹、扁鵲、張仲景等傷寒大家關於傷寒三陰證的論述，其間多雜有王氏注文及所附方藥；而後列作者“陰證例總論”20餘條，書末附“海藏治驗録”一篇。

著　録：1、《國立北平圖書館館刊》第五卷第六號，《顧鶴逸藏書目》精寫舊抄本。
2、《中國著名藏書家書目匯刊–近代卷22》頁552，商務印書館，2005年。

備　注：汪曰楨（1813–1881），字仲雍，一字剛木，號謝城，又號薪甫，湖州人。平生酷愛書籍，著述自娛。精以史學，兼通數學、天文、曆法。諳熟鄉土歷史、地理，曾修撰《烏程縣志》、《南潯鎮志》等志書。其中《南潯鎮志》體例謹嚴，時爲方志學家所推重。工於填詞，精通音韻學。

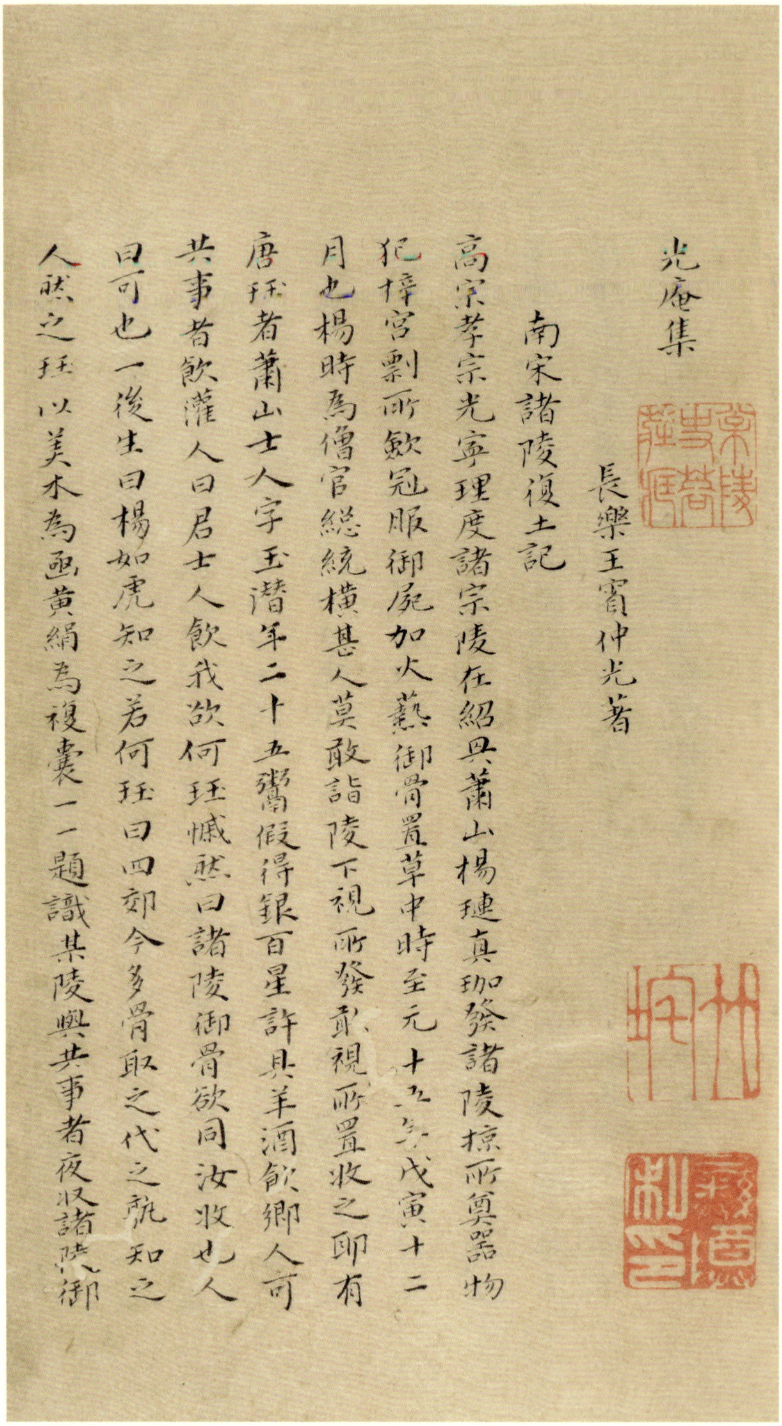
光庵集

長樂王賓仲光著

南宋諸陵復土記

高宗孝宗光寧理度諸宗陵在紹興蕭山楊璉真珈發諸陵掠所奠器物犯梓宮剽所斂冠服御屍加火爇御骨置草中時至元十五年戊寅十二月也楊時為僧官總統橫甚人莫敢詣陵下視所發、貳視所置收之即有唐珏者蕭山士人字玉潛年二十五鬻假得銀百星許具羊酒飲鄉人可共事者飲灌人曰居士人飲我欲何珏憾然曰諸陵御骨欲同汝收也人曰可也一後生曰楊如虎知之若何珏曰四郊今多骨取之代之孰知之人然之珏以美木為函黃絹為複囊一一題識其陵與共事者夜收諸陵御

56

56

王賓著　光庵集不分卷

清初抄本。1册，書長26厘米，寬17.2厘米。

提　要：此書據《中國古籍善本書目》著録，僅存清抄本，未見刻本行世。是書爲清初舊鈔本，書前鈐有朱竹垞朱文印，蓋潜采堂中舊物。

鑒藏印：松陵史蓉莊藏、竹垞、彝尊私印

著　録：1、《國立北平圖書館館刊》第五卷第六號，《顧鶴逸藏書目》精寫舊抄本。

2、《中國著名藏書家書目匯刊–近代卷22》頁547，商務印書館，2005年。

3、《江浙訪書記》頁120–121，三聯書店，1985年。

備　注：王賓原名國賓，字仲光，長洲人。通經善醫，尤長於詩，編有《虎丘詩集》。劉子威《續吴先賢贊》、文震孟《吴中名賢小記》均有傳。

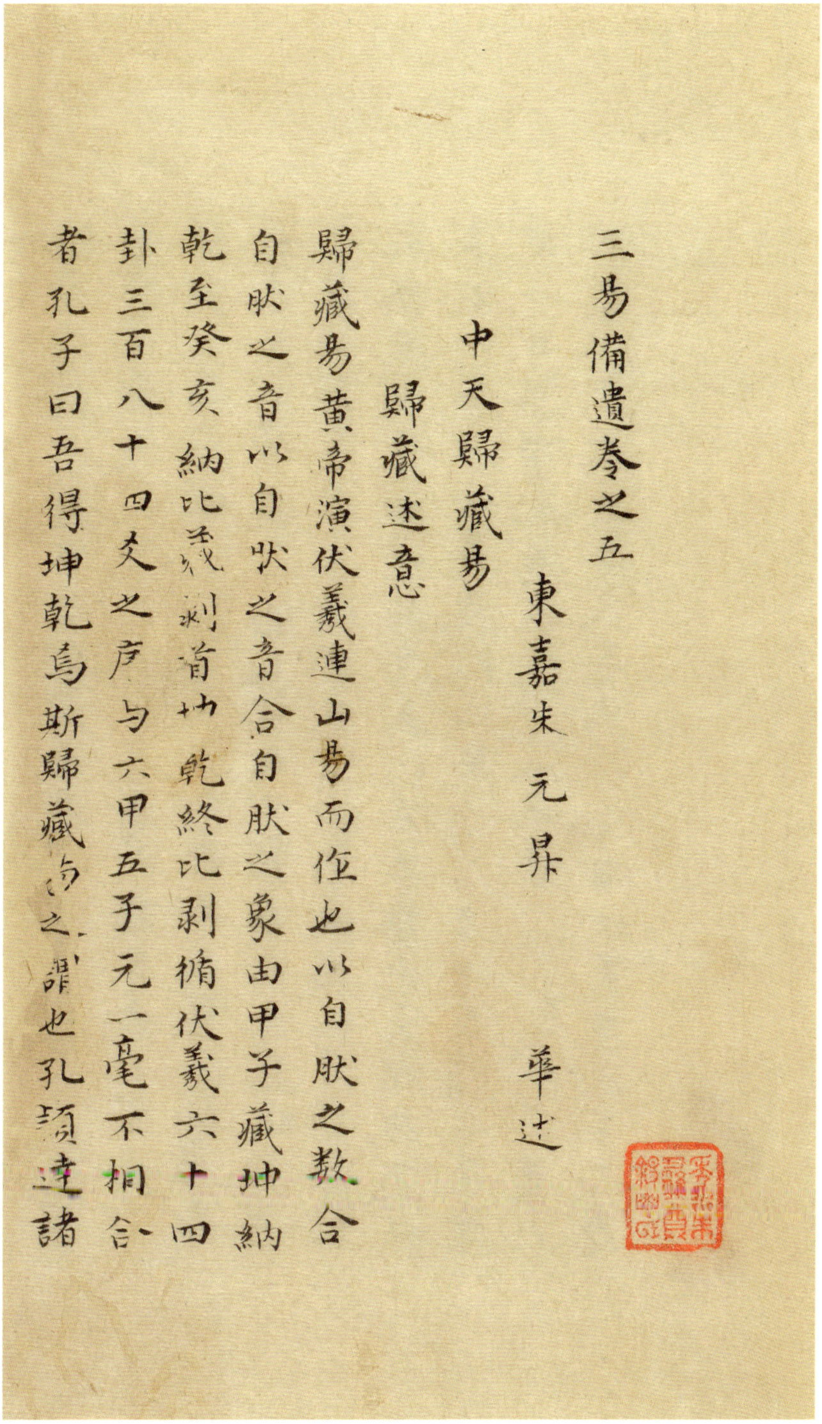
三易備遺卷之五

東嘉朱元昇華述

中天歸藏易

歸藏述意

歸藏易黃帝演伏羲連山易而作也以自然之數合自然之音以自然之音合自然之象由甲子藏坤納乾至癸亥納比義剥首坤乾終比剥循伏羲六十四卦三百八十四爻之序与六甲五子元一毫不相合者孔子曰吾得坤乾焉斯歸藏易之謂也孔穎達諸

57

57

朱元昇撰　三易備遺十卷

清初抄本。4册，書長26.7厘米，寬17.6厘米。

提　要：是書“玄”字未見避諱，當係清初抄。卷前録有中書省照札（咸淳八年）、朱元昇自序，似爲據宋本抄出者。此書未見刻本流傳，《中國古籍善本書目》著録僅存明抄本一部。此本爲清初朱竹垞舊藏，足顯珍貴。

鑒藏印：秀水朱彝尊錫鬯氏

著　録：1、《國立北平圖書館館刊》第五卷第六號，《顧鶴逸藏書目》精寫舊抄本。

2、《中國著名藏書家書目匯刊–近代卷22》頁549，商務印書館，2005年。

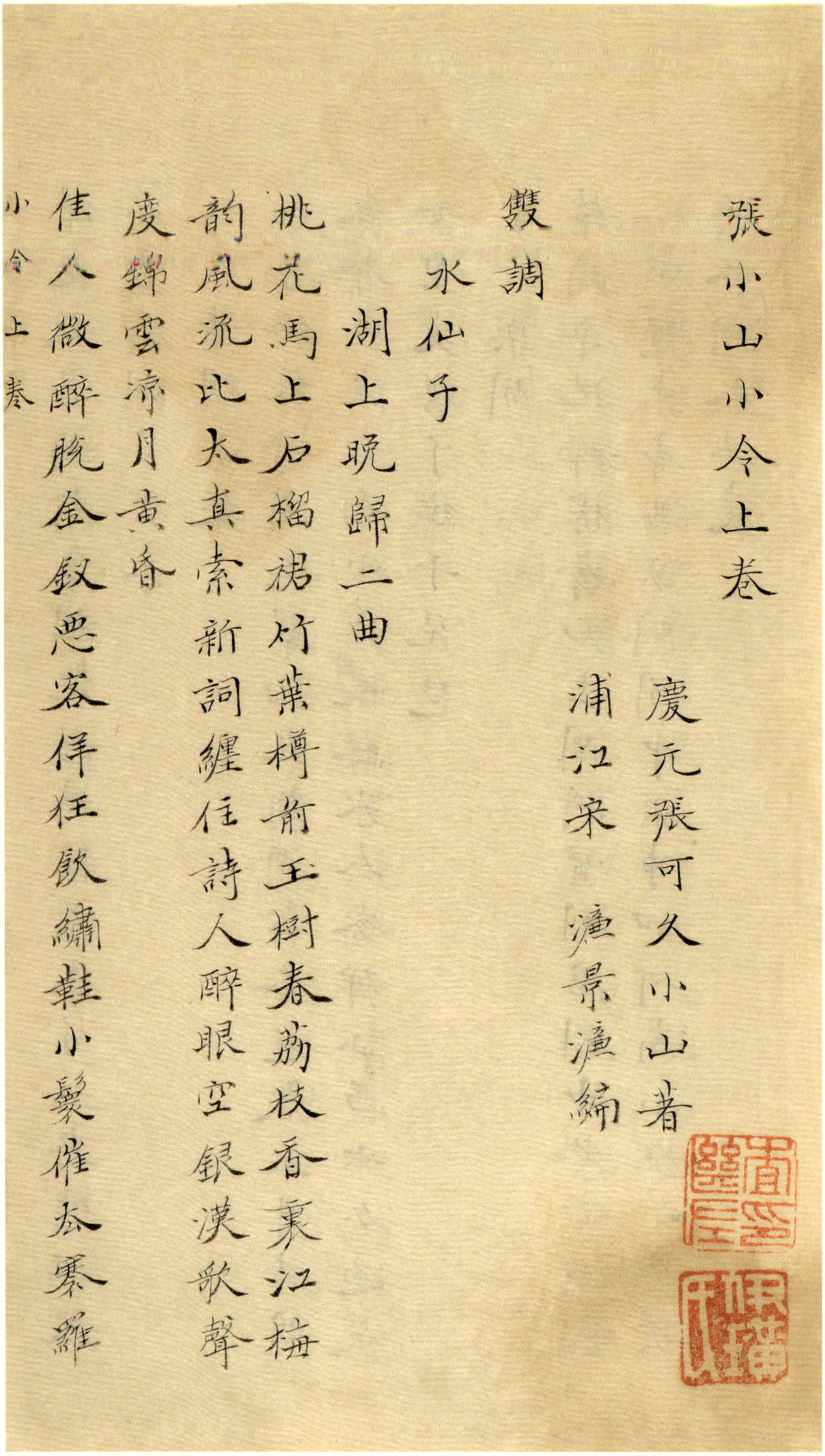
張小山小令上卷
慶元張可久小山著
浦江宋　濂景濂編
雙調
水仙子
湖上晚歸二曲
桃花馬上石榴裙竹葉樽前玉樹春荔枝香裏江梅
韻風流比太真索新詞纏住詩人醉眼空銀漢歌聲
度錦雲涼月黃昏
佳人微醉脫金釵惡客佯狂飲繡鞋小鬟催去奏羅
小令　上卷

58

58

張可久撰、宋濂編　張小山小令二卷

清初抄本。2册，書長26.5厘米，寬17.5厘米。

提　要：此本爲查繼佐藏書。
鑒藏印：查繼佐印、伊璜氏
著　録：1、《國立北平圖書館館刊》第五卷第六號，《顧鶴逸藏書目》。
　　　　2、《中國著名藏書家書目匯刊–近代卷22》頁550，商務印書館，2005年。

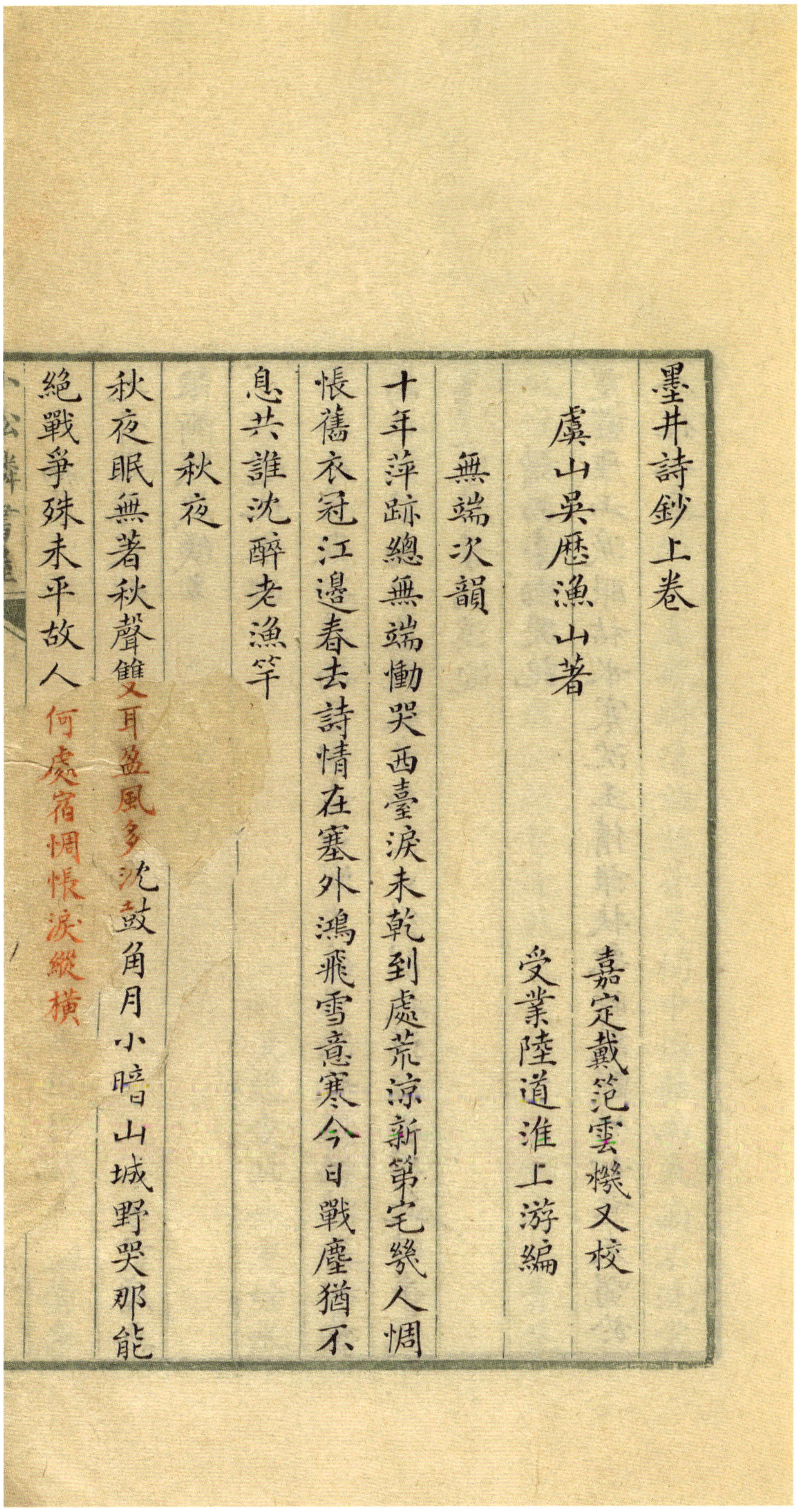
墨井詩鈔上卷
虞山吴歷漁山著　嘉定戴范雲幾又校
受業陸道淮上游編
無端次韻
十年萍跡總無端慟哭西臺淚未乾到處荒涼新第宅幾人惆悵舊衣冠江邊春去詩情在塞外鴻飛雪意寒今日戰塵猶不息共誰沈醉老漁竿
秋夜
秋夜眠無著秋聲雙耳盈風多沈鼓角月小暗山城野哭那能絕戰爭殊未平故人何處宿惆悵淚縱橫

59

59

吴歷撰　墨井詩鈔二卷附別卷一卷外卷一卷

清初抄本。1册，書長28厘米，寬17.6厘米。

提　要：首有錢謙益、唐宇昭、陳瑚、錢陸燦序、墨井道人詩等，尾有陸道淮跋，他本多缺錢謙益序。全書抄寫工整，凡損壞之處，均以朱筆補齊。

著　録：1、《國立北平圖書館館刊》第五卷、第六號，《顧鶴逸藏書目》精寫舊抄本。

2、《中國著名藏書家書目匯刊–近代卷22》頁551，商務印書館，2005年。

顧炎武撰　歷代宅京記二十卷

清中期抄本。6册，書長25.5厘米，寬16.3厘米。

提　要：此本收録有徐元文序、尾有顧衍生跋，稱此書僅録一部。據《中國古籍善本書目》著録，僅存清代中期以後抄本，未見刻本流傳，此本爲清道光間戴植、陳守吾等遞藏。

鑒藏印：秀水莊氏蘭味軒收藏印、陳寶晋守吾父記、守吾過眼、翰墨軒書畫記、戴芝農收藏印、古潤戴植培之氏一字芝農鑒藏書畫記

著　録：1、《國立北平圖書館館刊》第五卷第六號，《顧鶴逸藏書目》精寫舊抄本。

2、《中國著名藏書家書目匯刊–近代卷22》頁548，商務印書館，2005年。

備　注：陳寶晋、戴植遞藏。

陳寶晋，字守吾、康甫，江蘇海陵人。咸豐八年至九年間，吴讓之流寓海陵，與陳寶晋來往密切。

戴植，字培之，號芝農，江蘇鎮江人。工書善畫，山水尤佳；富收藏，精鑒別。

序

自古帝王維繫天下以人和不以地利而卜都定鼎計及萬世必相天下之勢而厚集之周之盛也元公營洛以偹時巡而豊鎬之故都未之有易洎乎宣幽王靈不替至于平王舉祖宗之故地而棄之秦黍離之所以降為王風也柳子厚謂周之亡久矣徒建空名于諸侯之上耳夫以文武成康功德之在人宜若設險守國可以無庸而大勢一失不能復振豈非得全者昌失全者亡古之帝者必居上游其以此哉漢婁敬之言賴張良力贊成之唐武德中遣使按行樊鄧將徙都焉因秦王之諫而止宋都大梁謀徙而弗果也太祖曰不出百年天

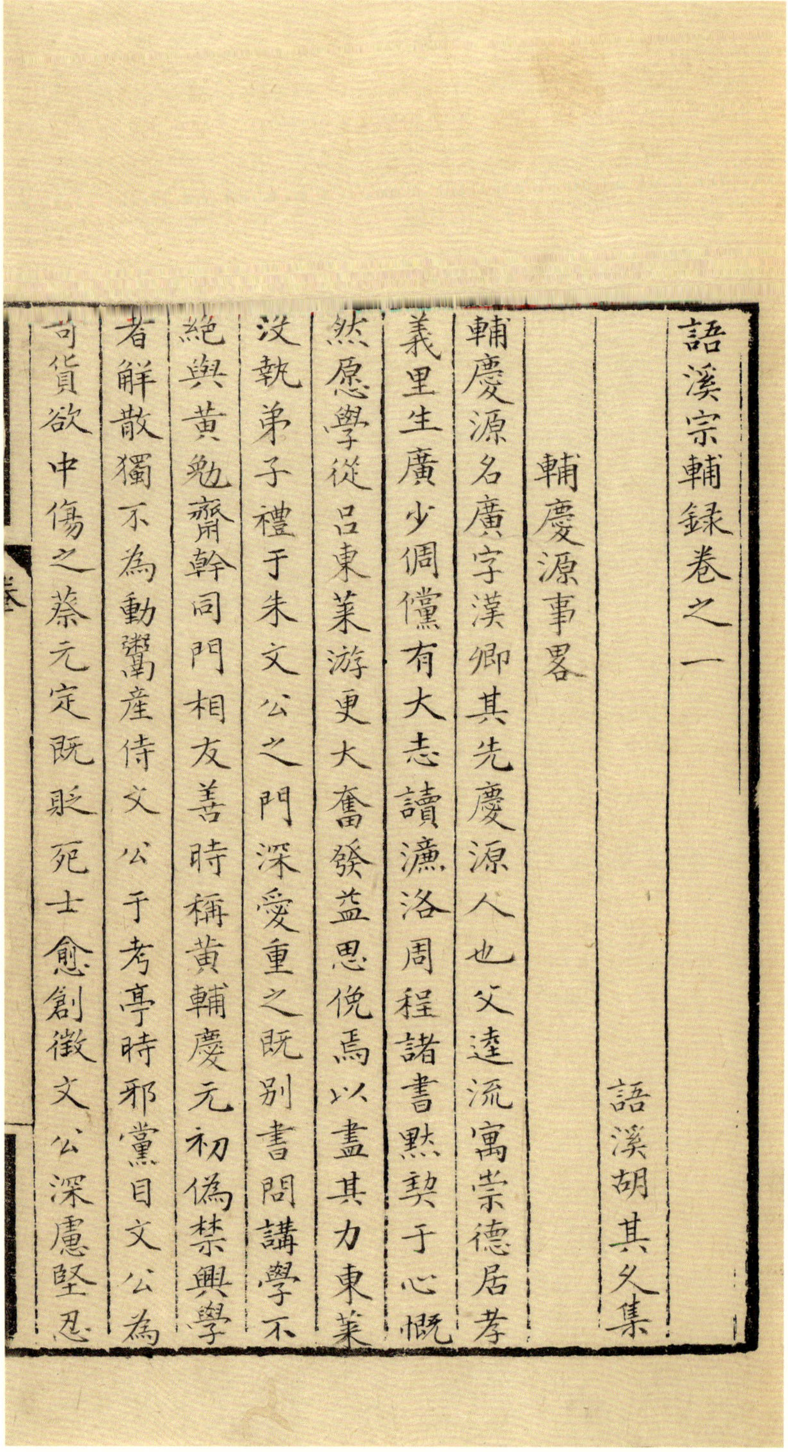
語溪宗輔録卷之一
語溪胡其久集
輔慶源事畧
輔慶源名廣字漢卿其先慶源人也父逵流寓崇德居孝義里生廣少倜儻有大志讀濂洛周程諸書默契于心慨然愿學從呂東萊游更大奮發益思俛焉以盡其力東萊没執弟子禮于朱文公之門深愛重之既別書問講學不絶與黄勉齋幹同門相友善時稱黄輔慶元初僞禁興學者鮮散獨不為動鬻産侍文公于考亭時邪黨目文公為奇貨欲中傷之蔡元定既貶死士愈創徽文公深慮堅忍

61

61

胡其久集　語溪宗輔録四卷

清初樸學齋黑格抄本。1册，書長26.8厘米，寬17厘米。

提　要：此本首有隆慶己巳許磁序、隆慶庚午時化成序，以樸學齋黑格稿紙抄成。

著　録：1、《國立北平圖書館館刊》第五卷第六號，《顧鶴逸藏書目》精寫舊抄本，名語溪宗輔録。

2、《中國著名藏書家書目匯刊–近代卷22》頁551，商務印書館，2005年。

備　注：輔廣，字漢卿，號潛庵，桐鄉人。黄宗羲撰有《輔潛庵傳》。

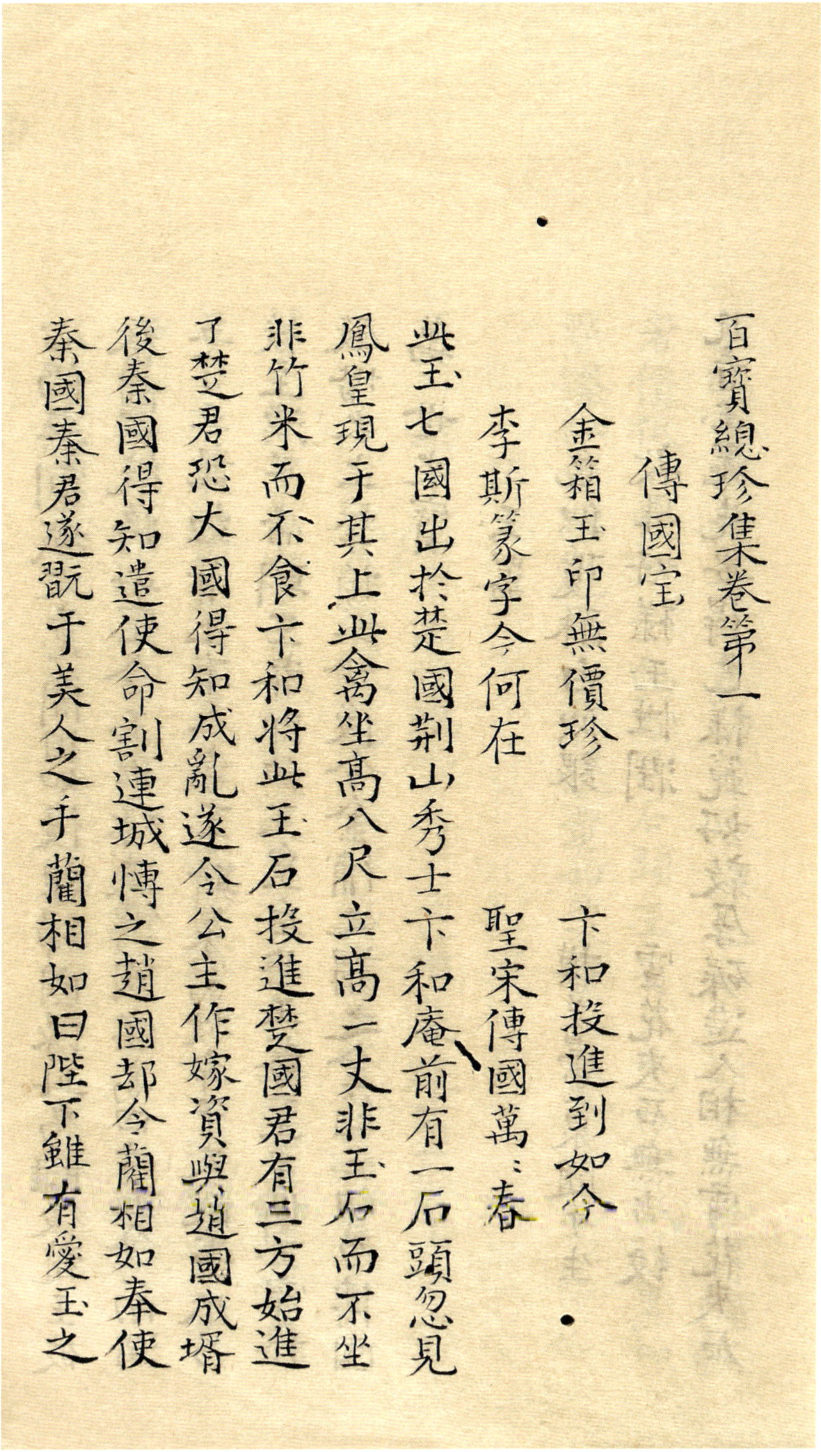

62

62

百寶總珍集十卷

清初徐釚抄本。1册，書長25.5厘米，寬17厘米。

提　要：考其書中所記，爲南宋臨安古董行情。所載金珠玉石以及器用等類，具詳出産價值，及真僞形狀。每種前載七言絶句一首，取便記誦。此書《中國古代善本書目》著録僅存抄本一部，未見刻本傳世，此爲清初徐釚抄本，更顯可貴。

鑒藏印：舊史徐釚、松風老人

著　録：1、《國立北平圖書館館刊》第五卷第六號，《顧鶴逸藏書目》精寫舊抄本。

2、《中國著名藏書家書目匯刊–近代卷22》頁550，商務印書館，2005年。

備　注：徐釚（1636–1708），字電發，號拙存，又號虹亭，吴江人。官檢討，著有《詞苑叢談》等。

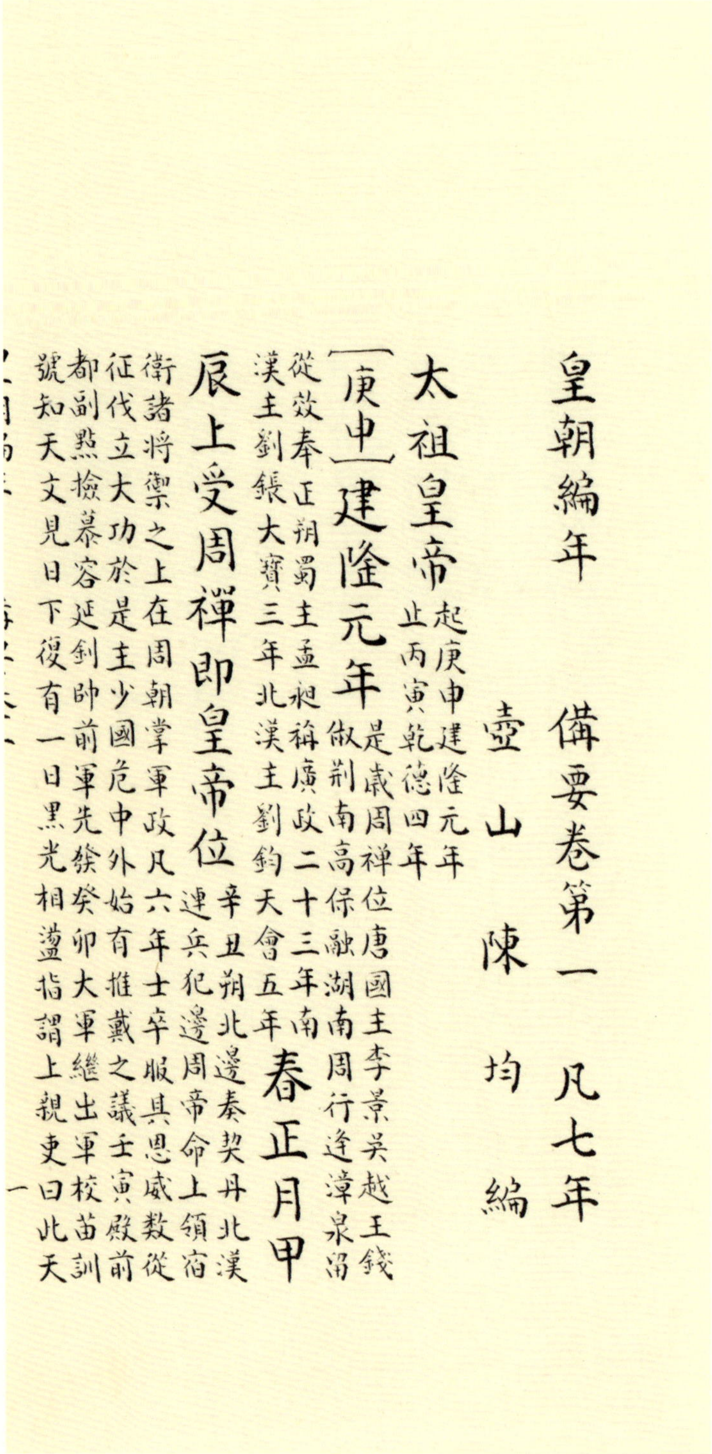
皇朝編年　備要卷第一　凡七年

壺山　陳　均　編

太祖皇帝 起庚申建隆元年止丙寅乾德四年

[庚申]建隆元年 是歲周禪位唐國主李景吳越王錢俶荊南高保融湖南周行逢漳泉留從效奉正朔蜀主孟昶稱廣政二十三年南漢主劉鋹大寶三年北漢主劉鈞天會五年 春正月甲辰上受周禪即皇帝位 辛丑朔北邊奏契丹北漢連兵犯邊周帝命上領宿衛諸將禦之上在周朝掌軍政凡六年士卒服其恩威數從征伐立大功於是主少國危中外始有推戴之議壬寅殿前都副點檢慕容延釗帥前軍先發癸卯大軍繼出軍校苗訓號知天文見日下復有一日黑光相盪指謂上親吏曰此天

63

63

陳均編　皇朝編年備要三十卷

清中期影宋抄本。15册，書長29.2厘米，寬17.4厘米。

提　要：此本首有陳均序、紹定二年真德秀序、紹定己丑鄭性之序、紹定二年林岜序、目録。全書三十卷巨帙，爲一人手抄，一字不苟，不改一字，不見一章一題一記，工整如新，黄綾包角原裝，似爲清中以後影宋抄本。此書存世有宋紹興刻本，孤本，餘皆爲抄本，八行十六字，小字雙行二十三字者爲影宋抄本，與此抄本正同。

著　録：1、《國立北平圖書館館刊》第五卷第六號，《顧鶴逸藏書目》精寫舊抄本。

2、《中國著名藏書家書目匯刊–近代卷22》頁546，商務印書館，2005年。

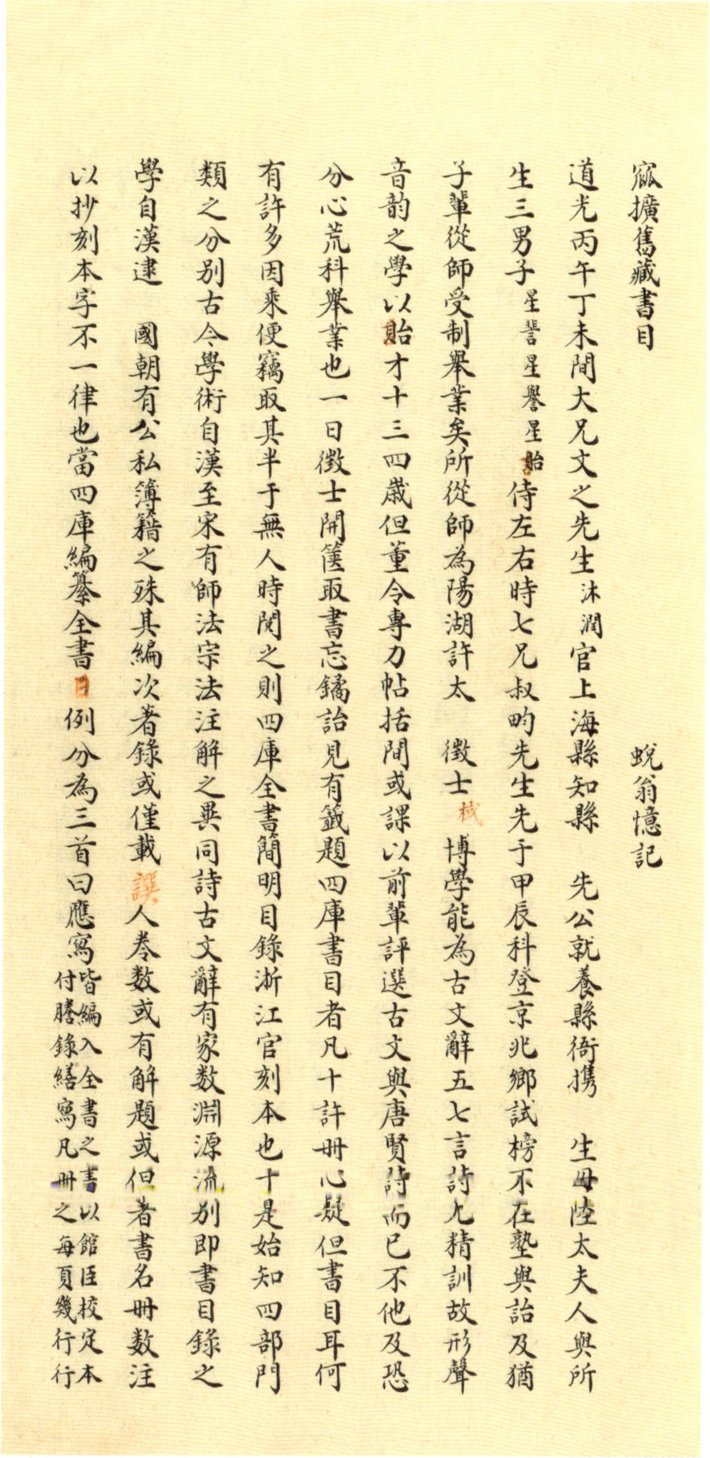
寙櫎舊藏書目

蜕翁憶記

道光丙午丁未間大兄文之先生沐潤官上海縣知縣　先公就養縣衙携　生母陸太夫人與所生三男子星譼星譽星詒書侍左右時七兄叔昀先生先于甲辰科登京兆鄉試榜不在塾與詒及猶子輩從師受制舉業矣所從師為陽湖許太　徵士棫博學能為古文辭五七言詩尤精訓故形聲音韵之學以詒才十三四歲但董令專力帖括間或課以前輩評選古文與唐賢詩而已不他及恐分心荒科舉業也一日徵士開篋取書忘鐍詒見有籤題四庫書目者凡十許冊心疑但書目耳何有許多因乘便竊取其半于無人時閱之則四庫全書簡明目錄浙江官刻本也于是始知四部門類之分别古今學術自漢至宋有師法宗法注解之異同詩古文辭有家数淵源流别即書目錄之學自漢逮　國朝有公私簿籍之殊其編次者錄或僅載誤人卷数或有解題或但著書名冊数注以抄刻本字不一律也當四庫編纂全書目例分為三首曰應寫皆編入全書之書以館臣校定本付謄錄繕寫凡冊之每頁幾行行

64

64

蜕翁憶記　寙櫎舊藏書目

清末抄本。1册，書長28.5厘米，寬16.2厘米。

提　要：此本爲周星詒瑞瓜堂藏書目録。

65

佩文齋明代書家姓氏目、書跋目、畫跋目附南疆繹史諸臣目

清中期抄本。1册，書長23厘米，寬14.5厘米。

提　要：抄本内“寧”字避諱，其附録南疆繹史諸臣目，爲晚明忠烈名目史料。另有附紙書畫目兩張。

佩文齋明代書家姓氏目

伊恒 宗有
龐敘 明敘
姜濬 子澄
衛靖 以嘉

劉仲珩
曾棨 子棨
李時勉 懋以
陳敬宗 光世

凌安貺 晏如
龔永吉 天民
蔣驥 良夫
陳璉 廷器

黃翰 汝申
吳凱 相虞
劉實 嘉秀
吳惠 孟仁

陳裕先 宗述
盧琰 克修
陸贊 順德
李騫 邦傑

徐明善
劉淵 伯廣
陳信 秋鴻
鄭觀 尚賓

黎斌
沈愚 通理
蕭回 賓
周號 德元 一作昊

莫藏 用行
姚綸 允言
盧庢
陳用原 志道

陳頖
李昶 啓明
王錫 克剛
林彬

明代書家姓氏目

[illegible]青綠山水軸

黃隺山樵山水軸

曹雲西仿郭河陽軸 董題

朱澤民山水軸 絹本

徐幼文山水軸 見卷

明 王孟端白田寺真、劉完菴山水合卷

文徵明三絕絹本卷 黃小松等題

又天台山卷 彭孔加、范允臨等題

又小楷曹君墓志卷 刻入安素軒帖 載西明厲目編

又山水丈疋大堂 寒烟半壁

又設色松陰高士軸

文北山移文沈落花詩字雙冊 兩本作一件

沈石田墨花八種卷 載江村銷夏錄 吳越所見書畫錄

又天平山卷

又贈宗尹山水卷

又三蘇卷 載金淑之波復虛齋畫錄

又花鳥屏兩幅

唐六如亂山雜霧軸 載江村銷夏錄

唐六如溪橋杖履軸

又墨菊軸

仇十洲洛神卷

列 唐李龍眠相馬卷 宋何贈愛 畫经

列 范文正公手札二通卷 吴寬輩二十餘家題明時已有刻本今與米崇國志同刻入過雲樓集帖中

列 米元章崇國公墓志卷 見清河書畫舫鐵網珊瑚等書畫譜

列 宋人無款白描羅漢卷

列 周文矩慈氏圖軸 載宣和畫譜成邸舊藏

列 徐熙牡丹軸 宋元人題

元

列 趙子昂十六應真卷 吴梅村輩十一家題

列 文鵲華秋色卷 附禹鴻臚臨本

列 黄子久溪山雨意卷 天府 附張宗蒼臨本曾藏 兩卷合一匣

列 吴仲圭竹譜長卷

列 盛子昭春山無畫圖卷 董其昌王覺斯阮元等題

列 楊鐵崖海棠城詩卷

列 顧阿瑛山水卷 元人九家題朱卧庵舊藏

列 李息齋竹卷 有今題者二十餘人

列 五大僧字卷

列 僧湛暉白描揭鉢圖長卷

列 僧師言字卷

列 錢舜舉高共多吉由

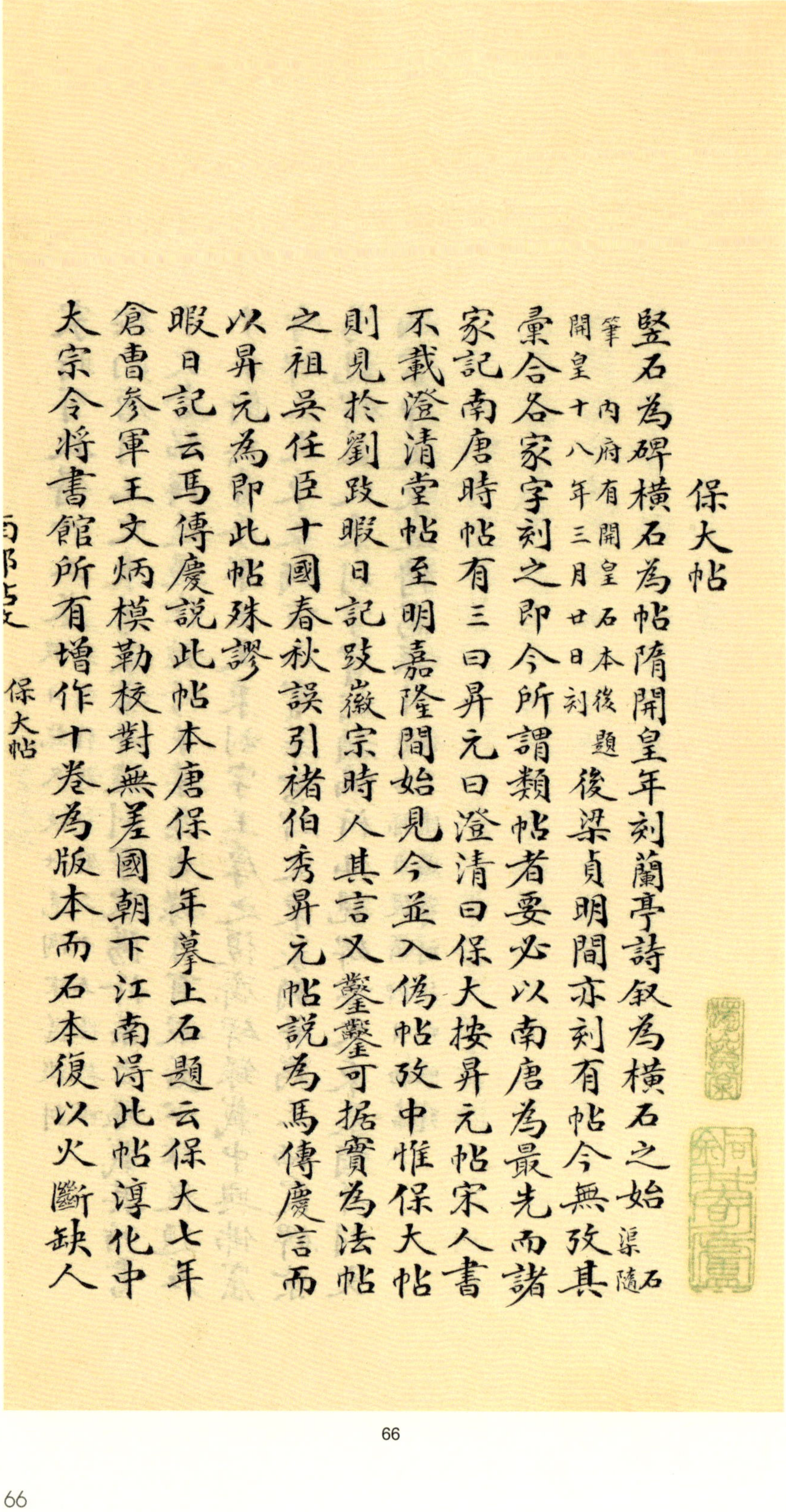
保大帖
豎石為碑橫石為帖隋開皇年刻蘭亭詩叙為橫石之始石渠隨筆內府有開皇石本後題開皇十八年三月廿日刻後梁貞明間亦刻有帖今無攷其彙合各家字刻之即今所謂類帖者要必以南唐為最先而諸家記南唐時帖有三曰昇元曰澄清曰保大按昇元帖宋人書不載澄清堂帖至明嘉隆間始見今並入偽帖攷中惟保大帖則見於劉跂暇日記跂徽宗時人其言又鑿鑿可据實為法帖之祖吳任臣十國春秋誤引褚伯秀昇元帖說為馬傳慶言而以昇元為即此帖殊謬
暇日記云馬傳慶說此帖本唐保大年摹上石題云保大七年倉曹參軍王文炳模勒校對無差國朝下江南得此帖淳化中太宗令將書館所有增作十卷為版本而石本復以火斷缺人
南邨帖攷　保大帖

66

66
程文榮撰　南邨帖考

清末抄本。2册，書長26.4厘米，寬17.3厘米。

提　要：此書首録張廷濟道光二十五年（1845）致蘭川先生書札一通。
鑒藏印：獨山莫棠、銅井寄廬
備　注：莫棠（1865-1929），字楚孫，一字楚生，貴州獨山人。莫友芝九弟莫祥芝的第三子。頗富藏書，嫻於目録版本之學，紹繼友芝餘緒。編《文淵樓藏書目》，著有《銅井文房書跋》。

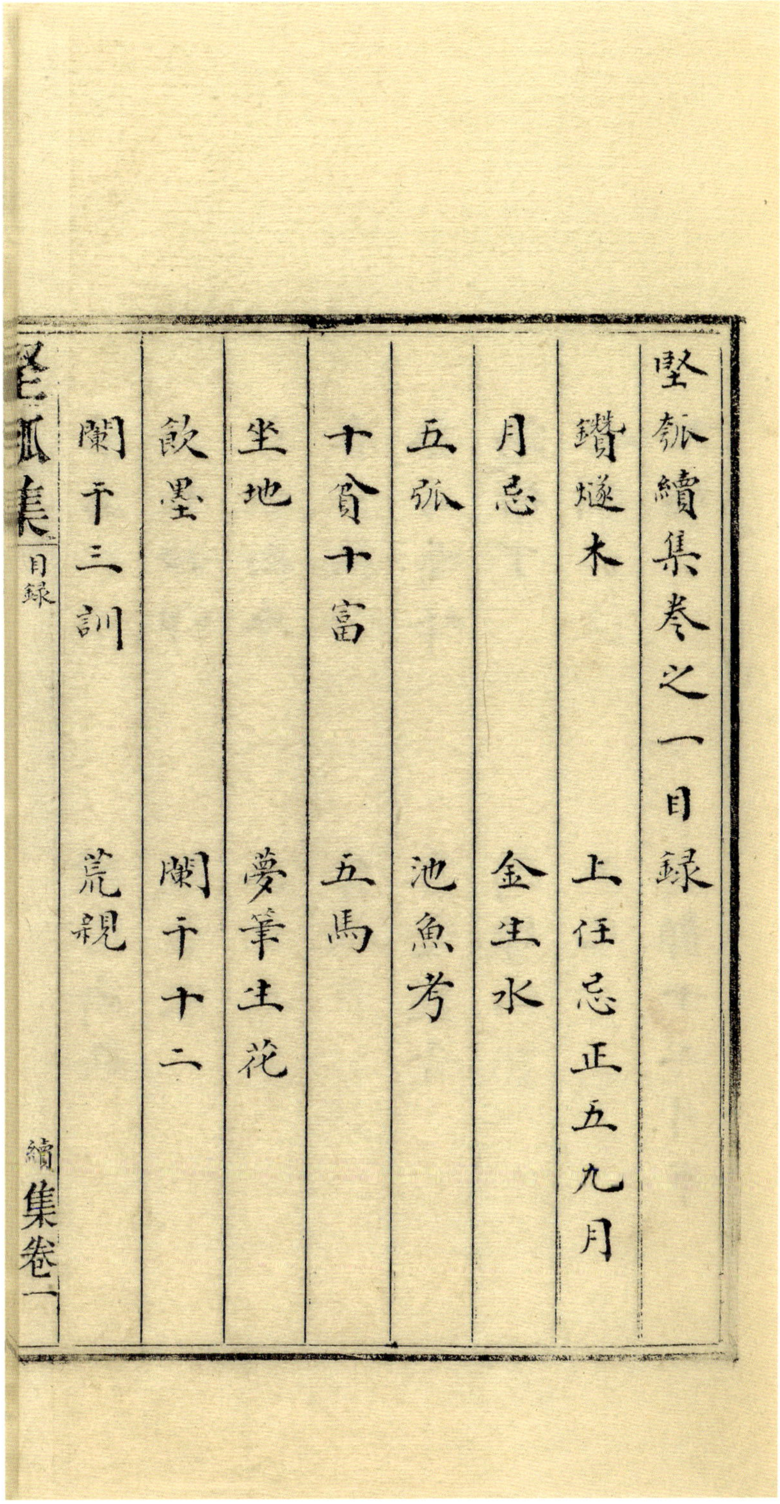
堅瓠續集卷之一目録

鑽燧木　上任忌正五九月

月忌　金生水

五瓠　池魚考

十貧十富　五馬

坐地　夢筆生花

飲墨　闌干十二

闌干三訓　荒親

堅瓠集　目録　續集卷一

67

67

褚人獲纂輯　堅瓠補集六卷廣集六卷餘集續集四卷

清抄本。8册，書長25厘米，寬15.5厘米。

提　要：廣集缺卷一至四。餘集卷首有康熙四十二年張潮序。

鑒藏印：曼殊寶利、藕西鈞宅、拼絜進奉文字

著　録：1、《國立北平圖書館館刊》第五卷第六號，《顧鶴逸藏書目》精寫舊抄本。

2、《中國著名藏書家書目匯刊–近代卷22》頁546，商務印書館，2005年。

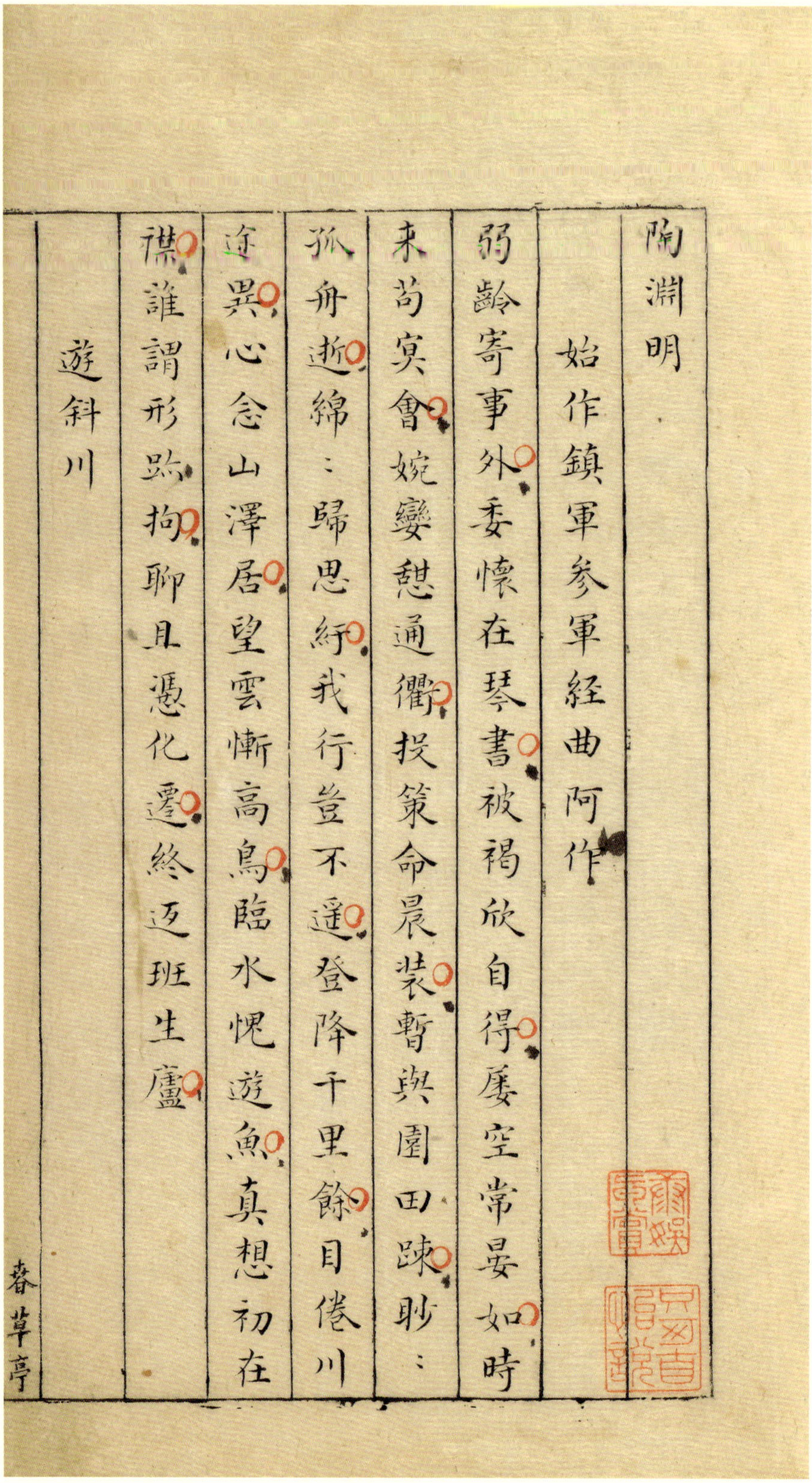
陶淵明

始作鎮軍參軍經曲阿作

弱齡寄事外委懷在琴書被褐欣自得屢空常晏如時來苟冥會婉孌憩通衢投策命晨裝暫與園田踈眇眇孤舟逝綿綿歸思紆我行豈不遥登降千里餘目倦川途異心念山澤居望雲慚高鳥臨水愧遊魚真想初在襟誰謂形跡拘聊且憑化遷終返班生廬

遊斜川

春草亭

68

68

陶淵明撰　陶淵明詩不分卷

清春草亭黑格抄本。1册，書長27.9厘米，寬16.5厘米。

鑒藏印：康娱真賞、只可自怡説、文舟

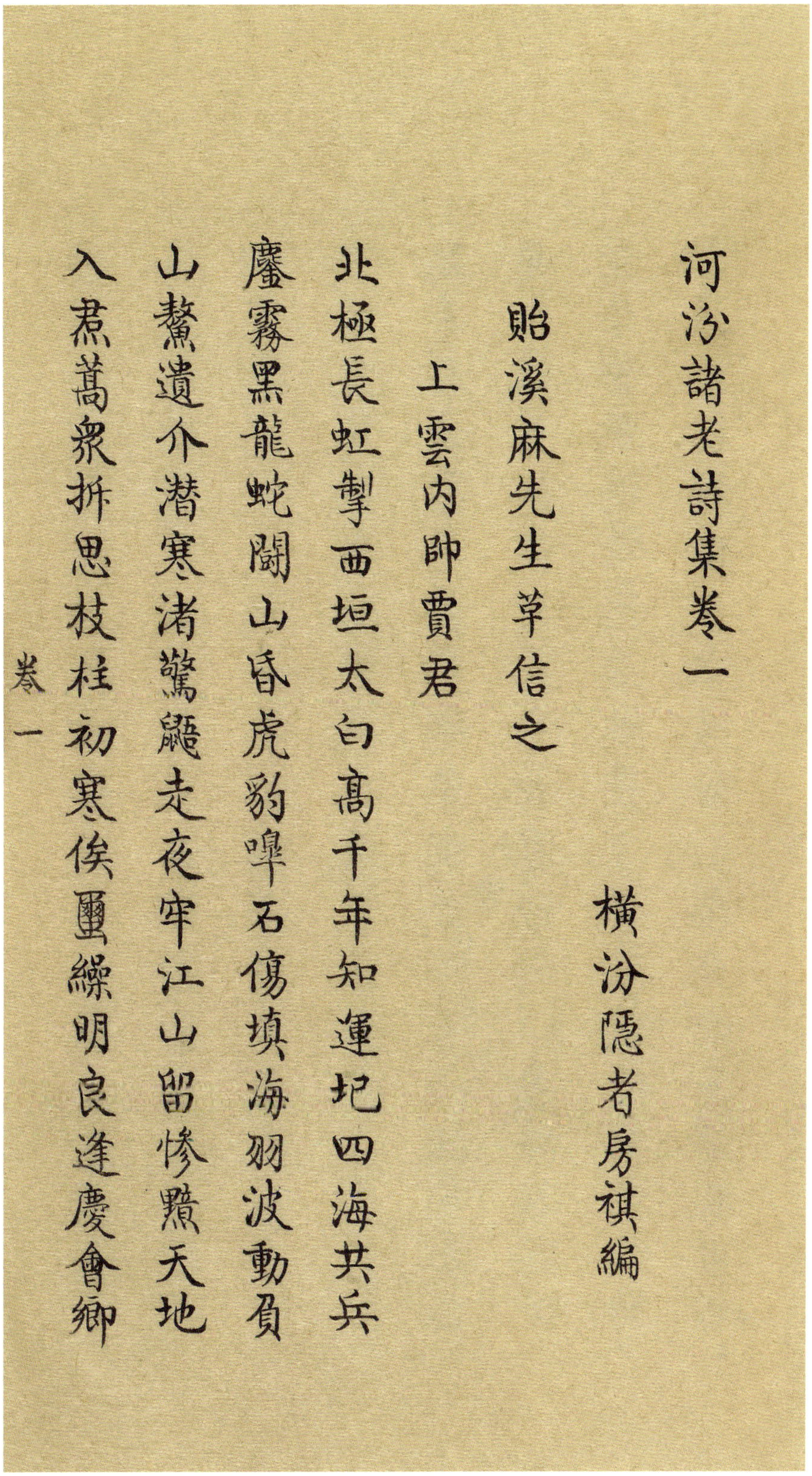
河汾諸老詩集卷一

橫汾隱者房祺編

貽溪麻先生革信之

上雲内帥賈君

北極長虹掣西垣太白高千年知運圯四海共兵鏖霧黑龍蛇鬬山昏虎豹嗥石傷填海羽波動負山鰲遺介潛寒渚驚飈走夜牢江山留慘黷天地入焄蒿衆拆思枝柱初寒候壘繅明良逢慶會卿

卷一

69

69

房祺編　河汾諸老詩集八卷

清抄本。2册，書長15.5厘米，寬16.5厘米。

提　要：首録有明弘治十一年車璽序，書尾過録大德辛丑房祺序。

著　録：1、《國立北平圖書館館刊》第五卷第六號，《顧鶴逸藏書目》精寫舊抄本。

2、《中國著名藏書家書目匯刊–近代卷22》頁552，商務印書館，2005年。

野叟曝言目録
奮字卷之一
第一回
第二回
第三回

70

夏敬渠撰　野叟曝言一百五十回

清晚期抄本。36册，書長23厘米，寬12厘米。

提　要：此底本爲道光抄本，乃所知最早版本，極具文獻校勘價值。内有朱筆校字，殊爲珍貴。

《野叟曝言》爲清代長篇小説，有天下“第一奇書”之稱。它圍繞文素臣的發迹展開情節，熔古今中外、天文地理、醫卜星象、帝王將相爲一爐，歷史小説、神魔小説、艷情小説、俠義小説爲一體，可謂是一部包羅萬象的封建社會百科全書式的作品，被魯迅譽爲“以小説見才學者”之首。魯迅又説：“以小説爲庋學問文章之具，與寓懲勸同意而異用者，在清蓋莫先於《野叟曝言》。”1956年，胡適撰有《<野叟曝言>的版本》。

原本不題撰人。據光緒八年刻本的西岷山樵序，説是出自“江陰夏先生”之手。魯迅《中國小説史略》引《江陰藝文志》凡例，認爲是夏敬渠所作。趙景深《<野史曝言>作者夏二銘年譜考證》説：“夏敬渠字懋修，號二銘，江蘇江陰人。諸生。家貧。英敏績學，通經史，旁及諸子百家、禮樂兵刑、天文算數之學，靡不淹貫。生平足迹幾遍海内。所交盡賢豪，著有《綱目舉正》、《浣玉軒詩文集》、《唐詩臆解》、《醫學發蒙》、《野叟曝言》等。”又考證他生於康熙四十四年（1705），卒於乾隆五十二年（1787），享年八十三歲。《野叟曝言》約於乾隆四十四年（1779），即夏敬渠七十五歲前後完成。

野叟曝言奮字卷之一

第一回

三首詩寫書門大意
十觥酒賀聖教功臣

昔人已乘白雲去（一作黃鶴）此地空餘黃鶴樓黃鶴一去不復返白雲千載空悠悠晴川歷歷漢陽樹春草（一作芳草）青青（一作萋萋）鸚鵡洲日暮鄉關何處是煙波江上使人愁（以黃鶴樓詩入筆大奇）

這首律詩乃唐詩人崔顥所作李太白是唐朝數一數二的才人

野叟曝言目錄

奮字卷之一

前人把洪武至弘治這一時期的刻本統稱爲明初本，這一時期除建陽刻本外，其他各地無論官刻、家刻、坊刻，都是同一種風格，即繼承了元浙本的風格，而明建本則是繼承元建本的風格。

其中的司禮監掌管中央的刻書事務，所刻書就稱司禮監本或內府本。過雲樓藏朱熹集注《四書》即是正統十二年由司禮監所刻，明代前期的這種司禮監本，在今天已是難得的善本。這一時期坊刻仍集中於建陽，過雲樓藏有劉氏慎獨齋刻《大明一統志》即爲建陽名刻。

明中期包括正德、嘉靖、隆慶三朝，明刻本發生了根本性的變化，始於正德，到嘉靖時大盛，延續到隆慶。過雲樓藏《秘傳天禄閣寓言外史》八卷爲明隆慶四年（1570）昆山沈松石刻於留春書院。

明後期包括包括萬曆、泰昌、天啟、崇禎四朝。從萬曆時開始，刻書業又出現新的巨大變化。徽州的吴勉學、吴琯首先開創了萬曆本的新風氣，過雲樓藏《詩紀》即爲吴琯所刻。

萬曆時還出現一種寫刻本，過雲樓藏《石田先生集》即爲萬曆寫刻本的代表。

晚明的毛晉，不僅藏書，還大量刻書。過雲樓藏中就有《中吴紀聞》、《元人诗十種》、《李氏易解》等汲古閣名刻，蔚爲大觀。

明刻本

71

范浚撰、高栴編　香溪范賢良文集二十二卷

明初。黑口本8册，書長19.5厘米，寬13厘米。

提　要：首有紹興三十年陳岩肖序，首葉書名後行題："門人高栴編"。
莫友芝《郘亭知見傳本書目》卷十三・集部・别集類著録此書爲元本。傅增湘《訂補〈郘亭知見傳本書目〉》卷十三下稱："明初黑口本，十二行二十二字，黑口，四周單欄，有紹興三十年陳岩肖序，本書標題大字占雙行，題門人高栴编。張金吾愛日精廬舊藏，即莫氏著録者，今在顧君麐士處，號爲元本。"

鑒藏印：濟陽伯氏、江氏宗吉、讀漢書樓、愛日精廬藏書

著　録：1、《國立北平圖書館館刊》第五卷第六號，《顧鶴逸藏書目》宋元舊槧。
2、《中國著名藏書家書目匯刊-近代卷22》頁538，商務印書館，2005年。
3、《郘亭知見傳本書目》卷十三・集部・别集・南宋，西泠印社，1913年。
4、《藏園訂補<郘亭知見傳本書目>》卷十三下・集部・别集三・南宋頁1194，中華書局，2009年。

備　注：張金吾舊藏。
張金吾（1787-1829），字慎旃，别字月宵，道光時諸生。致力於藏書，研究諸學。潛心經術、目録學。嘉慶二十三年（1818）編藏書總目《愛日精廬書目》20卷和善本書目《藏書志》4卷。道光七年（1827）編《愛日精廬藏書志》36卷，《續編》4卷，收録宋元舊槧及世人鮮見的版本近800種，是爲有清一代著名的版本解題目録。

香溪先生范賢良文集總目

第一卷

古賦

第二卷

詩

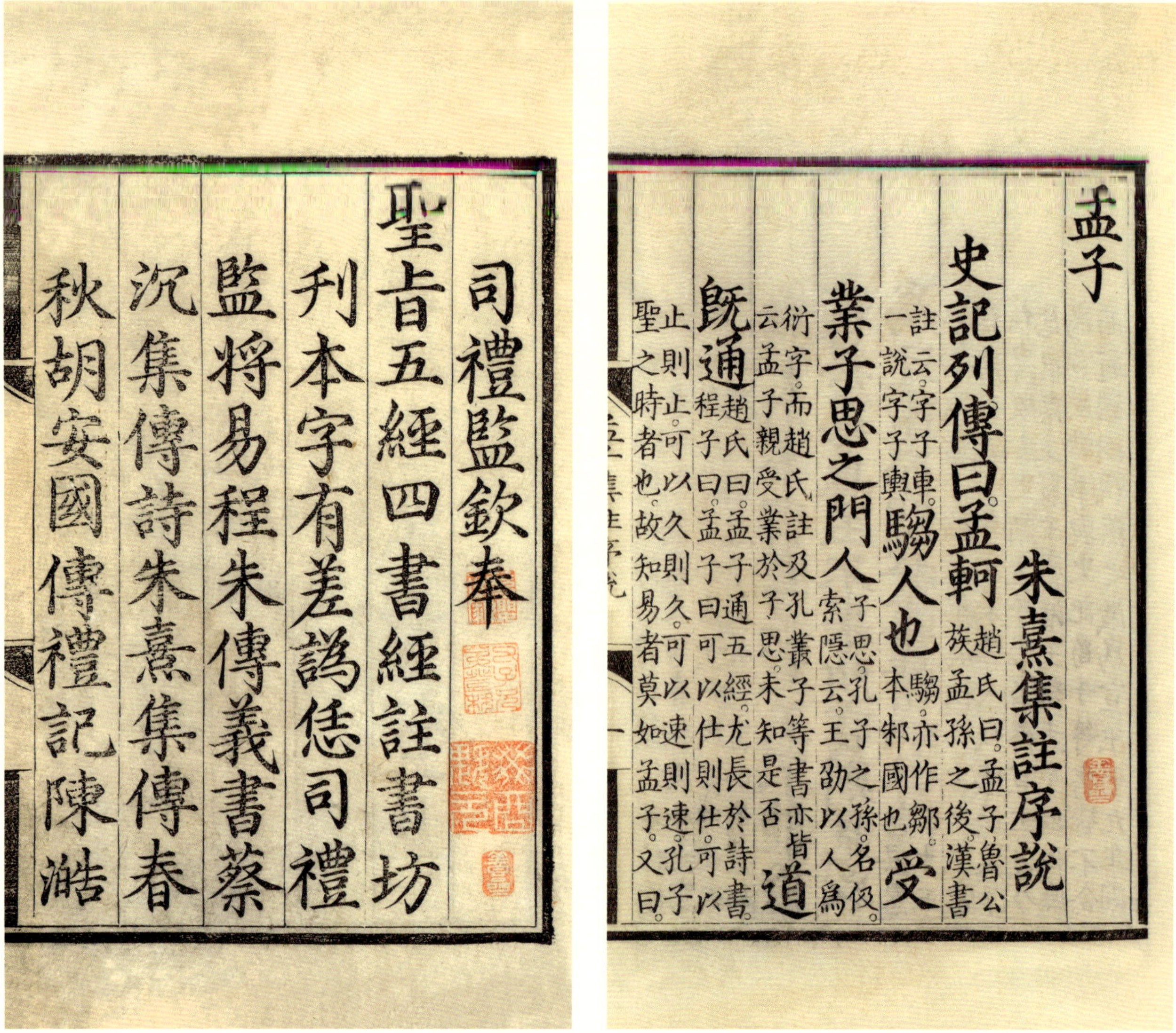

72

72

朱熹撰　四書章句集注

明正統十二年（1447）司禮監刻本。10册，書長23厘米，寬16.7厘米。

提　要：前有司禮監欽奉聖旨，曰“四書朱熹集注，都疇寫的本，重新刊印，便於觀覽，欽此”，爲正統司禮監原刻，殊爲珍貴。内有大學、中庸、論語集注十卷、孟子集注十四卷。

鑒藏印：父子兄弟登科、癸酉魁元、養齋

備　注：朱熹首將《禮記》中《大學》、《中庸》與《論語》、《孟子》并列，使人先讀《大學》，以定其規模；次讀《論語》，以立其根本；次讀《孟子》，觀其發越；次讀《中庸》，以求古人微妙之處。《大學》、《中庸》中注釋稱“章句”，《論語》、《孟子》中注釋集合衆人之説，稱爲“集注”；後人合稱其爲“四書章句集注”，簡稱“四書集注”。

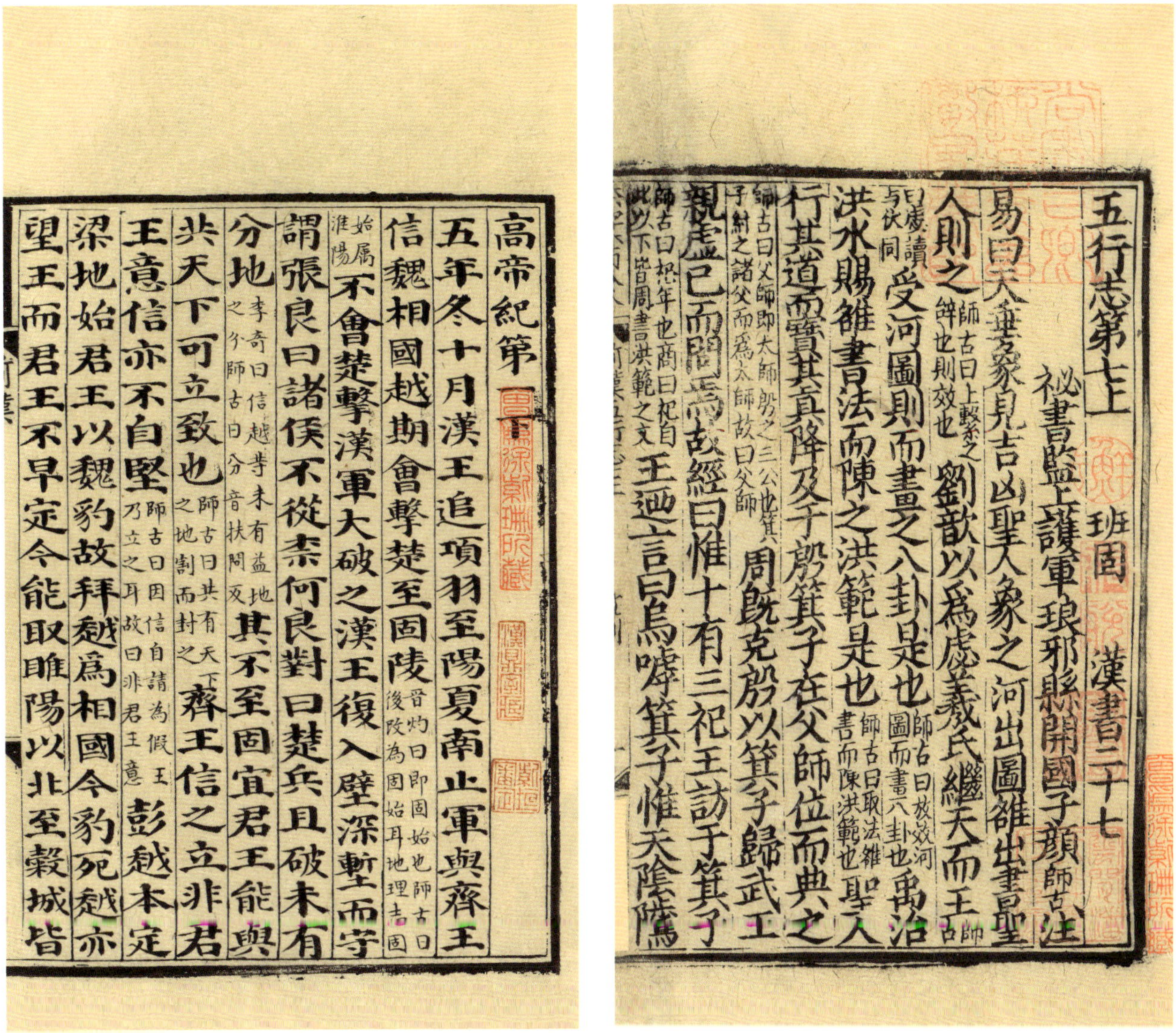

高帝紀第一下

五年冬十月，漢王追項羽至陽夏南，止軍，與齊王信、魏相國越期會擊楚。至固陵，晉灼曰：即固始也。師古曰：後改爲固始耳。地理志固始屬淮陽。不會。楚擊漢軍，大破之。漢王復入壁，深塹而守，謂張良曰：「諸侯不從，柰何？」良對曰：「楚兵且破，未有分地，李奇曰：信、越未有益地之分。師古曰：分音扶問反。其不至固宜。君王能與共天下，可立致也。師古曰：共有天下之地，割而封之。齊王信之立，非君王意，信亦不自堅。師古曰：因信自請爲假王，乃立之耳，故曰非君王意。彭越本定梁地，始君王以魏豹故，拜越爲相國。今豹死，越亦望王，而君王不早定。今能取睢陽以北至穀城，皆

五行志第七上　班固　漢書二十七

祕書監上護軍琅邪縣開國子顏師古注

易曰：「天垂象，見吉凶，聖人象之；河出圖，雒出書，聖人則之。」師古曰：上繫之辭也。則，效也。劉歆以爲虙羲氏繼天而王，師古曰：虙讀與伏同。受河圖，則而畫之，八卦是也；師古曰：放效河圖而畫八卦也。禹治洪水，賜雒書，法而陳之，洪範是也。師古曰：取法雒書而陳洪範也。聖人行其道而寶其眞。降及于殷，箕子在父師位而典之。師古曰：父師即太師，殷之三公也。箕子，紂之諸父而爲太師，故曰父師。周既克殷，以箕子歸，武王親虛己而問焉。故經曰：「惟十有三祀，王訪于箕子，師古曰：祀，年也。商曰祀。自此以下皆周書洪範之文。王乃言曰：烏嘑，箕子！惟天陰騭

73

73

班固撰、顏師古注　前漢書

明百衲本。68册，書長20厘米，寬14.8厘米。

提　要：此書以十七至十八字不等本、十九至二十字不等本、二十二字本參配，首五卷抄配。全書均挖書口下脚，據書中各卷刻工陳亞佑、羅清、朱敬等查爲明代刻工，此本當以明正統間刻本爲基礎。

鑒藏印：尚寶司卿柳莊袁忠澈家藏印、雲間潘氏中履氏圖書、豫園主人、曾爲徐紫珊所藏、廣平之印、紫垣

著　録：1、《國立北平圖書館館刊》第五卷第六號，《顧鶴逸藏書目》宋元舊槧。

2、《中國著名藏書家書目匯刊－近代卷22》頁539，商務印書館，2005年。

備　注：袁忠澈、徐渭仁舊藏。

袁忠澈，字静思，寧波人。明代藏書家。

徐渭仁，字文臺、紫珊，上海人。精鑒賞，收藏甚豐。

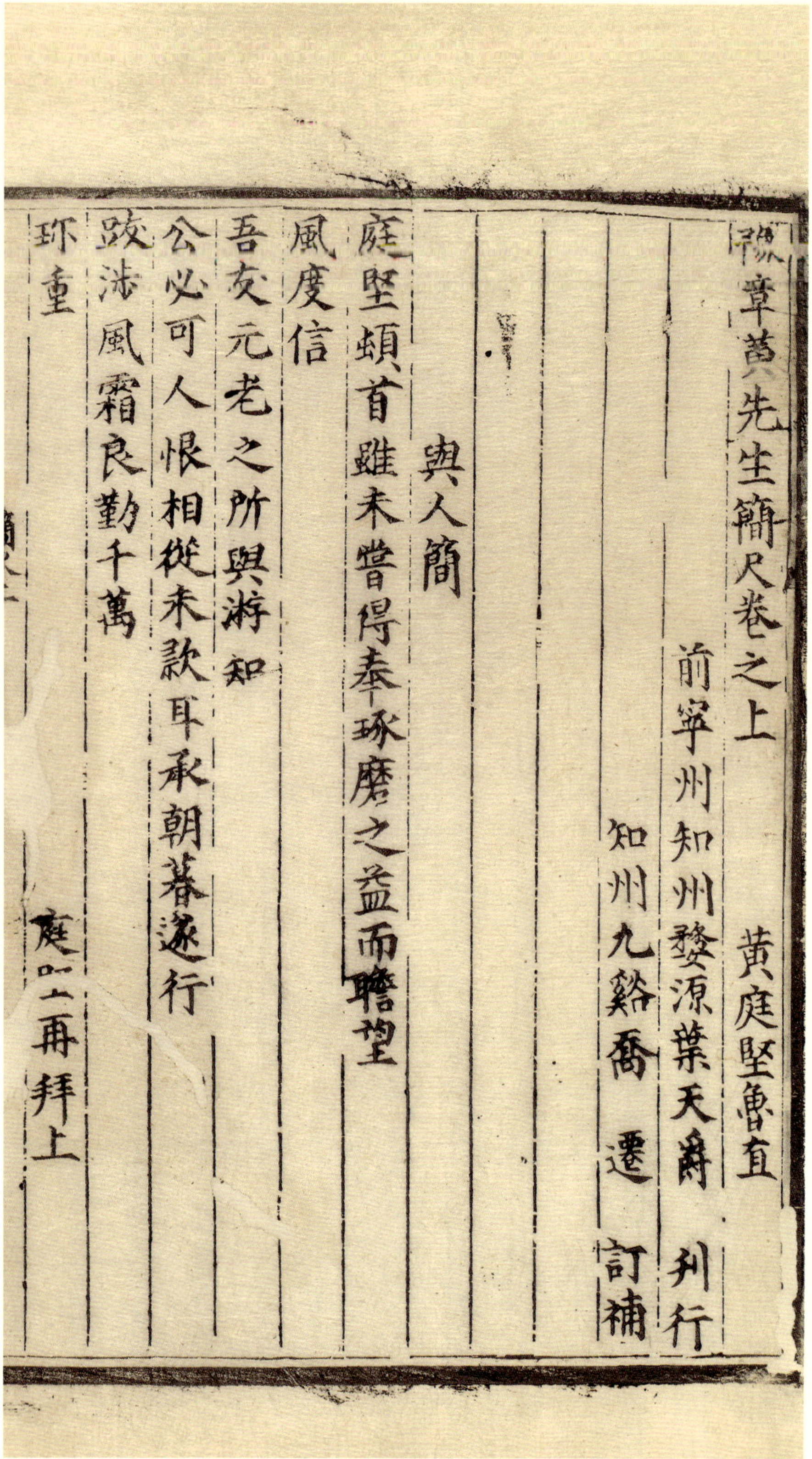
豫章黄先生簡尺卷之上
黄庭堅魯直
前寧州知州婺源葉天爵　刋行
知州九谿喬　遷　訂補

與人簡
庭堅頓首雖未嘗得奉琢磨之益而瞻望
風度信
吾友元老之所與游知
公必可人恨相從未款耳承朝暮遂行
跋涉風霜良勤千萬
珎重　庭堅再拜上

74

74

黄庶、黄庭堅撰　青社黄先生伐檀集二卷、豫章黄先生簡尺二卷　山谷先生年譜三十卷

明弘治葉天爵刊嘉靖六年（1527）喬遷、余載仕重修本。8册，書長22.5厘米。寬15.6厘米。

提　要：此本爲虞山毛氏汲古閣、張氏愛日精廬等名家遞藏。年譜中有刻工翟榮、翟中、翟能、翟隆；伐檀集中有翟仁。

鑒藏印：元本、毛氏圖史子孫永寶之、愛日精廬藏書

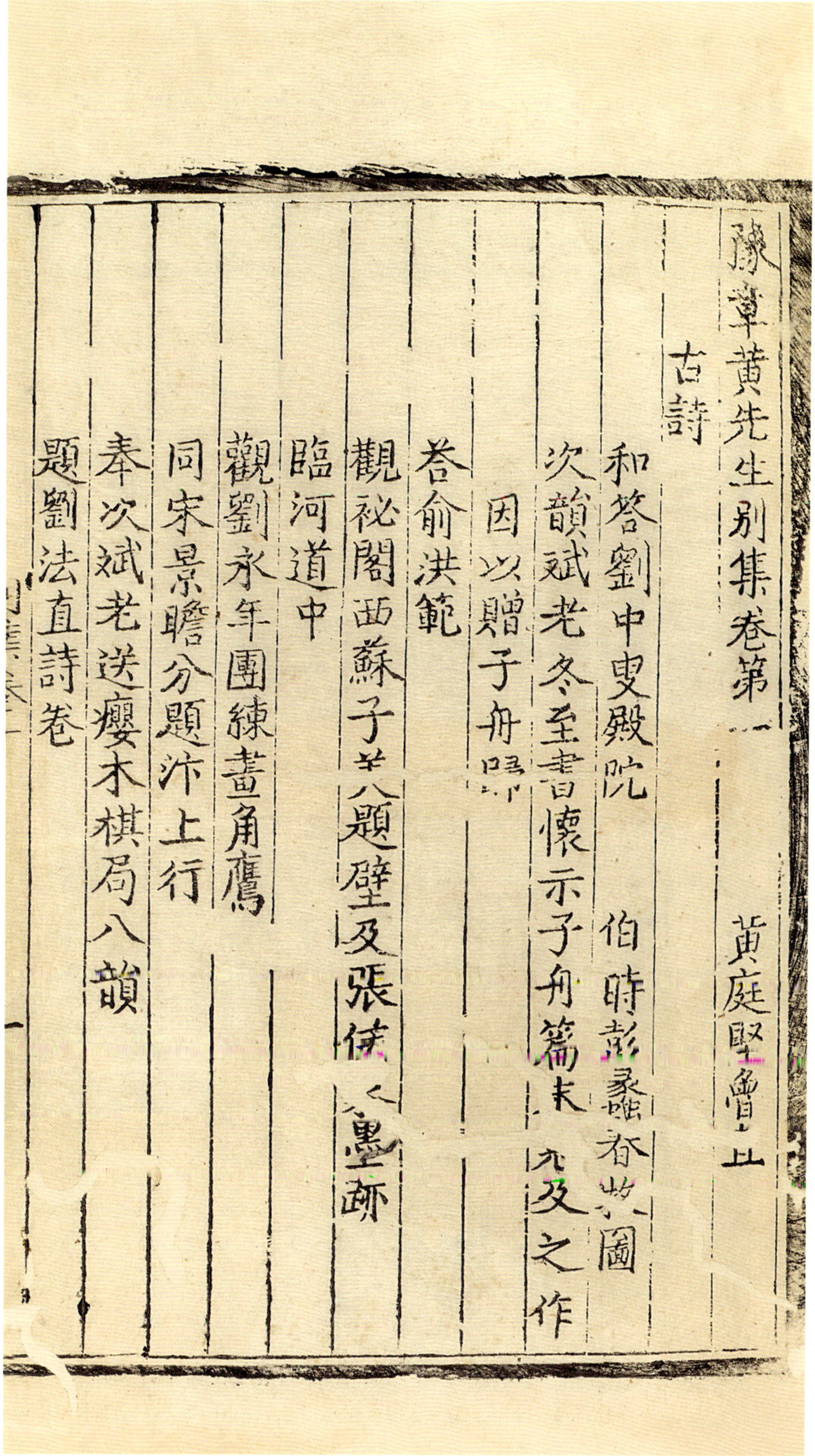
豫章黄先生别集卷第一　　黄庭堅魯直

古詩

和答劉中叟殿院　伯時彭蠡春牧圖

次韻斌老冬至書懷示子舟篇末　及之作

因以贈子舟歸

答俞洪範

觀祕閣西蘇子美題壁及張[illegible]墨跡

臨河道中

觀劉永年團練畫角鷹

同宋景瞻分題汴上行

奉次斌老送癭木棋局八韻

題劉法直詩卷

75

75

黄庭堅撰　豫章黄先生别集二十卷

明弘治桀天爵刻本嘉靖喬遷余載仕重修本。8册，書長22.7厘米，寬16厘米。

刻　工：翟榮、陳萬松、翟隆。

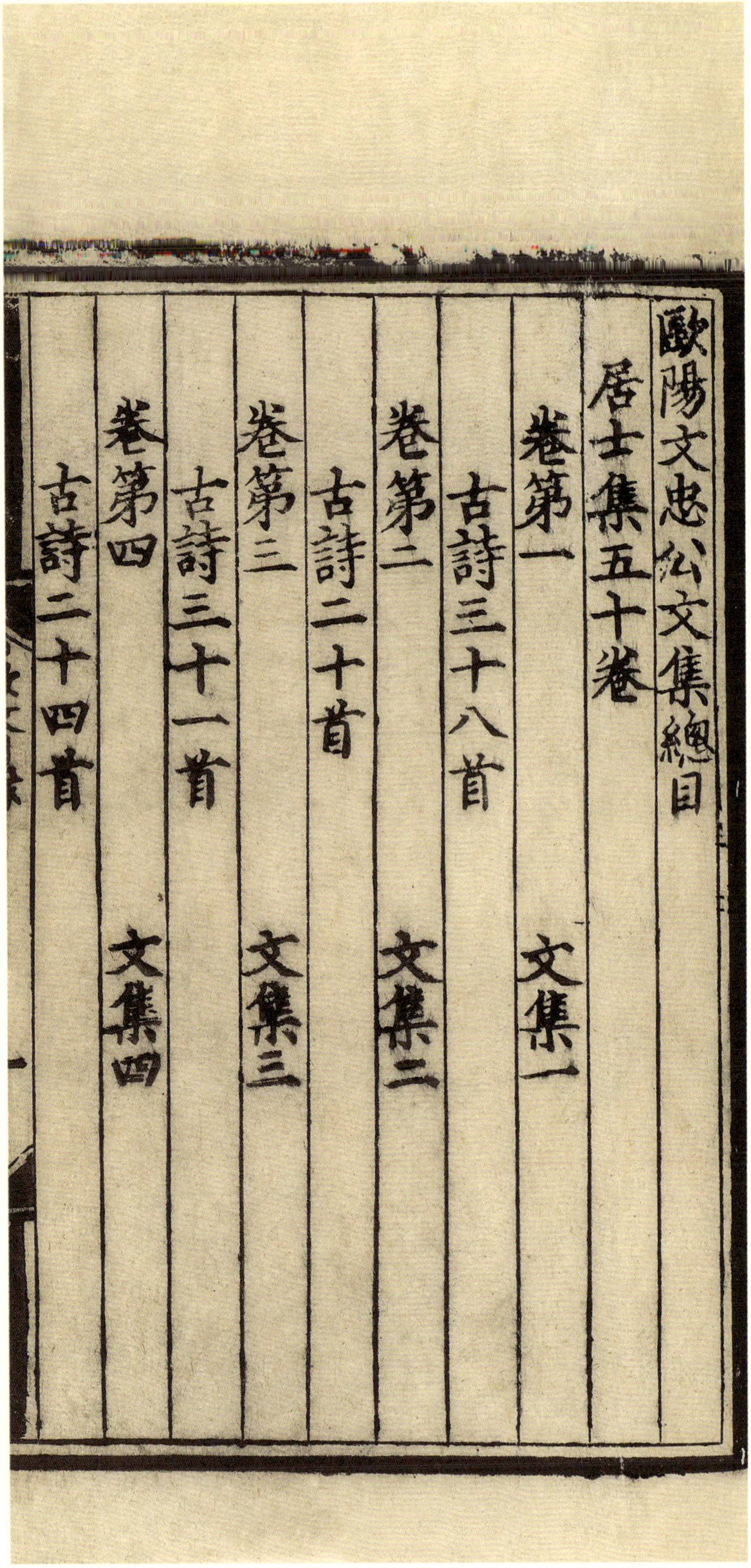
歐陽文忠公文集總目
居士集五十卷
卷第一　文集一
古詩三十八首
卷第二　文集二
古詩二十首
卷第三　文集三
古詩三十一首
卷第四　文集四
古詩二十四首

76

76

歐陽修撰　重刊歐陽文忠公集

明弘治間刻本。59册，書長21厘米，寬13厘米。

提　要：内有居士集五十卷、外集二十五卷、易童子問三卷、外制集三卷、内制集八卷、表奏書啓四六集七卷、奏議十八卷、雜述十九卷、集古録跋尾十卷、書簡十卷、附録五卷。原缺第四十一册。

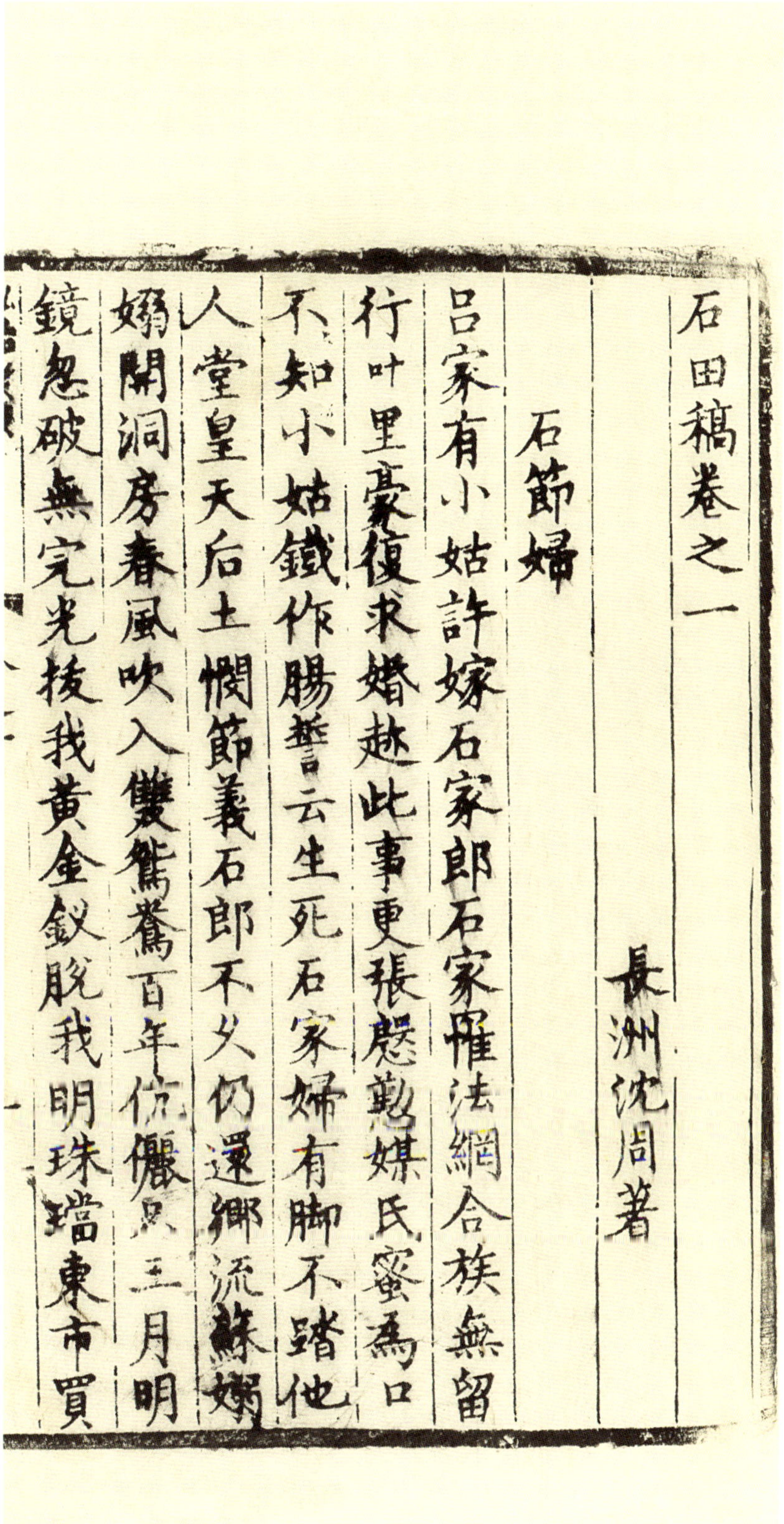
石田稿卷之一
長洲沈周著
石節婦
呂家有小姑許嫁石家郎石家罹法網合族無留
行叶里豪復求婚趣此事更張慇懃媒氏蜜爲口
不知小姑鐵作腸誓云生死石家婦有脚不踏他
人堂皇天后土憫節義石郎不久仍還鄉流蘇嫋
嫋開洞房春風吹入雙鴛鴦百年伉儷只三月明
鏡忽破無完光拔我黃金釵脫我明珠璫東市買

77

77

沈周撰　石田稿三卷

明弘治十六年（1503）黄氏集義堂刻本。6册，書長20.3厘米，寬13.6厘米。

提　要：此本首有彭禮彥序、吴寬序、童軒序、李東陽序。彭序書口上有“弘治癸亥集義堂刊”，吴序書口上有“弘治癸亥歲清蒲黄氏刊”，吴序後有“弘治癸亥歲夏六月嘉定庠生黄淮刊行”方形大牌記，尾有靳順跋識、黄淮跋。周星詒稱：石田詩集世傳多爲陳元素重刻本，此黄氏本不易得。

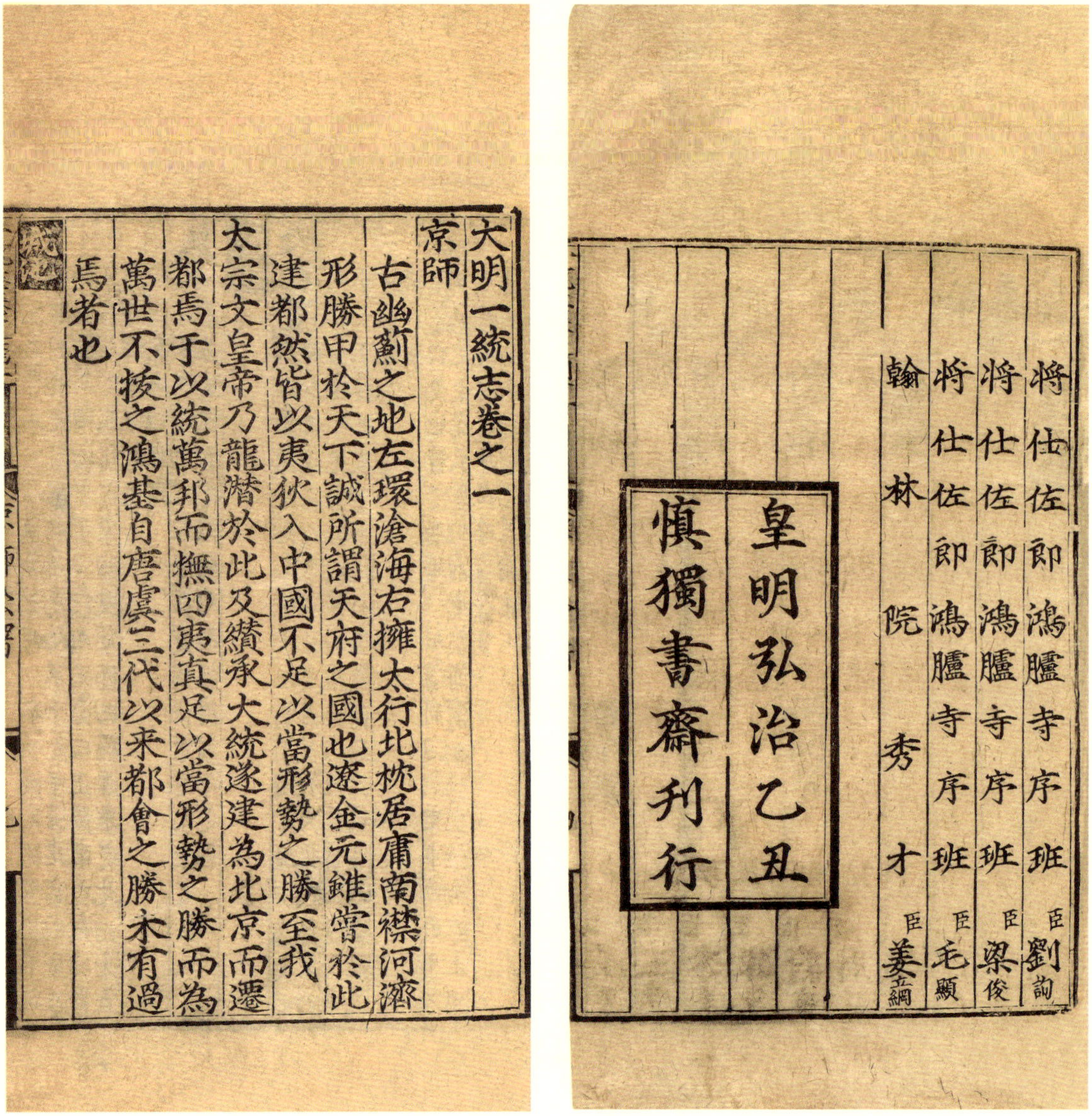

78

78

李賢等撰　大明一統志九十卷

明弘治十八年（1505）慎獨齋刻本。36册，書長19.7厘米，寬13厘米。

提　要：是書天順五年内府刻本成，英宗親自作序，賜名《大明一統志》。凡經書所載，咸在網羅；而子史所傳，則舉當收録，系統而集中地保存了明代政區的地理資料；書末則記述鄰近國家或地區的地理形勢。書首群官銜名後有“皇明弘治乙丑慎獨齋刊行”牌記。

備　注：正德間劉氏慎獨齋爲建陽坊刻，以校勘精良，字畫古雅爲學者稱道；所刻《十七史詳節》爲《天禄琳琅後編》誤爲宋版，可見其精湛；葉德輝《書林清話》卷五中對慎獨齋刻本頗多贊許。

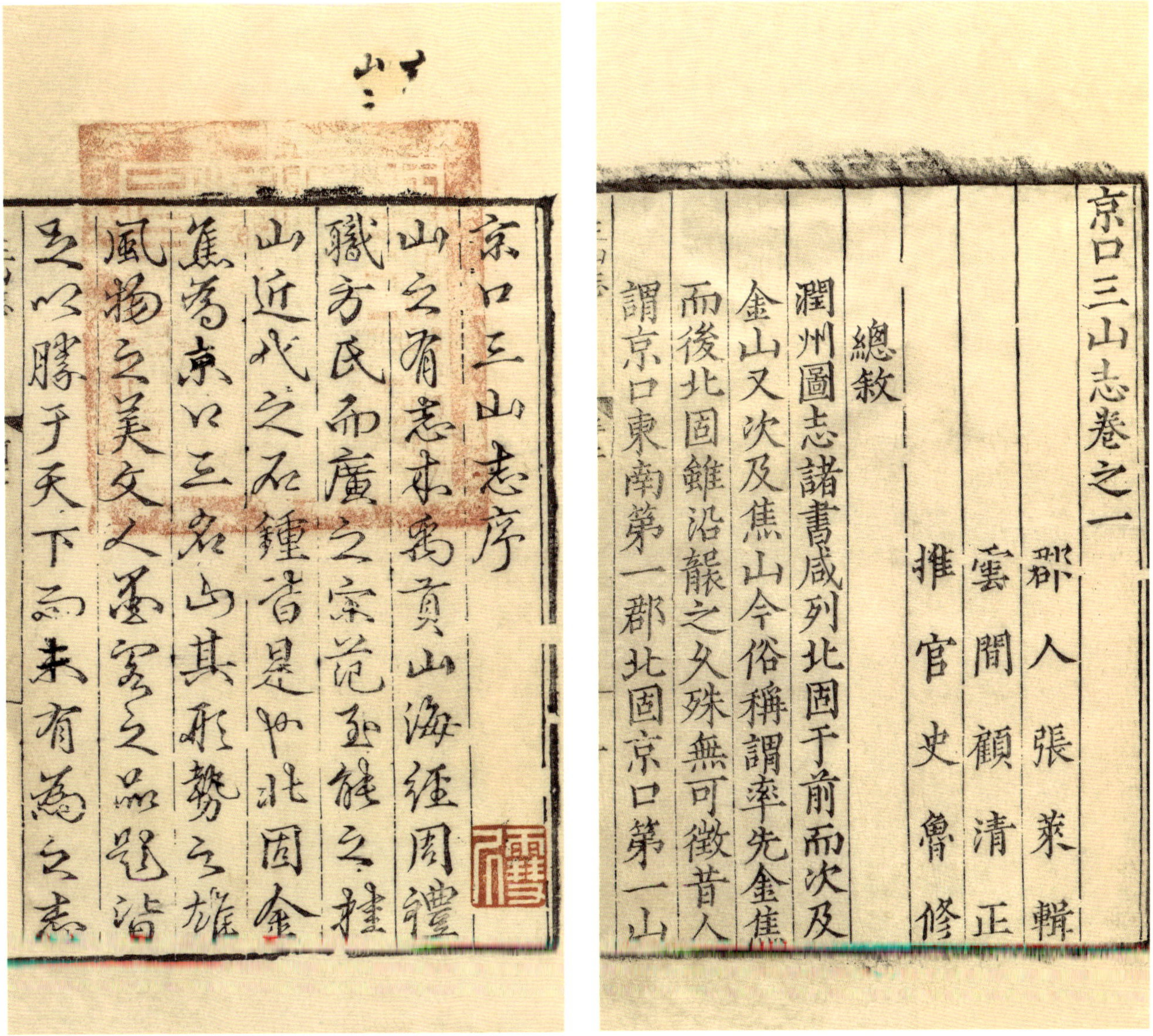

京口三山志序

山之有志尚矣禹貢山海經周禮職方氏而廣之宋范至能之桂山近代之石鍾書是也北固金焦為京口三名山其形勢之雄風物之美文人墨客之品題諸足以騰于天下而未有為之志

京口三山志卷之一

郡人張萊輯

雲間顧清正

推官史魯修

總敘

潤州圖志諸書咸列北固于前而次及金山又次及焦山今俗稱謂率先金焦而後北固雖沿襲之久殊無可徵昔人謂京口東南第一郡北固京口第一山

79

79

張萊輯、顧清正　京口三山志十卷

明正德七年（1512）刻本。4册，書長19.2厘米，寬14.2厘米。

提　要：此書正德刻本《中國古籍善本書目》著録僅存一部，是爲其二，洵可寶者。

鑒藏印：雪居

著　録：1、《國立北平圖書館館刊》第五卷第六號，《顧鶴逸藏書目》明版書籍。

2、《中國著名藏書家書目匯刊–近代卷22》頁572，商務印書館，2005年。

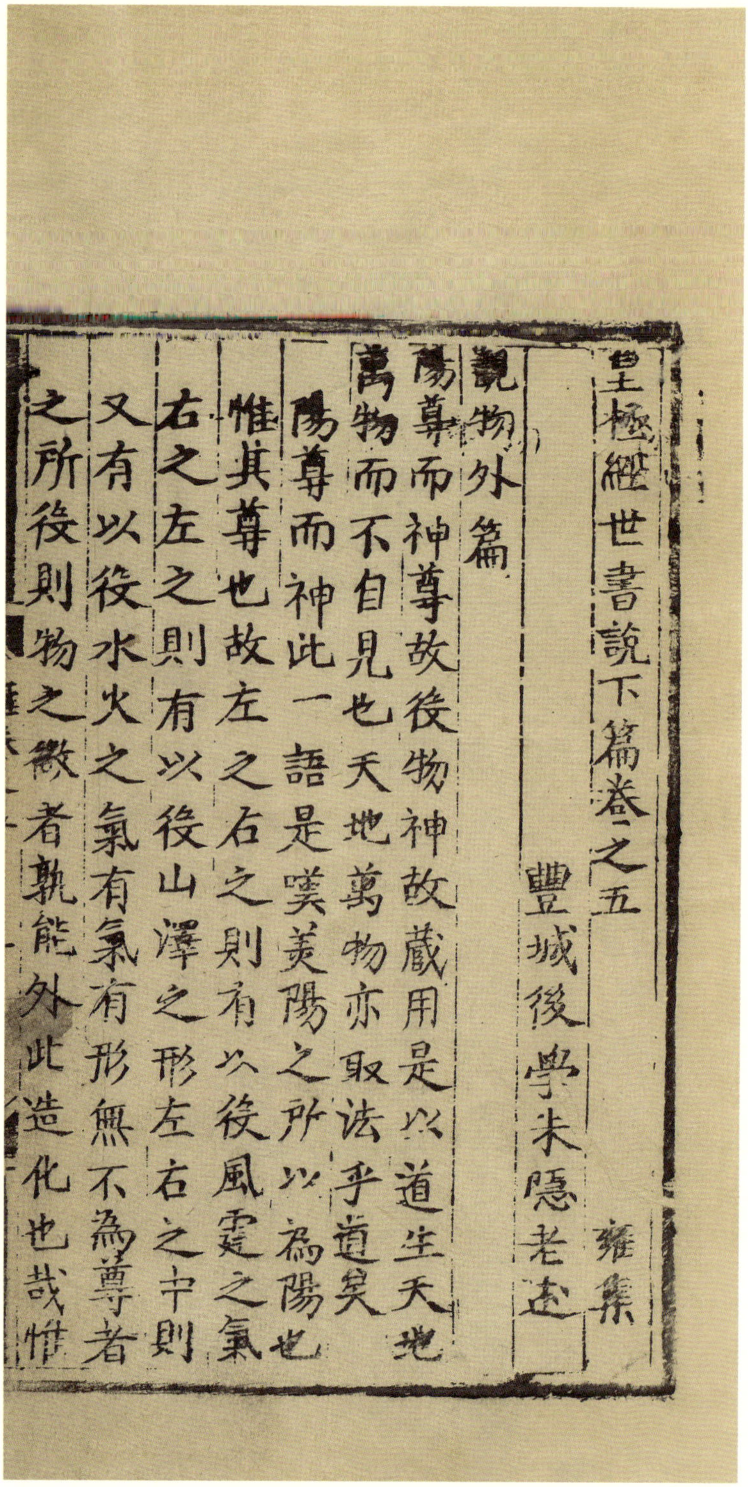
皇極經世書說下篇卷之五 雍集
豐城後學朱隱老述
觀物外篇
陽尊而神尊故後物神故藏用是以道生天地
萬物而不自見也天地萬物亦取法乎道矣
陽尊而神此一語是嘆美陽之所以為陽也
惟其尊也故左之右之則有以役風霆之氣
右之左之則有以役山澤之形左右之中則
又有以役水火之氣有氣有形無不為尊者
之所役則物之微者孰能外此造化也哉惟

80

80

朱隱老撰　皇極經世書説十八卷

明成化二十二年（1486）刻本。8册，書長20.2厘米，寬13.4厘米。

提　要：朱隱老字子方，號潛峰，豐城人。洪武中大學士朱善之父，蓋元末、明初人也。隱老以邵子《皇極經世》義趣深奥，學者猝不能得其説，因以己意訓解。凡邵子所未及者，皆折衷而論定之。若邵子所自爲説者，則又姑取至淺近之理以爲之指示，欲令讀者易得其津涯。然邵子作此書，其大旨主於推步。書後有成化二十二年鄭惟桓跋。

著　録：1、《國立北平圖書館館刊》第五卷第六號，《顧鶴逸藏書目》明版書籍。

2、《中國著名藏書家書目匯刊–近代卷22》頁560，商務印書館，2005年。

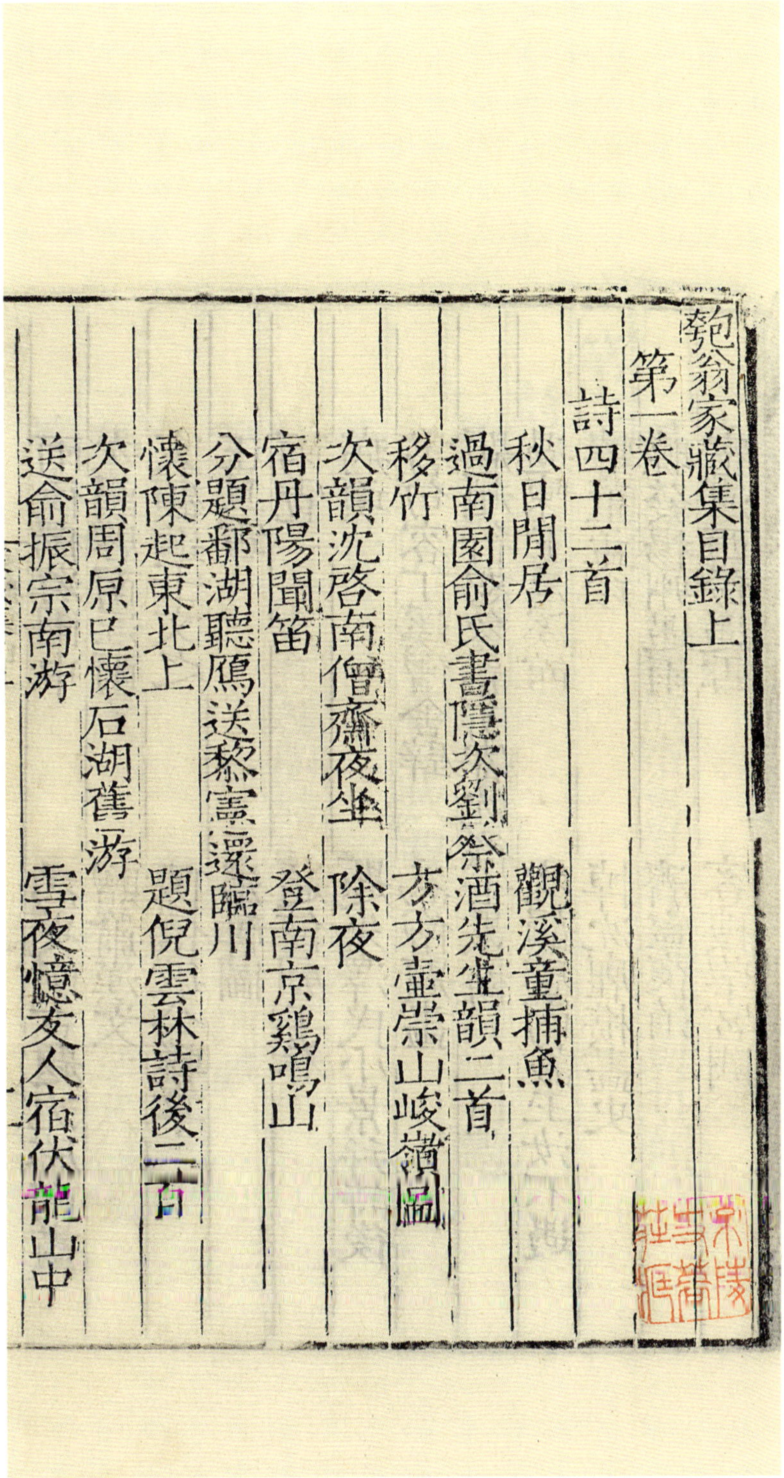

匏翁家藏集目録上
第一卷
詩四十二首
秋日閒居　觀溪童捕魚
過南園俞氏書隱次劉祭酒先生韻二首
移竹　方方壺崇山峻嶺圖
次韻沈啓南僧齋夜坐　除夜
宿丹陽聞笛　登南京鷄鳴山
分題鄱湖聽鴈送黎憲還臨川
懐陳起東北上　題倪雲林詩後二首
次韻周原已懐石湖舊游
送俞振宗南游　雪夜憶友人宿伏龍山中

81

81

吴寬撰、吴奭輯　匏翁家藏集七十七卷

明正德三年（1508）吴奭刻本。10册，書長20.2厘米，寬14.7厘米。

提　要：卷首有正德三年李東陽和王鏊所撰兩篇序文，卷末有徐源撰《匏翁家藏集後序》。詩三十卷，文四十七卷；補遺一卷收記二篇，碑文四篇，全集共收各體文章八百零五篇。所作諸體雜著，精於構思，一向爲人所贊。

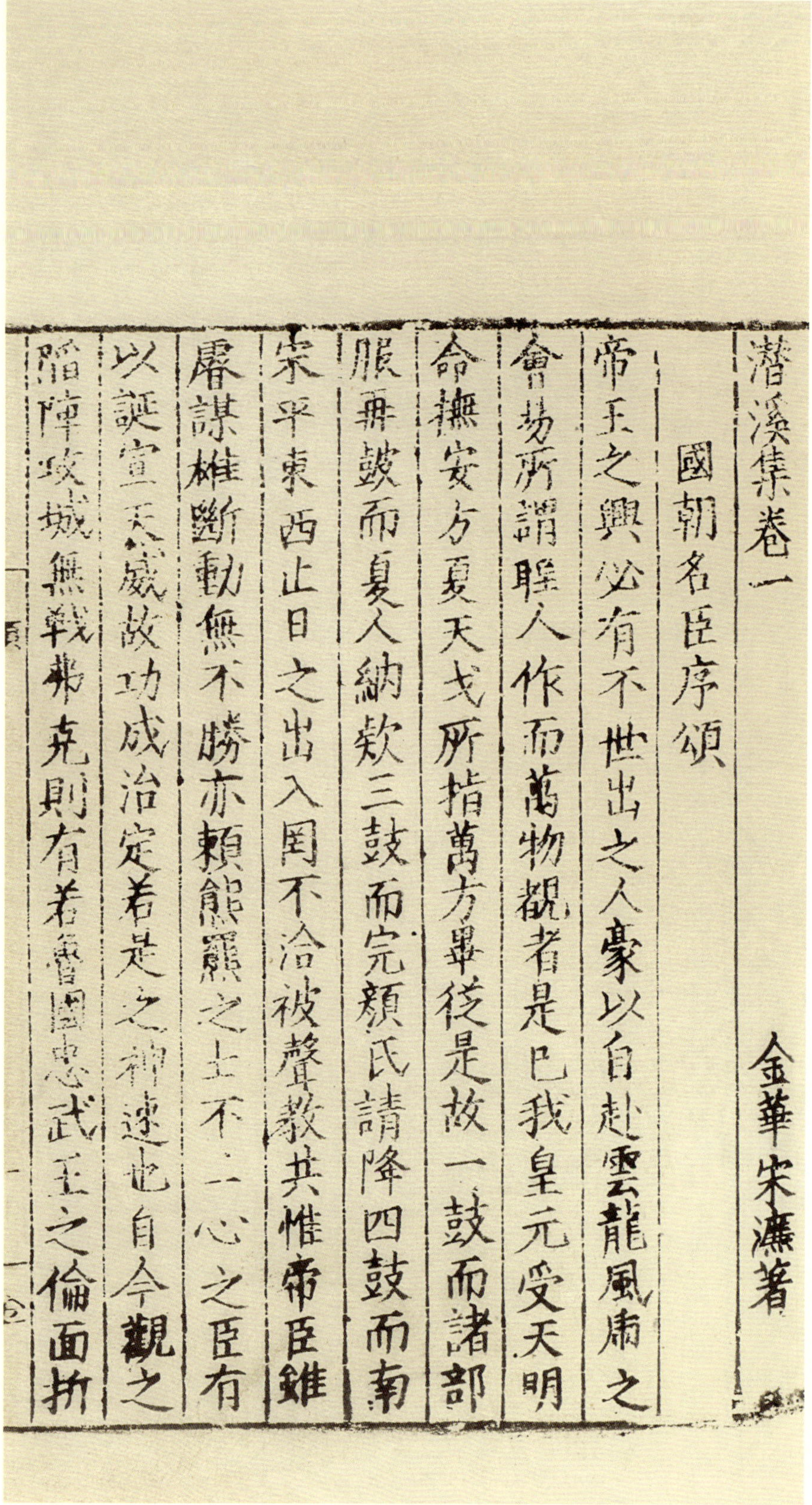
潛溪集卷一　　金華宋濂著
國朝名臣序頌
帝王之興必有不世出之人豪以自赴雲龍風虎之
會揚所謂聖人作而萬物覩者是已我皇元受天明
命撫安方夏天戈所指萬方畢從是故一鼓而諸部
服再鼓而夏人納欵三鼓而完顔氏請降四鼓而南
宋平東西止日之出入罔不洽被聲教共惟帝臣雖
睿謀雄斷動無不勝亦頼熊羆之士不二心之臣有
以誕宣天威故功成治定若是之神速也自今觀之
蹈陣攻城無戰弗克則有若魯國忠武王之倫面折

82

82

宋濂撰　潛溪集八卷附録一卷

明嘉靖間洛邑温秀校刻本。8册，書長18.5厘米，寬14厘米。

鑒藏印：開元賢相文貞公後裔、秀水莊氏蘭味軒收藏印
提　要：此本卷八後有明嘉靖間高節跋，有“知景州洛邑温秀校刊”一行。

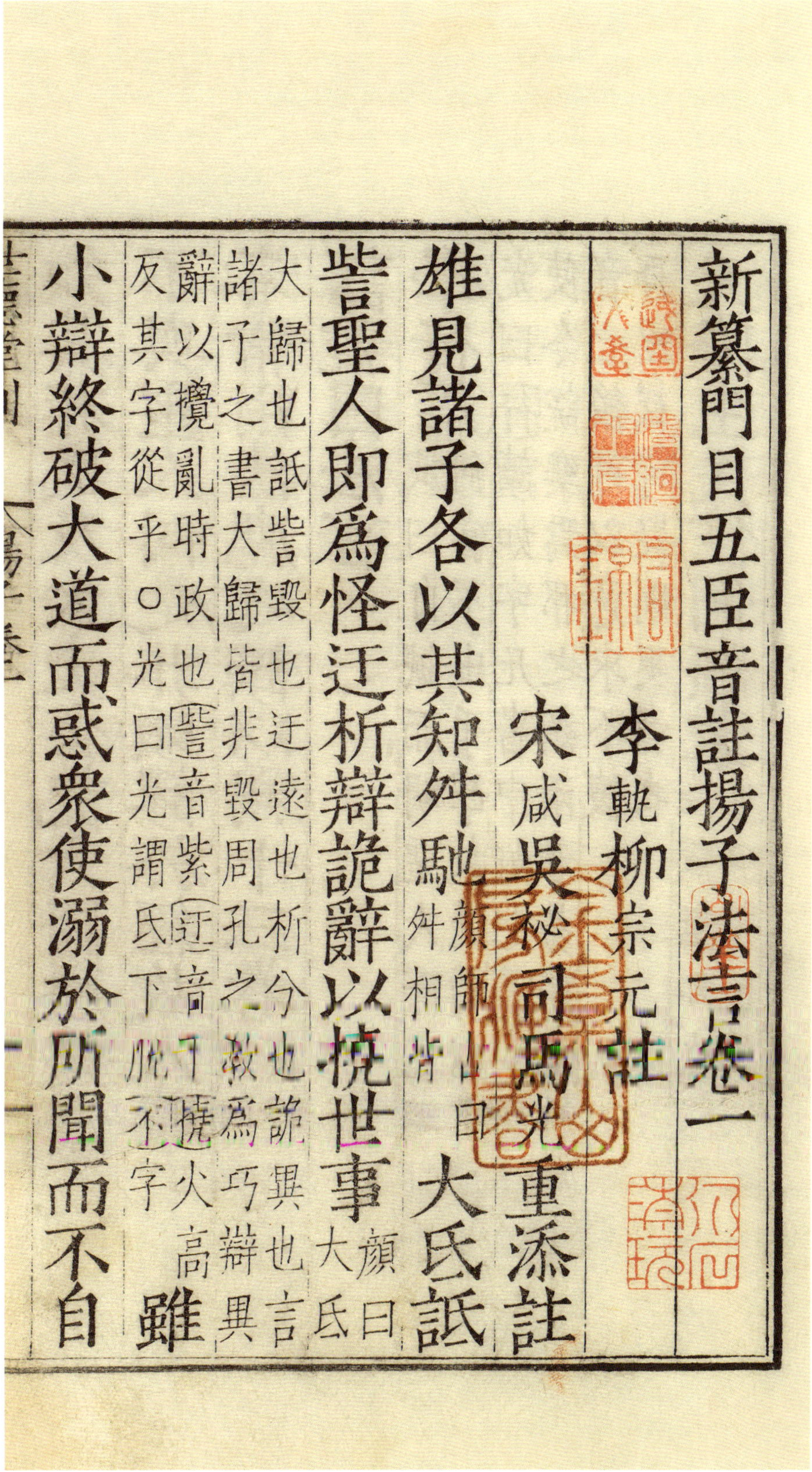
新纂門目五臣音註揚子法言卷一
李軌柳宗元註
宋咸吳祕司馬光重添註
雄見諸子各以其知舛馳顏師古曰舛相背大氏詆呰聖人即爲怪迂析辯詭辭以撓世事顏曰大氐大歸也詆呰毀也迂遠也析分也詭異也言諸子之書大歸皆非毀周孔之教爲巧辯異辭以攪亂時政也呰音紫迂音于撓火高反其字從乎○光曰光謂氐下脫不字雖小辯終破大道而惑衆使溺於所聞而不自

83

83

李軌、柳宗元注　新纂門目五臣音注揚子法言十卷

明嘉靖間世德堂刻本。4册，書長20.3厘米，寬14.2厘米。

鑒藏印：金粟山房藏書、松樹屋圖書記、讀杜草堂、六合徐氏孫麒珍藏書畫印、孫麒氏使東所得、清絢之印、越國文學、清絢之印、少産、凡石清玩、君錦

84

元稹撰　元氏長慶集六十卷

明嘉靖間刻本。12册，書長20.3厘米，寬15.4厘米，白棉紙。

提　要：此書仿宋精刊，刻印俱佳。首有宣和甲辰劉麟序，尾有乾道四年洪适原跋。明清以來，毛晉汲古閣等名家遞藏之物。

鑒藏印：毛氏子晉、項元汴印、子京父印、毛扆之印、斧季、顧鶴逸藏書印

著　録：1、《國立北平圖書館館刊》第五卷第六號，《顧鶴逸藏書目》宋元舊槧。

2、《中國著名藏書家書目匯刊-近代卷22》頁539，商務印書館，2005年。

元氏長慶集序

建安劉　麟　應禮

新唐書藝文志載其當時君臣所撰著文集篇目甚多太宗集四十卷至武后垂拱集一百卷今皆弗傳其餘名公鉅人之文所傳蓋十一二爾如梁苑文類會昌一品鳳池稾草笠澤叢書經緯穴餘遺榮霧居見於集録所稱道者毋慮數百家今之所見者僅十數家而已以是知唐人之文亡逸者多矣嗚呼樵夫牧叟詭異怪誕之説鬼神幻惑不根之言時時萃爲一書以詒好事者觀覽至於士君子道德仁義之文經國濟時之論乃或沉没無聞豈不惜哉元微之有盛名於元和長慶間觀其所論奏莫不切當時務詔誥歌詞自成一家非大手筆曷臻是哉其文雖盛傳一時厥後浸亦不顯唯嗜書者時時傳録不亦甚可惜乎僕之先子尤愛其文嘗手自

抄寫曉夕玩味稱歎不已蓋惜其文之工而傳之不久且遠也廼者因閱手澤悲不自勝謹募工刊行庶幾元氏之文因先子復傳於世斯文舊亡其序第冠以新唐書微之本傳則微之之於文其所造之淺深可槩見矣宣和甲辰仲夏晦日序

元氏長慶集目録

第一卷

古詩

第二卷

古詩

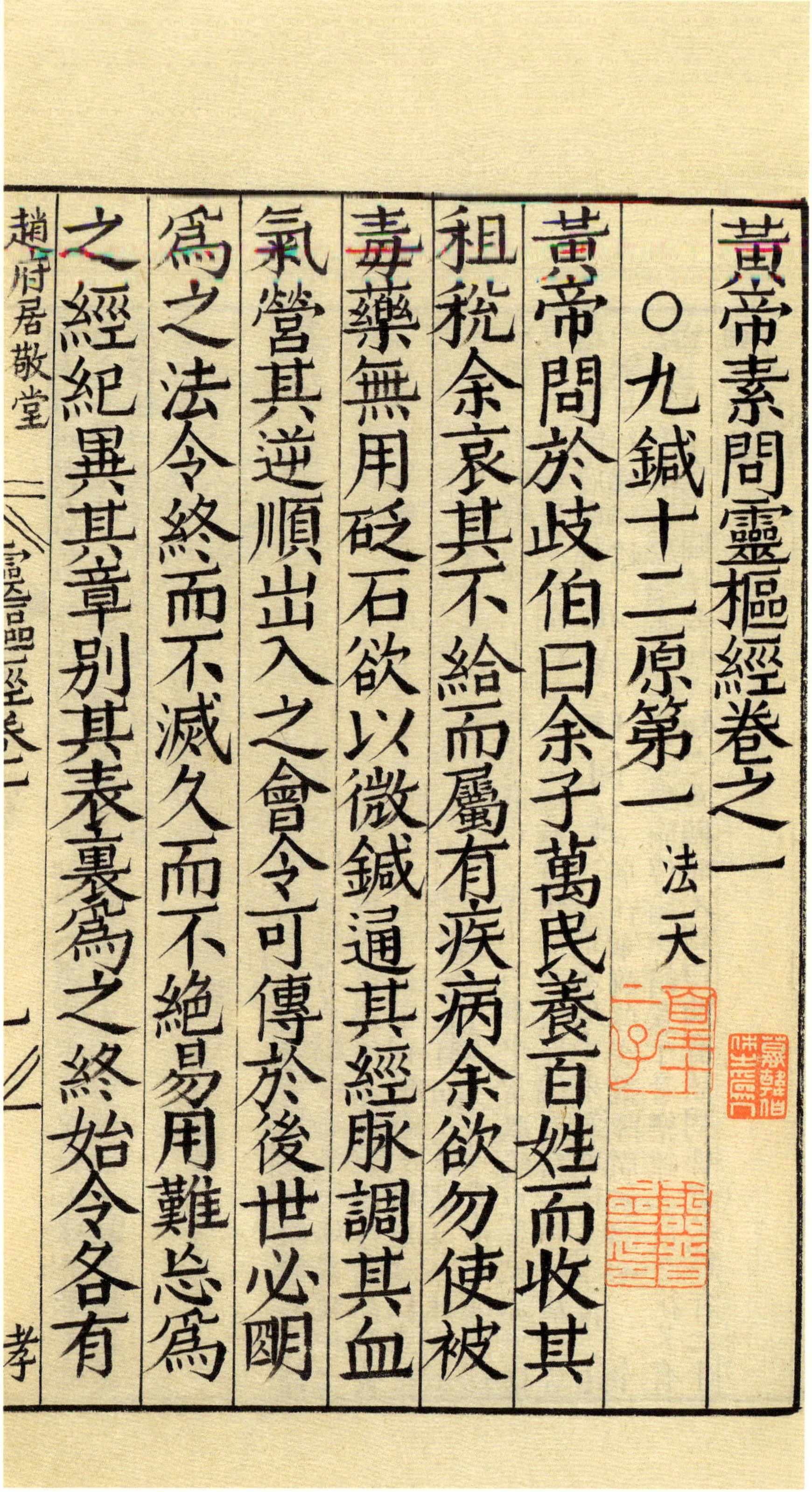
黃帝素問靈樞經卷之一
○九鍼十二原第一　法天
黃帝問於歧伯曰余子萬民養百姓而收其
租稅余哀其不給而屬有疾病余欲勿使被
毒藥無用砭石欲以微鍼通其經脉調其血
氣營其逆順出入之會令可傳於後世必明
爲之法令終而不滅久而不絕易用難忘爲
之經紀異其章別其表裏爲之終始令各有
趙府居敬堂　靈樞經卷之一　一　孝

85

85

黃帝素問靈樞經十二卷

明嘉靖間趙府居敬堂刻本。6册，書長19.8厘米，寬13.6厘米。

提　要：此本目録、敘、卷一至卷二爲抄補，此書爲明代趙王府刻本。
鑒藏印：徐共士、徐熙、南宫裏中二老、詒晋齋、皇十二子、慕韓伯休之爲人、徐熙私印
備　注：清怡王府舊藏。

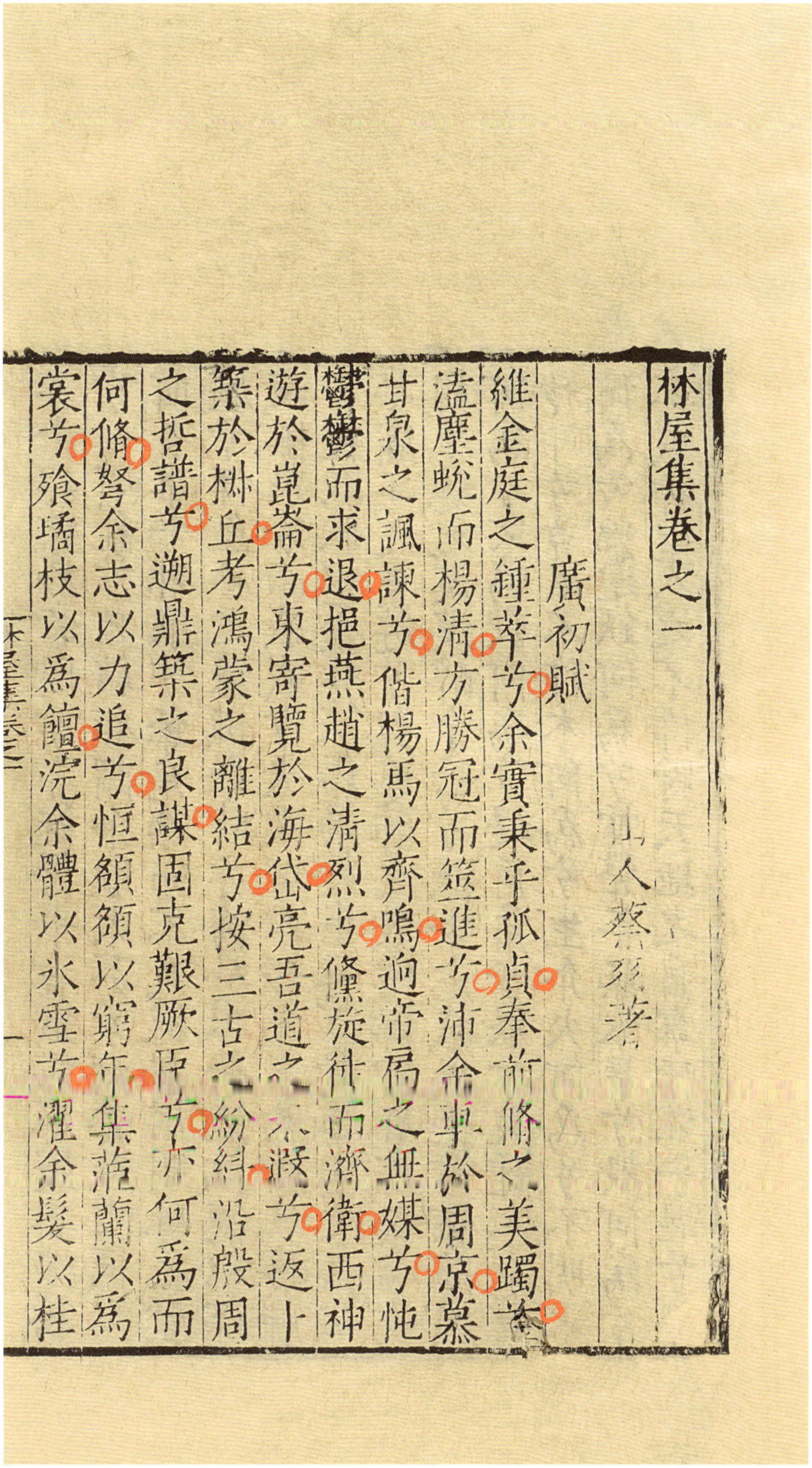
林屋集卷之一
廣初賦
山人蔡羽著
維金庭之鍾萃兮余實秉乎孤貞奉前脩之美躅兮溘塵蛻而楊清方勝冠而筮進兮沛余車於周京慕甘泉之諷諫兮偕楊馬以齊鳴迥帝扃之無媒兮怏鬱鬱而求退挹燕趙之清烈兮儵旋徘而濟衛西神遊於崑崙兮東寄覽於海岱亮吾道之不遐兮返上築於林丘考鴻蒙之離結兮按三古之紛糾沿殷周之哲譜兮遡鼎築之良謀固克艱厥臣兮亦何爲而何脩督余志以力追兮恒頷頷以窮年集蕙蘭以爲裳兮殰墻枝以爲館浣余體以氷雪兮濯余髮以桂
林屋集卷之一　一

86

86
蔡羽撰　林屋集二十卷

明嘉靖八年（1529）刻本。5册，書長18.3厘米，寬13.3厘米。

提　要：書前有蔡羽自序，本爲二十卷，今缺十九、二十卷。

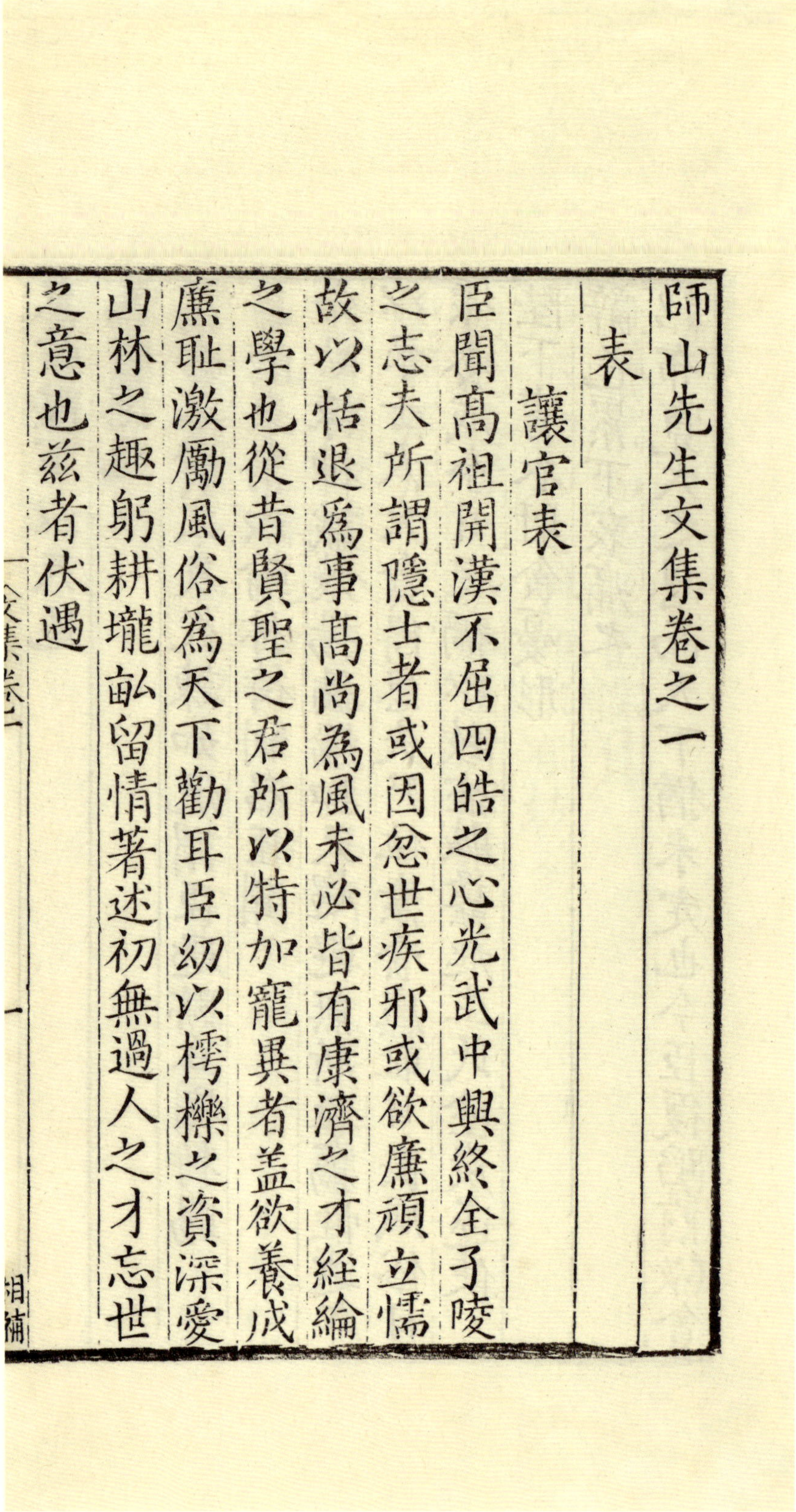
師山先生文集卷之一

表

讓官表

臣聞高祖開漢不屈四皓之心光武中興終全子陵之志夫所謂隱士者或因忿世疾邪或欲廉頑立懦故以恬退爲事高尚爲風未必皆有康濟之才經綸之學也從昔賢聖之君所以特加寵異者盖欲養成廉耻激勵風俗爲天下勸耳臣幼以樗櫟之資深愛山林之趣躬耕壠畝留情著述初無過人之才忘世之意也兹者伏遇

文集卷之一　一　相補

87

87

鄭玉撰　師山先生文集八卷、遺文五卷、附録一卷

明嘉靖十四年（1535）刊清康熙雍正間遞修本。4册，書長17.5厘米，寬12.6厘米。

提　要：是書用開花紙印，頗精美。首有至正丁亥程文序，至正庚寅鄭玉序，尾有楊士奇跋。遺文前有洪武三年王袆序，書口下有“相補”字樣。

著　録：《江浙訪書記》頁114–115，三聯書店，1985年。

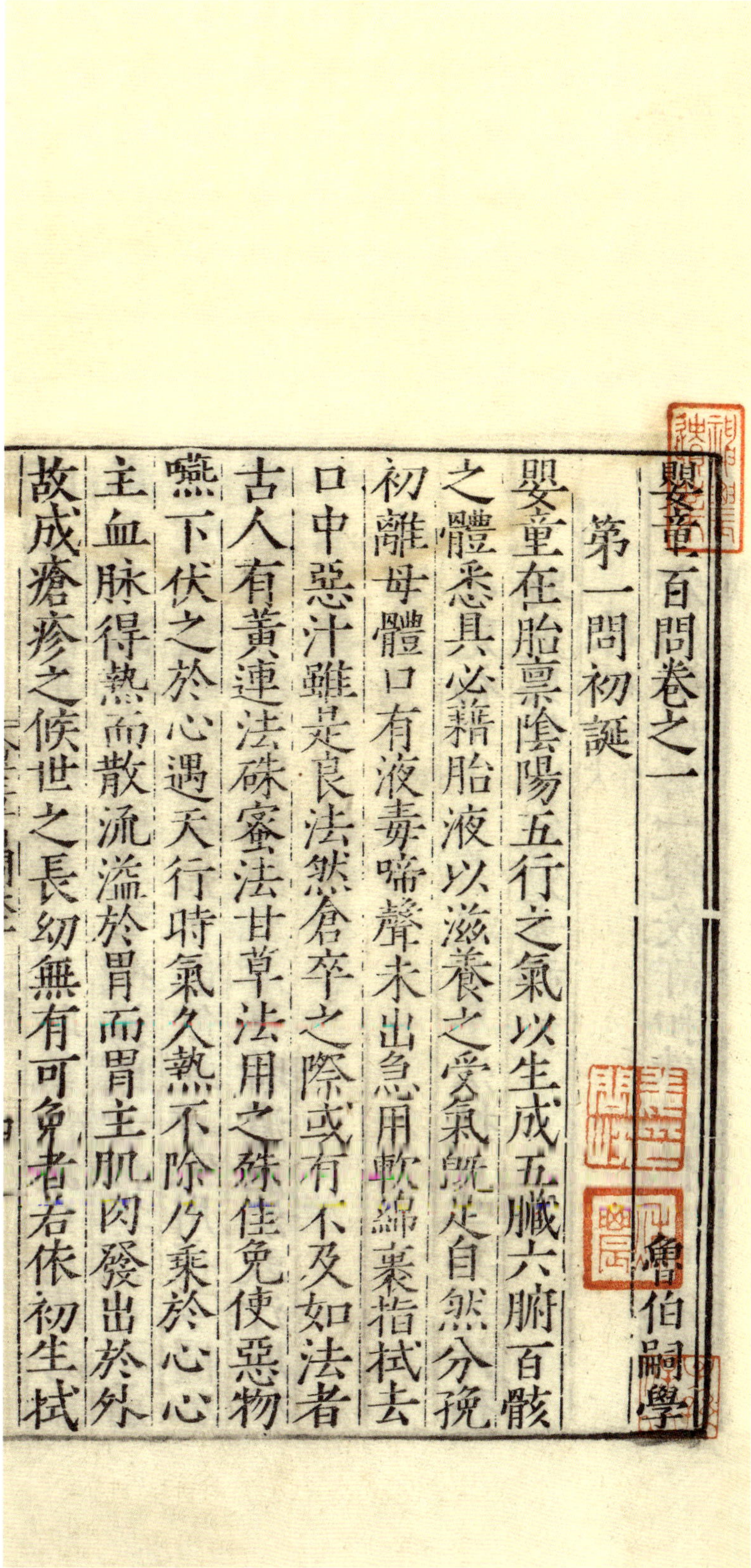

嬰童百問卷之一

第一問初誕　　魯伯嗣學

嬰童在胎稟陰陽五行之氣以生成五臟六腑百骸之體悉具必藉胎液以滋養之受氣既足自然分娩初離母體口有液毒啼聲未出急用軟綿裹指拭去口中惡汁雖是良法然倉卒之際或有不及如法者古人有黃連法硃蜜法甘草法用之殊佳免使惡物嚥下伏之於心遇天行時氣久熱不除乃乘於心心主血脉得熱而散流溢於胃而胃主肌肉發出於外故成瘡疹之候世之長幼無有可免者若依初生拭

88

88

魯伯嗣撰　嬰童百問十卷

明嘉靖二十二年（1543）禮部刻本。4册，書長18.2厘米，寬13.9厘米，白棉紙。

提　要：首有明嘉靖二十一年（1542）嚴嵩序、許贊進疏，尾有嘉靖二十三年陳輿音跋。《嬰童百問》傳爲魯伯嗣撰，是書對於兒科臨證頗有參考價值，主要闡述了嬰幼兒的初生養護及病候診治。

鑒藏印：仙籯室、神農遺業、姜問岐印、秋農、子孫保之、萬壑風

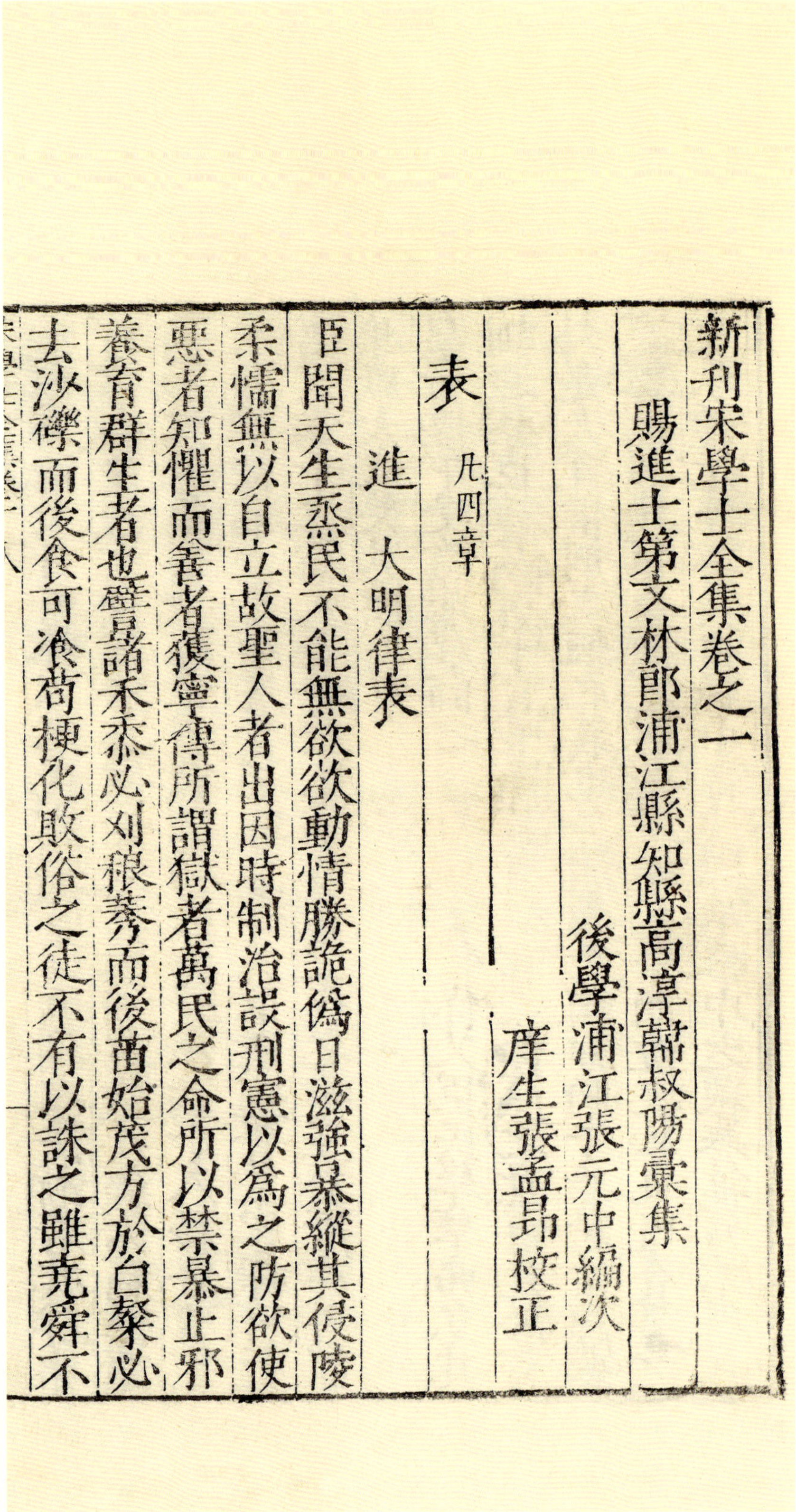
新刊宋學士全集卷之一

賜進士第文林郎浦江縣知縣高淳韓叔陽彙集

後學浦江張元中編次

庠生張孟昂校正

表　凡四章

進大明律表

臣聞天生烝民不能無欲欲動情勝詭僞日滋強暴縱其侵陵柔懦無以自立故聖人者出因時制治設刑憲以爲之防欲使惡者知懼而善者獲寧傳所謂獄者萬民之命所以禁暴止邪養育群生者也譬諸禾黍必刈稂莠而後苗始茂方於白粲必去沙礫而後食可飡苟梗化敗俗之徒不有以誅之雖堯舜不

宋學士全集卷之一　八

89

89

宋濂撰、韓叔陽匯集　新刊宋學士全集三十三卷

明嘉靖二十年（1551）刻本。20册，書長19.5厘米，寬14.2厘米。

著　録：1、《國立北平圖書館館刊》第五卷第六號，《顧鶴逸藏書目》明版書籍。
　　　　2、《中國著名藏書家書目匯刊–近代卷22》頁566，商務印書館，2005年。

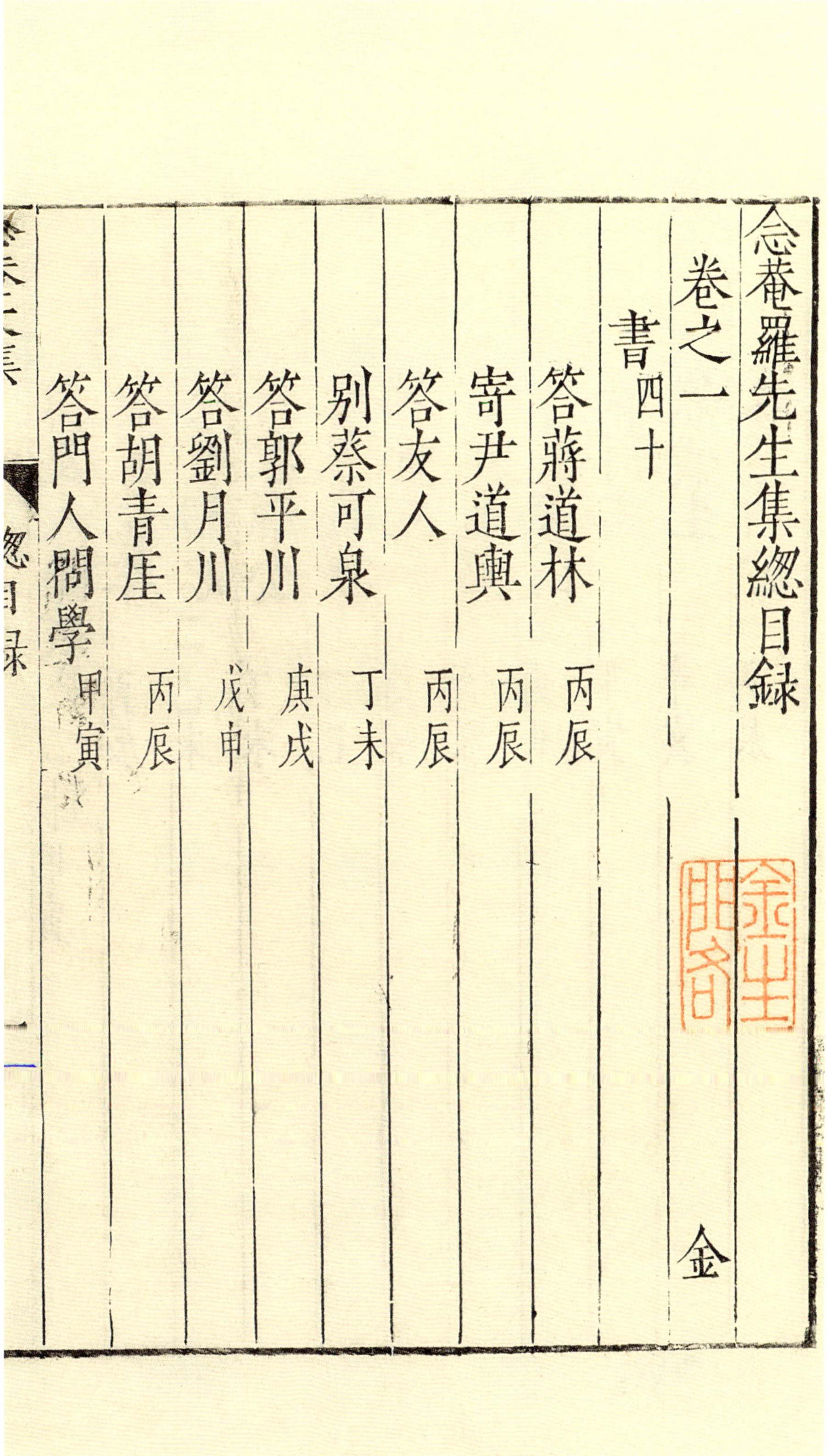

念菴羅先生集總目録

卷之一

書四十

答蔣道林 丙辰

寄尹道輿 丙辰

答友人 丙辰

別蔡可泉 丁未

答郭平川 庚戌

答劉月川 戊申

答胡青厓 丙辰

答門人問學 甲寅

金

90

90

羅洪先撰　念庵羅先生集十三卷

明嘉靖四十二年（1563）刻本。8册，書長20.6厘米，寬14.2厘米。

提　要：是書扉頁有唐少村興賢堂題記。
鑒藏印：筠房、慎餘、泉、金生閲

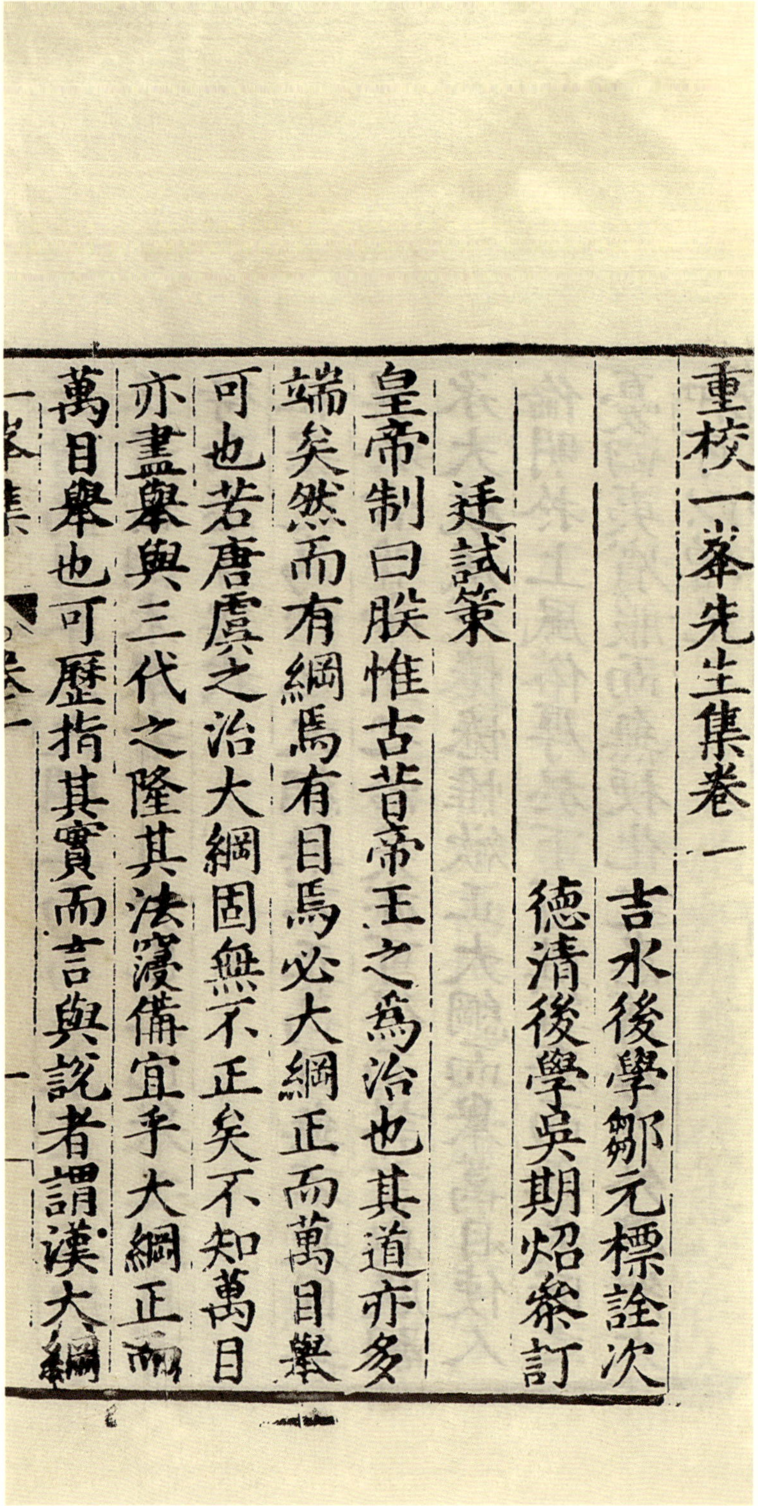

91

91

鄒元標詮次、吴期炤参訂　重校一峰先生集十卷

明萬曆十八年（1590）刻本。5册，書長20厘米，寬15.2厘米。

提　要：前録有嘉靖四年聶豹、羅洪先序，吴期炤萬歷十八年序，書口下方有“陳棟寫徐述三刻”。另有刻工名“述南”。

鑒藏印：羅廣思印、鄧林堂

著　録：1、《國立北平圖書館館刊》第五卷第六號，《顧鶴逸藏書目》明版書籍。

2、《中國著名藏書家書目匯刊–近代卷22》頁571，商務印書館，2005年。

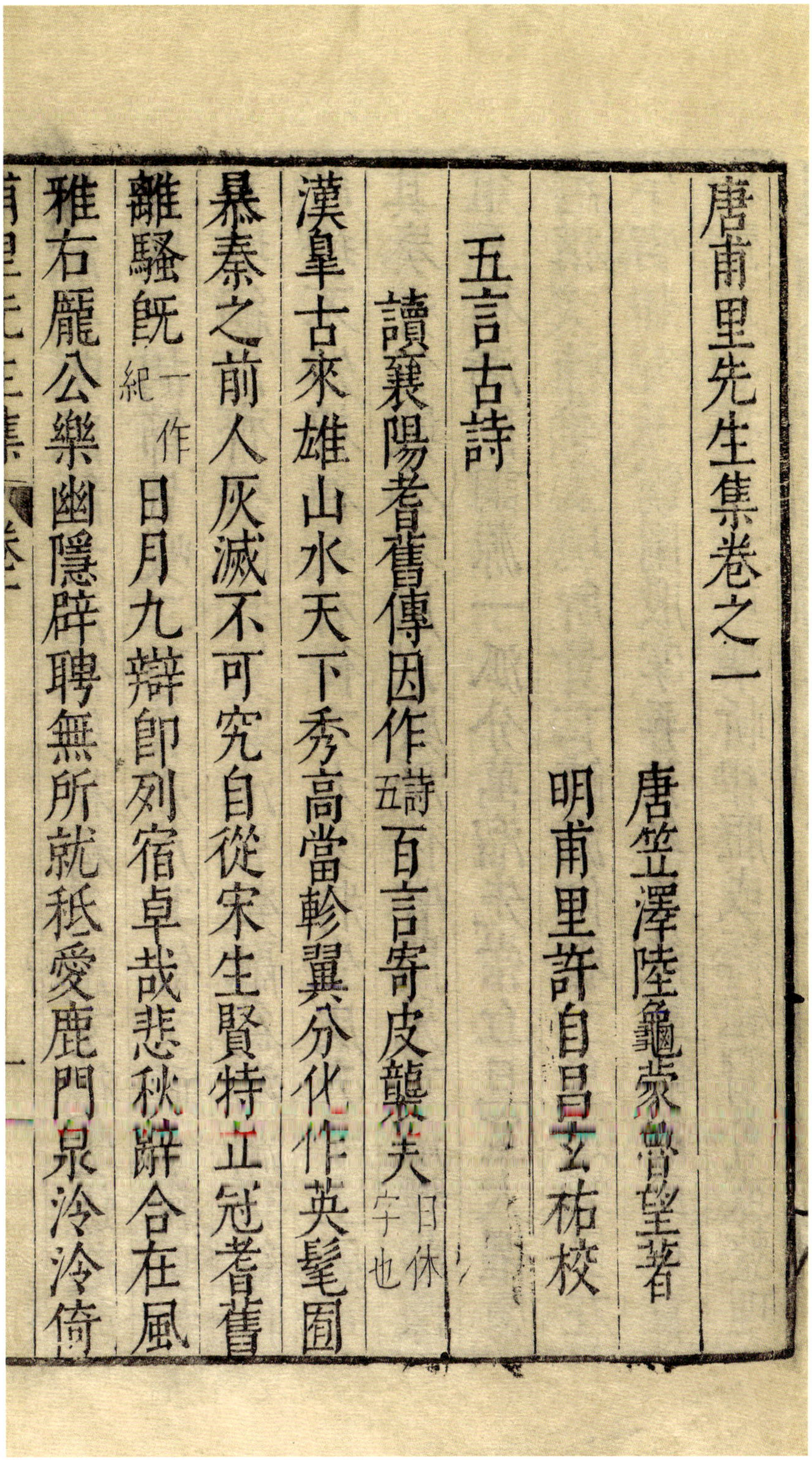

唐甫里先生集卷之一

唐笠澤陸龜蒙魯望著

明甫里許自昌玄祐校

五言古詩

讀襄陽耆舊傳因作詩五百言寄皮襲美日休字也

漢皐古來雄山水天下秀高當軫翼分化作英髦囿暴秦之前人灰滅不可究自從宋生賢特立冠耆舊離騷既一作紀日月九辯即列宿卓哉悲秋辭合在風雅右麗公樂幽隱辟聘無所就秪愛鹿門泉泠泠倚

甫里先生集　卷一　一

92

92

陸龜蒙撰、許自昌校　甫里先生集二十卷

明萬曆間刻本。2册，書長22厘米，寬14.5厘米。

著　録：1、《國立北平圖書館館刊》第五卷第六號，《顧鶴逸藏書目》明版書籍。

2、《中國著名藏書家書目匯刊-近代卷22》頁568，商務印書館，2005年。

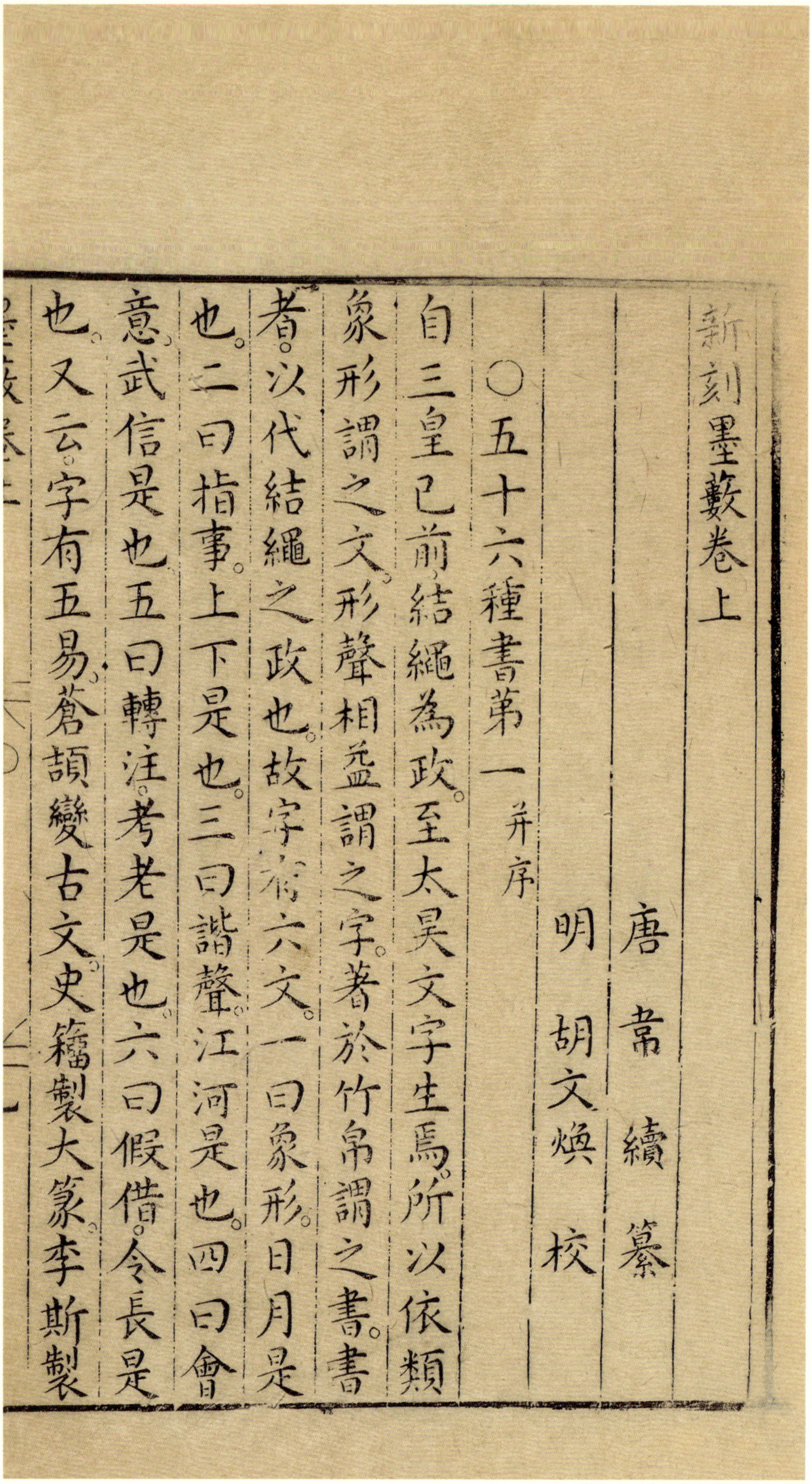
新刻墨藪卷上
唐　韋續　纂
明　胡文煥　校
○五十六種書第一　并序
自三皇已前結繩為政。至太昊文字生焉。所以依類
象形謂之文。形聲相益謂之字。著於竹帛謂之書。書
者。以代結繩之政也。故字有六文。一曰象形。日月是
也。二曰指事。上下是也。三曰諧聲。江河是也。四曰會
意。武信是也。五曰轉注。考老是也。六曰假借。令長是
也。又云。字有五易。蒼頡變古文。史籀製大篆。李斯製

93

93

韋續撰、胡文煥校　新刻墨藪二卷

明萬曆二十一年（1593）刻本。2册，書長19.5厘米，寬13.6厘米。

提　要：首有胡文焕序。
鑒藏印：張氏君粟珍保

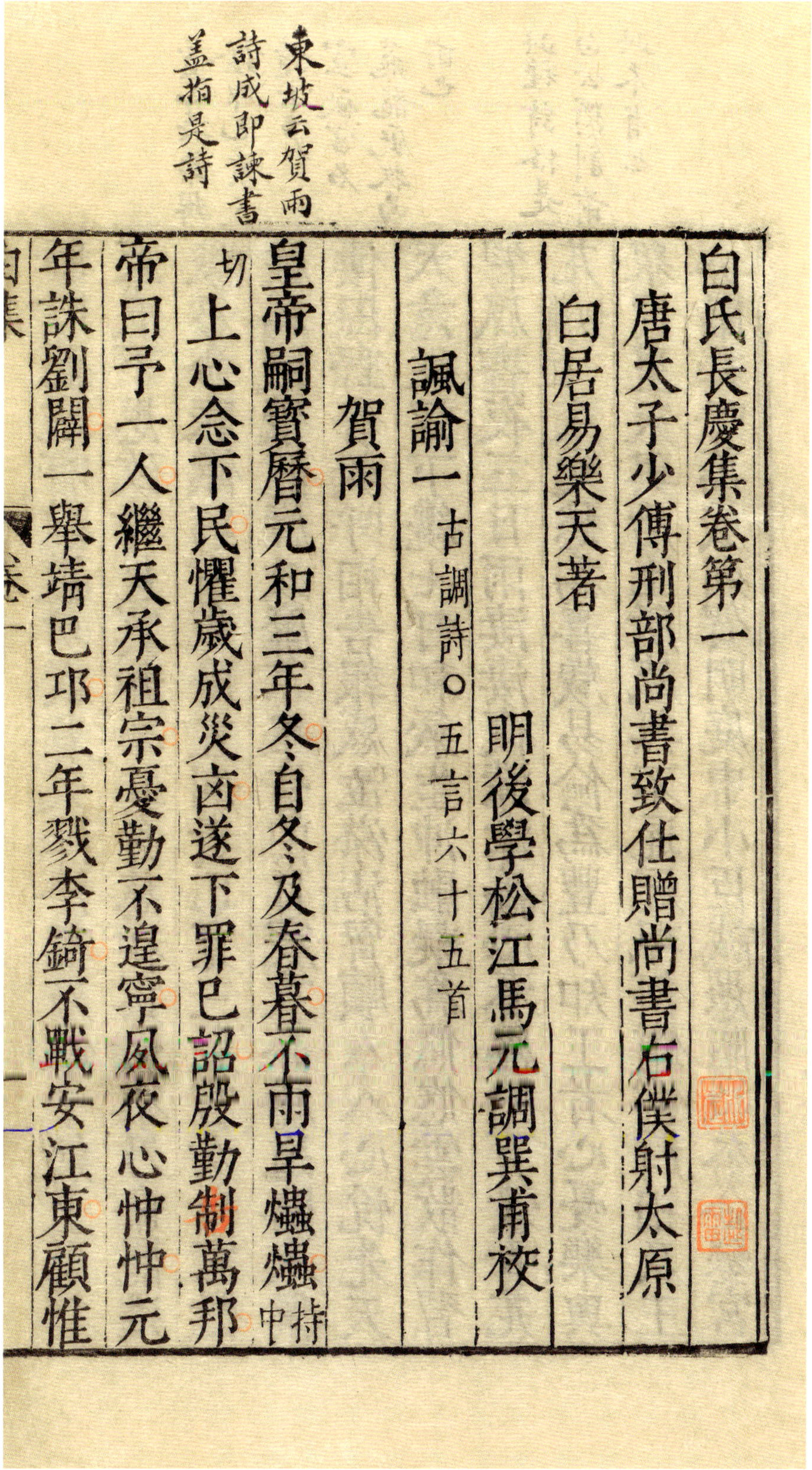

94

94

白居易撰、馬元調校　白氏長慶集七十一卷

明萬曆三十四年（1606）刻本。7册，書長20.5厘米，寬14.5厘米。

提　要：此本存目録、卷一至三十七、卷六十五之七十一。卷三十七尾有“壬午閏六月十日校記”一行字樣。卷一至三十七均有朱筆詳校。

鑒藏印：沂農、起雷、陳沂農印

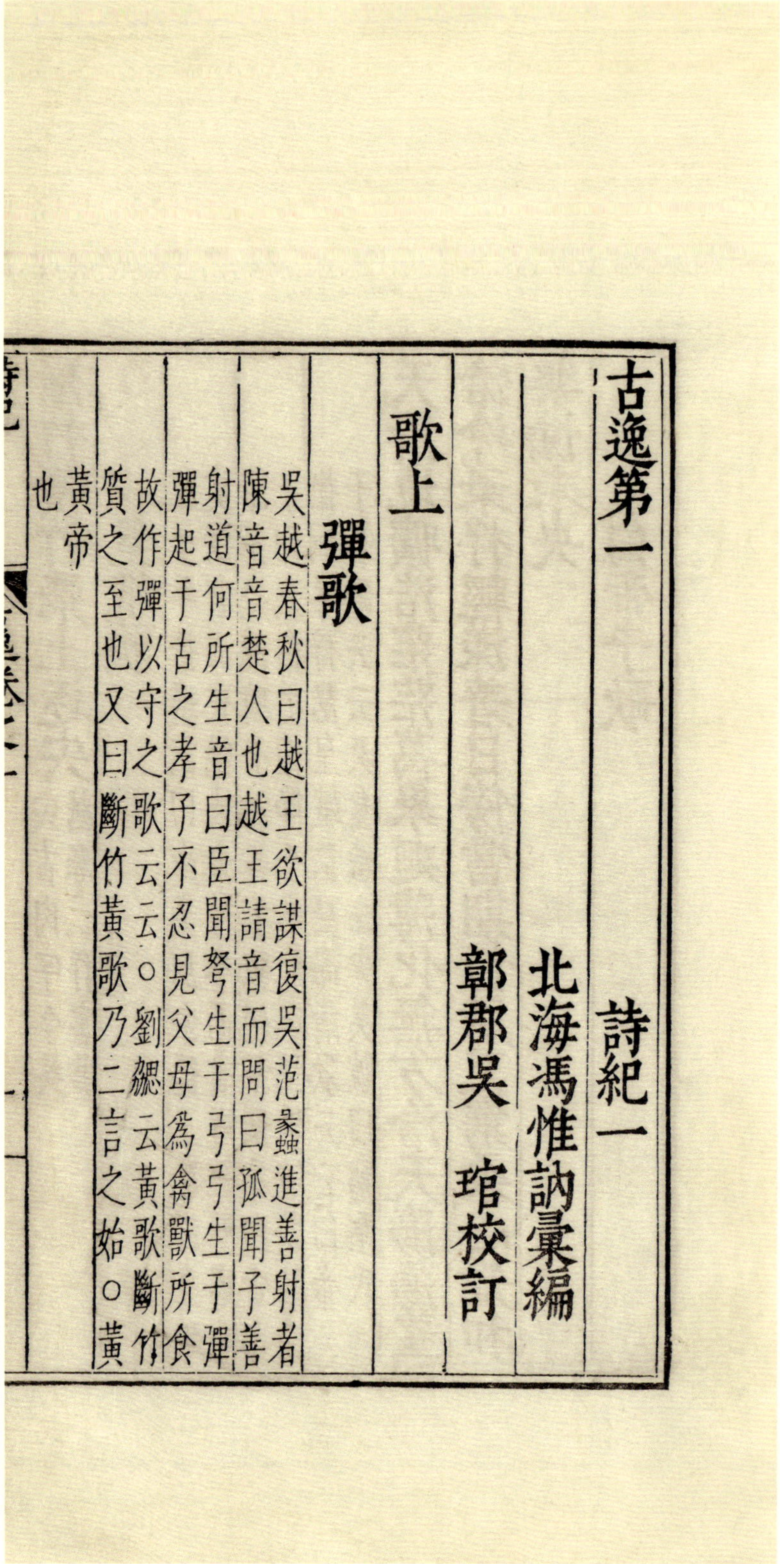
古逸第一　　詩紀一
北海馮惟訥彙編
鄣郡吴　琯校訂
歌上
彈歌
吴越春秋曰越王欲謀復吴范蠡進善射者
陳音音楚人也越王請音而問曰孤聞子善
射道何所生音曰臣聞弩生于弓弓生于彈
彈起于古之孝子不忍見父母爲禽獸所食
故作彈以守之歌云云○劉勰云黃歌斷竹
質之至也又曰斷竹黃歌乃二言之始○黃
黃帝
也

95

95

馮惟訥編、吴琯校　詩紀一百五十六卷

明萬曆間刻本。34册，書長20.3厘米，寬13.4厘米。

提　要：首王世貞序後有“金陵徐智督刊”小字一行，此書初刻初印，紙白墨濃，品相上乘。

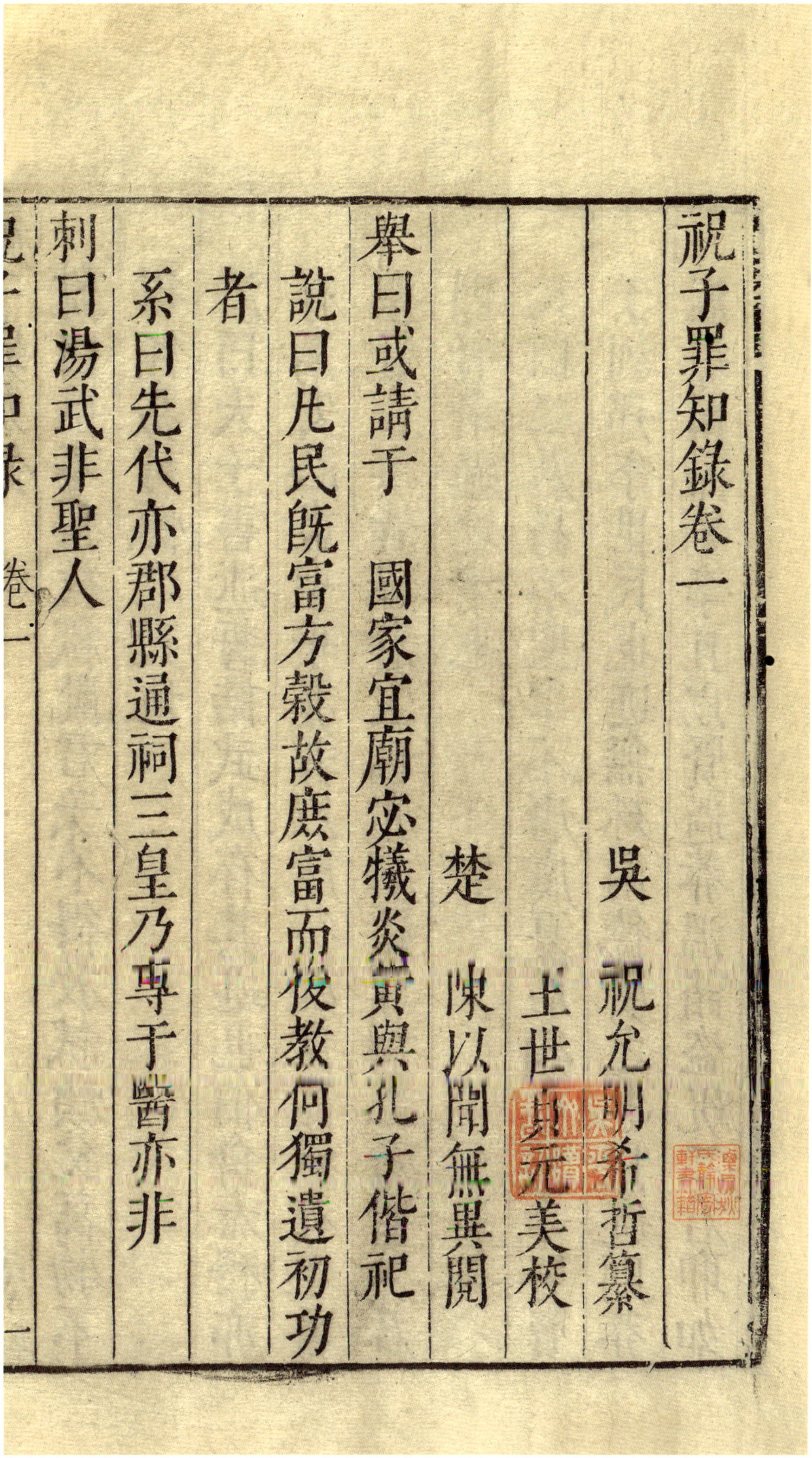

祝子罪知録卷一

吳　祝允明希哲纂

王世貞元美校

楚　陳以聞無異閱

舉曰或請于　國家宜廟宓犧炎黄與孔子偕祀

說曰凡民既富方穀故庶富而後教何獨遺初功

者

系曰先代亦郡縣通祠三皇乃專于醫亦非

刺曰湯武非聖人

祝子罪知録　卷一　一

96

96

祝允明撰、王世貞校　祝子罪知録十卷

明萬曆間刻本。4册，書長21厘米，寬14.2厘米。

鑒藏印：溧陽狄氏静寄軒書籍、吴平齋讀書記

著　録：1、《國立北平圖書館館刊》第五卷第六號，《顧鶴逸藏書目》明版書籍。

2、《中國著名藏書家書目匯刊–近代卷22》頁564，商務印書館，2005年。

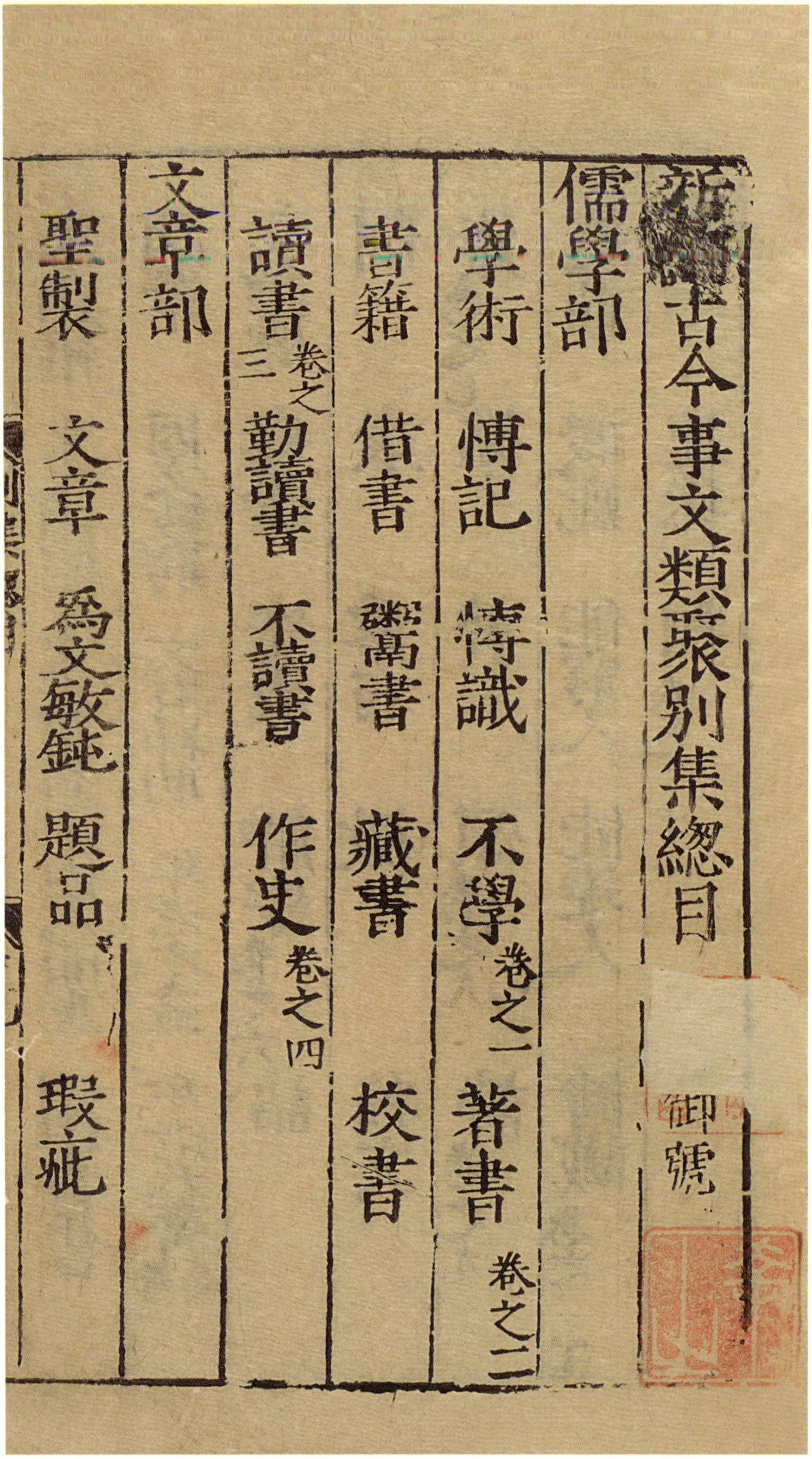
新編古今事文類聚別集總目
儒學部
學術 傳記 特識 不學卷之一 著書卷之二
書籍 借書 鬻書 藏書 校書
讀書卷之三 勤讀書 不讀書 作史卷之四
文章部
聖製 文章 爲文敏鈍 題品 瑕疵

97

97

祝穆、富大用、時大可編集　鄒可張訂刻　新編古今事文類聚六集

明萬曆三十五年（1607）劉氏安正堂重刻本。30册，書長19.7厘米，寬12.8厘米。

提　要：卷首有淳佑丙午祝穆識序，外集卷末有“萬曆歲次丁未季冬月書林安正堂劉雙松梓”牌記。内包括前集六十卷、後集五十卷、續集二十八卷、新集三十六卷、别集三十二卷、外集十五卷。

鑒藏印：幸之、君異使東所得

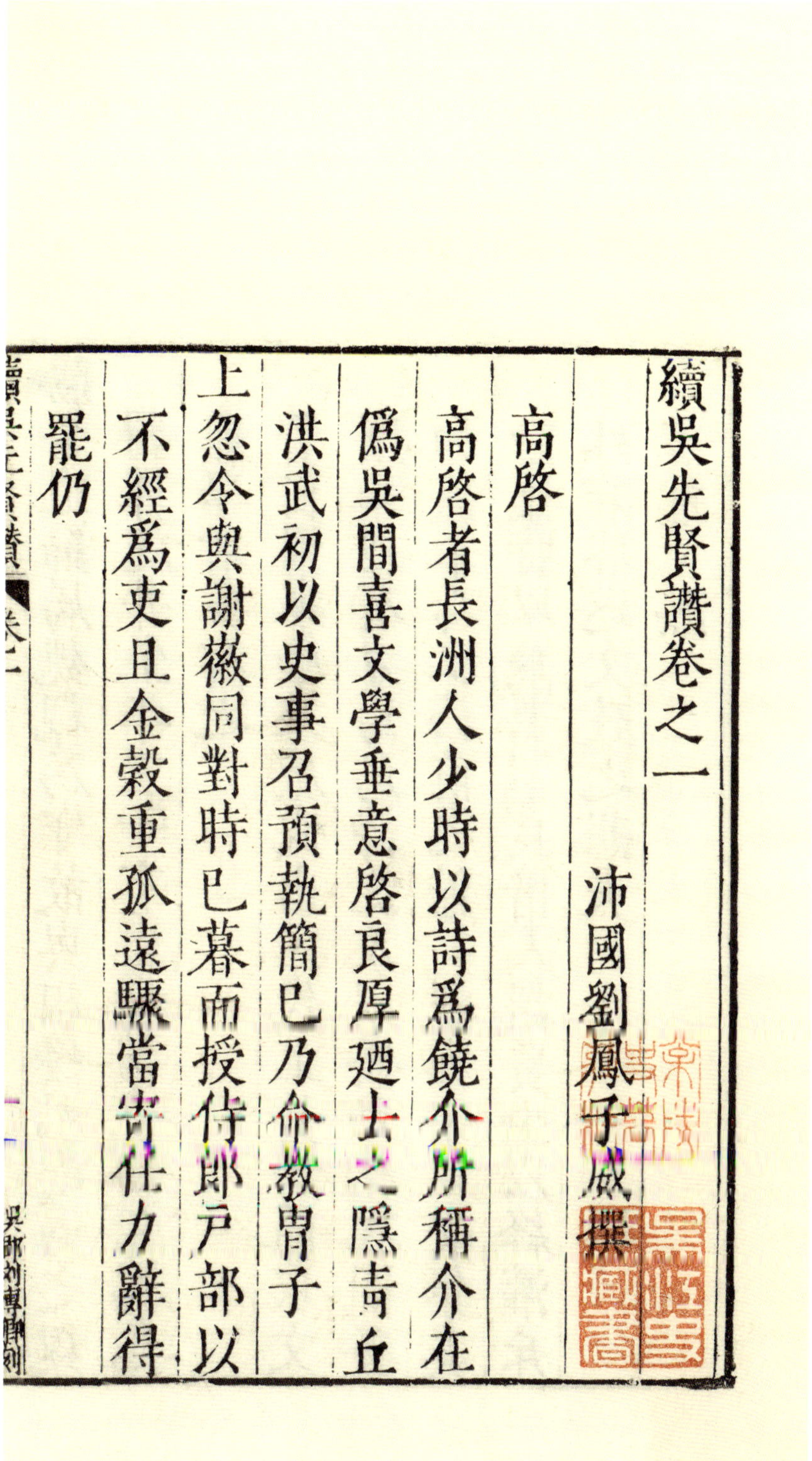

續吳先賢讚卷之一

沛國劉鳳子威撰

高啓

高啓者長洲人少時以詩爲饒介所稱介在

僞吳間喜文學垂意啓良厚迺上之隱青丘

洪武初以史事召預執簡已乃命教胄子

上忽令與謝徽同對時已暮而授侍郎戸部以

不經爲吏且金穀重孤遠驟當肯任力辭得

罷仍

續吳先賢讚　卷之一　吳郡劉溥卿刻

98

98

劉鳳撰　續吴先賢贊十五卷

明萬曆間刻本。6册，書長18.6厘米，寬13.6厘米。

提　要：書口有“吴郡劉溥卿刻”，當係吴門一帶刻本。

鑒藏印：松陵史蓉莊藏、吴江史氏藏書

著　録：1、《國立北平圖書館館刊》第五卷第六號，《顧鶴逸藏書目》明版書籍。

2、《中國著名藏書家書目匯刊–近代卷22》頁562，商務印書館，2005年。

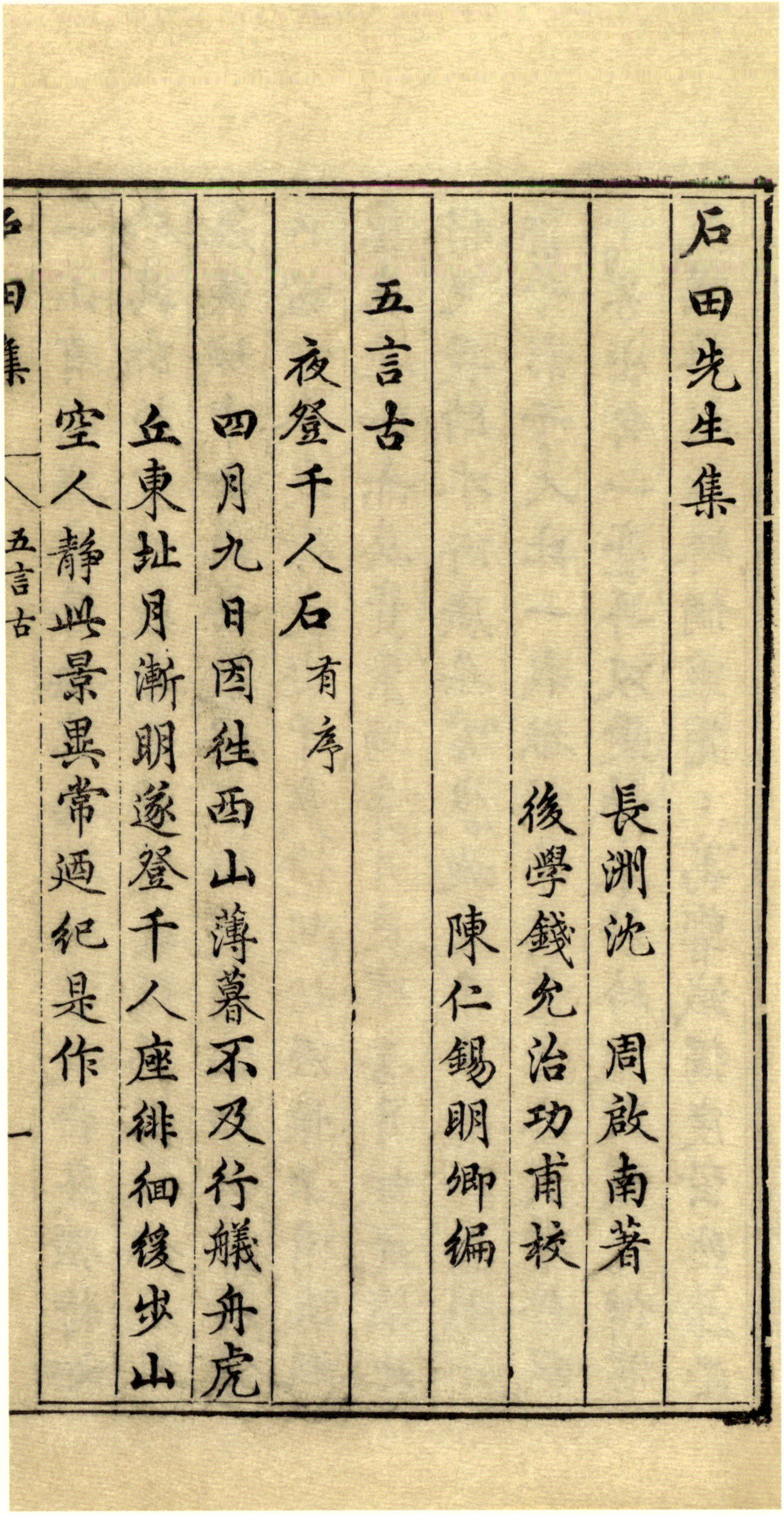

石田先生集

長洲沈　周啟南著

後學錢允治功甫校

陳仁錫明卿編

五言古

夜登千人石 有序

四月九日因往西山薄暮不及行艤舟虎丘東址月漸明遂登千人座徘徊緩步山空人靜此景異常迺紀是作

石田集　五言古　一

99

99

沈周撰、錢允治校　石田先生集不分卷

明萬曆間刻本。4册，書長22.2厘米，寬14厘米。

提　要：此書爲陳仁錫手書上版，傅增湘贊爲“寫刻精美”。首目録有補抄，不分卷，以五言古詩、七言古詩、五言律詩、七言律詩、五言絶、七言絶分類。

著　録：1、《國立北平圖書館館刊》第五卷第六號，《顧鶴逸藏書目》明版書籍。

2、《中國著名藏書家書目匯刊-近代卷22》頁567，商務印書館，2005年。

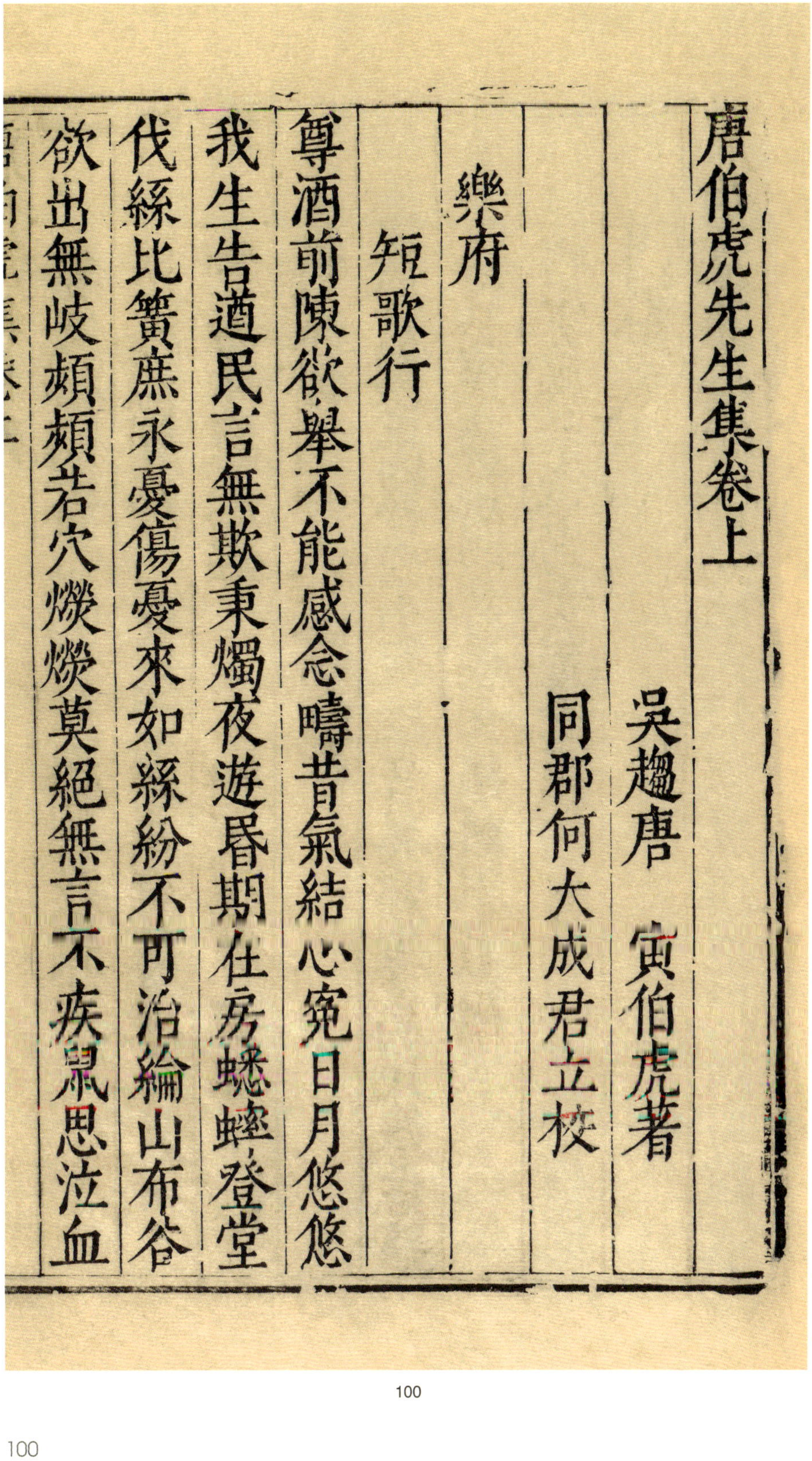
唐伯虎先生集卷上
吳趨唐　寅伯虎著
同郡何大成君立校
樂府
短歌行
尊酒前陳欲舉不能感念疇昔氣結心寃日月悠悠
我生告遒民言無欺秉燭夜遊昏期在房蟋蟀登堂
伐絲比簧庶永憂傷憂來如絲紛不可治綸山布谷
欲出無岐頻頻若穴熒熒莫絕無言不疾鼠思泣血

100

100

唐寅撰、何大成校　唐伯虎集二卷、六如唐先生畫譜三卷、伯虎外編續刻十二卷

明萬曆二十年（1592）刻本。4册，書長22.5厘米，寬15.5厘米。

著　録：1、《國立北平圖書館館刊》第五卷、第六號，《顧鶴逸藏書目》明版書籍。
　　　　2、《中國著名藏書家書目匯刊－近代卷22》頁572，商務印書館，2005年。

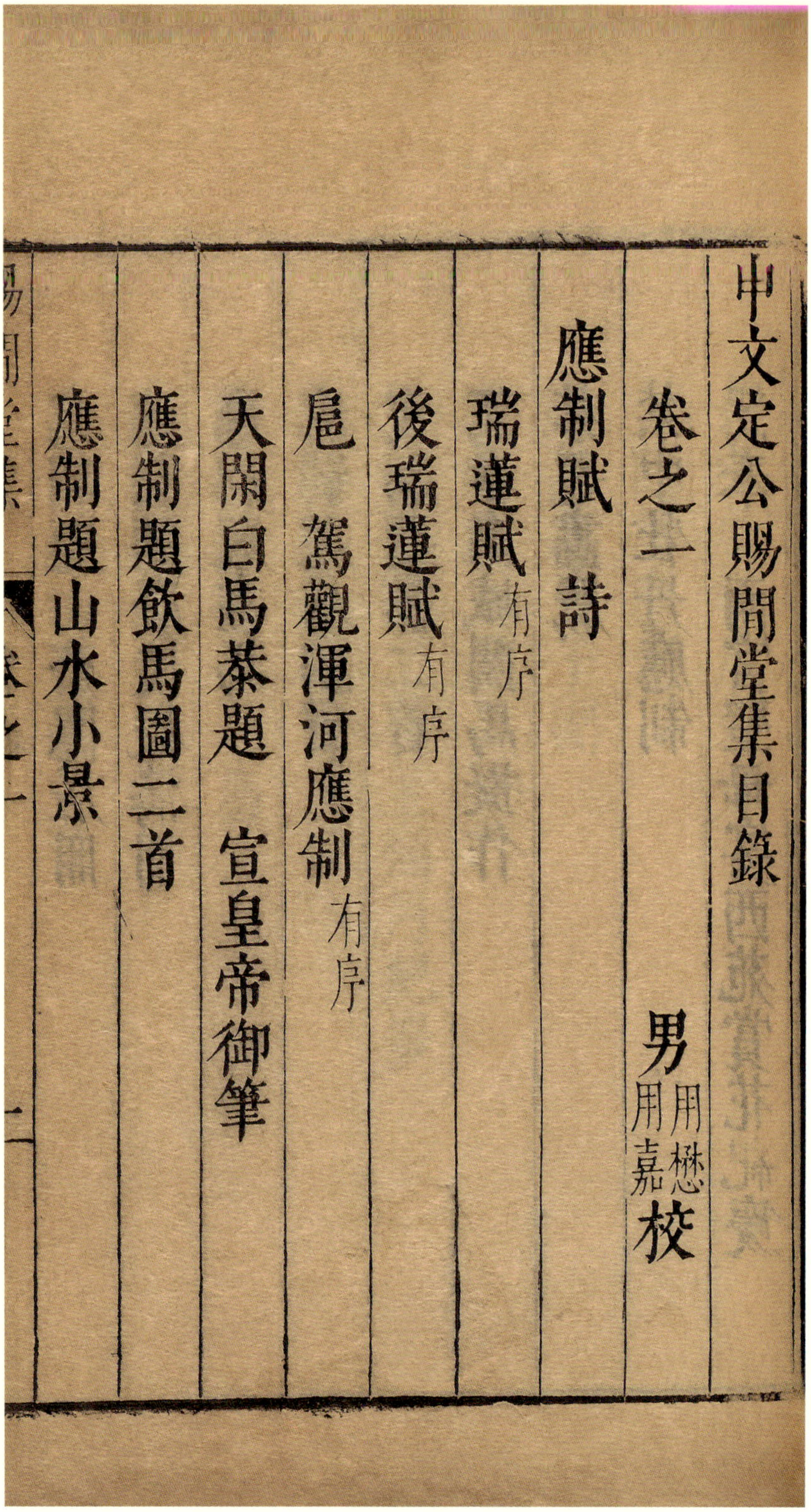

101

101

申時行撰　賜閑堂集四十卷

明萬曆四十四年（1616）刻本。20册，書長20.8厘米，寬14.5厘米。

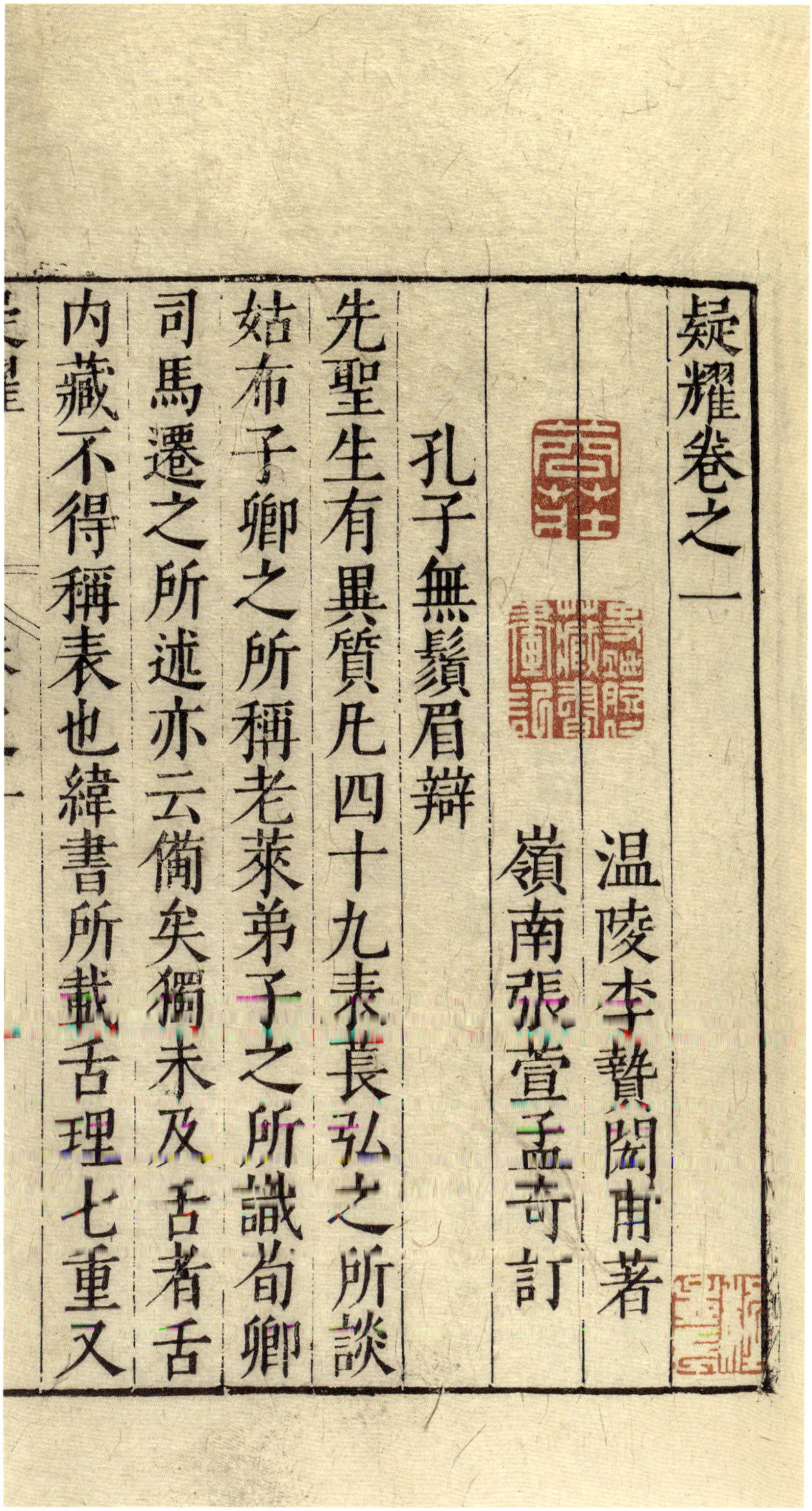
疑耀卷之一
温陵李贄閎甫著
嶺南張萱孟奇訂
孔子無鬚眉辯
先聖生有異質凡四十九表長弘之所談姑布子卿之所稱老萊弟子之所識荀卿司馬遷之所述亦云備矣獨未及舌者舌内藏不得稱表也緯書所載舌理七重又

102

102

李贄撰　疑耀七卷

明萬曆三十六年（1608）刻本。4册，書長19.2厘米，寬13.5厘米。

提　要：卷七尾有史石泉道光間讀書題記。此本史體仁藏書記與松陵史蓉莊收藏二印并見，當係一人無疑。史石泉題記。

鑒藏印：松陵史蓉莊藏、穆溪、忠獻裔孫、蓉莊、史體仁藏書畫記、程孟長

著　録：1、《國立北平圖書館館刊》第五卷第六號，《顧鶴逸藏書目》明版書籍。

2、《中國著名藏書家書目匯刊-近代卷22》頁564，商務印書館，2005年。

103

秦觀撰、徐渭評　淮海集四十卷

明萬曆四十六年（1618）刻本。4冊，書長20.3厘米，寬14.7厘米。

提　要：眉端鎸徐渭評，毛晋舊藏。首許吉人序、次張珽、盛儀、姚鏞、李之藻并郡志本傳、淮海集附録。

鑒藏印：虞山毛氏汲古閣收藏

著　録：1、《國立北平圖書館館刊》第五卷第六號，《顧鶴逸藏書目》明版書籍。

2、《中國著名藏書家書目匯刊-近代卷22》頁573，商務印書館，2005年。

淮海集卷一

宋高郵秦觀少游著　明山陰徐渭天池評

賦　附辭

浮山堰賦　并引

梁武帝天監十三年用魏降人王足計欲以淮水灌壽陽乃假太子右衛康絢節督卒二十萬作浮山堰於鍾離而淮流湍駛漂疾將合復潰或曰淮有蛟龍喜乘風雨壞岸其性惡鐵絢以爲然乃引東西冶鐵器數千萬斤益以薪石沉之猶踰年乃合堰袤九里

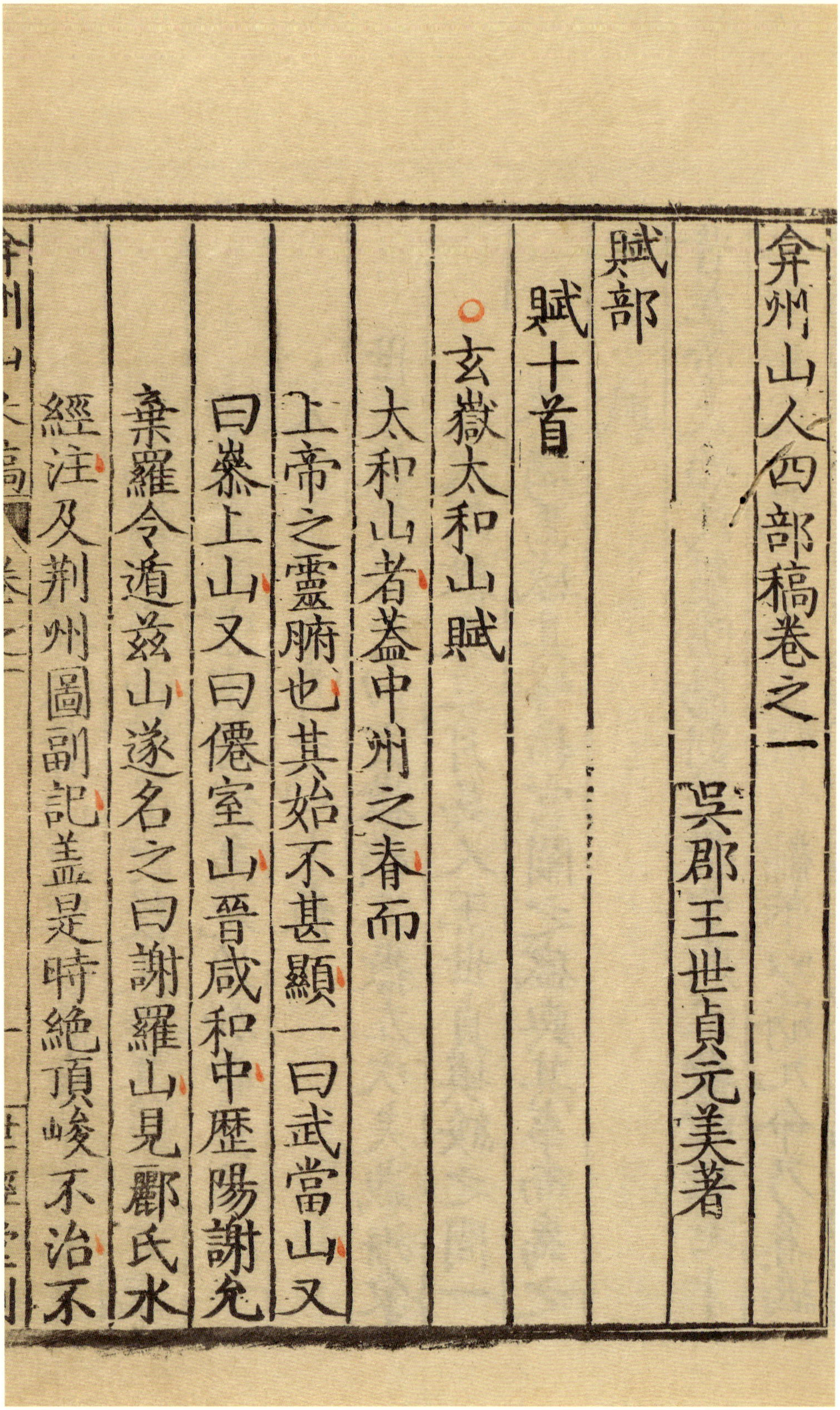
弇州山人四部稿卷之一

吳郡王世貞元美著

賦部

賦十首

○玄嶽太和山賦

太和山者葢中州之春而上帝之靈腑也其始不甚顯一曰武當山又曰嵾上山又曰僊室山晉咸和中歷陽謝允棄羅令遁茲山遂名之曰謝羅山見酈氏水經注及荊州圖副記盖是時絶頂峻不治不

弇州山人稿 卷之一 世經堂刻

104

104

王世貞撰　弇州山人四部稿一百七十四卷

明萬曆五年（1577）世經堂刻本。48册，書長20.7厘米，寬15.3厘米。

提　要：此本書口有“世經堂刻”字樣。

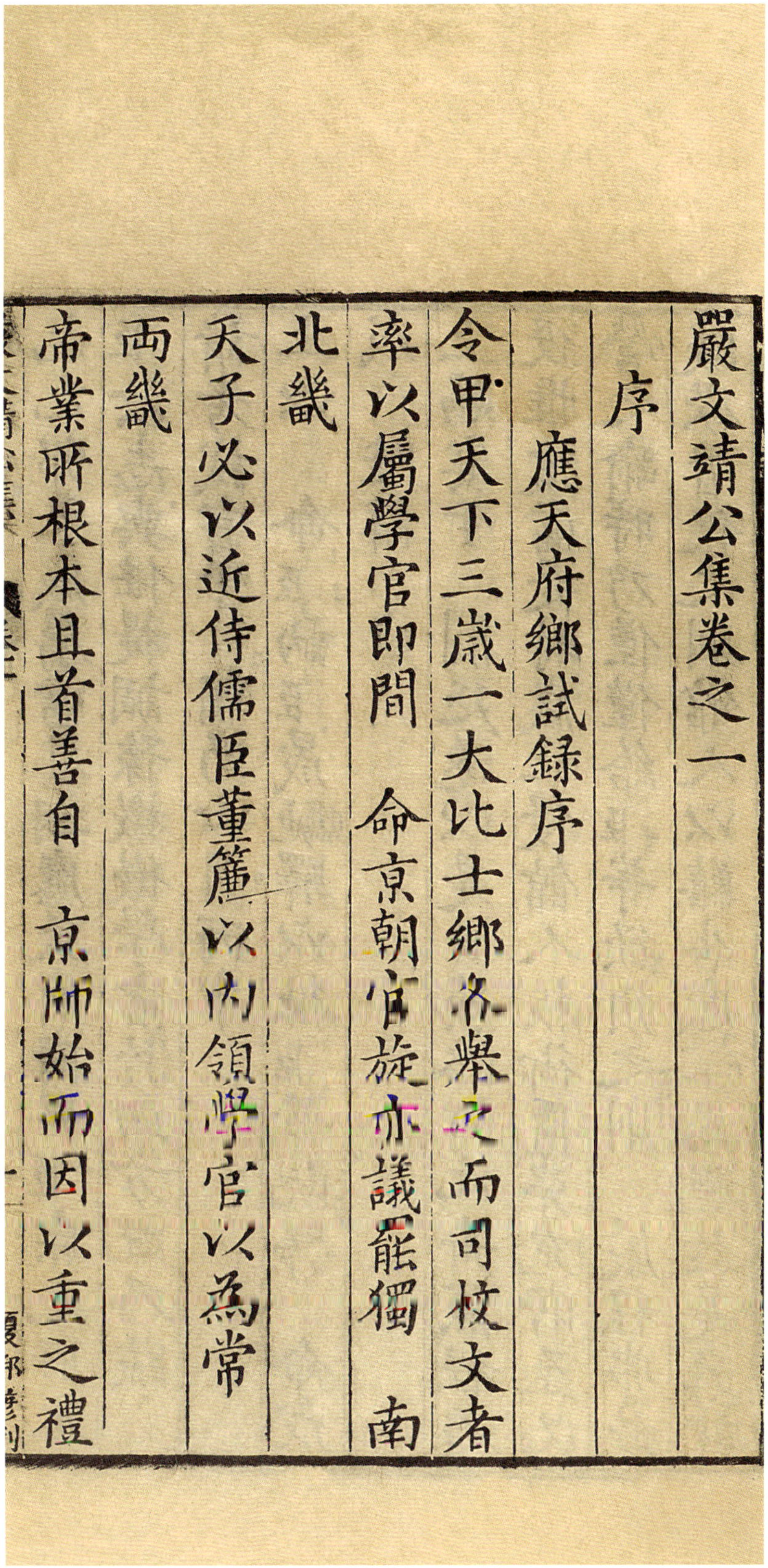
嚴文靖公集卷之一

序

應天府鄉試録序

令甲天下三歲一大比士鄉各舉之而司校文者

率以屬學官即間命京朝官旋亦議罷獨南

北畿

天子必以近侍儒臣董簾以內領學官以為常

兩畿

帝業所根本且首善自京師始而因以重之禮

嚴文靖公集　卷之一　一　夏邦彥刊

105

105

嚴訥撰　嚴文靖公集十二卷附詩一卷

明萬曆十五年（1587）嚴治刻本。4册，書長18.8厘米，寬12.6厘米。

提　要：此本卷一首頁書口下有“夏邦彥刊”字樣。夏邦彥爲蘇州、無錫地區刻工，萬曆四年（1576）刻兩漢雋言。

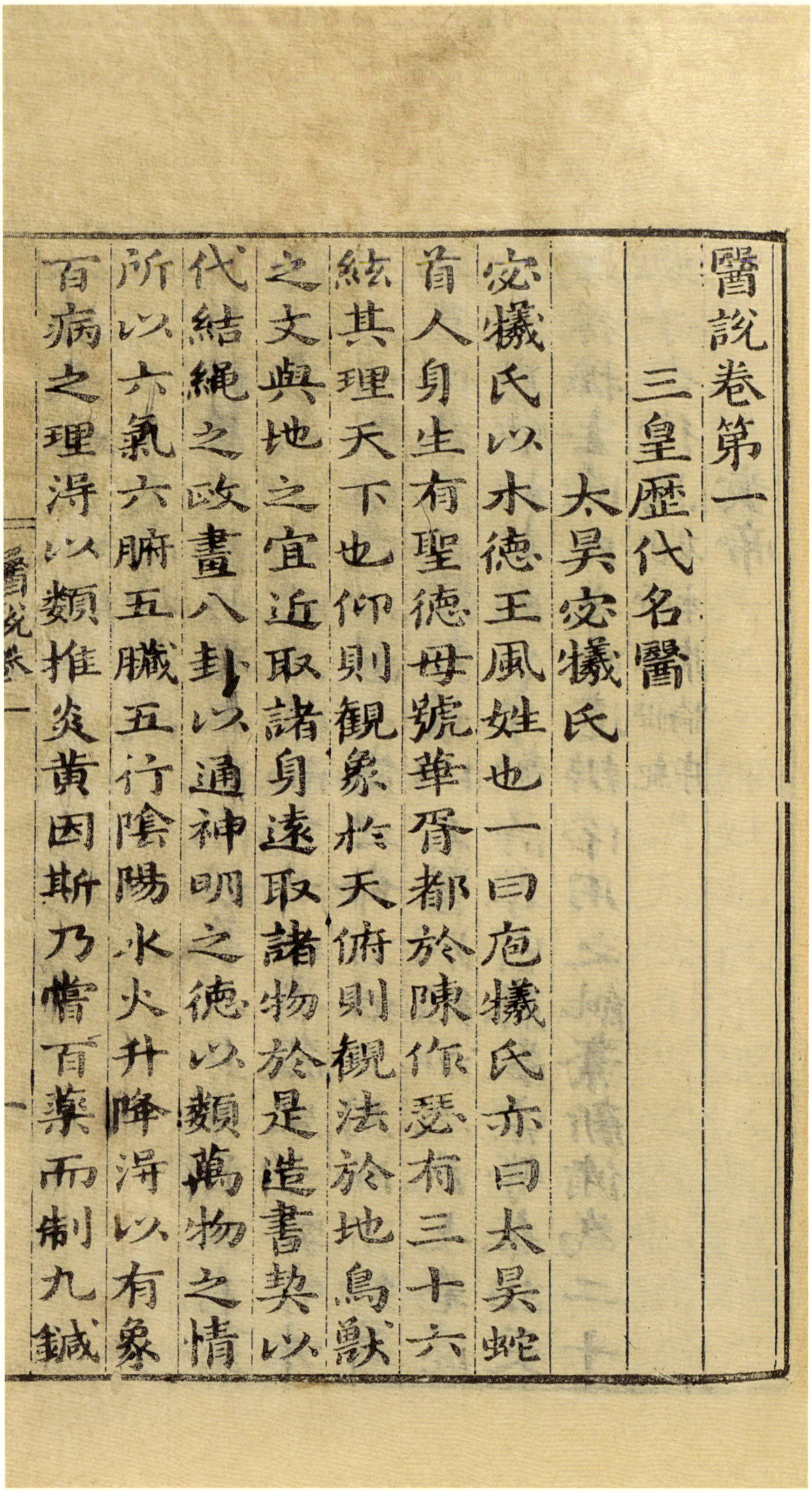
醫說卷第一
三皇歷代名醫
太昊宓犧氏
宓犧氏以木德王風姓也一曰庖犧氏亦曰太昊蛇
首人身生有聖德母號華胥都於陳作瑟有三十六
絃其理天下也仰則觀象於天俯則觀法於地鳥獸
之文與地之宜近取諸身遠取諸物於是造書契以
代結繩之政畫八卦以通神明之德以類萬物之情
所以六氣六腑五臟五行陰陽水火升降得以有象
百病之理得以類推炎黃因斯乃嘗百藥而制九鍼
醫說卷一　一

106

106
張杲撰　醫説十卷

明萬曆十三年（1585）刻本。5册，書長20.5厘米，寬14.7厘米。

提　要：張杲，字季明，新安人。前七門總叙古來名醫、醫書及針灸、診視之類，次分雜證二十八門，次雜論六門，次婦人小兒二門，次瘡及五絶、痹、疝三門，而以醫功、報應終焉。取材既富，奇疾險證，頗足以資觸發，而古之專門禁方，亦往往在焉。

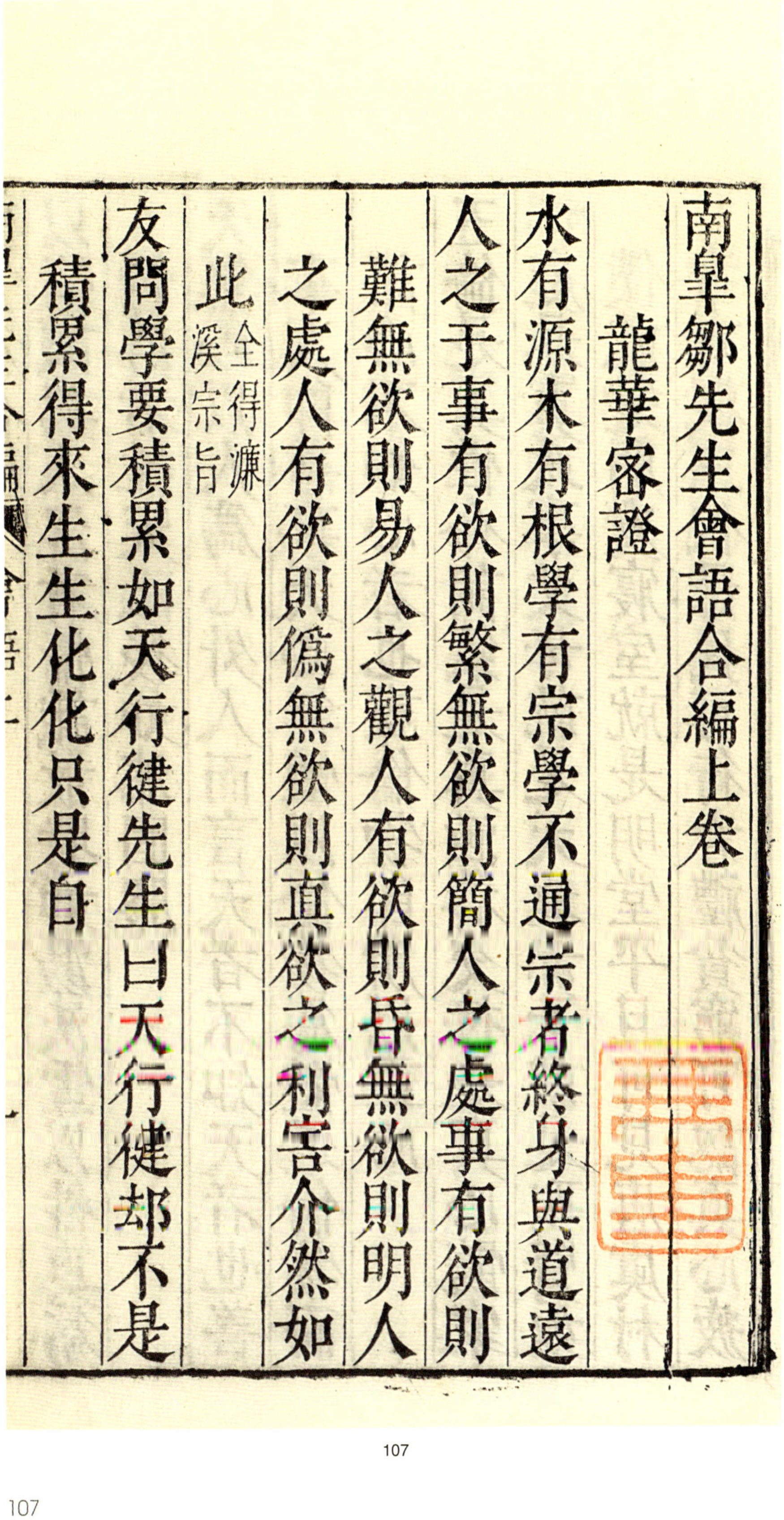
南皋鄒先生會語合編上卷

龍華密證

水有源木有根學有宗學不通宗者終身與道遠人之于事有欲則繁無欲則簡人之處事有欲則難無欲則易人之觀人有欲則昏無欲則明人之處人有欲則偽無欲則直欲之利害介然如此全得濂溪宗旨

友問學要積累如天行健先生曰天行健却不是積累得來生生化化只是自

107

107

鄒元標撰　南皋鄒先生會語義合編二卷

明萬曆四十四年（1616）刻本。2冊，書長21.2厘米，寬14.2厘米。

著　録：1、《國立北平圖書館館刊》第五卷第六號，《顧鶴逸藏書目》明版書籍。

2、《中國著名藏書家書目匯刊-近代卷22》頁568，商務印書館，2005年。

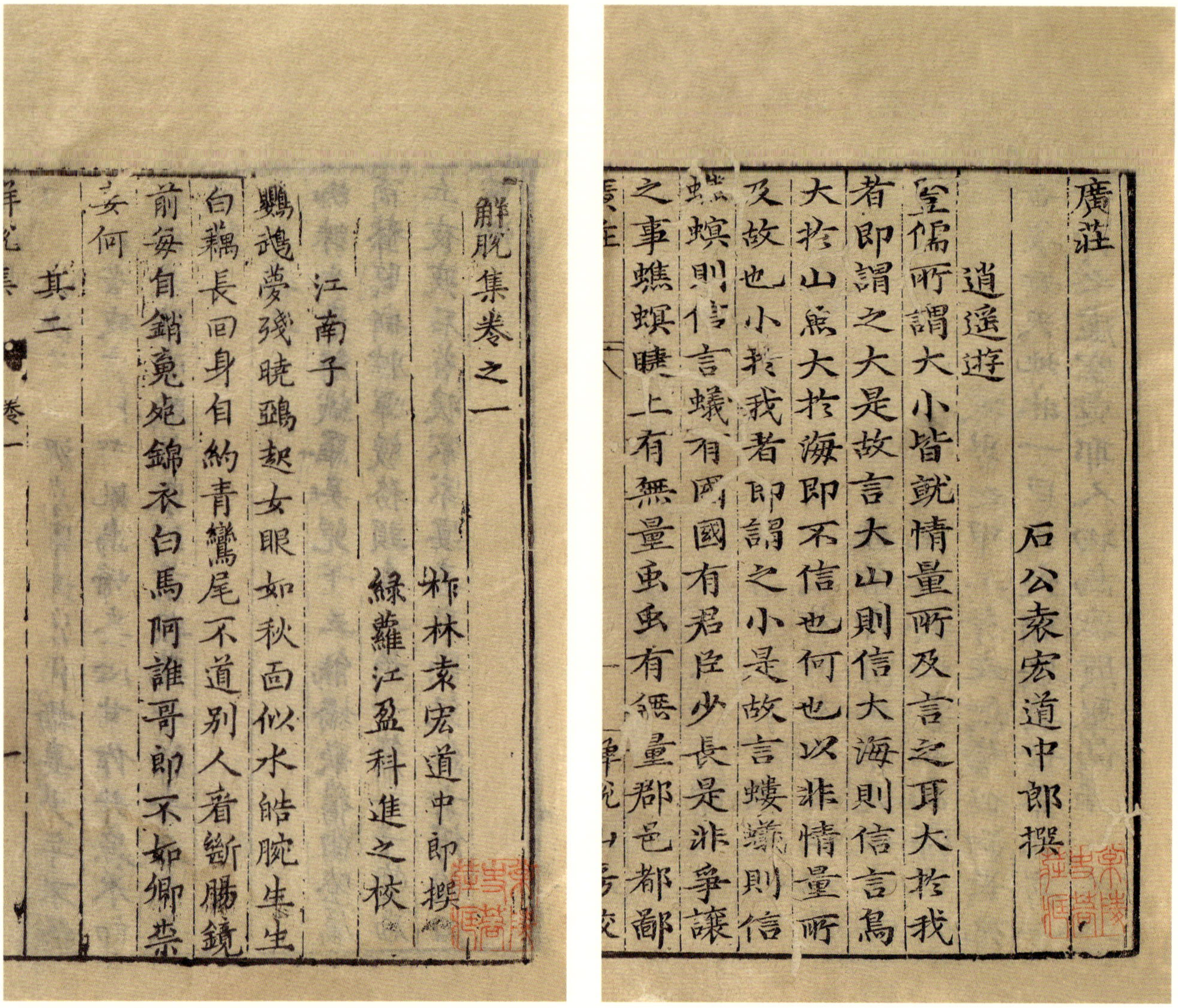
廣莊
逍遥遊　石公袁宏道中郎撰
至偏所謂大小皆就情量所及言之耳大於我
者即謂之大是故言大山則信大海則信言爲
大於山然大於海即不信也何也以非情量所
及故也小於我者即謂之小是故言螻蟻則信
蟭螟則信言蟻有國國有君臣少長是非爭讓
之事蟭螟睫上有無量蟲蟲有無量郡邑都鄙

解脫集卷之一
柞林袁宏道中郎撰
綠蘿江盈科進之校
江南子
鸚鵡夢殘曉鴉起女眼如秋面似水皓腕生生
白藕長回身自約青鸞尾不道別人看斷腸鏡
前每自銷魂姹錦衣白馬阿誰哥郎不如卿柰
何
其二

108

108

袁宏道撰　袁宏道先生合集

明萬曆三十六至三十八年（1608–1610）勾吴袁氏書種堂刻本。8册，書長20.5厘米，寬14.2厘米。

提　要：内收瓶花集十卷、瀟碧堂集二十卷、錦帆集四卷、解脱集四卷、廣莊一卷、敝篋集二卷。此書瓶花齋集總目後有袁氏書種堂刻書牌記；敝篋集卷下有“門生袁叔度無涯校梓，吴士冠相如手書”字樣；蕭碧堂集首有“書種堂禁翻豫約”，爲版權重要史料；廣莊卷書口下有“禪悦山房校”字樣。

鑒藏印：松陵史蓉莊藏

著　録：1、《國立北平圖書館館刊》第五卷第六號，《顧鶴逸藏書目》明版書籍，有錦帆集八册，當係此書。

2、《中國著名藏書家書目匯刊–近代卷22》頁565，商務印書館，2005年。

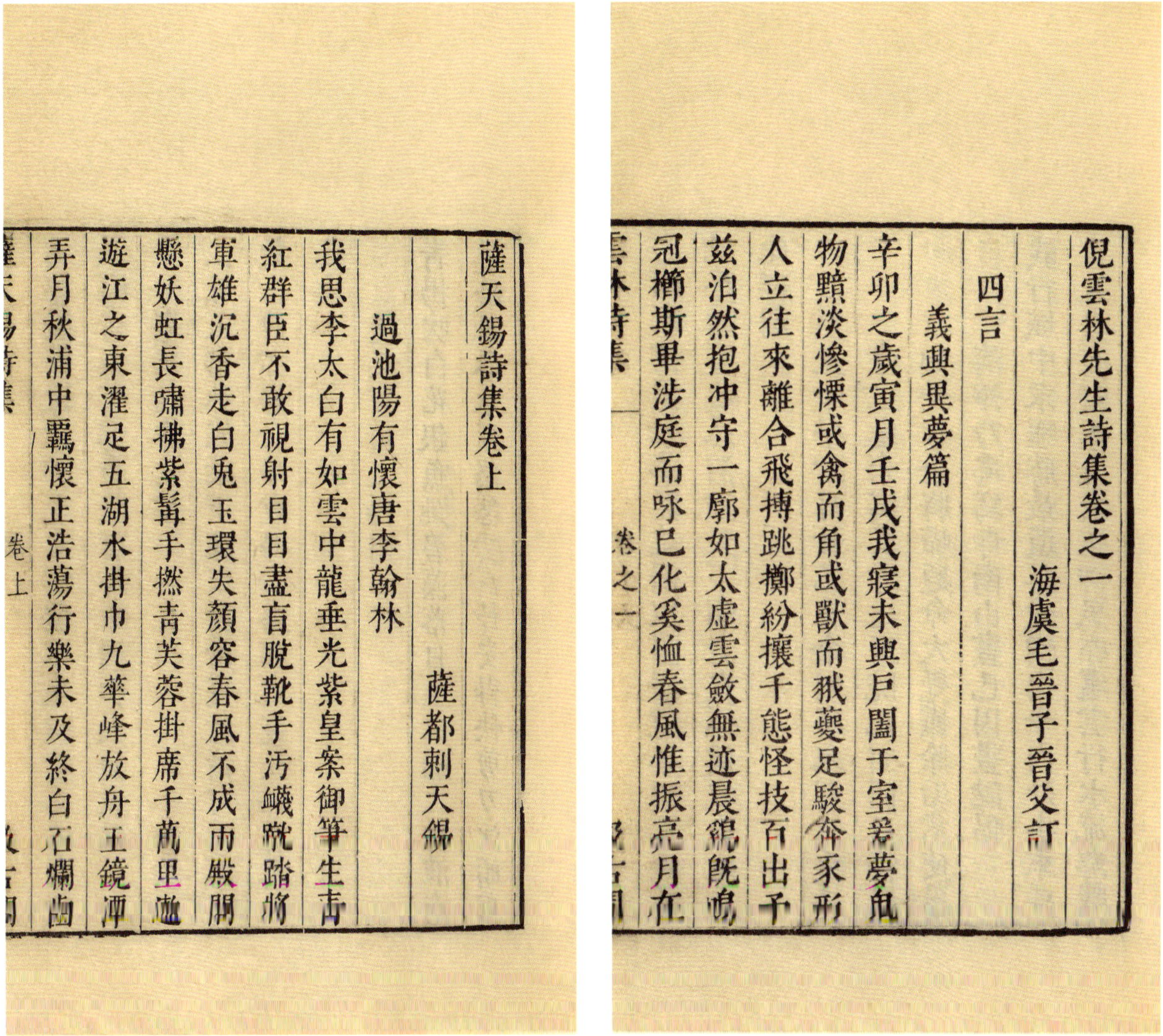
倪雲林先生詩集卷之一
海虞毛晉子晉父訂
四言
義興異夢篇
辛卯之歲寅月壬戌我寢未興戶闔于室爰夢異
物黷淡慘慄或禽而角或獸而豜夔足駿奔豕形
人立往來離合飛搏跳擲紛攘千態怪技百出予
茲泊然抱沖守一廓如太虛雲斂無迹晨鷄既鳴
冠櫛斯畢涉庭而咏已化奚恤春風惟振亮月在
雲林詩集　卷之一　汲古閣

薩天錫詩集卷上
薩都剌天錫
過池陽有懷唐李翰林
我思李太白有如雲中龍垂光紫皇案御筆生青
紅群臣不敢視射目目盡盲脫靴手汚蟣蹴踏將
軍雄沉香走白兔玉環失顏容春風不成雨殿閣
懸妖虹長嘯拂紫髯手撚青芙蓉掛席千萬里遨
遊江之東濯足五湖水掛巾九華峰放舟玉鏡潭
弄月秋浦中飄懷正浩蕩行樂未及終白石爛齒
薩天錫詩集　卷上　汲古閣

100

109

毛晉訂　元人詩十種

明崇禎十一年（1638）汲古閣刻本。16冊，書長18.7厘米，寬14.2厘米。

提　要：前有徐惟起序，内括遺山先生詩集二十卷、薩天錫詩集三卷集外詩一卷、金臺集二卷、翠寒集一卷、唫囈集一卷、倪雲林先生詩集六卷集外詩一卷附録一卷、南村詩集四卷 、玉山草堂集二卷集外詩一卷、句曲外史集三卷補遺三卷、伯雨集外詩一卷附一卷、霞外詩集十卷。

著　録：1、《國立北平圖書館館刊第五卷》第六號，《顧鶴逸藏書目》明版書籍。

2、《中國著名藏書家書目匯刊－近代卷22》頁565，商務印書館，2005年。

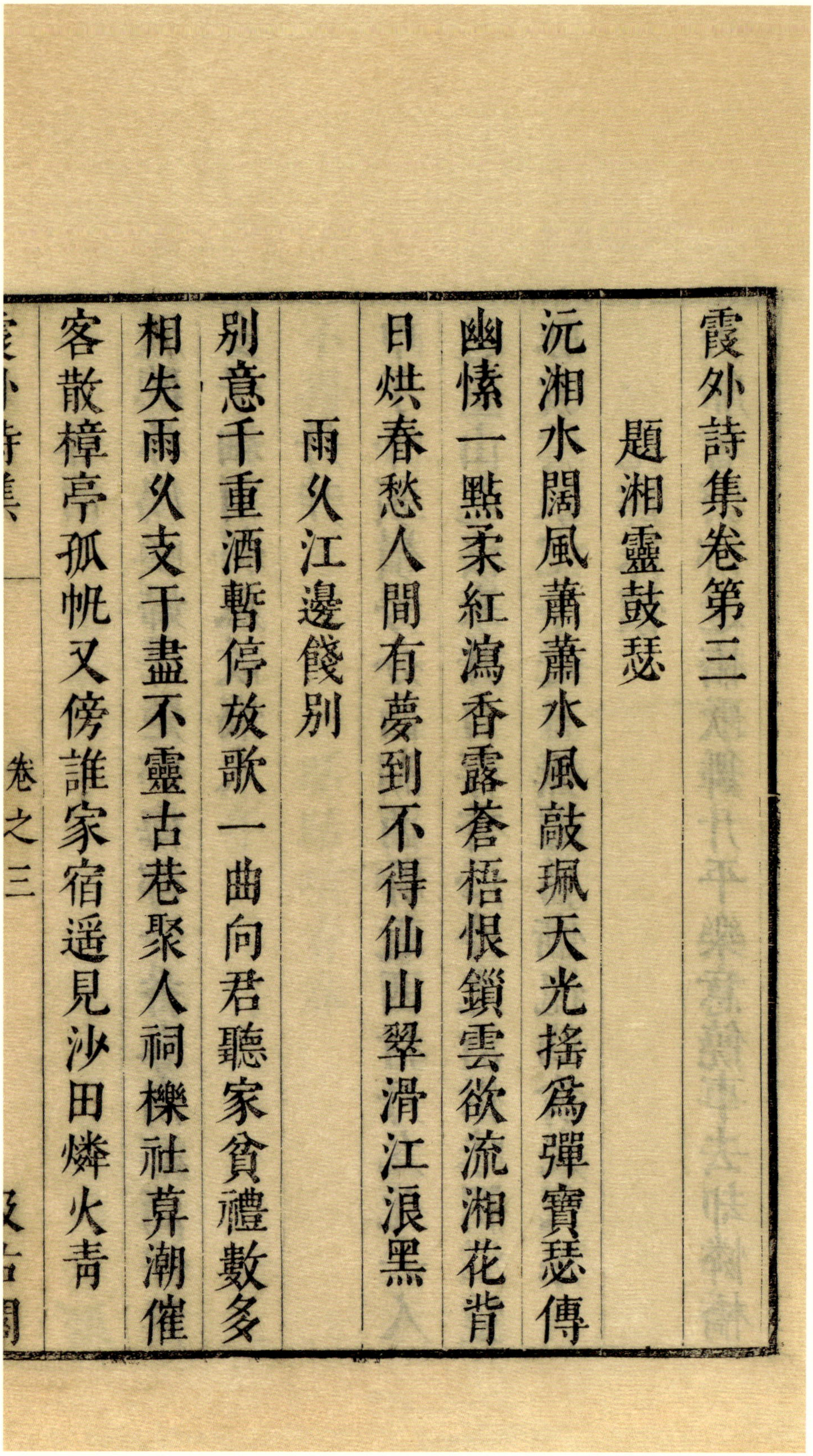
霞外詩集卷第三

題湘靈鼓瑟

沅湘水闊風蕭蕭水風敲珮天光搖爲彈寶瑟傳
幽愫一點柔紅瀉香露蒼梧恨鎖雲欲流湘花背
日烘春愁人間有夢到不得仙山翠滑江浪黑

雨久江邊餞別

別意千重酒暫停放歌一曲向君聽家貧禮數多
相失雨久支干盡不靈古巷聚人祠櫟社莽潮催
客散樟亭孤帆又傍誰家宿遙見沙田燐火青

霞外詩集　卷之三　汲古閣

110

110

馬臻撰　霞外詩集八卷

明末汲古閣刻本。2册，書長18.8厘米，寬14.2厘米。

提　要：此本爲毛晉所刻，末有毛氏跋，爲《元人詩十種》之一。是書存卷三至卷十，卷一二失。

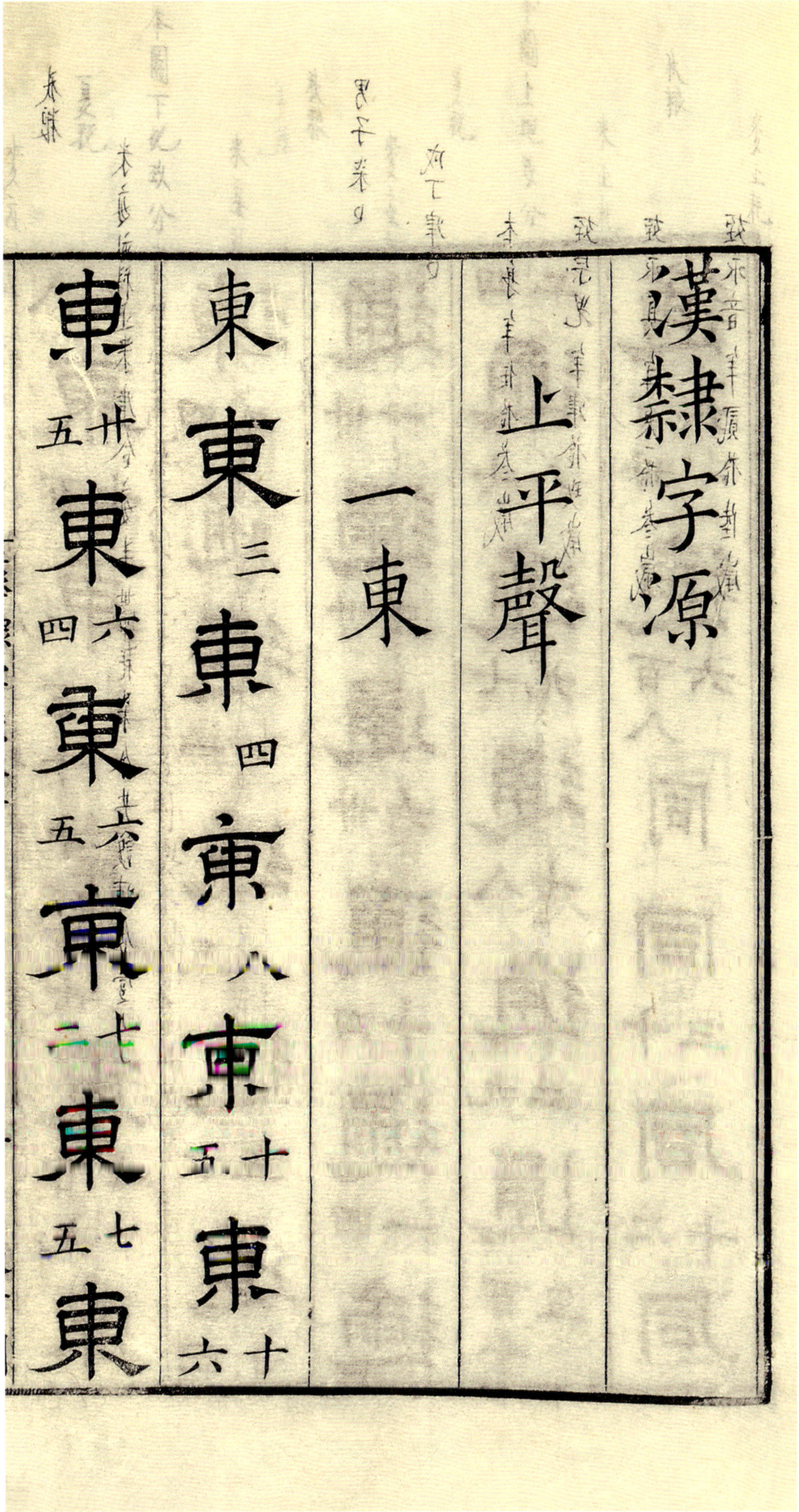

111

111

婁機撰　漢隸字源

明末汲古閣刻公文紙印本。3册，書長24厘米，寬16.5厘米。

提　要：此本以明代正德、嘉靖年間公文紙刊印，紙質棉白，初刻初印，爲汲古閣罕見印本。

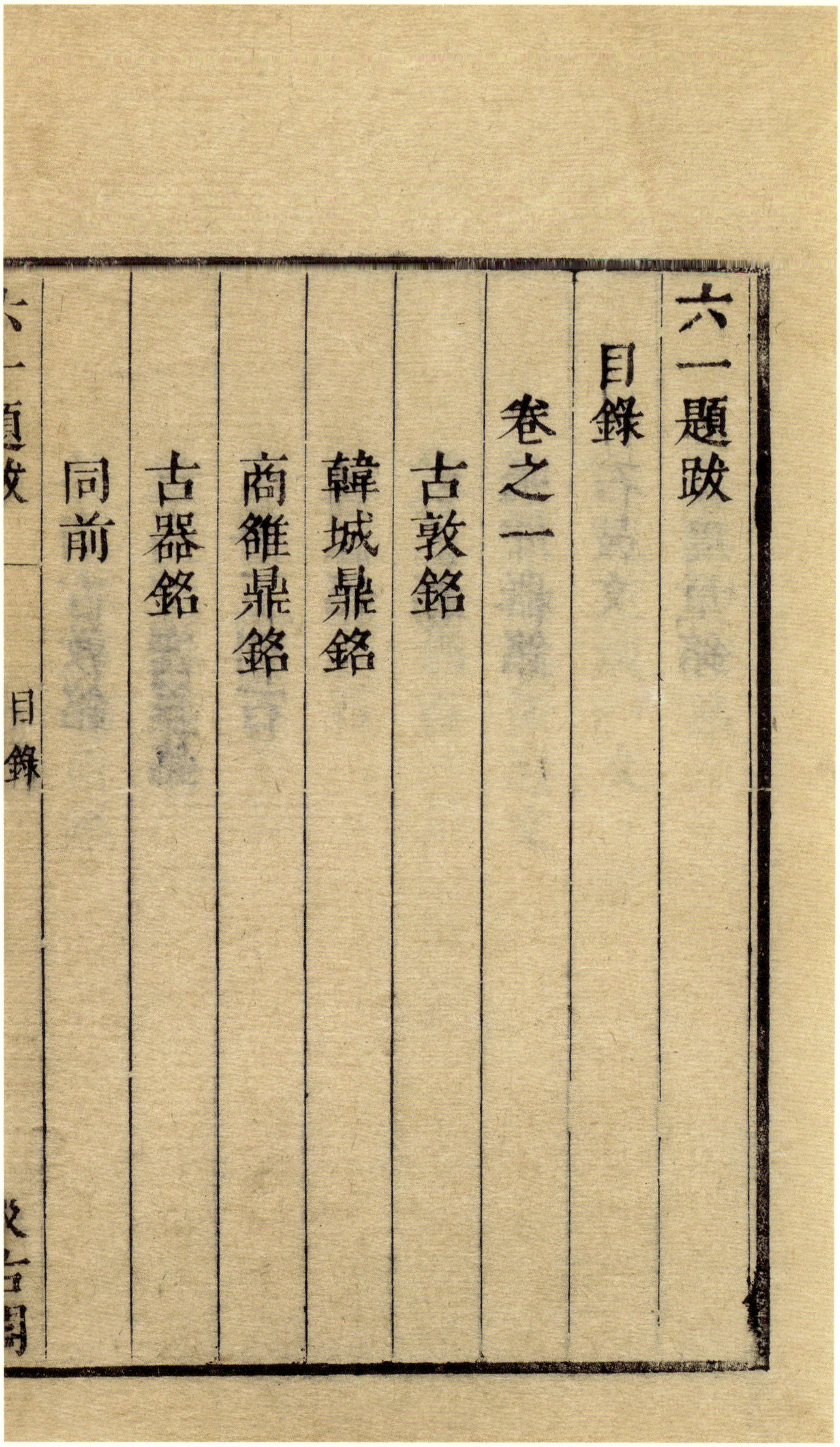

112

112

歐陽修撰、毛晉訂　六一題跋十一卷

明末汲古閣刻本。4册，書長18.9厘米，寬13.2厘米。

鑒藏印：蓮溪草堂藏書之印

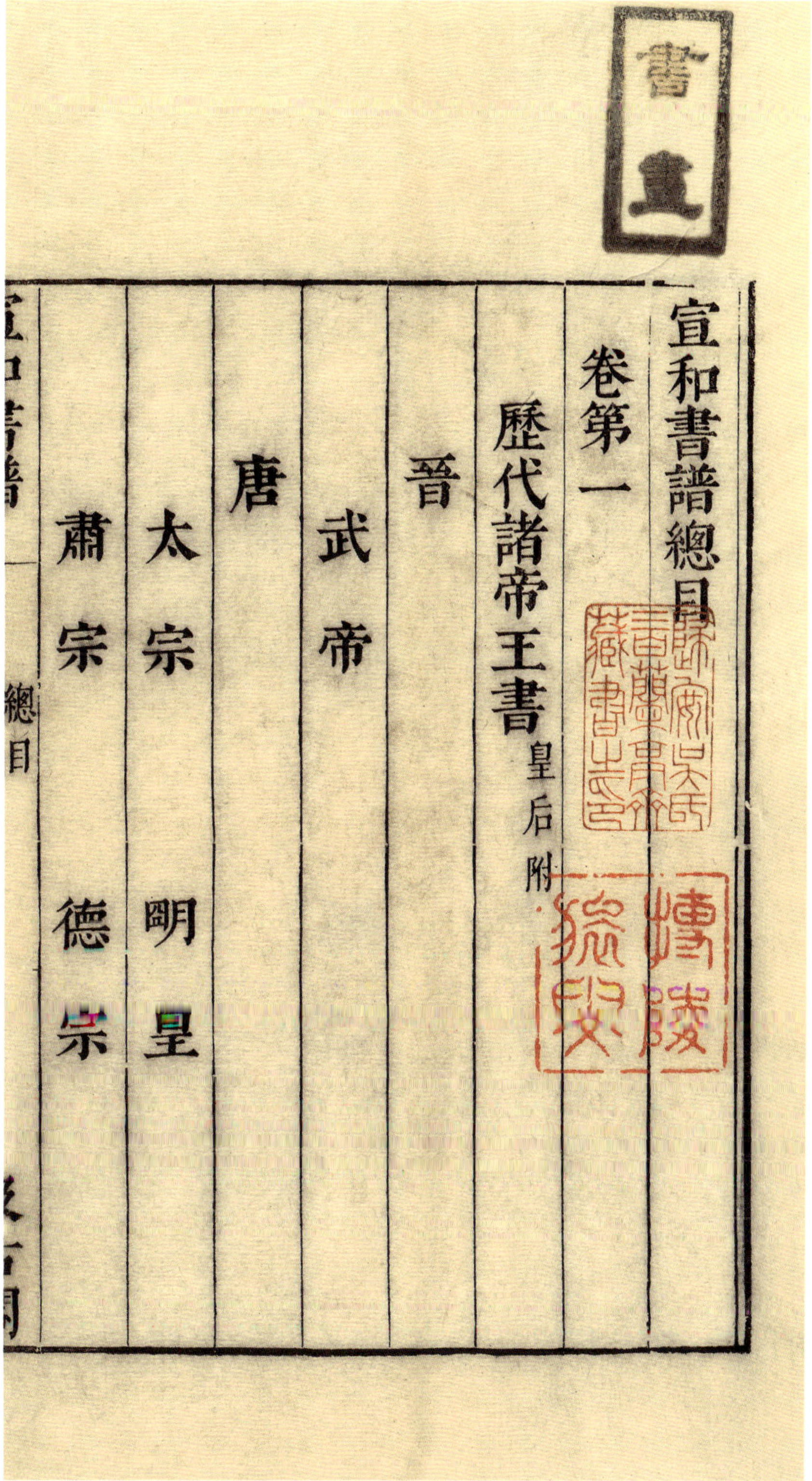
宣和書譜總目

卷第一

歷代諸帝王書 皇后附

晉

武帝

唐

太宗 明皇

肅宗 德宗

113

113

毛晋訂　宣和書譜二十卷

明末汲古閣刻本。4册，書長18.8厘米，寬13.2厘米。

鑒藏印：歸安吴氏二百蘭亭齋藏書之印、博陵狻叟、書畫、香濃畫省

備　注：吴雲舊藏。

吴雲（1746–1837），字潤之，號玉松，安徽休寧人，寄籍江蘇吴縣。著有《兩罍軒彝器圖釋》十二卷、《古銅印存》十二卷、《古官印考》六卷、《考印漫存》九卷、《焦山志》十六卷，另有《虢季子盤考》、《漢建安弩機考》、《華山碑考》各一卷。

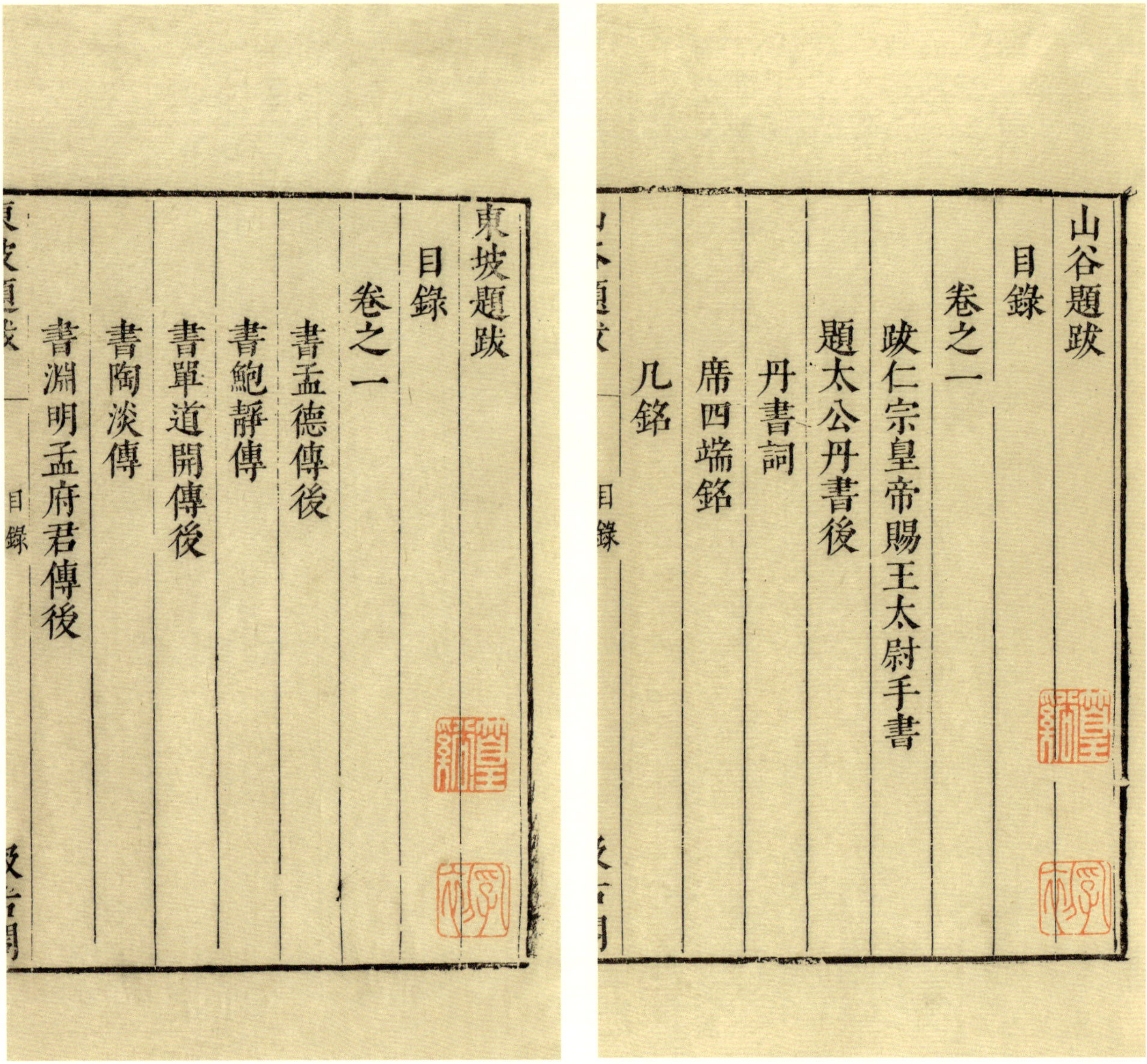

114

114

蘇軾、黄庭堅撰　東坡題跋六卷、山谷題跋九卷

明末汲古閣刻本。6册，書長19厘米，寬13.5厘米。

鑒藏印：篁溪（2次）、乳初（2次）

著　録：1、《國立北平圖書館館刊》第五卷第六號，《顧鶴逸藏書目》明版書籍。

2、《中國著名藏書家書目匯刊–近代卷22》頁560，商務印書館，2005年。

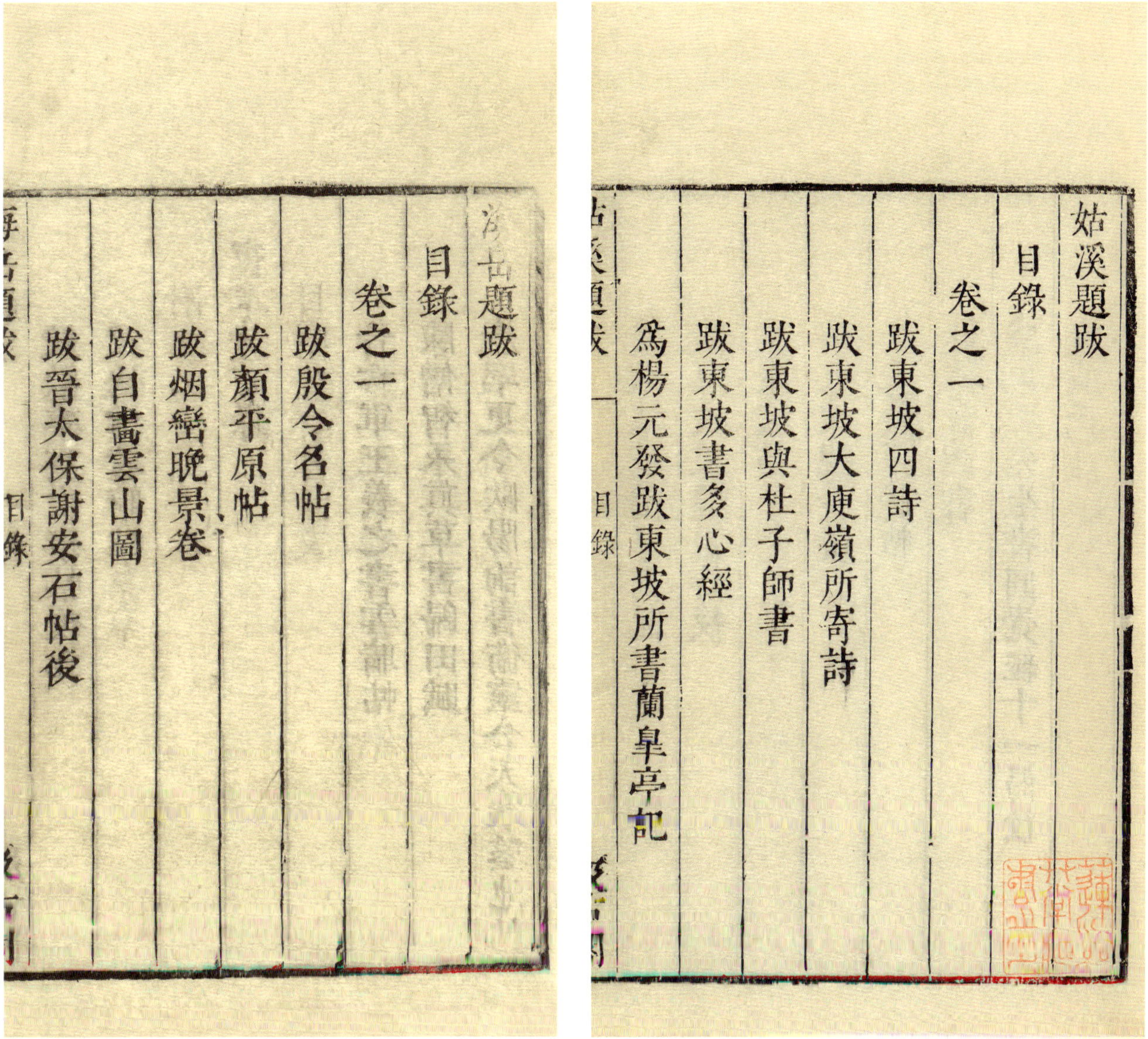

姑溪題跋
目錄
卷之一
跋東坡四詩
跋東坡大庾嶺所寄詩
跋東坡與杜子師書
跋東坡書多心經
爲楊元發跋東坡所書蘭皐亭記
姑溪題跋 目錄

海岳題跋
目錄
卷之一
跋殷令名帖
跋顏平原帖
跋烟巒晚景卷
跋自畫雲山圖
跋晉太保謝安石帖後
海岳題跋 目錄

115

115

米芾、李之儀撰 海岳題跋一卷、姑溪題跋二卷

明末汲古閣刻本。1册，書長19厘米，寬13.5厘米。

鑒藏印：萬壑草堂顧氏藏書印、蓮溪草堂藏書之印

116

李延壽撰　北史一百卷

明崇禎十二年（1584）汲古閣刻本。30册，書長21.5厘米，寬15厘米。

提　要：書内有“琴川毛鳳苞氏審定宋本”木記，書口刻“汲古閣”“毛氏正本”。另附“元和顧氏鶴廬藏書”書簽，當爲顧鶴逸手迹。

鑒藏印：毛晋

北史卷一

魏本紀第一

魏之先出自黃帝軒轅氏黃帝子曰昌意昌意之少子受封北國有大鮮卑山因以爲號其後世爲君長統幽都之北廣漠之野畜牧遷徙射獵爲業淳樸爲俗簡易爲化不爲文字刻木結繩而已時事遠近人相傳授如史官之紀錄焉黃帝以土德王北俗謂土爲托謂后爲跋故以爲氏其裔始均仕堯時逐女魃於弱水北人賴其勳舜命爲田祖歷三代至秦漢獯鬻獫狁山戎匈奴之屬累代作害中州而始均之裔不交南夏是以載籍無聞積六七十代至成皇帝諱毛立統國三十六大姓九十九威振北方成帝崩節皇帝貸立節帝崩莊皇帝觀立莊帝崩明皇帝樓立明帝崩安皇帝越立安帝崩宣皇帝推寅立宣帝南遷大澤方千餘里厥土昏

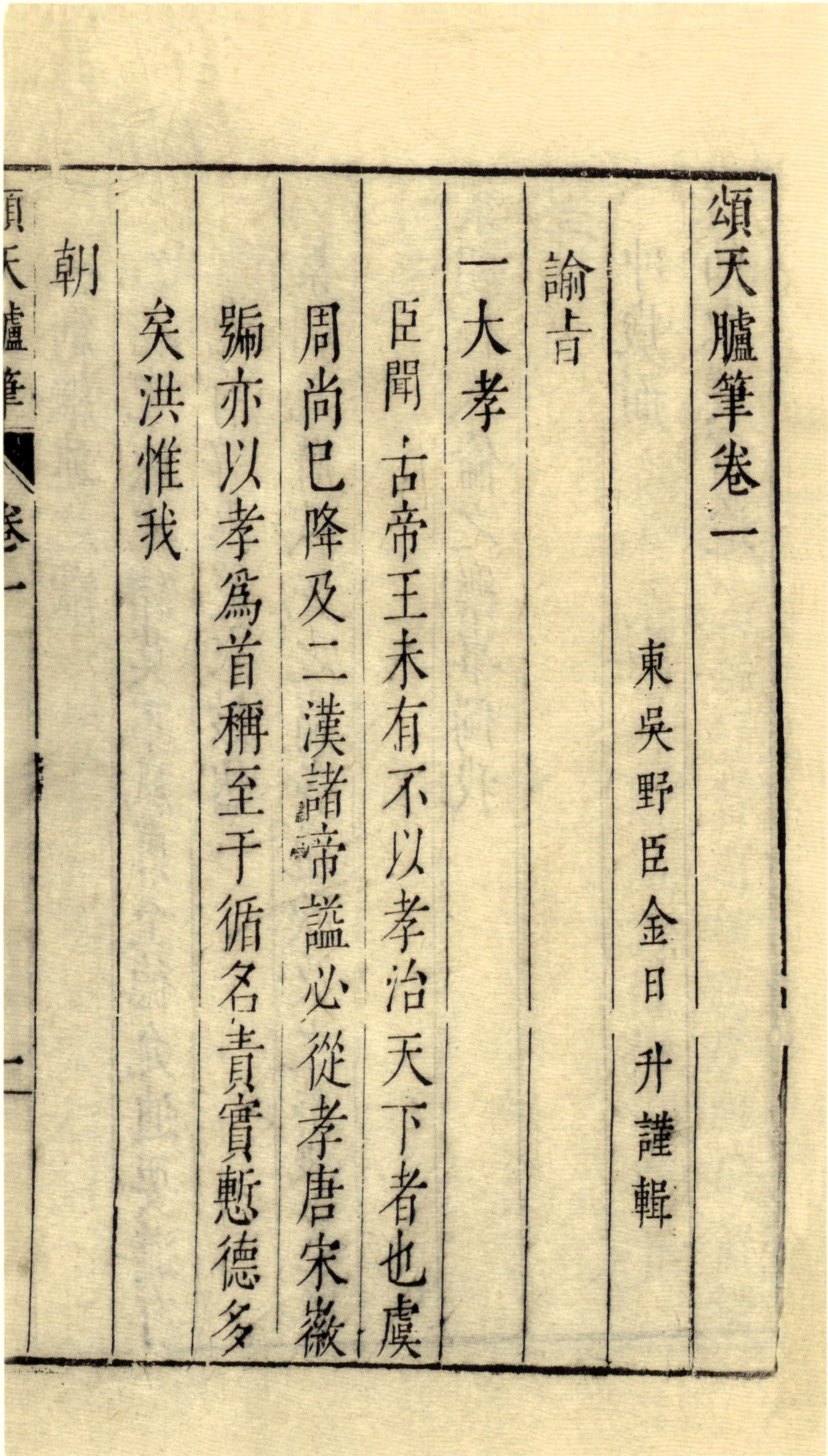
頌天臚筆卷一
東吳野臣金日升謹輯
諭旨
一大孝
臣聞古帝王未有不以孝治天下者也虞
周尚已降及二漢諸帝謚必從孝唐宋繼
踊亦以孝爲首稱至于循名責實懋德多
矣洪惟我
朝
頌天臚筆　卷一　一

117

117

金日升輯　頌天臚筆二十卷

明崇禎二年（1629）刻本。20册，書長21厘米，寬14厘米。

提　要：是書主要記載崇禎朝關於清除魏忠賢勢力所下的諭旨，東林黨人這一時期的相關奏折，以及高攀龍、葉向高、趙南星等著名東林人物的事迹，爲晚明黨争史料。

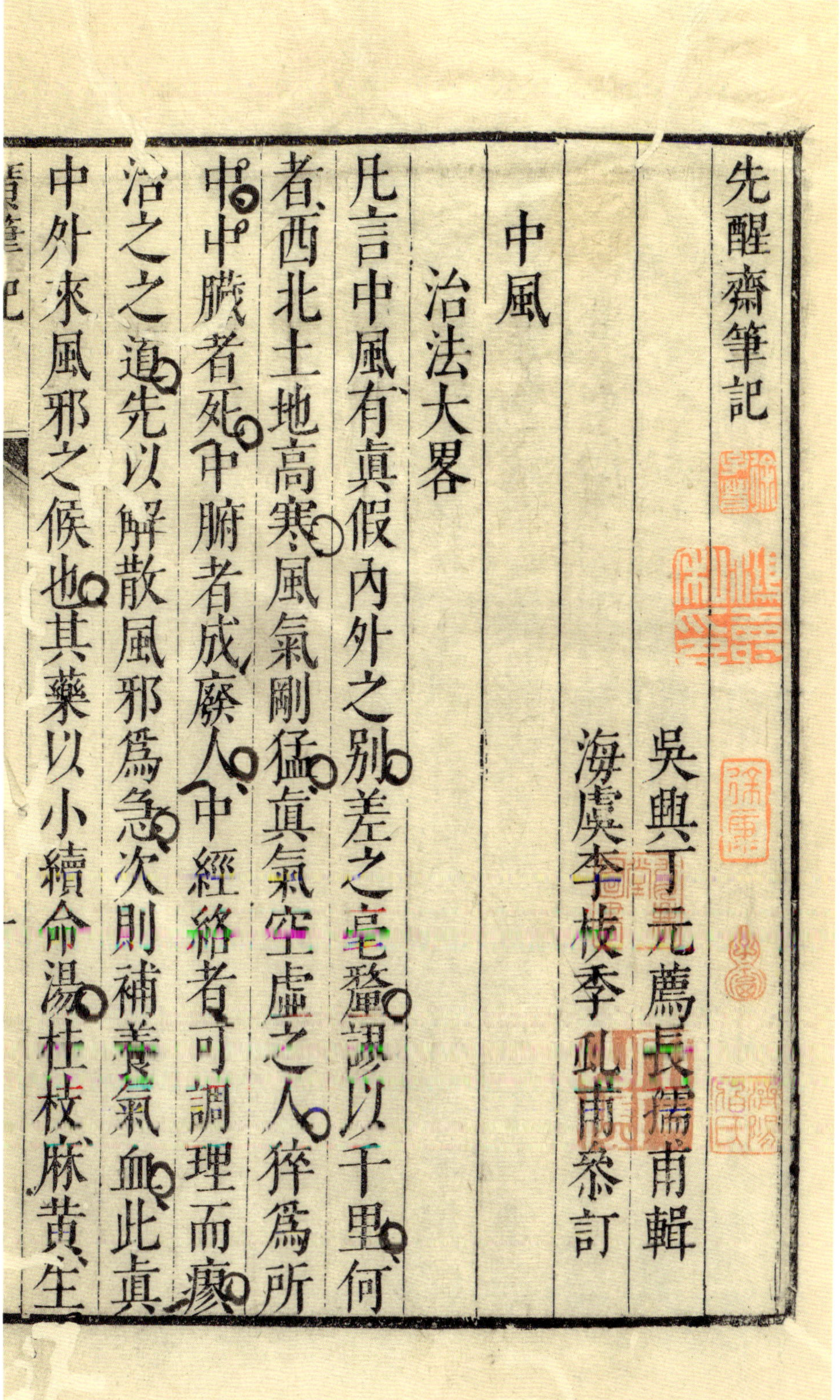
先醒齋筆記
吳興丁元薦長孺甫輯
海虞李枝季虬甫參訂
中風
治法大畧
凡言中風有真假內外之别差之毫釐謬以千里何
者西北土地高寒風氣剛猛真氣空虛之人猝爲所
中中臟者死中腑者成廢人中經絡者可調理而瘳
治之之道先以解散風邪爲急次則補養氣血此真
中外來風邪之候也其藥以小續命湯桂枝麻黄生

118

118

丁元薦輯、李枝訂　廣筆記

明崇禎十五年（1642）李枝刻本。4册，書長21.3厘米，寬14.8厘米。

提　要：内有先醒齋筆記、炮灸大法、用藥凡例。尾有佚名題記，稱此本爲毛氏汲古閣刻本。前有天啓二年繆希雍序，崇禎十五年李枝季序。

鑒藏印：江氏宗吉、濟陽伯氏、鴻壽私印、徐子晋、徐康、研石山樵、子晋、育慶堂圖書

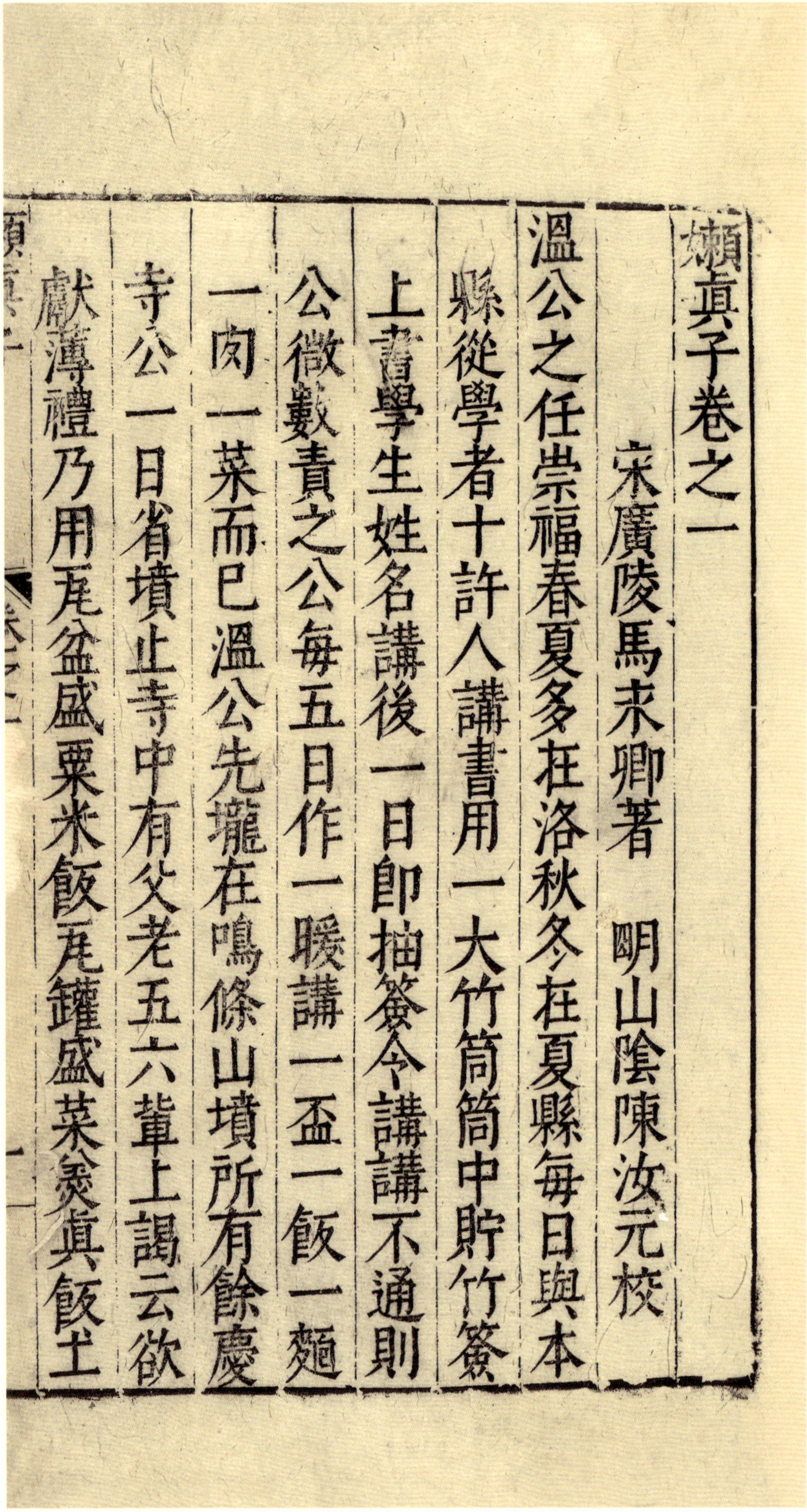
嬾眞子卷之一

宋廣陵馬永卿著　明山陰陳汝元校

溫公之任崇福春夏多在洛秋冬在夏縣每日與本縣從學者十許人講書用一大竹筒筒中貯竹簽上書學生姓名講後一日即抽簽令講講不通則公微數責之公每五日作一暖講一盃一飯一麪一肉一菜而已溫公先壠在鳴條山墳所有餘慶寺公一日省墳止寺中有父老五六輩上謁云欲獻薄禮乃用瓦盆盛粟米飯瓦罐盛菜羮眞飯土

嬾眞子　卷之一　一

119

119

馬永卿撰、陳汝元校　嬾眞子五卷

明萬曆間刻本。1册，書長21厘米，寬14厘米。

提　要：是編乃其雜記之書，然亦多述劉安世語。又開卷冠以司馬光事，書中亦多稱光，蓋其淵源所自出也。此爲明萬曆間商浚刻稗海本。

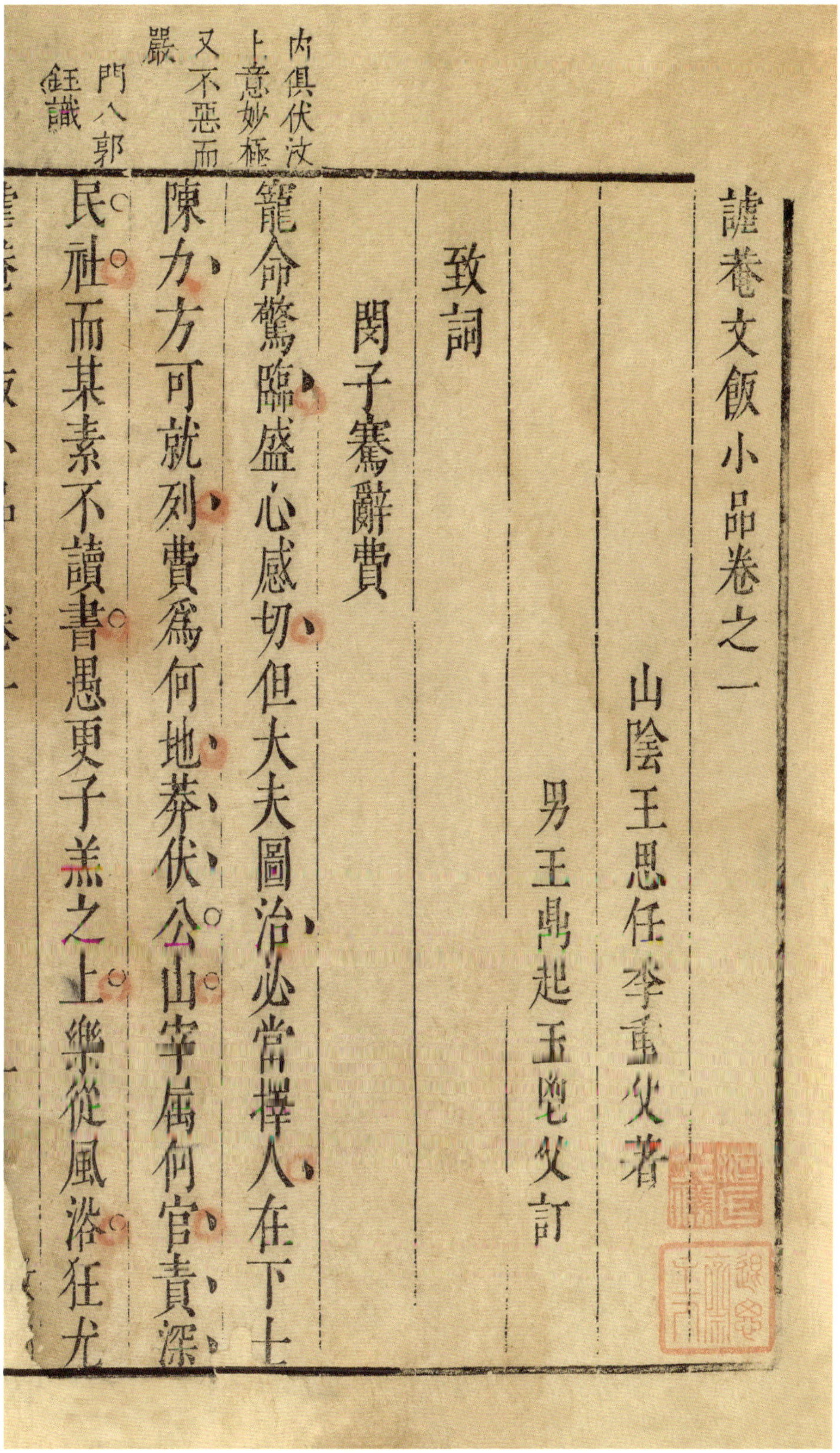

謔菴文飯小品卷之一

山陰王思任季重父著

男王鼎起玉鉉父訂

致詞

閔子騫辭費

寵命驚臨，盛心感切，但大夫圖治，必當擇人，在下士陳力，方可就列。費爲何地，莽伏公山；宰屆何官，責深民社。而某素不讀書，愚更子羔之上，樂從風浴，狂尤

內俱伏汶上意妙極，又不惡而嚴。門人郭鉦識

120

120

王思任撰、王鼎起訂　謔庵文飯小品五卷

明崇禎間刻本。10册，書長20厘米，寬13.5厘米。

鑒藏印：范氏天儀、退思齋主人

著　録：1、《國立北平圖書館館刊》第五卷第六號，《顧鶴逸藏書目》明版書籍。

2、《中國著名藏書家書目匯刊–近代卷22》頁559，商務印書館，2005年。

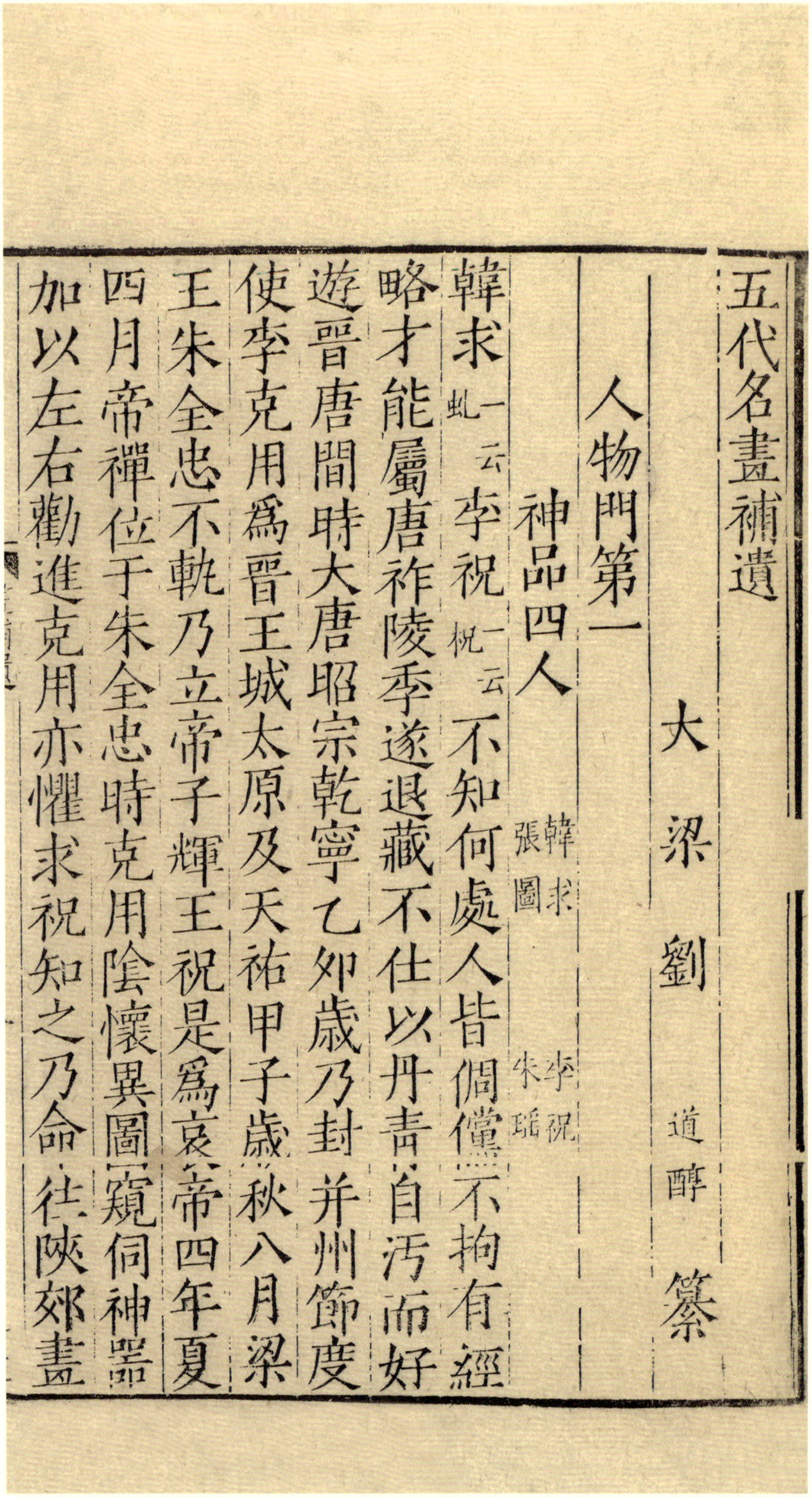

五代名畫補遺

大梁劉道醇纂

人物門第一

神品四人　韓求　張圖　李祝　朱瑶

韓求（一云虬）李祝（一云柷）不知何處人皆倜儻不拘有經略才能屬唐祚陵季遂退藏不仕以丹青自汚而好遊晉唐間時大唐昭宗乾寧乙夘歲乃封并州節度使李克用爲晉王城太原及天祐甲子歲秋八月梁王朱全忠不軌乃立帝子輝王祝是爲哀帝四年夏四月帝禪位于朱全忠時克用陰懷異圖窺伺神器加以左右勸進克用亦懼求祝知之乃命往陜郊畫

121

121

劉道醇撰　五代名畫補遺一卷

明刻本。1册，書長20厘米，寬14.4厘米。

提　要：前録陳洵直序。
刻　工：萬至、方乂中、政、陳、裕。

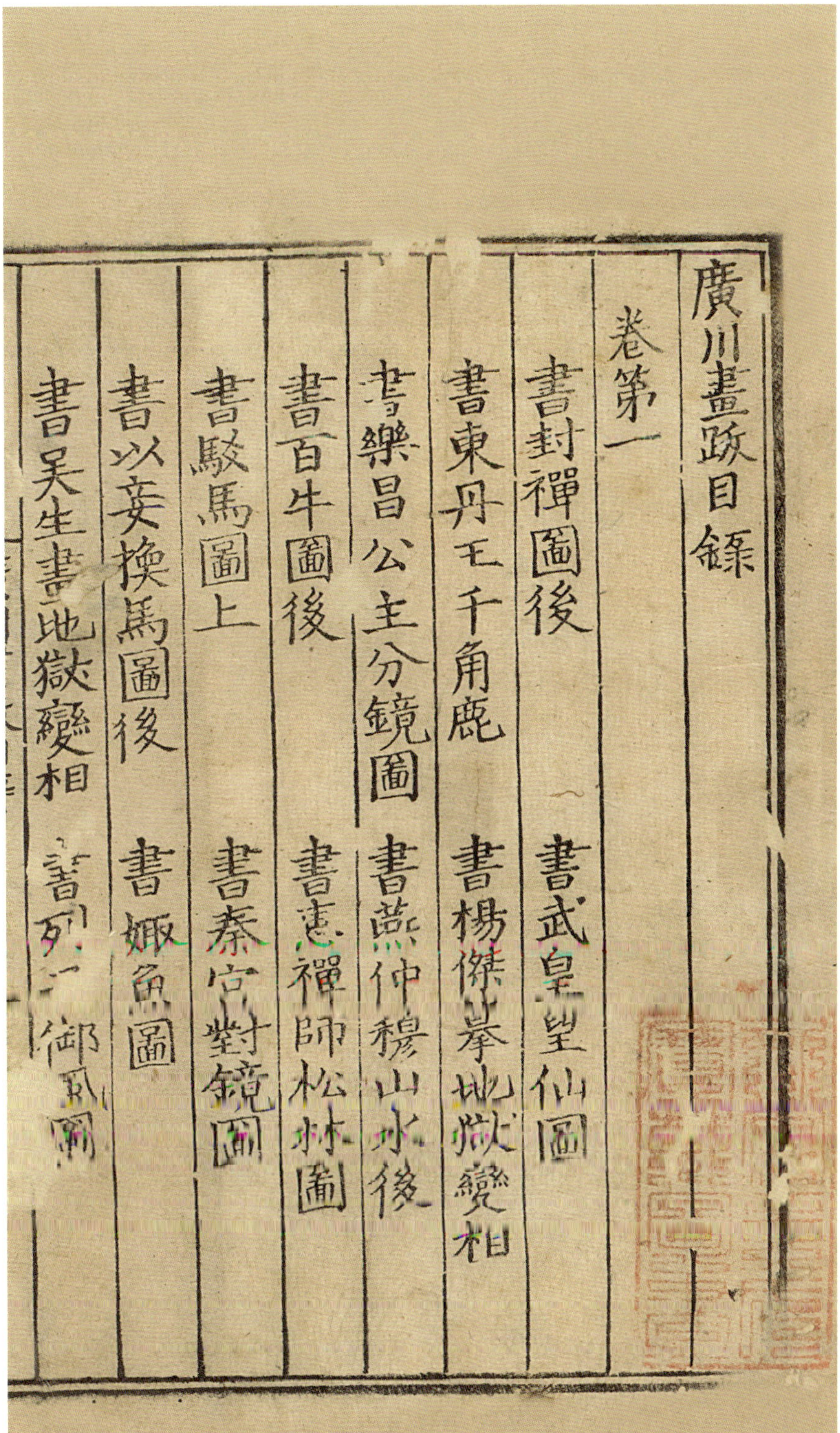
廣川畫跋目錄

卷第一

書封禪圖後　書武皇望仙圖

書東丹王千角鹿　書楊傑峯地獄變相

書樂昌公主分鏡圖　書燕仲穆山水後

書百牛圖後　書惠禪師松林圖

書駿馬圖上　書秦宮對鏡圖

書以妾換馬圖後　書蝦魚圖

書吳生畫地獄變相　書列子御風圖

122

122

董逌撰　廣川畫跋六卷

明刻本。2册，書長19.6厘米，寬13.5厘米。

提　要：此本爲著名收藏家王鴻緒、朱之赤舊藏。

鑒藏印：休寧朱之赤珍藏圖書、新安朱氏寶藏圖書、儼齋書印、虞山姜氏、伯幾印章

著　録：1、《國立北平圖書館館刊》第五卷第六號，《顧鶴逸藏書目》宋元舊槧。

2、《中國著名藏書家書目匯刊-近代卷22》頁535，商務印書館，2005年。

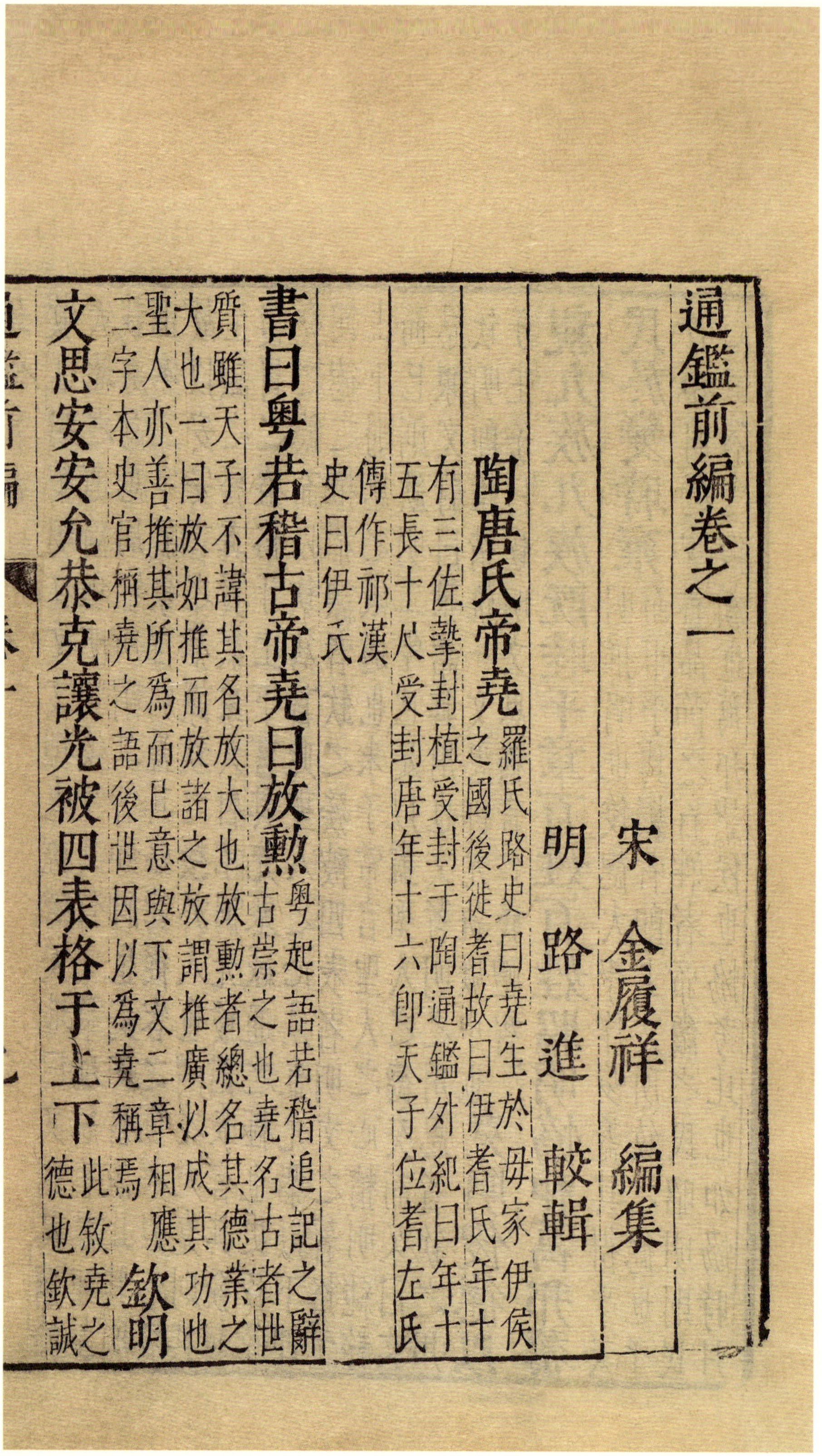
通鑑前編卷之一
宋　金履祥　編集
明　路進　較輯
陶唐氏帝堯羅氏路史曰堯生於母家伊侯之國後徙耆故曰伊耆氏年十有三佐摯封植受封于陶通鑑外紀曰年十五長十尺受封唐年十六即天子位耆左氏傳作祁漢史曰伊氏
書曰粤若稽古帝堯曰放勳粤起語若稽追記之辭古崇之也堯名古者世質雖天子不諱其名放大也放勳者總名其德業之大也一曰放如推而放諸之放謂推廣以成其功也聖人亦善推其所爲而已意與下文二章相應二字本史官稱堯之語後世因以爲堯稱焉欽明文思安安允恭克讓光被四表格于上下此敘堯之德也欽誠

123

123

金履祥編集、路進校輯　通鑒前編十八卷舉要二卷

明刻本。12册，書長20厘米，寬14厘米。

提　要：內有皇明地圖等歷代輿地圖十八幅。
著　録：1、《國立北平圖書館館刊》第五卷第六號，《顧鶴逸藏書目》明版書籍。
2、《中國著名藏書家書目匯刊-近代卷22》頁562，商務印書館，2005年。

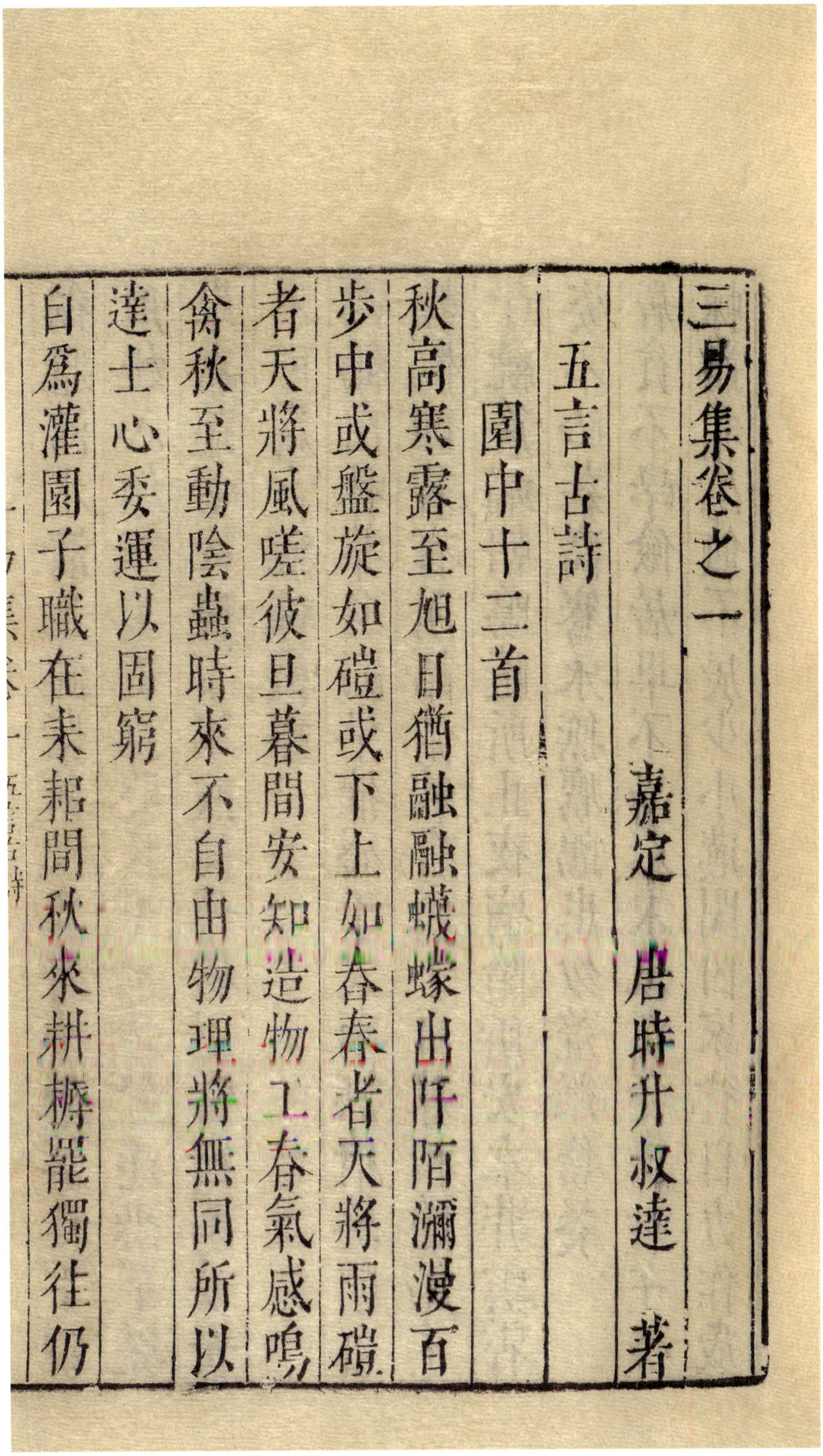
三易集卷之一

嘉定　唐時升叔達　著

五言古詩

園中十二首

秋高寒露至旭日猶融融蟻蠓出阡陌瀰漫百步中或盤旋如磑或下上如舂舂者天將雨磑者天將風嗟彼旦暮間安知造物工春氣感鳴禽秋至動陰蟲時來不自由物理將無同所以達士心委運以固窮

自爲灌園子職在耒耜間秋來耕耨罷獨往仍

124

124

唐時升撰　三易集二十卷

明崇禎間謝三賓刻本。6冊，書長18.2厘米，寬13厘米。

提　要：首有錢謙益、謝三賓序。

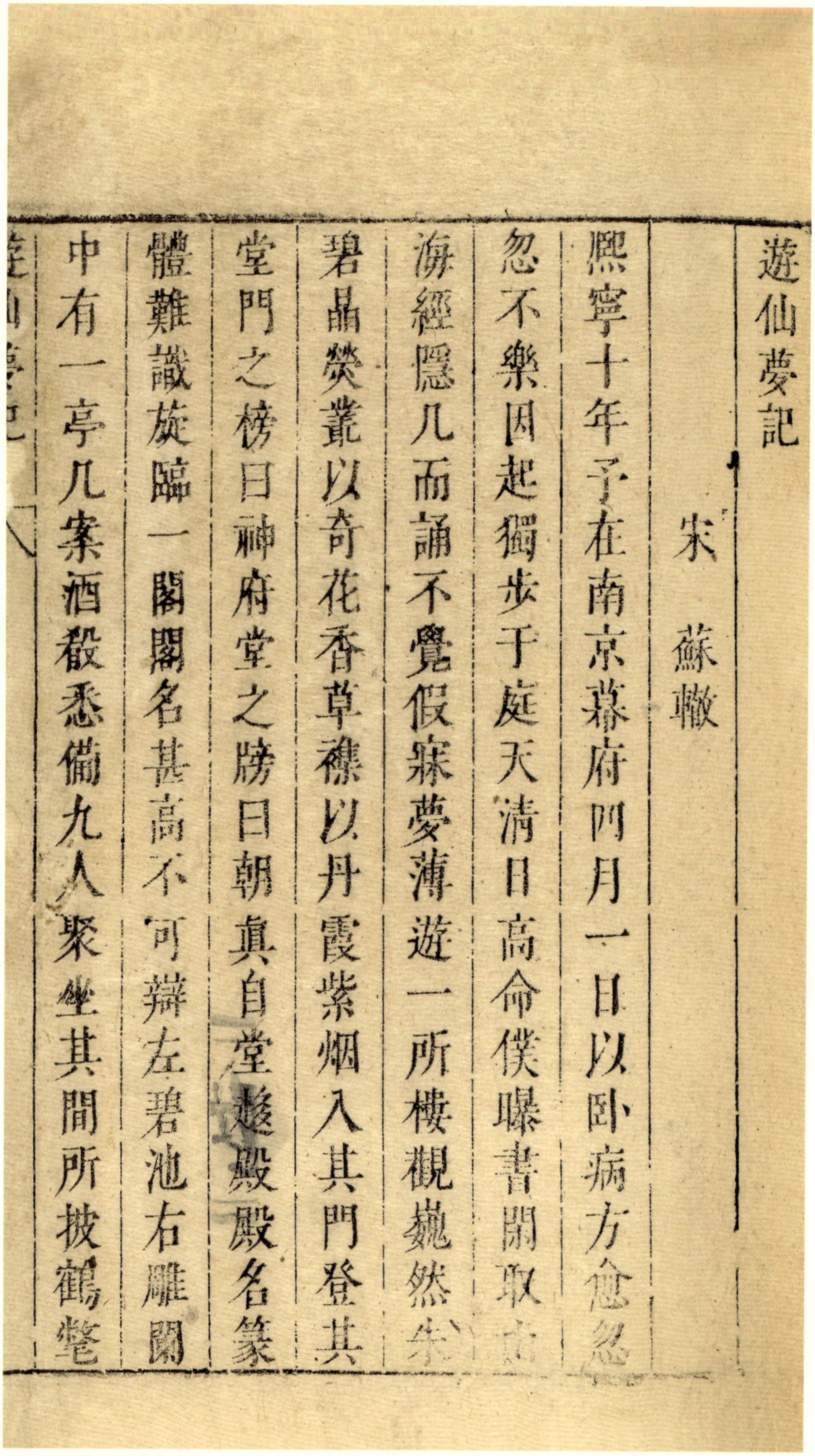

遊仙夢記

宋　蘇轍

熙寧十年予在南京幕府四月一日以卧病方愈忽

忽不樂因起獨步于庭天清日高命僕曝書閑取山

海經隱几而誦不覺假寐夢薄遊一所樓觀巍然朱

碧晶熒叢以奇花香草襍以丹霞紫烟入其門登其

堂門之榜曰神府堂之牓曰朝眞自堂趨殿殿名篆

體難識旋臨一閣閣名甚高不可辯左碧池右雕闌

中有一亭几案酒殽悉備九人聚坐其間所披鶴氅

遊仙夢記

125

125

宋人小說一百帙

明末刻本。16册，書長19.2厘米，寬14.2厘米。

提　要：前序、目録爲補抄。計有陸游《家世舊聞》、錢惟演《玉堂逢辰録》、陳郁《話腴》、方回《虛谷閑抄》、沈括《忘懷録》、洪邁《對雨篇》等。

鑒藏印：鶯湖孫叔來鑒賞書畫記

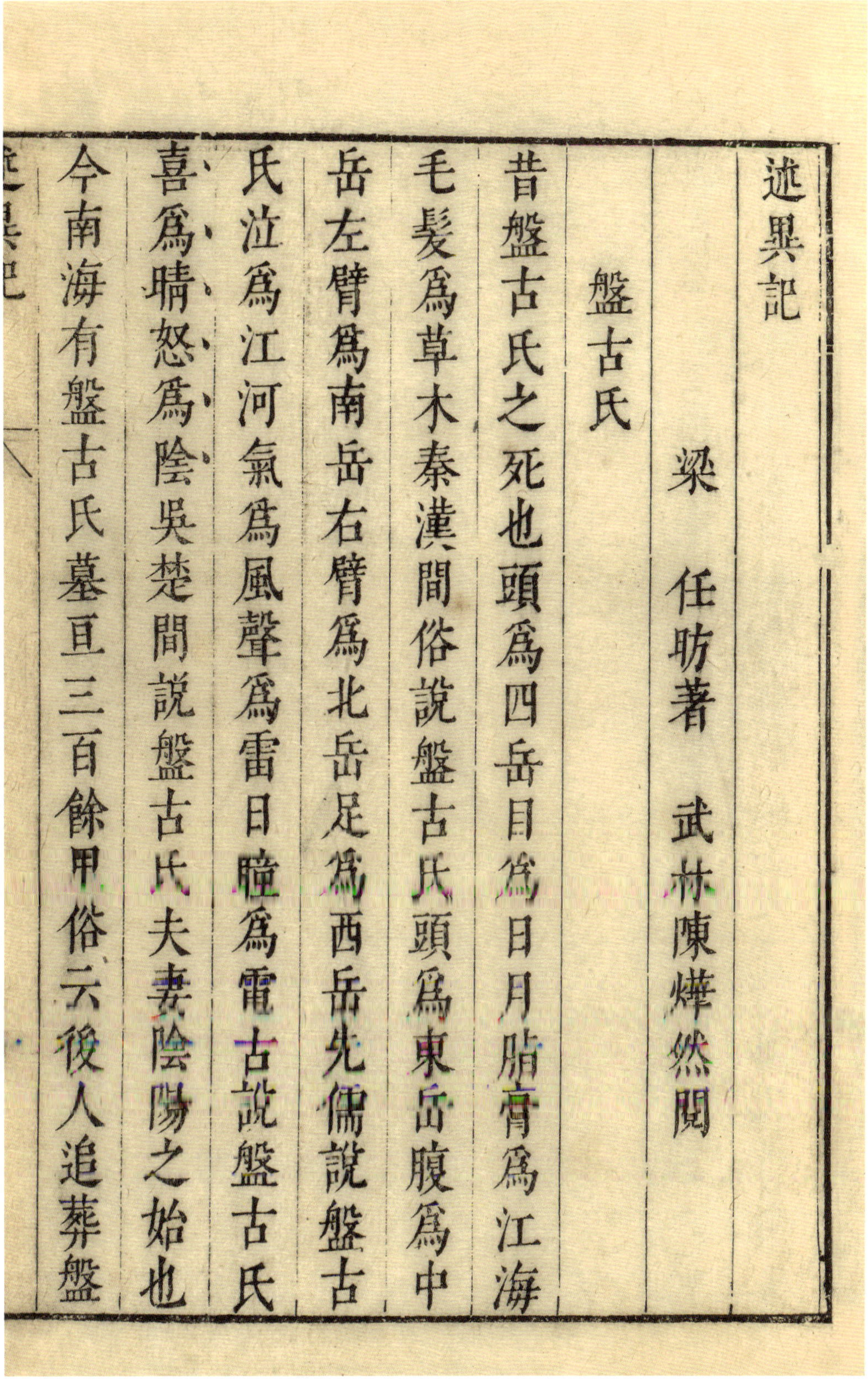
述異記
梁　任昉著　武林陳燁然閲
盤古氏
昔盤古氏之死也頭爲四岳目爲日月脂膏爲江海毛髮爲草木秦漢間俗說盤古氏頭爲東岳腹爲中岳左臂爲南岳右臂爲北岳足爲西岳先儒說盤古氏泣爲江河氣爲風聲爲雷目瞳爲電古說盤古氏喜爲晴怒爲陰吳楚間說盤古氏夫妻陰陽之始也今南海有盤古氏墓亘三百餘里俗云後人追葬盤

126

126

任昉等撰　傳奇七種

明末刻本。2册，書長19.4厘米，寬13.9厘米。

提　要：計有《物怪録》、《東陽夜怪録》、《幽怪録》、《語怪》、《述異記》、《諾皋記》、《彈碁經》。

清前期刻本包括清順治、康熙、雍正三朝。從康熙十九年起，在武英殿刻書，遂有殿本之名。過雲樓藏有康熙五十九年（1720）武英殿刻本《韻府拾遺》一百六卷。另在南方設揚州詩局，由兩淮鹽政、江甯織造曹寅主持編輯《全唐詩》，編成後就在詩局刻版。除《全唐詩》外，還刻了其他若干種書，過雲樓藏《集韻》即爲嘉慶甲戌補刊楝亭五種之一。

清中期刻本包括乾隆、嘉慶、道光、咸豐四朝。乾嘉时期爲考据全盛時代，多校勘古書當時著名的校勘家如盧文弨、顧廣圻等，不僅刊刻自己校過的古書，還幫助其他人校刻。

黄丕烈根據影宋抄本刻的《國語》、根據宋本刻的《戰國策》、根據宋本刻的《儀禮》，都經過顧廣圻的校勘，刻得頗精。這些仿宋仿元本，大多是在南京刻的，由當時有名的刻工劉文奎、劉文楷等劉氏兄弟子侄等承擔，刊刻水準在當時都是一流。過雲樓即藏黄丕烈读未见书斋所刻《国语》、《战国策》。

經過校勘的仿宋元本和方體字本的古書，以及當時學者文士的著作，往往匯刻成爲叢書。清代的叢書，校勘精良。過雲樓藏《唐人五十家集》，便是光緒二十一年（1895）元和江氏靈鶼閣影宋刻本。

清刻本

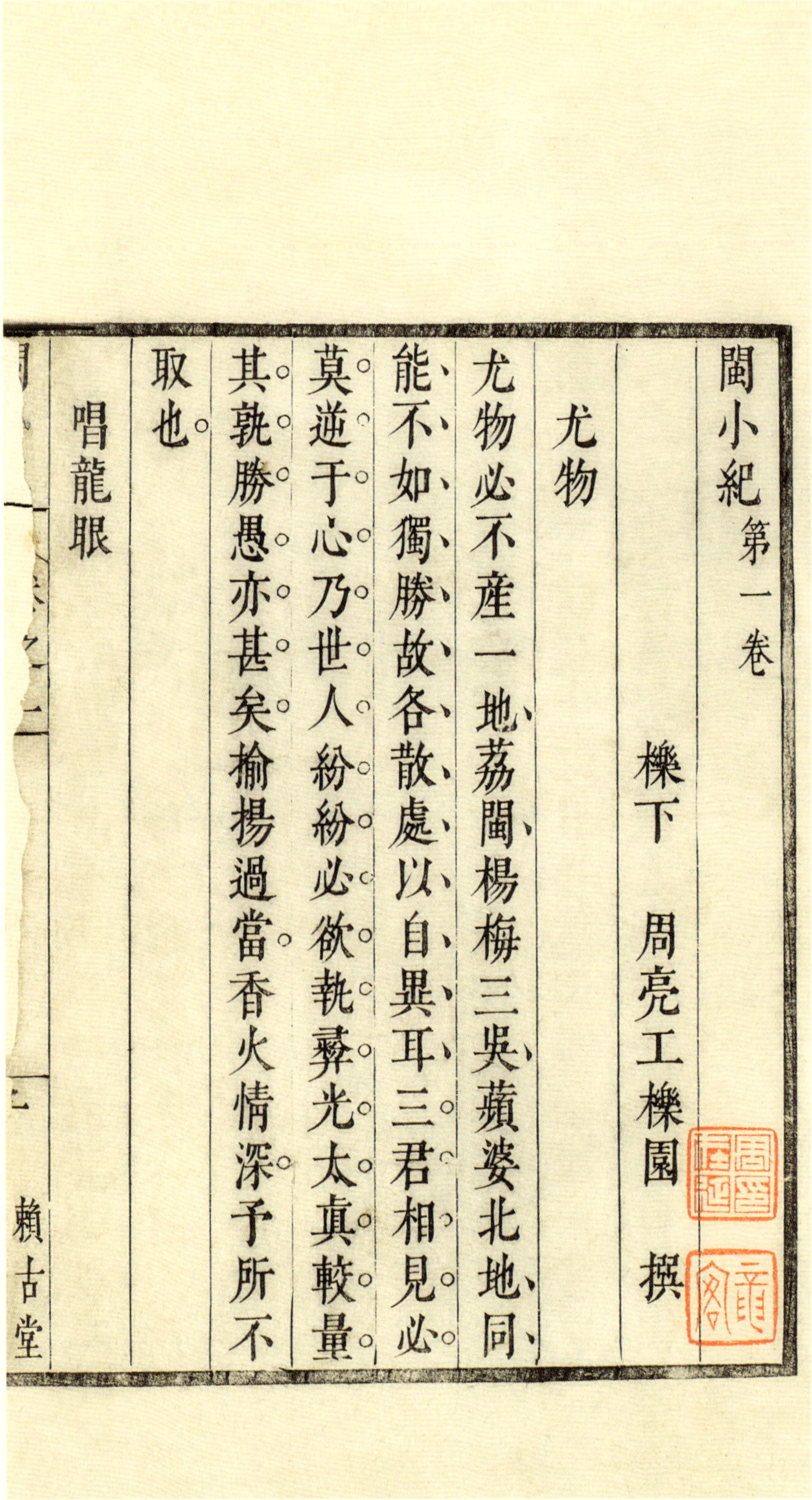

閩小紀第一卷

櫟下 周亮工櫟園 撰

尤物

尤物必不產一地荔閩楊梅三吳蘋婆北地同能不如獨勝故各散處以自異耳三君相見必莫逆于心乃世人紛紛必欲執彝光太真較量其孰勝愚亦甚矣揄揚過當香火情深予所不取也

唱龍眼

賴古堂

127

127

周亮工撰　閩小記四卷

清康熙六年（1667）周氏賴古堂刻本。4册，書長17.6厘米，寬13.5厘米。

提　要：此本書口有“賴古堂”字樣。此書爲周氏賴古堂精刻本。乾隆时，周亮工著作悉遭查毀，流傳遂少；周在延爲周亮工之子，此本爲周家自存之物，更顯珍貴。

鑒藏印：周在延印、龍客

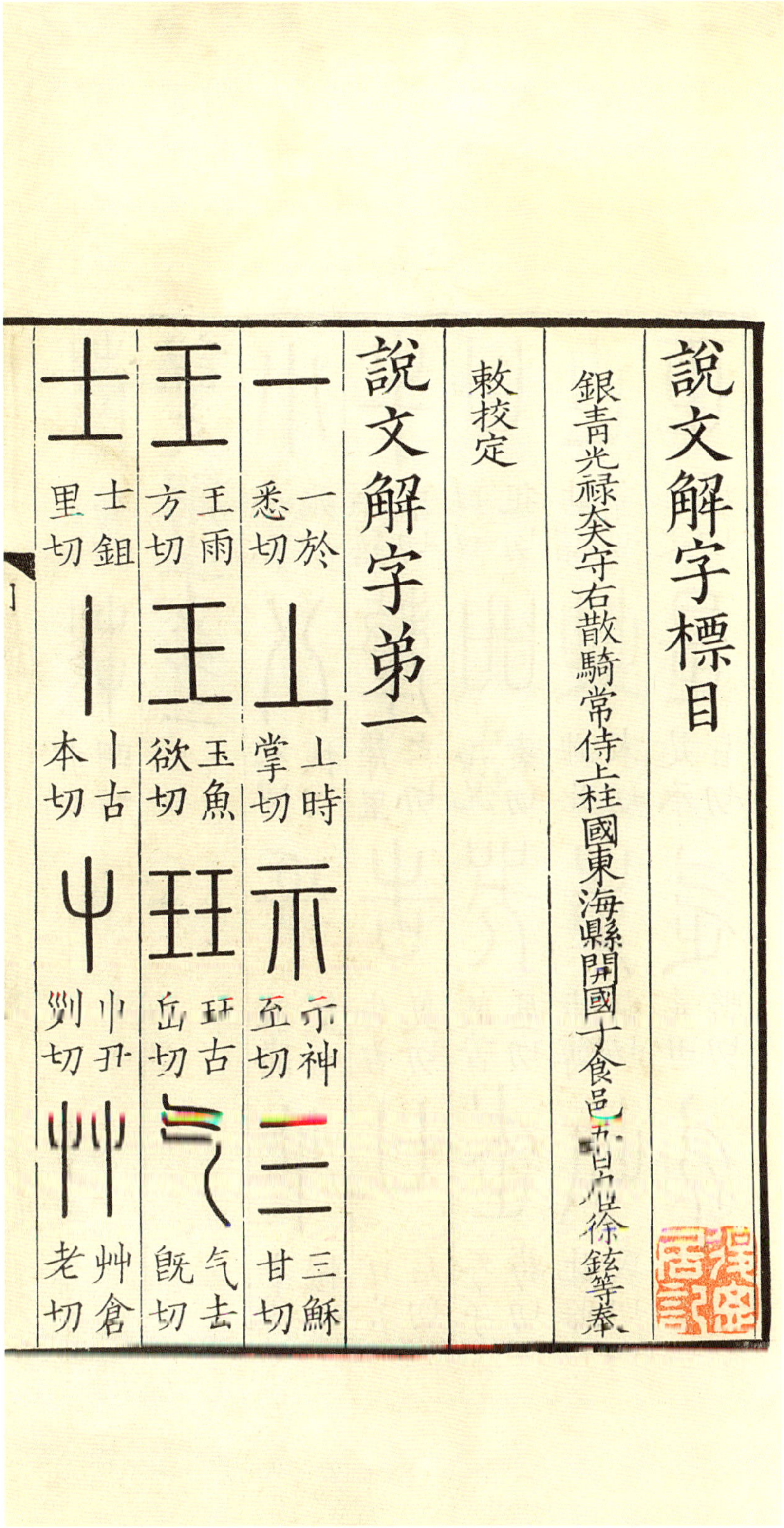
說文解字標目

銀青光祿大夫守右散騎常侍上柱國東海縣開國子食邑五百戶臣徐鉉等奉

敕校定

說文解字弟一

一 於悉切　丄 時掌切　示 神至切　三 穌甘切

王 雨方切　玉 魚欲切　玨 古岳切　气 去既切

士 鉏里切　丨 古本切　屮 丑列切　艸 倉老切

128

128

許慎撰　說文解字三十卷

清初刻本。8册，書長21厘米，寬15.5厘米。

提　要：此本初刻初印，雕版精細，紙白墨濃。

鑒藏印：退思居記

著　録：1、《國立北平圖書館館刊》第五卷第六號，《顧鶴逸藏書目》。

2、《中國著名藏書家書目匯刊–近代卷22》頁592，商務印書館，2005年。

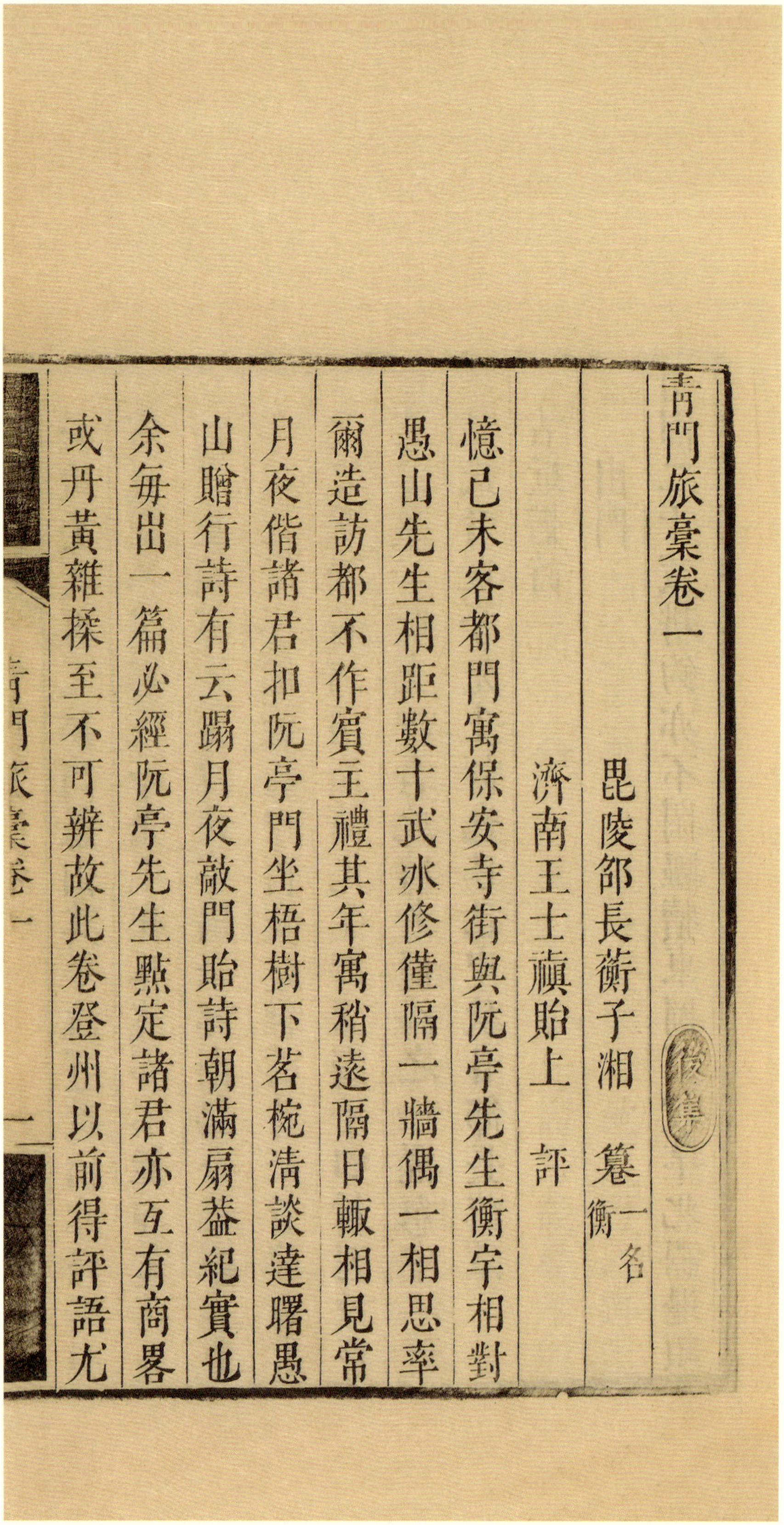
青門旅稾卷一

毘陵邵長蘅子湘 箸 一名衡

濟南王士禛貽上 評

憶己未客都門寓保安寺街與阮亭先生衡宇相對愚山先生相距數十武沭修僅隔一牆偶一相思率爾造訪都不作賓主禮其年寓稍遠隔日輙相見常月夜偕諸君扣阮亭門坐梧樹下茗椀清談達曙愚山贈行詩有云蹋月夜敲門貽詩朝滿扇葢紀實也余每出一篇必經阮亭先生點定諸君亦互有商畧或丹黃雜揉至不可辨故此卷登州以前得評語尤

青門旅稾卷一　一

129

129

邵長蘅撰、王士禛評　邵子湘全集

清康熙十八年（1679）青門草堂刻本。10册，書長18.7厘米，寬14厘米。

提　要：内中篋藁詩文十六卷、旅藁詩文六卷、剩藁詩文八卷。

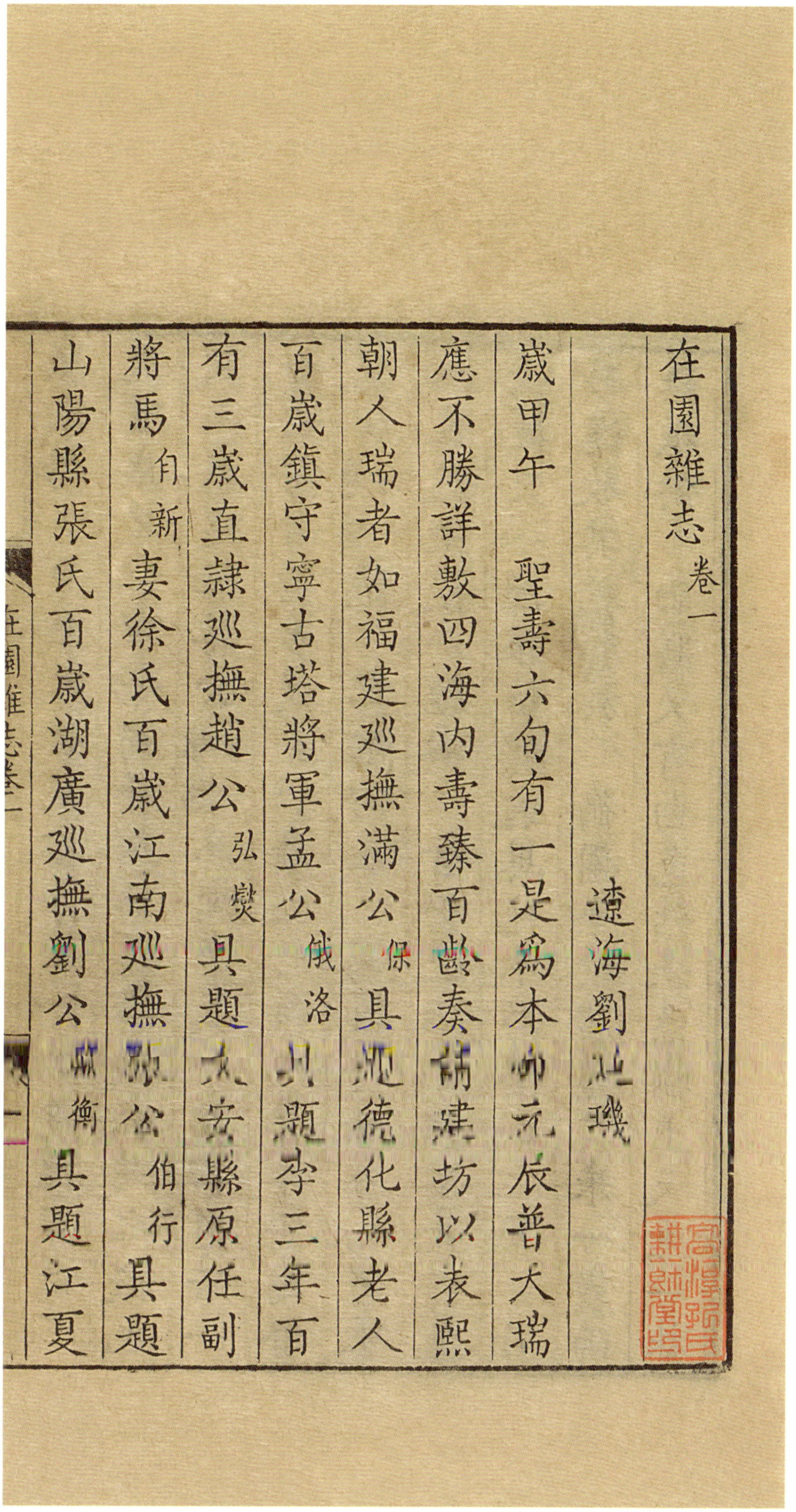
在園雜志卷一
遼海劉廷璣
歲甲午　聖壽六旬有一是爲本命元辰普天瑞
應不勝詳數四海內壽臻百齡奏請建坊以表熙
朝人瑞者如福建巡撫滿公保具題德化縣老人
百歲鎮守寧古塔將軍孟公俄洛具題李三年百
有三歲直隸巡撫趙公弘燮具題文安縣原任副
將馬自新妻徐氏百歲江南巡撫張公伯行具題
山陽縣張氏百歲湖廣巡撫劉公殿衡具題江夏

130

130

劉廷璣撰　在園雜志四卷

清康熙十八年（1679）精刻本。1册，書長17.7厘米，寬12.7厘米。

提　要：此本版刻極精，初刻初印。
鑒藏印：高淳孔氏耕餘堂印

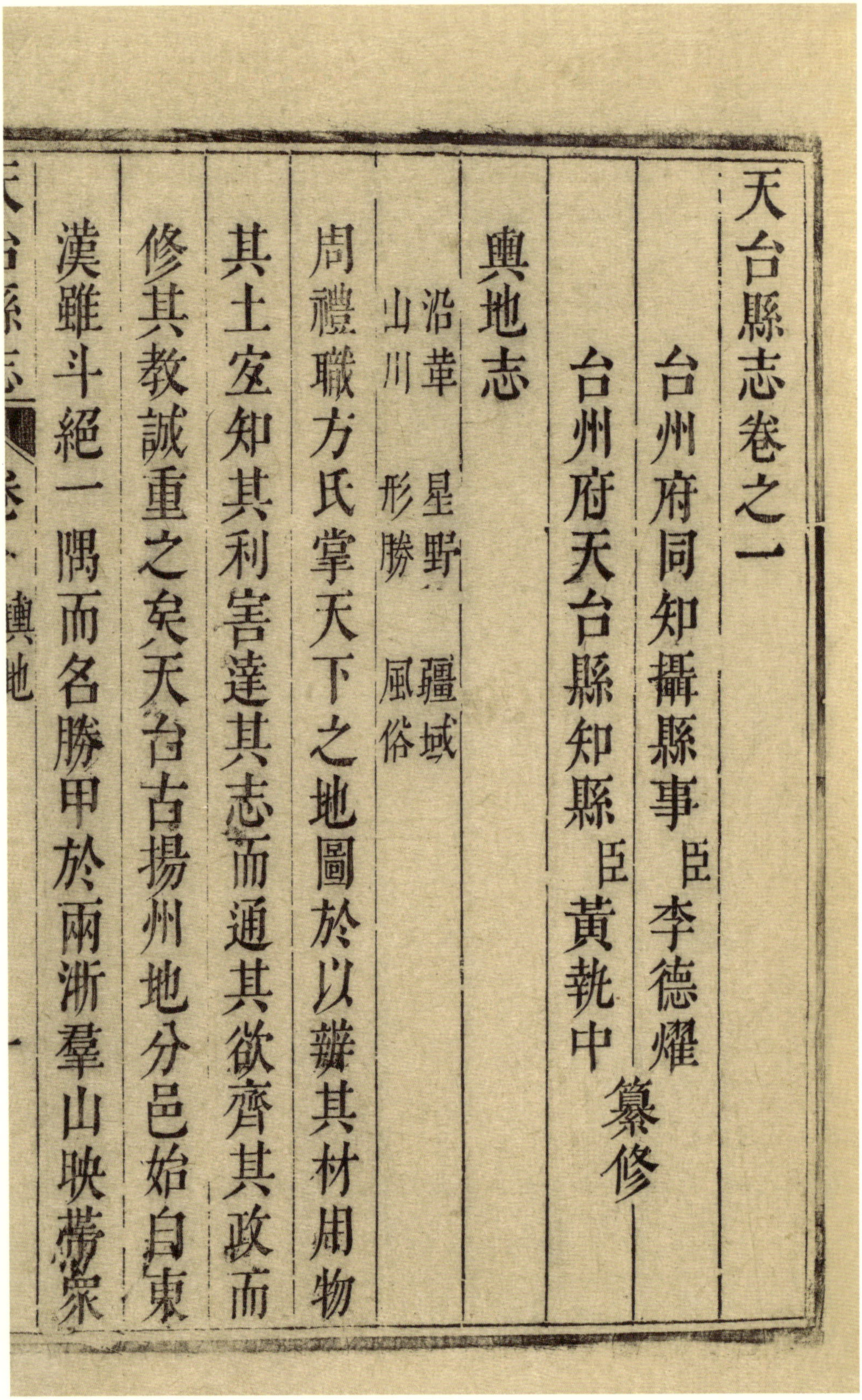
天台縣志卷之一

台州府同知攝縣事臣李德耀

台州府天台縣知縣臣黄執中纂修

輿地志

沿革　星野　疆域

山川　形勝　風俗

周禮職方氏掌天下之地圖於以辨其材用物其土宜知其利害達其志而通其欲齊其政而修其教誠重之矣天台古揚州地分邑始自東漢雖斗絕一隅而名勝甲於兩浙羣山映帶衆

天台縣志　卷一　輿地

131

131

李德耀、黄執中纂修　天台縣志十五卷

清康熙二十三年（1684）刻本。10冊，書長21.5厘米，寬15厘米。

提　要：此《天台縣志》爲稀見方志之一。

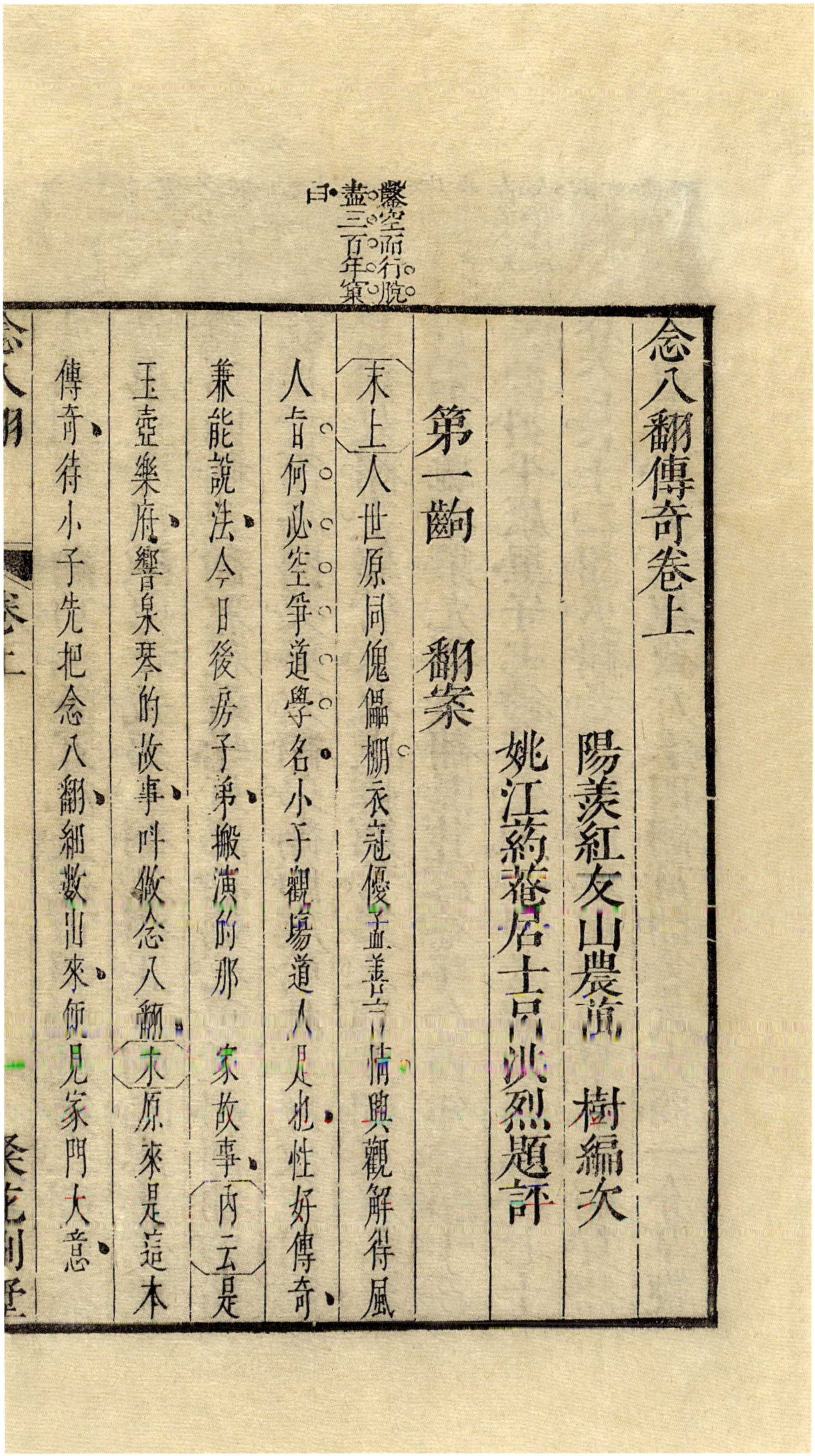

132

132

萬樹撰、吕洪烈評　念八翻傳奇二卷

清康熙二十五年（1686）粲花別墅刻本。2册，書長17.9厘米，寬13厘米。

提　要：此本首留有殘扉頁，書口均有“粲花別墅”字樣，與扉頁題相同。

133

王士禛撰、程哲校編　帶經堂集

清康熙五十年（1711）七略書堂刻本。19册，書長18.5厘米，寬14厘米。

提　要：内含《漁洋詩集》22卷，《續集》16卷，《漁洋文略》14卷，《蠶尾集》10卷，《續集》2卷，《後集》2卷，《南海集》2卷，《雍益集》1卷。

帶經堂集卷十六

歙門人程哲校編

新城王士禛貽上

漁洋詩十六 甲辰稿

陳生行戲送其年歸陽羨

陳生陳生爾既不能入淵斬長蛟又不能登山射猛虎復不能亾賴作横苦鄉里十載哦詩守環堵徙抱輪囷一片心藜藿齟齬相枝拄昨日渡江來今復渡江歸運租船上苦憔悴風高浪湧横江磯朝來寄我新詞句明月無情蟬鬢去五湖歸去伴漁竿楓岸蘆汀不知處季鷹鱸鱠思江東我亦年

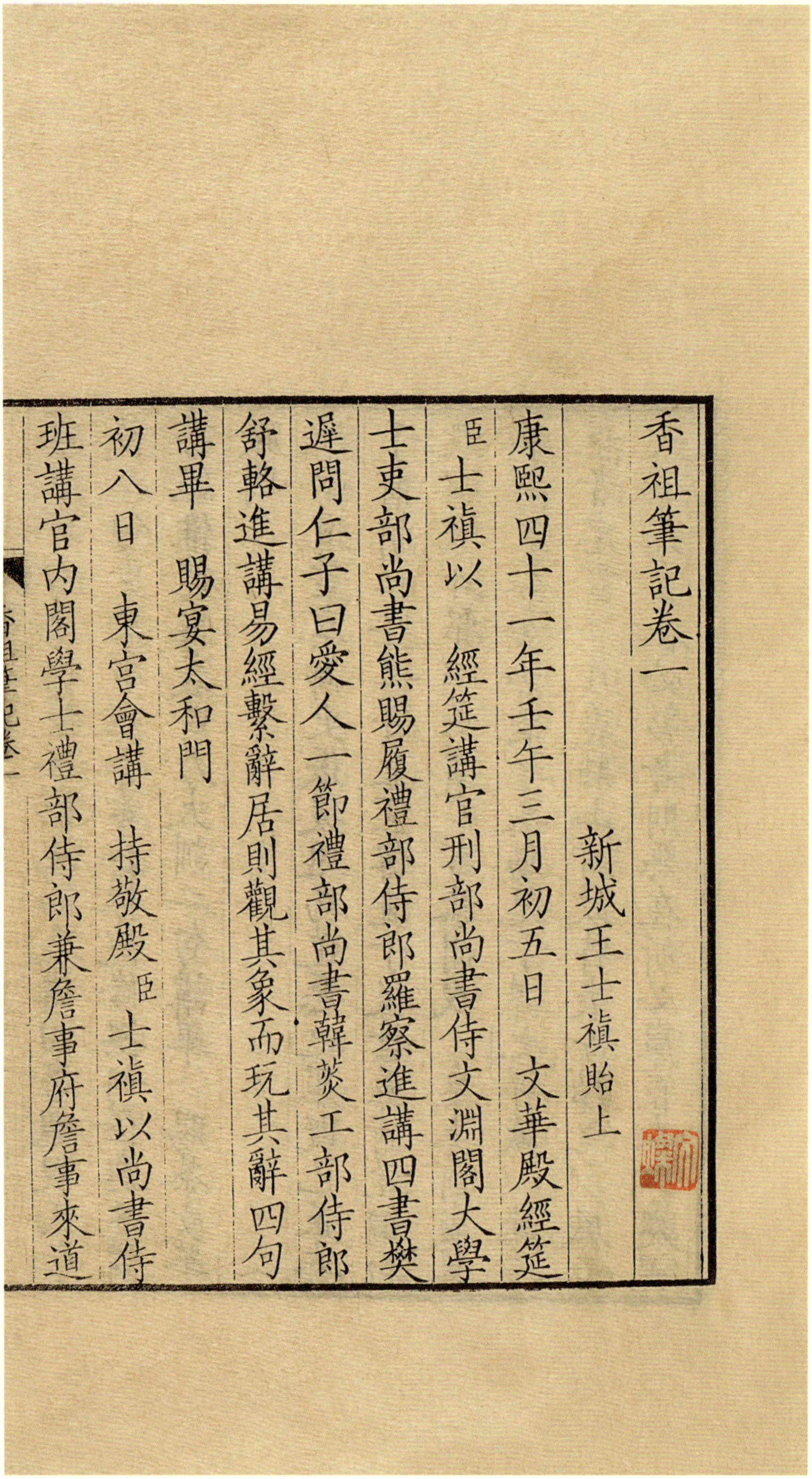

香祖筆記卷一

新城王士禛貽上

康熙四十一年壬午三月初五日　文華殿經筵

臣士禛以　經筵講官刑部尚書侍文淵閣大學

士吏部尚書熊賜履禮部侍郎羅察進講四書樊

遲問仁子曰愛人一節禮部尚書韓菼工部侍郎

舒輅進講易經繫辭居則觀其象而玩其辭四句

講畢　賜宴太和門

初八日　東宮會講　持敬殿臣士禛以尚書侍

班講官內閣學士禮部侍郎兼詹事府詹事來道

香祖筆記卷一

134

134

王士禛撰　香祖筆記十二卷

清康熙三十年（1765）精刻本。2冊，書長16.2厘米，寬13.2厘米。

提　要：是書包羅廣泛，既有典章制度，也有詩文評論；既考辨史事，又網羅軼聞；名山物産，醫藥方劑，亦在記載之列。而人物故事，歷史軼聞，則是整個明清志人小説的一部分。

鑒藏印：邵文燦印、文燦、谎章

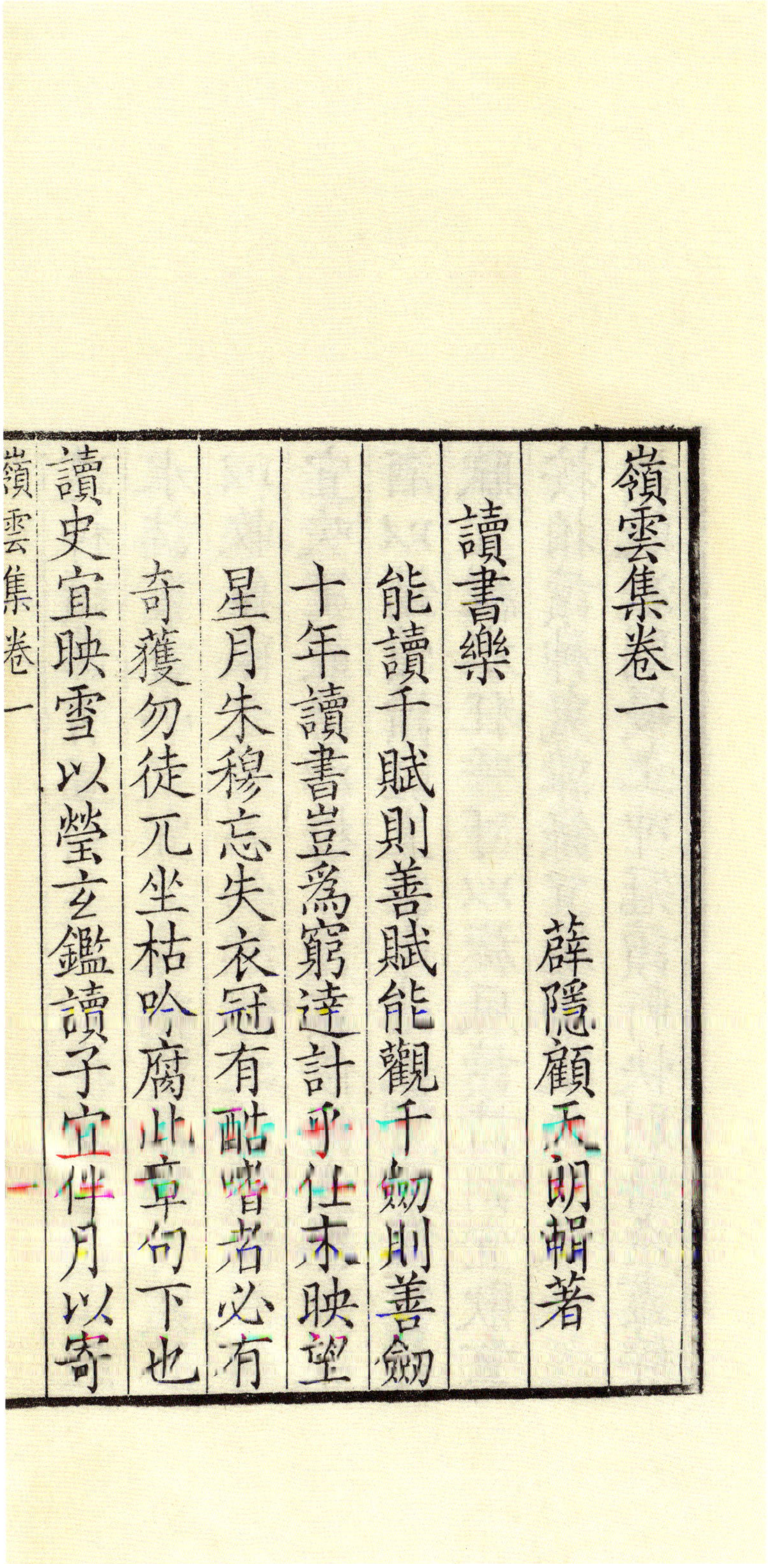

嶺雲集卷一

薛隱顧天朗輯著

讀書樂

能讀千賦則善賦能觀千劒則善劒

十年讀書豈爲窮達計乎仕未映望

星月朱穆忘失衣冠有酷嗜者必有

奇獲勿徒兀坐枯吟腐此章句下也

讀史宜映雪以瑩玄鑑讀子宜伴月以寄

嶺雲集卷一

135

135

顧天朗輯著　嶺雲集六卷

清康熙五十六年（1717）清輝堂精刻本。3册，書長11.9厘米，寬8.8厘米。

提　要：前有康熙丁酉張映葵、周棫序。
鑒藏印：見南山房、孝靖遺芳

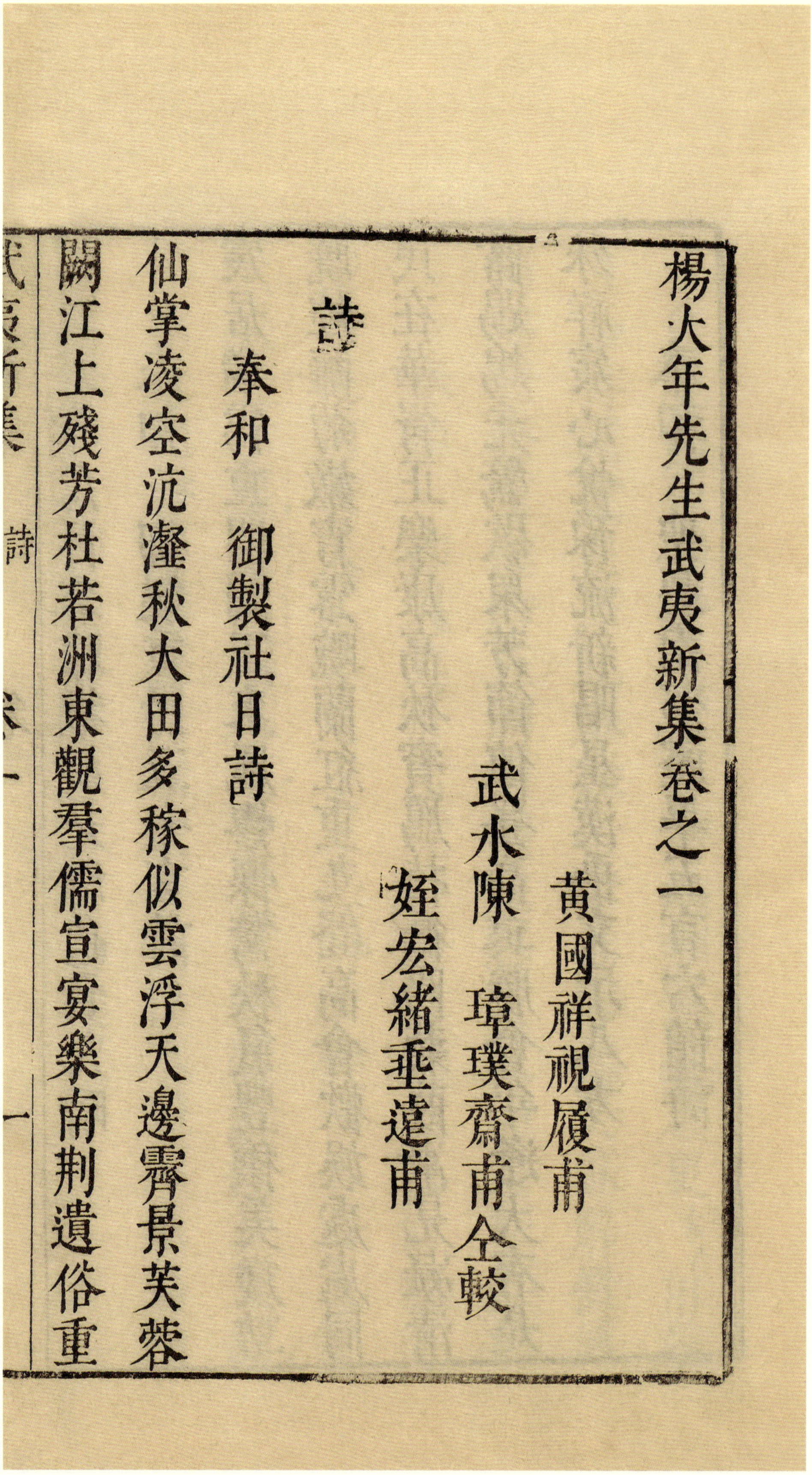
楊大年先生武夷新集卷之一

黃國祥視履甫

武水陳　璋璞齋甫仝較

姪宏緒垂遠甫

詩

奉和　御製社日詩

仙掌凌空沆瀣秋大田多稼似雲浮天邊霽景芙蓉

闕江上殘芳杜若洲東觀羣儒宣宴樂南荆遺俗重

武夷新集　詩　卷一　一

136

136

楊億撰　武夷新集二十卷

清康熙四十四年（1705）仁安堂刻本。8册，書長20厘米，寬13厘米。

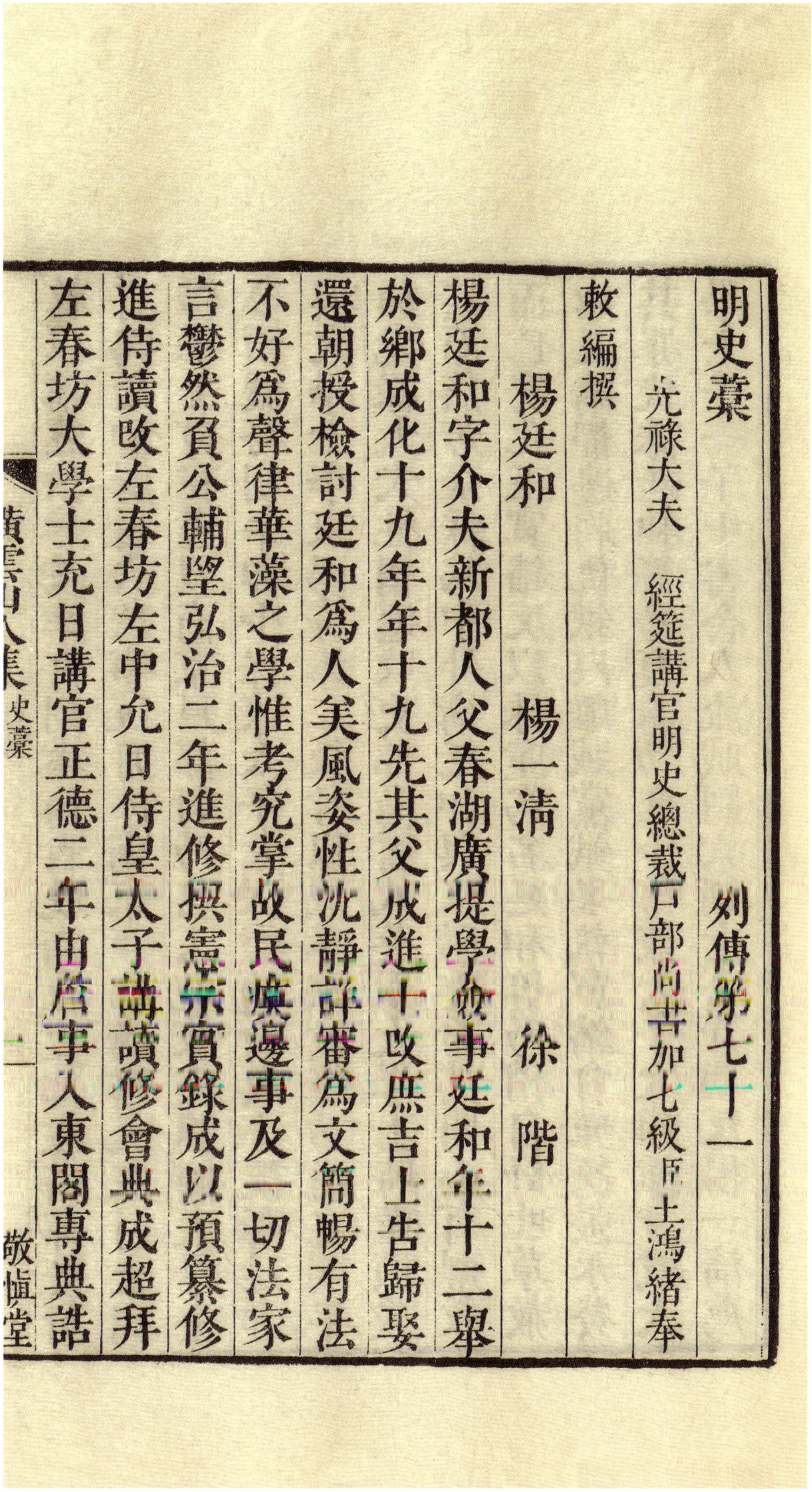
明史藁　列傳第七十一

光祿大夫　經筵講官明史總裁戶部尚書加七級臣王鴻緒奉

敕編撰

楊廷和　楊一清　徐階

楊廷和字介夫新都人父春湖廣提學僉事廷和年十二舉於鄉成化十九年年十九先其父成進士改庶吉士告歸娶還朝授檢討廷和爲人美風姿性沉靜詳審爲文簡暢有法不好爲聲律華藻之學惟考究掌故民瘼邊事及一切法家言鬱然負公輔望弘治二年進修撰憲宗實錄成以預纂修進侍讀改左春坊左中允日侍皇太子講讀修會典成超拜左春坊大學士充日講官正德二年由詹事入東閣專典誥

橫雲山人集　史藁　二　敬慎堂

137

137

王鴻緒奉敕編撰　明史稿二百六十一卷

清雍正元年（1723）敬慎堂刻本。120册，書長19.8厘米，寬14.5厘米。

張廷玉等奉敕輯　韵府拾遺一百六卷

清康熙五十九年（1720）武英殿刻本。20册，書長16.8厘米，寬11.2厘米。

著　録：1、《國立北平圖書館館刊》第五卷第六號，《顧鶴逸藏書目》清朝精印本。
2、《中國著名藏書家書目匯刊·近代卷22》頁585，商務印書館，2005年。

韻府拾遺卷一

上平聲　一東韻

東〔唐韻〕〔正韻〕德紅切〔集韻〕〔韻會〕都籠切並音蝀

補藻

北東〔書〕導沇水又丨丨入于海〔漢書地理志註〕師古曰丨折而丨也〔遼史地理志〕淶流河自西北南流遶京三面東入于曲江其丨丨流爲按出河

角東〔詩序〕情發于聲〔疏〕五聲之配五方丨丨商西徵南羽北宮中央

沬東〔詩〕爰采葑矣丨之丨矣〔按〕沬衛邑

豐東〔詩〕丨水丨注〔箋〕豐邑在豐水之西鎬京在丨水之丨

衛東〔詩〕式微〔箋〕黎國在衛西今所寓在丨丨

秦東〔詩〕渭陽〔疏〕雍在渭南水北日陽晉在丨丨行必渡渭

洛東〔詩〕鄭國譜〔疏〕濟西丨丨河南潁北是四水之間其子男之國有十唯號鄶爲大又雒同〔史記鄭世家〕桓公東徙其民雒東而號鄶果獻十邑竟國之

出東〔禮記〕日丨于丨月生于西〔漢書天文志〕太白當期而出其國昌丨丨爲東方入爲北方出西爲西方入爲南方

日東〔周禮地官大司徒〕以土圭之法測土深正地景以求地中丨丨則景夕多風日西則景朝多陰

薦東〔儀禮士冠禮〕冠者升筵坐左執爵右祭脯醢祭酒興筵末坐啐酒降筵拜賓荅拜冠者奠爵于丨丨立于筵西〔唐書禮樂志〕皇帝帨手取觶以柶祭醴啐醴建柶奠觶于丨丨

寢東〔儀禮燕禮〕膳宰具官饌于丨丨

几東〔儀禮士昏禮〕婦拜扱地坐奠菜于丨丨席上還又拜如初

尊東〔儀禮鄉射禮〕主人揖讓以大夫

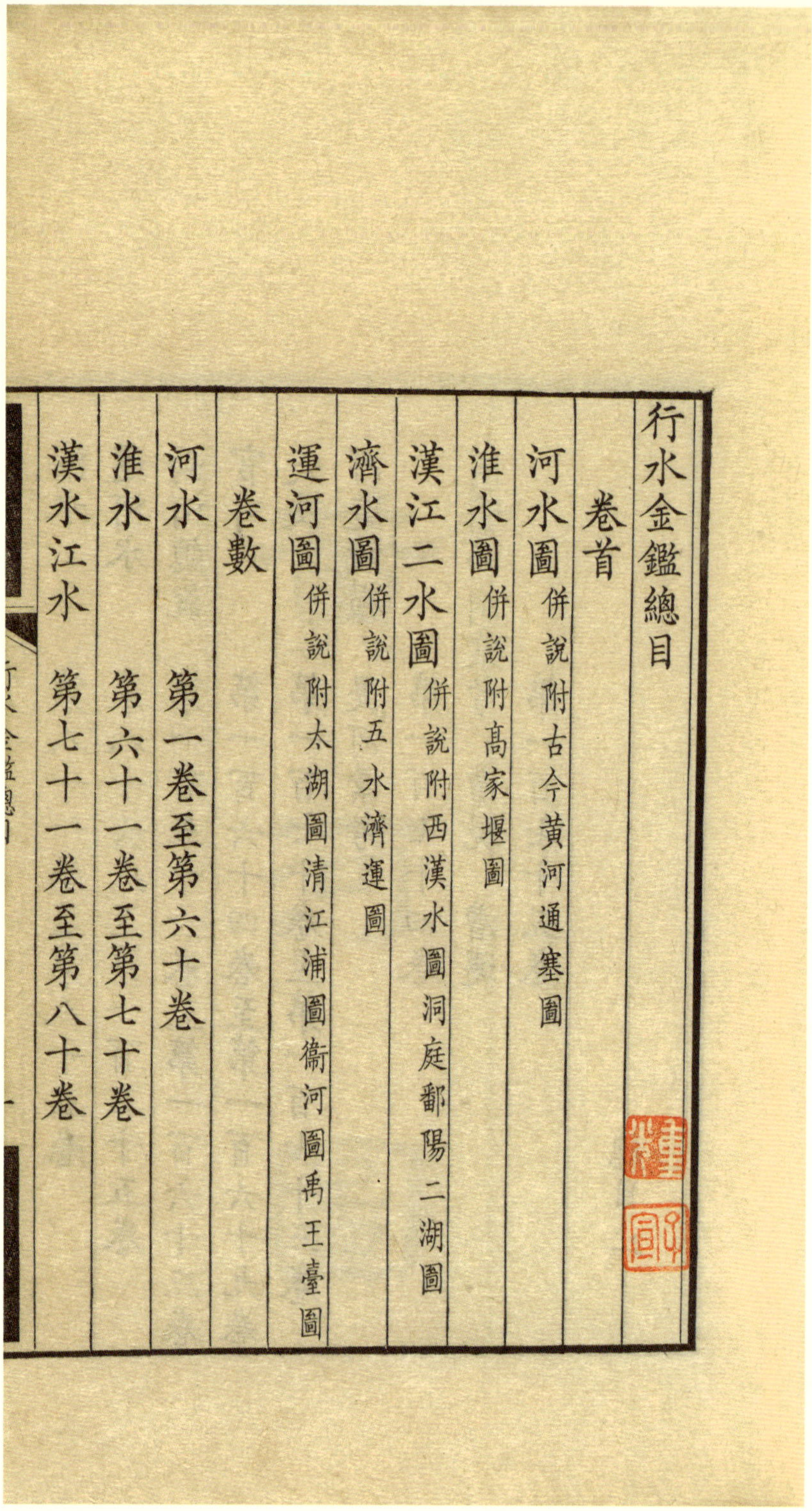
行水金鑑總目

卷首

河水圖 併說附古今黃河通塞圖

淮水圖 併說附高家堰圖

漢江二水圖 併說附西漢水圖洞庭鄱陽二湖圖

濟水圖 併說附五水濟運圖

運河圖 併說附太湖圖清江浦圖衞河圖禹王臺圖

卷數

河水 第一卷至第六十卷

淮水 第六十一卷至第七十卷

漢水江水 第七十一卷至第八十卷

139

139

傅澤洪撰　行水金鑒一百七十五卷

清雍正三年（1725）淮陽官舍精刻本。18册，書長18.3厘米，寬13.4厘米。

提　要：此書版刻精美，版畫精細，初刻初印，爲清代精刻本，上品之作。有沈秉成"鰈硯廬"藏書簽。

鑒藏印：重光、子宣

著　録：1、《國立北平圖書館館刊》第五卷第六號，《顧鶴逸藏書目》清朝精印本。

2、《中國著名藏書家書目匯刊–近代卷22》頁582，商務印書館，2005年。

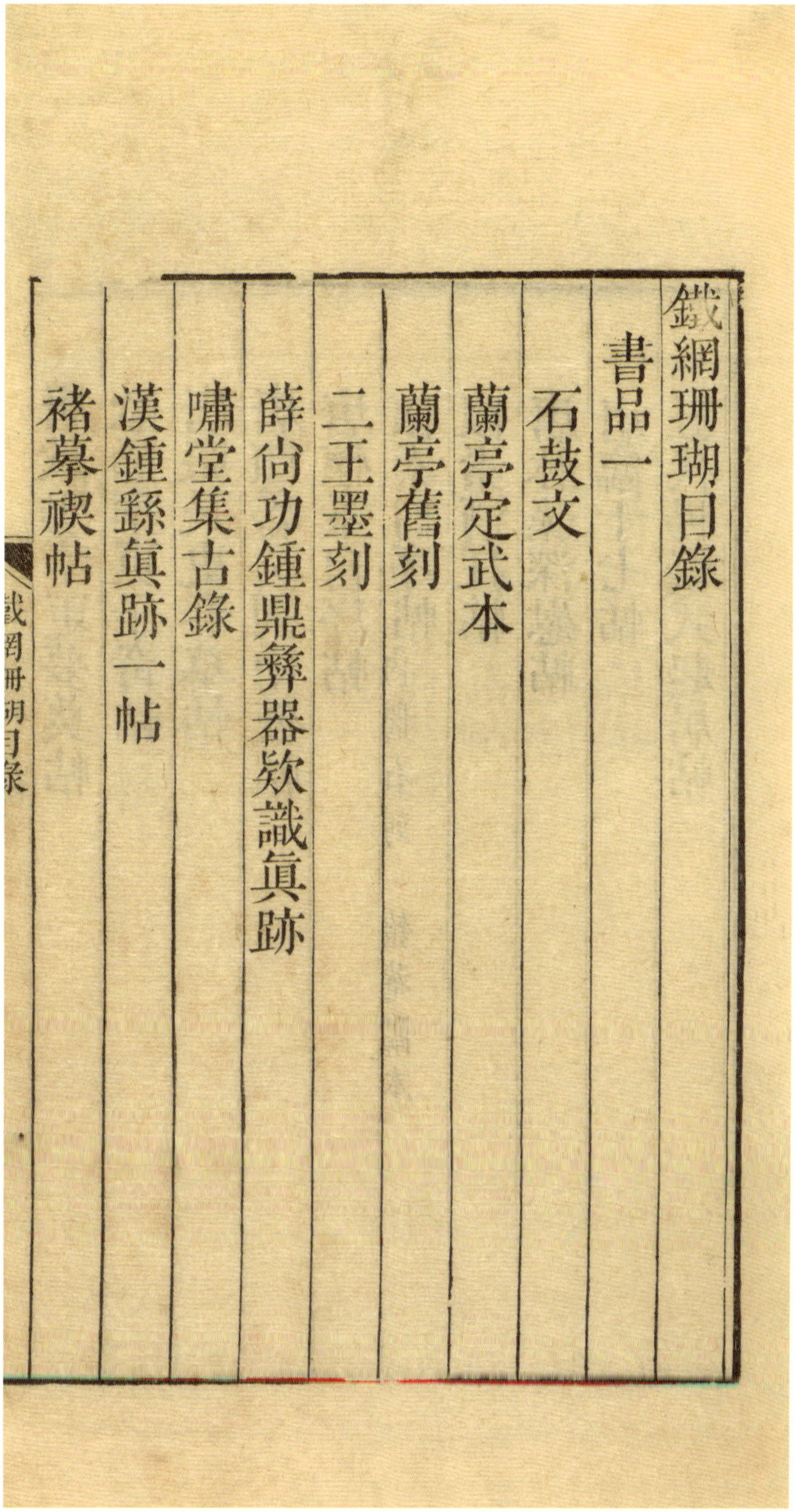
鐵網珊瑚目錄
書品一
石鼓文
蘭亭定武本
蘭亭舊刻
二王墨刻
薛尚功鍾鼎彝器欵識眞跡
嘯堂集古錄
漢鍾繇眞跡一帖
褚摹禊帖
鐵網珊瑚目錄

140

140

朱存理撰　鐵網珊瑚十六卷

清雍正六年（1728）年希堯澄鑒堂刻本。12册，書長20.6厘米，寬14.5厘米。

提　要：其中書品六卷、畫品十卷。顧公碩題書衣。封面鎸“欣賞齋原編”、“鐵網珊瑚”。書末有萬曆二十八年(1600)趙琦美跋言補輯事，雍正六年年希堯跋言刻書事。

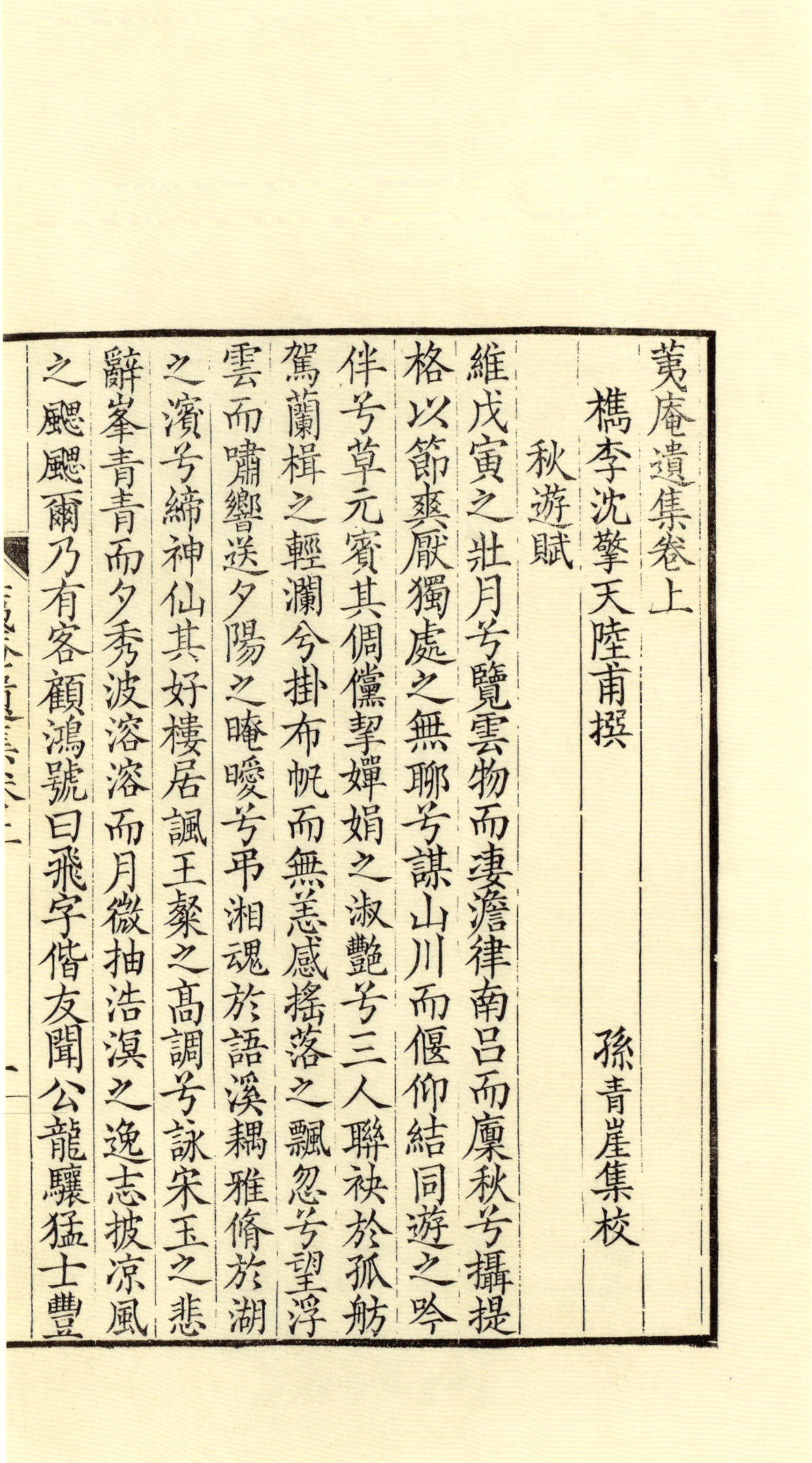
蒐庵遺集卷上
檇李沈摯天陸甫撰　孫青崖集校
秋遊賦
維戊寅之壯月兮覽雲物而淒澹律南呂而廪秋兮攝提
格以節爽厭獨處之無聊兮謀山川而偃仰結同遊之吟
伴兮草元賓其倜儻挈嬋娟之淑艷兮三人聯袂於孤舫
駕蘭楫之輕瀾兮掛布帆而無恙感搖落之飄忽兮望浮
雲而嘯嚮送夕陽之晻曖兮弔湘魂於語溪耦雅脩於湖
之濱兮締神仙其好樓居諷王粲之高調兮詠宋玉之悲
辭峯青青而夕秀波溶溶而月微抽浩溟之逸志披涼風
之颸颸爾乃有客顧鴻號曰飛字偕友聞公龍驤猛士豊

141

141

沈摯撰、沈青崖集校　蒐庵遺集二卷附録一卷

清雍正十一年（1733）精刻本。2册，書長19厘米，寬13.6厘米。

提　要：《蒐庵遺集》著録於《北京圖書館古籍善本書目》。

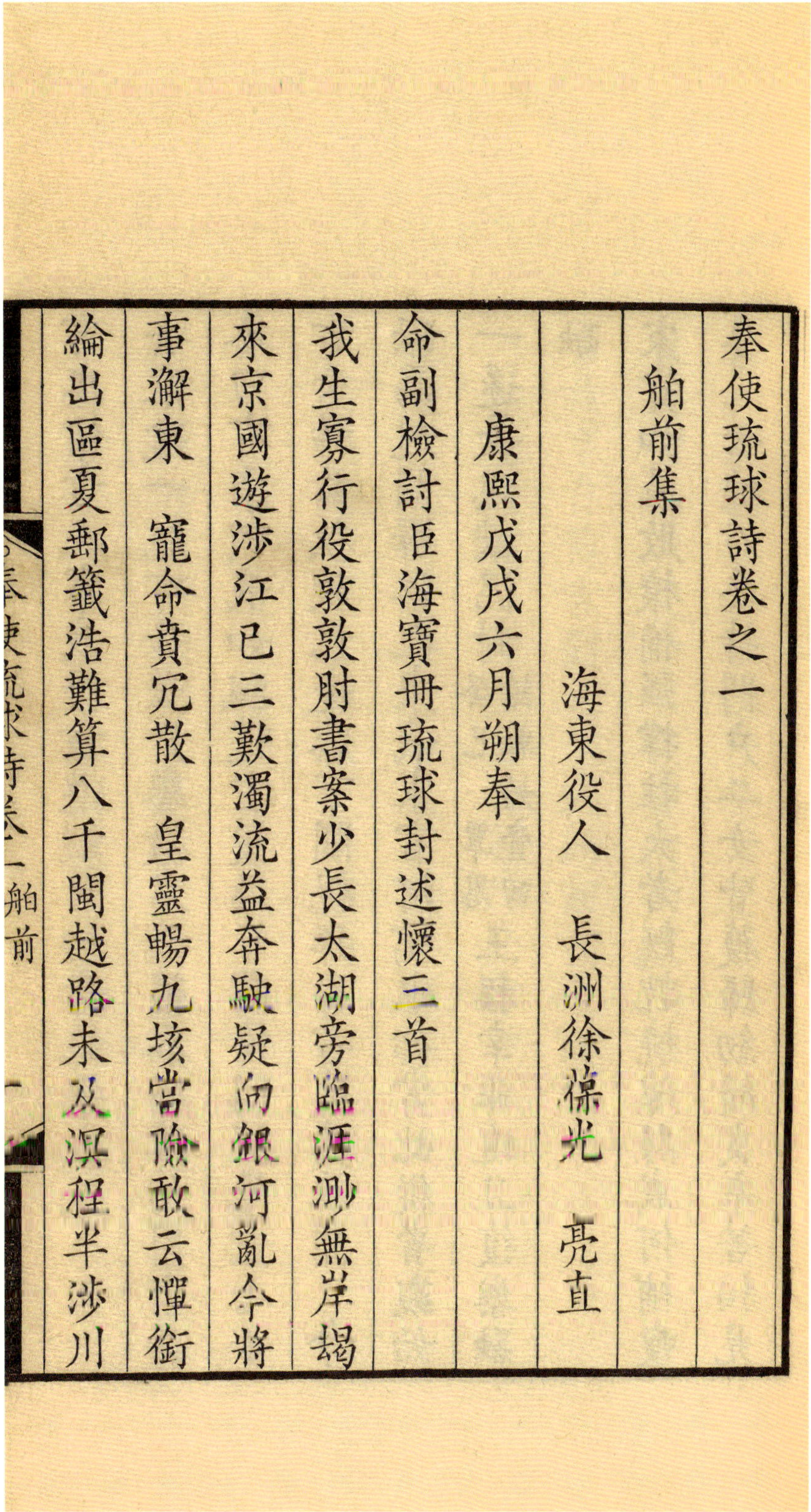

奉使琉球詩卷之一

舶前集

海東役人　長洲徐葆光　亮直

康熙戊戌六月朔奉

命副檢討臣海寶冊琉球封述懷三首

我生寡行役敦敦肘書案少長太湖旁臨涯渺無岸揭
來京國遊涉江已三歎濁流益奔駛疑向銀河亂今將
事瀛東　寵命賁冗散　皇靈暢九垓當險敢云憚銜
綸出區夏郵籤浩難算八千閩越路未及溟程半涉川

142

142

徐葆光撰　奉使琉球詩

清雍正十一年（1733）精刻本。1册，書長18.9厘米，寬14.4厘米。

提　要：此本爲徐葆光奉節出使琉球，爲有關琉球之重要史料。
鑒藏印：松陵史崙莊藏
著　録：1、《國立北平圖書館館刊》第五卷、第六號，《顧鶴逸藏書目》清朝精印本，稱爲海舶三集。
　　　　2、《中國著名藏書家書目匯刊–近代卷22》頁577，商務印書館，2005年。

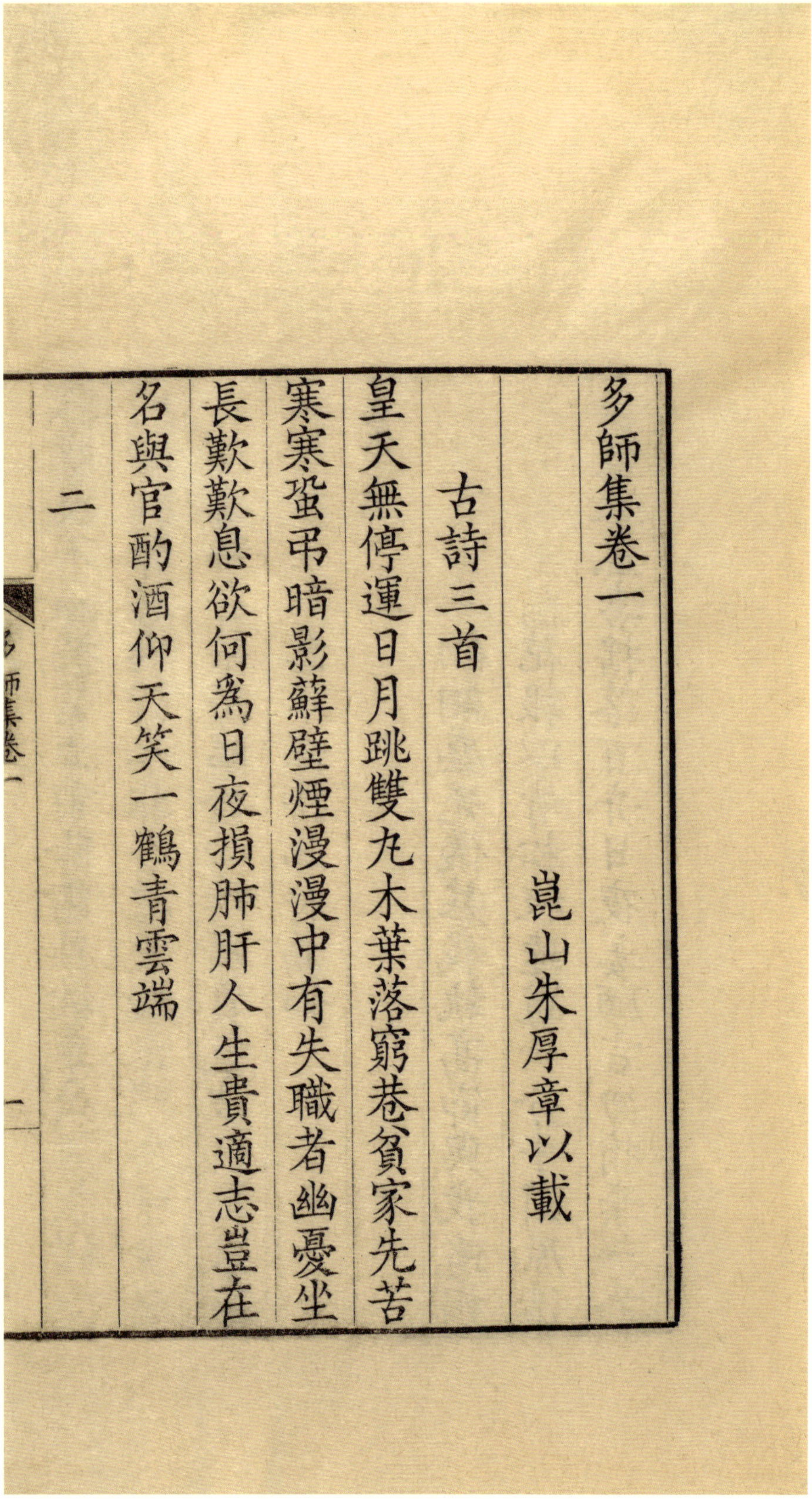
多師集卷一

崑山朱厚章以載

古詩三首

皇天無停運日月跳雙丸木葉落窮巷貧家先苦寒寒蛩弔暗影蘚壁煙漫漫中有失職者幽憂坐長歎歎息欲何爲日夜損肺肝人生貴適志豈在名與官酌酒仰天笑一鶴青雲端

二

多師集卷一　一

143

143

朱厚章撰　多師集八卷

清乾隆四年（1739）精刻本。2册，書長17厘米，寬12.5厘米。

提　要：此本雕版極精，堪與康雍相比，初刻初印。前有雍正三年張雲章，乾隆四年張鵬翀，乾隆六年沈德潛序。

備　注：朱厚章，字以載，昆山人，寓居嘉定。

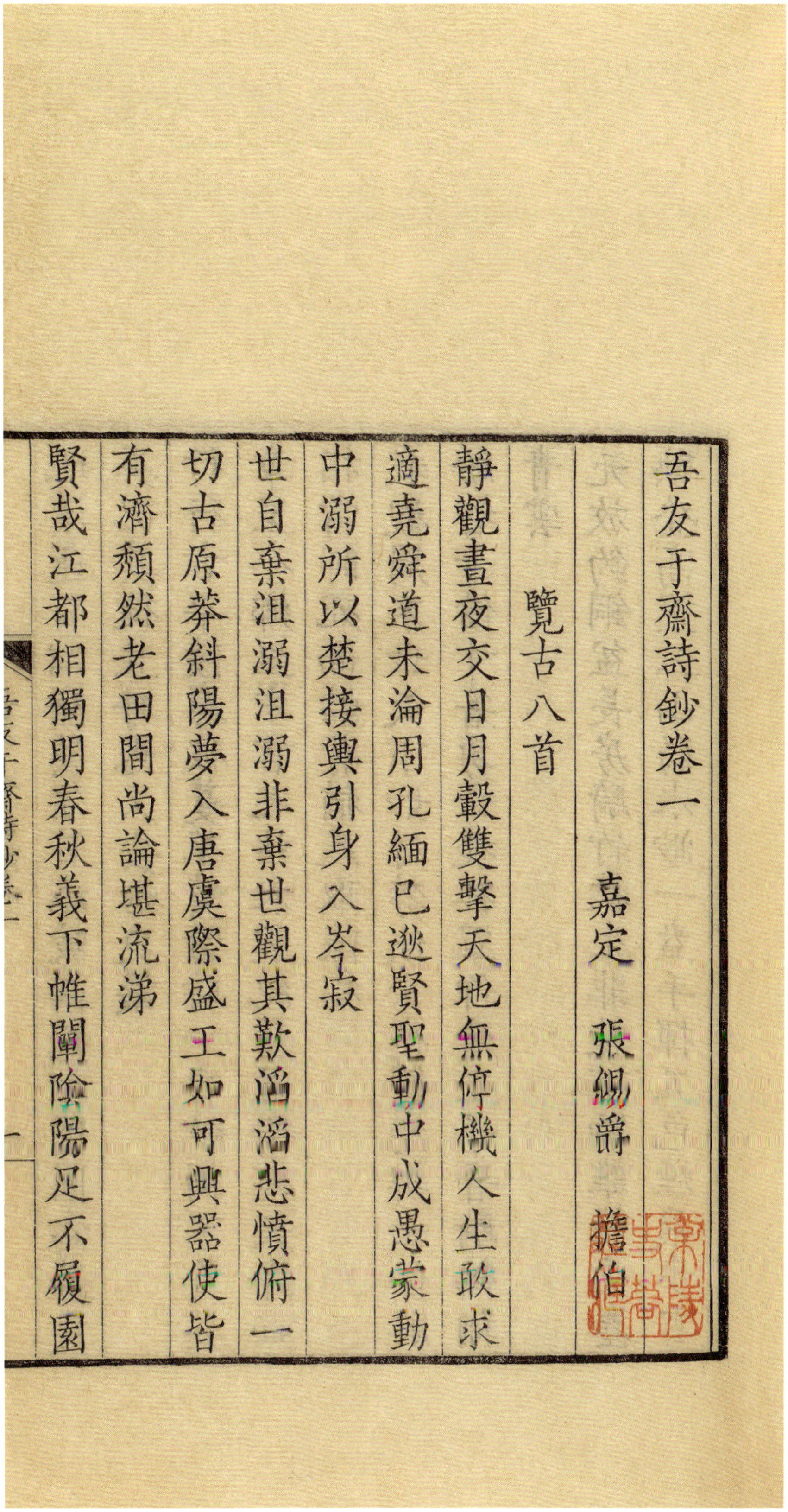
吾友于齋詩鈔卷一

嘉定　張錫爵　擔伯

覽古八首

靜觀晝夜交日月轂雙擊天地無停機人生敢求適堯舜道未淪周孔緬已逖賢聖動中成愚蒙動中溺所以楚接輿引身入岑寂

世自棄沮溺沮溺非棄世觀其歎滔滔悲憤俯一切古原莽斜陽夢入唐虞際盛王如可興器使皆有濟頹然老田間尚論堪流涕

賢哉江都相獨明春秋義下帷闢陰陽足不履園

144

144

張錫爵撰　吾友於齋詩鈔十二卷

清乾隆五年（1740）精刻本。2册，書長17厘米，寬13.7厘米。

提　要：此本雕版精致，爲清中精刻佳品。

鑒藏印：松陵史蓉莊收藏

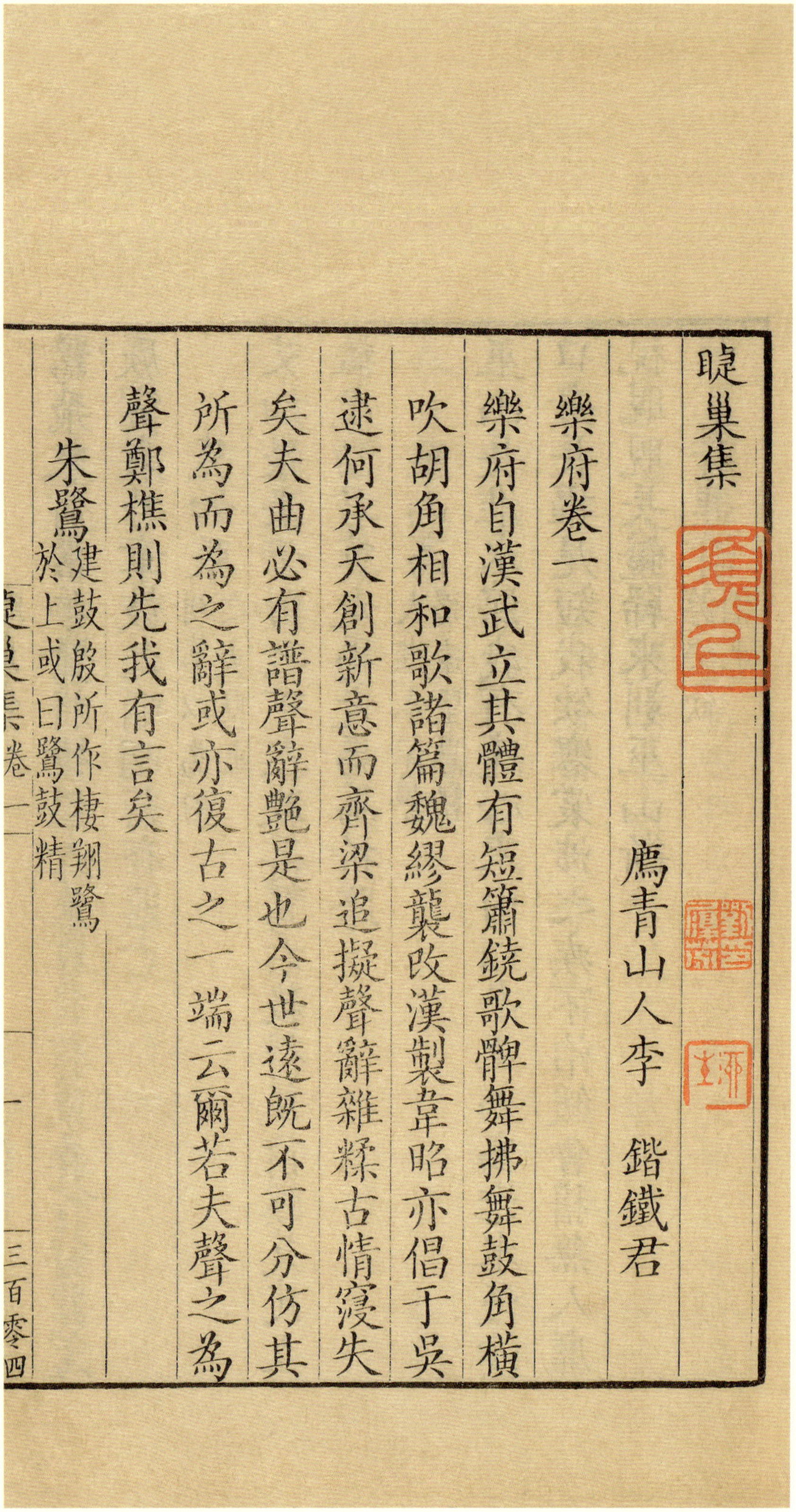
睫巢集

鷹青山人李　鍇鐵君

樂府卷一

樂府自漢武立其體有短簫鐃歌鞞舞拂舞鼓角橫
吹胡角相和歌諸篇魏繆襲改漢製韋昭亦倡于吳
逮何承天創新意而齊梁追擬聲辭雜糅古情寖失
矣夫曲必有譜聲辭艷是也今世遠旣不可分仿其
所為而為之辭或亦復古之一端云爾若夫聲之為
聲鄭樵則先我有言矣

朱鷺 建鼓殷所作棲翔鷺於上或曰鷺鼓精

睫巢集卷一　一　三百零四

145

145

李鍇撰　睫巢集六卷

清乾隆六年（1741）洪肇琳刻本。1册，書長18.2厘米，寬14厘米。

提　要：書尾有高心夔題記，爲乾隆精刻本。
鑒藏印：劉履芬印、須上、泖生
備　注：高心夔（1835–1883），原名高夢漢，字伯足，號碧湄，又號陶堂、東蠡，江西湖口人。

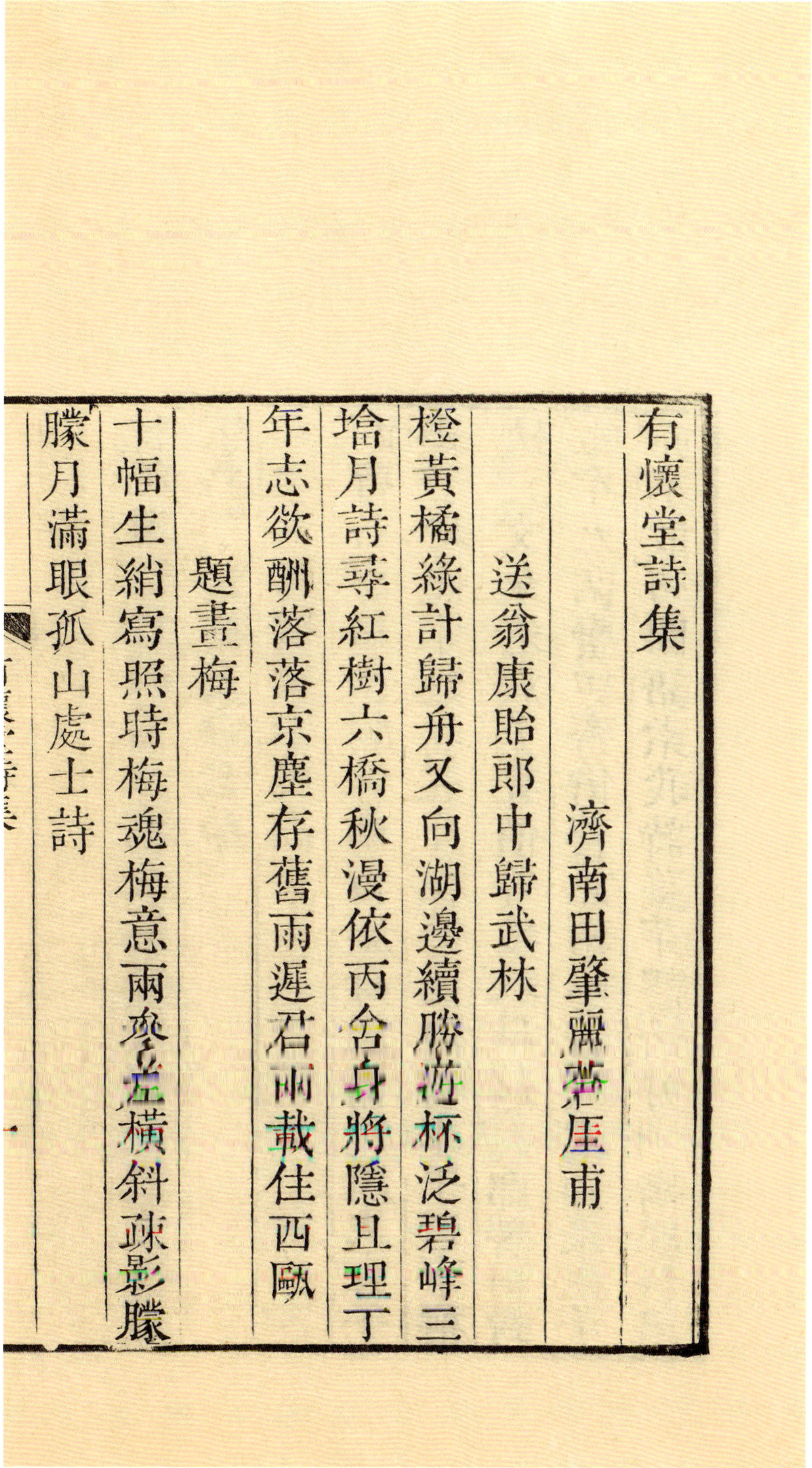

有懷堂詩集

濟南田肇麗蕚匡甫

送翁康貽郎中歸武林

橙黃橘綠計歸舟又向湖邊續勝游杯泛碧峰三墖月詩尋紅樹六橋秋漫依丙舍舟將隱且理丁年志欲酬落落京塵存舊雨遲君兩載住西甌

題畫梅

十幅生綃寫照時梅魂梅意兩參差橫斜疎影朦朦月滿眼孤山處士詩

146

146

田雯、田肇麗撰　田氏叢書

清乾隆七年（1742）刻本。6册，書長16.7厘米，寬13.5厘米。

提　要：包括《古歡堂詩集》、《長河志籍考》、《有懷堂詩集、文集》，内有“鰈硯廬藏”書簽，爲沈秉成家舊藏之物。

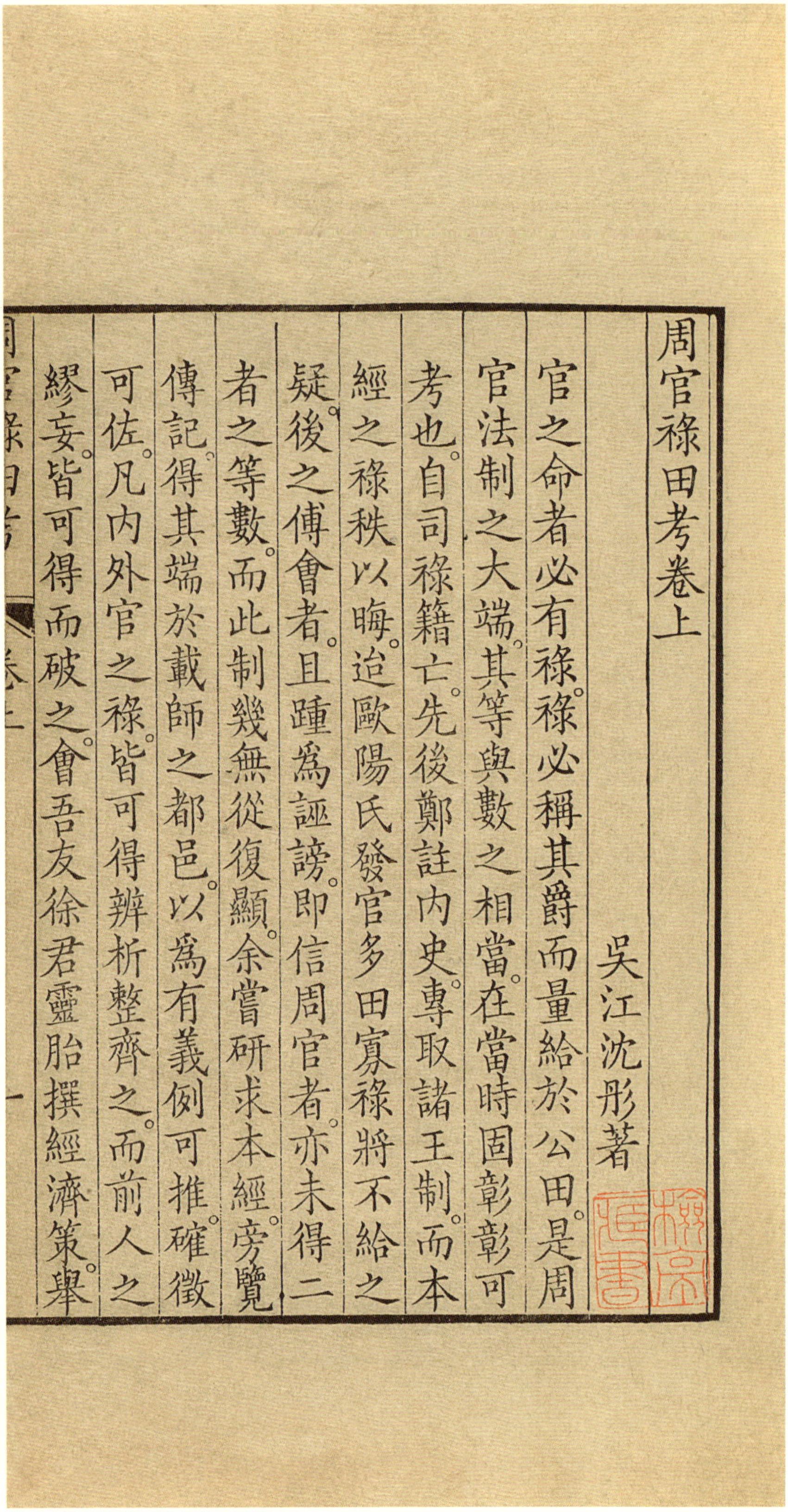

周官祿田考卷上

吴江沈彤著

官之命者必有祿。祿必稱其爵而量給於公田。是周官法制之大端。其等與數之相當。在當時固彰彰可考也。自司祿籍亡。先後鄭註内史。專取諸王制。而本經之祿秩以晦。逌歐陽氏發官多田寡祿將不給之疑。後之傅會者。且踵爲誣謗。即信周官者。亦未得二者之等數。而此制幾無從復顯。余嘗研求本經。旁覽傳記。得其端於載師之都邑。以爲有義例可推。確徵可佐。凡内外官之祿。皆可得辨析整齊之。而前人之繆妄。皆可得而破之。會吾友徐君靈胎撰經濟策舉

147

147

沈彤撰　周官禄田考二卷釋一卷

清乾降十五年（1750）果堂精刻本。1册，書長19厘米，寬13.7厘米。

鑒藏印：珠里蔣氏聖雨草堂園章、退思居記、檢亭藏書

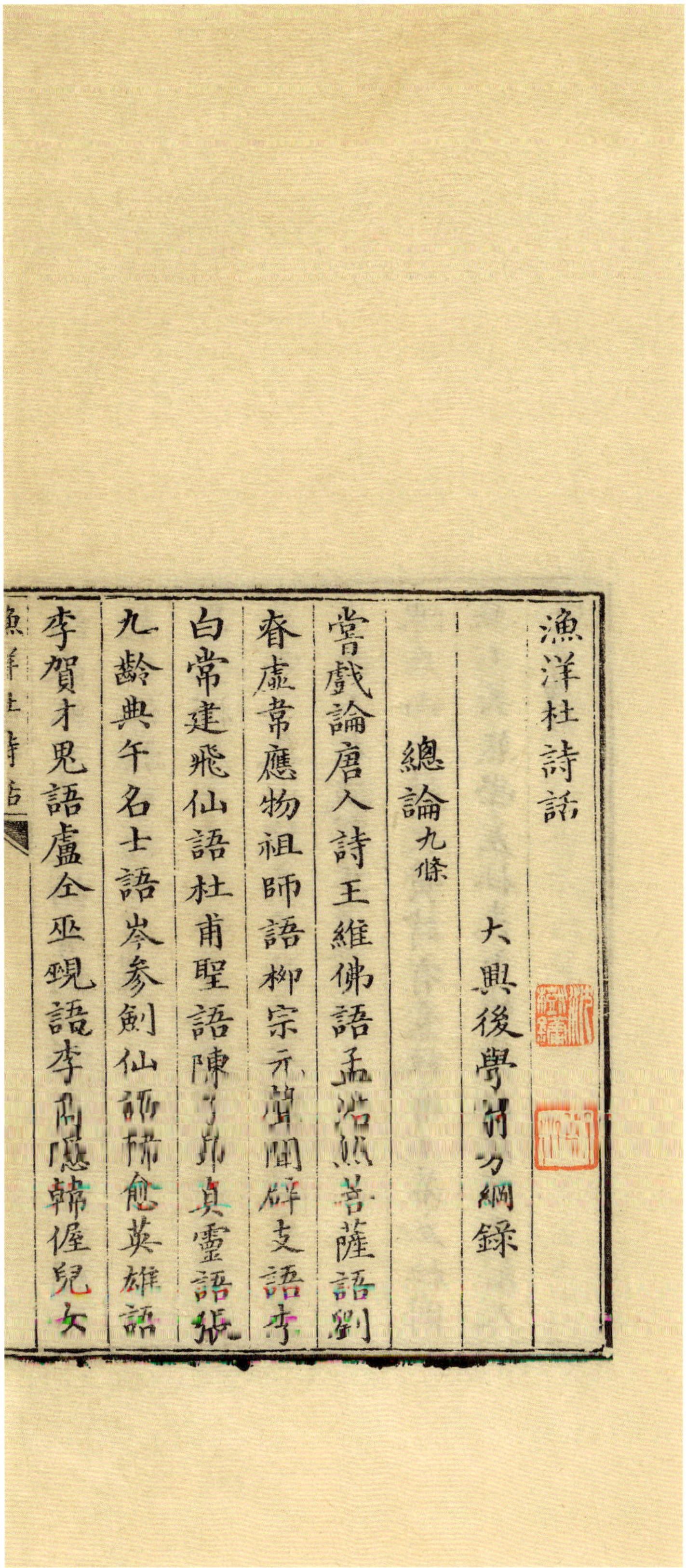

148

148

翁方綱録　漁洋杜詩話

清乾隆二十二年（1757）石州草堂精刻本。1册，書長13.6厘米，寬11厘米。

提　要：沈樹鏞舊藏。
鑒藏印：沈樹鏞、鄭齋、鄭齋所藏

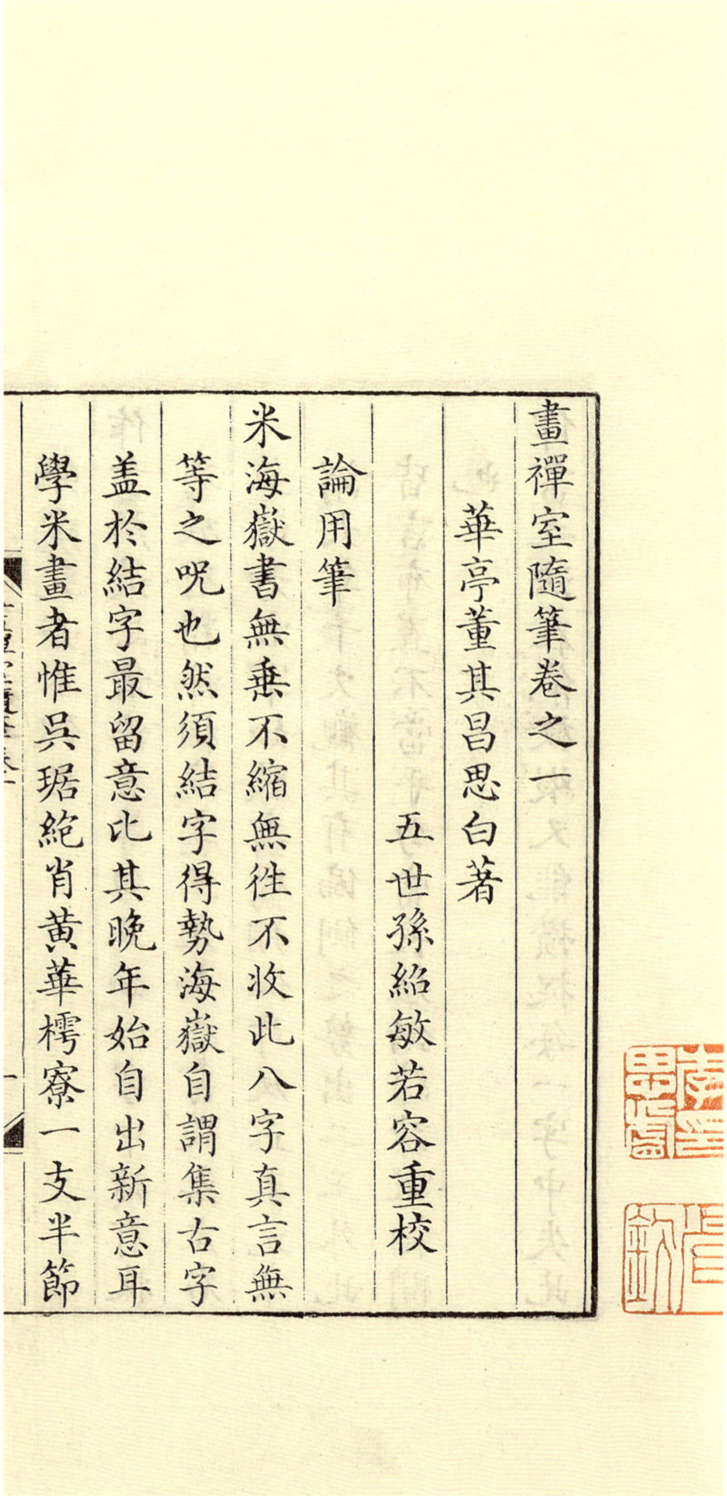
畫禪室隨筆卷之一
華亭董其昌思白著
五世孫紹敏若容重校
論用筆
米海嶽書無垂不縮無往不收此八字真言無
等之呪也然須結字得勢海嶽自謂集古字
蓋於結字最留意比其晚年始自出新意耳
學米畫者惟吳琚絶肖黃華樗寮一支半節

149

149

董其昌撰　畫禪室隨筆四卷

清乾隆間董氏刻本。2册，書長16.2厘米，寬11.2厘米。

提　要：此本爲雲間金文達雕版，刻印極精。前有董邦達序。
鑒藏印：湖山小隱卜竹泉珍藏、李思廬印、省欽
著　録：1、《國立北平圖書館館刊》第五卷第六號，《顧鶴逸藏書目》。
2、《中國著名藏書家書目匯刊－近代卷22》頁561，商務印書館，2005年。

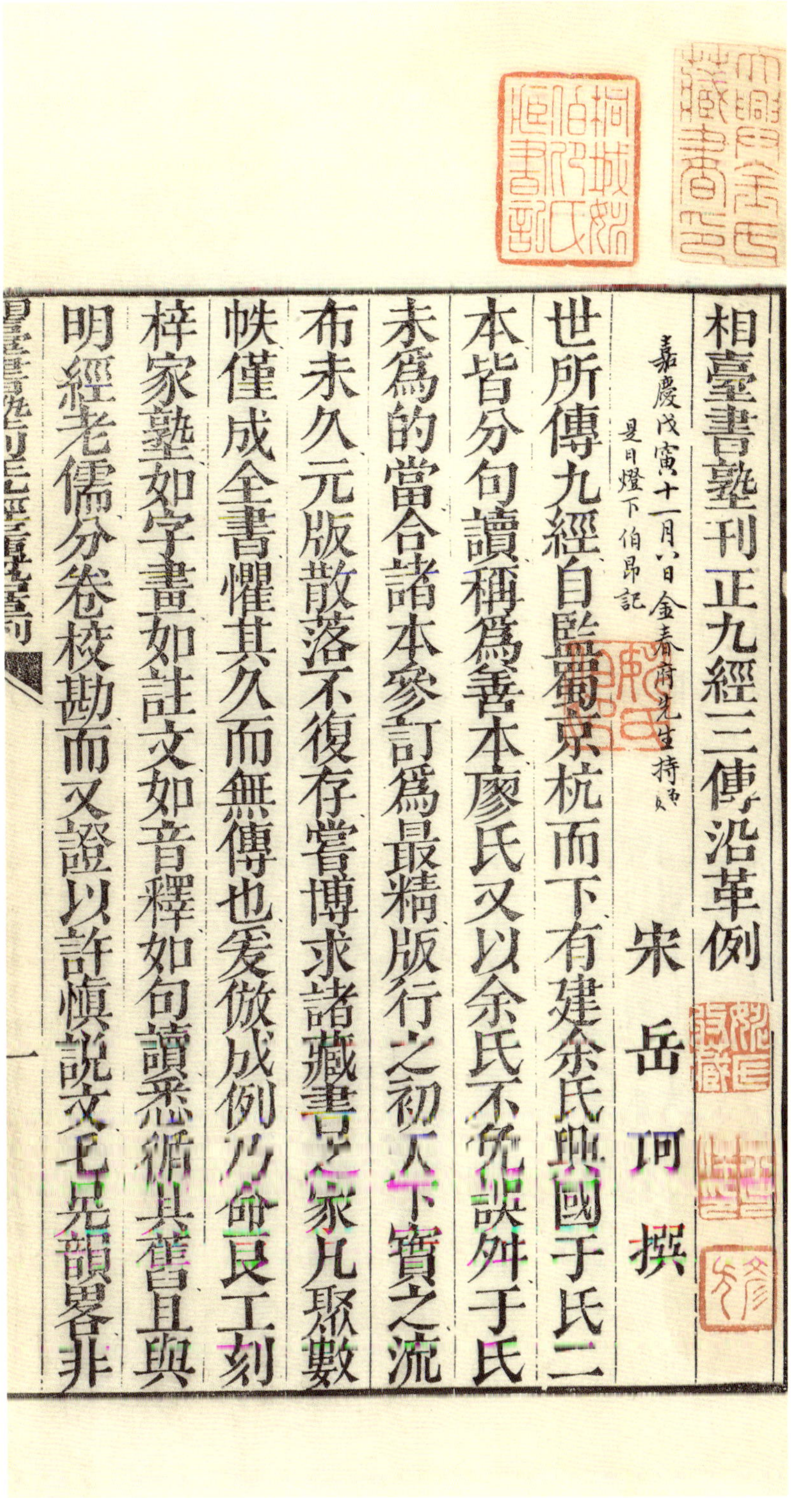
相臺書塾刊正九經三傳沿革例

嘉慶戊寅十一月八日金春府先生持贈
是日燈下伯昂記

宋 岳珂 撰

世所傳九經自監蜀京杭而下有建余氏興國于氏二本皆分句讀稱爲善本廖氏又以余氏不免訛舛于氏未爲的當合諸本參訂爲最精版行之初天下寳之流布未久元版散落不復存嘗博求諸藏書之家凡聚數帙僅成全書懼其久而無傳也爰倣成例乃命良工刻梓家塾如字畫如註文如音釋如句讀悉循其舊且與明經老儒分卷校勘而又證以許慎說文毛晃韻畧非

相臺書塾刊正九經三傳沿革例 一

150

150

岳浚撰　相臺書塾刊正九經三傳沿革例一卷

清乾隆四十三年（1778）陳氏影元岳氏相臺刻本。1册，書長19厘米，寬14厘米。

提　要：全書有姚元之墨筆批校，尾有牌記。姚元之、金克俊舊藏。

鑒藏印：大興金氏藏書印、桐城姚伯昂氏藏書記、姚氏伯昂、姚氏收藏、金克俊印、彦方

著　録：1、《國立北平圖書館館刊》第五卷第六號，《顧鶴逸藏書目》清朝精印本。
2、《中國著名藏書家書目匯刊–近代卷22》頁576，商務印書館，2005年。

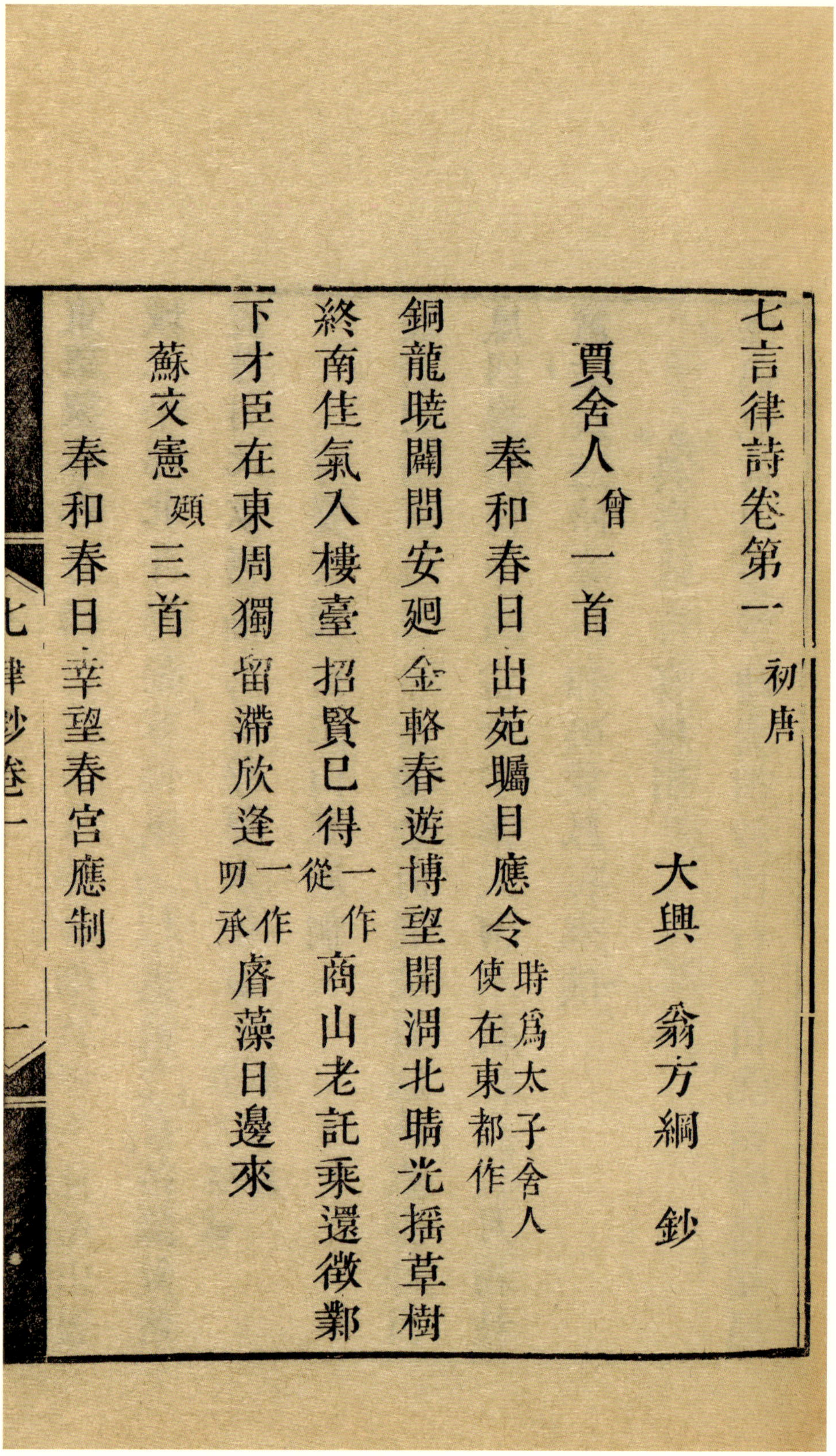
七言律詩卷第一 初唐
大興 翁方綱 鈔
賈舍人 曾 一首
奉和春日出苑矚目應令 時爲太子舍人使在東都作
銅龍曉闢問安迴金輅春遊博望開渭北晴光搖草樹
終南佳氣入樓臺招賢已得一作從商山老託乘還徵鄴
下才臣在東周獨留滯欣逢一作叨承睿藻日邊來
蘇文憲 頲 三首
奉和春日幸望春宮應制
七律鈔卷一 一

151

151

翁方綱抄　七律鈔十八卷

清乾隆四十七年（1782）復初齋刻本。4册，書長20厘米，寬15.5厘米。

提　要：徐渭仁舊藏。
鑒藏印：曾爲徐紫珊所藏

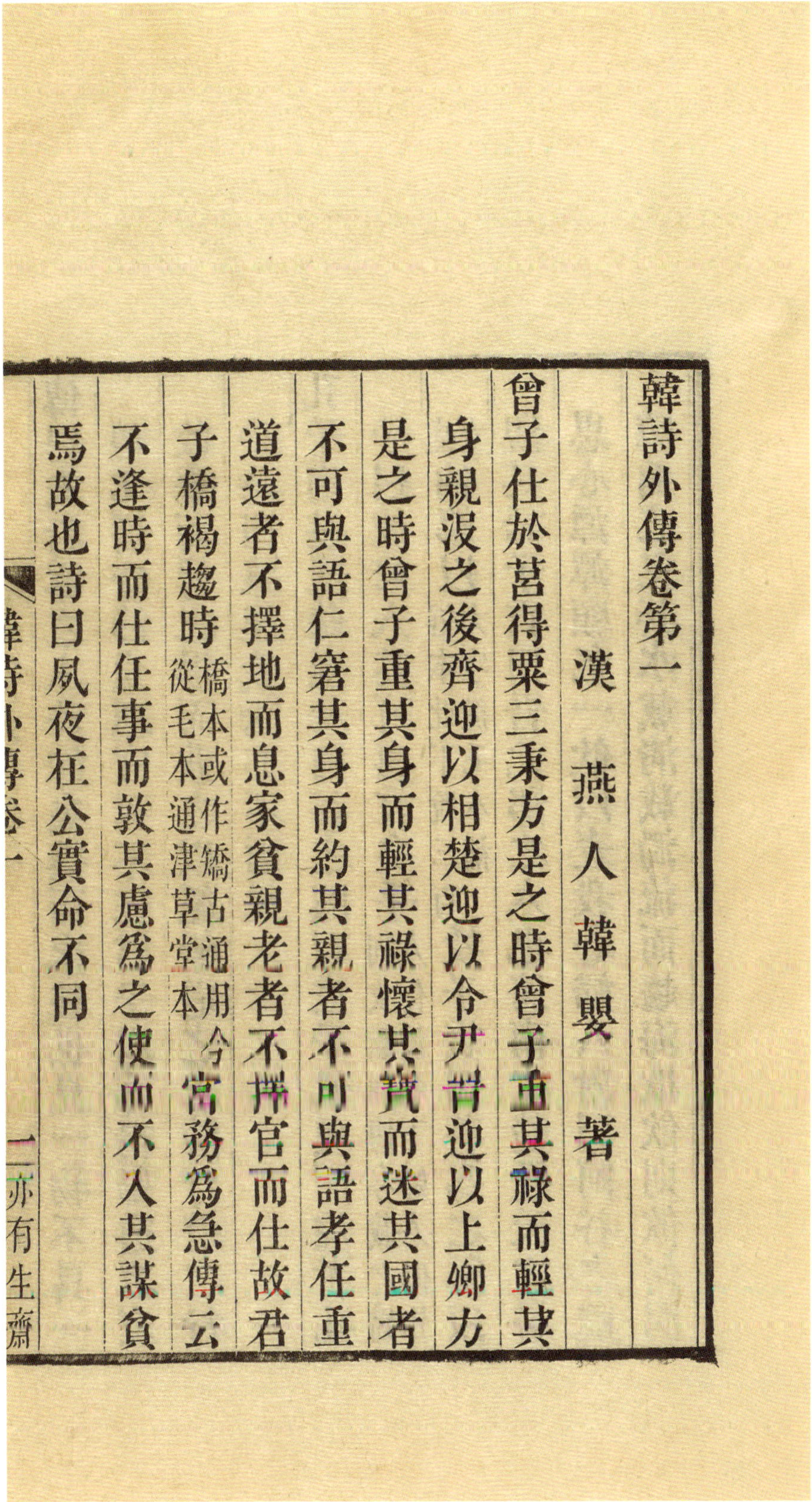
韓詩外傳卷第一
漢　燕人韓嬰著
曾子仕於莒得粟三秉方是之時曾子重其祿而輕其身親沒之後齊迎以相楚迎以令尹晉迎以上卿方是之時曾子重其身而輕其祿懷其寶而迷其國者不可與語仁窘其身而約其親者不可與語孝任重道遠者不擇地而息家貧親老者不擇官而仕故君子橋褐趨時橋本或作獢古通用今從毛本通津草堂本當務爲急傳云不逢時而仕任事而敦其慮爲之使而不入其謀貧焉故也詩曰夙夜在公實命不同
韓詩外傳卷一　一　亦有生齋

152

152
韓嬰撰　韓詩外傳十卷

清乾隆五十五年（1790）亦有生齋刻本。2册，書長18.2厘米，寬13厘米。

提　要：此本爲清金陵著名刻工劉文魁、劉文楷雕版，字體端正，版行疏密得當，初刻初印。

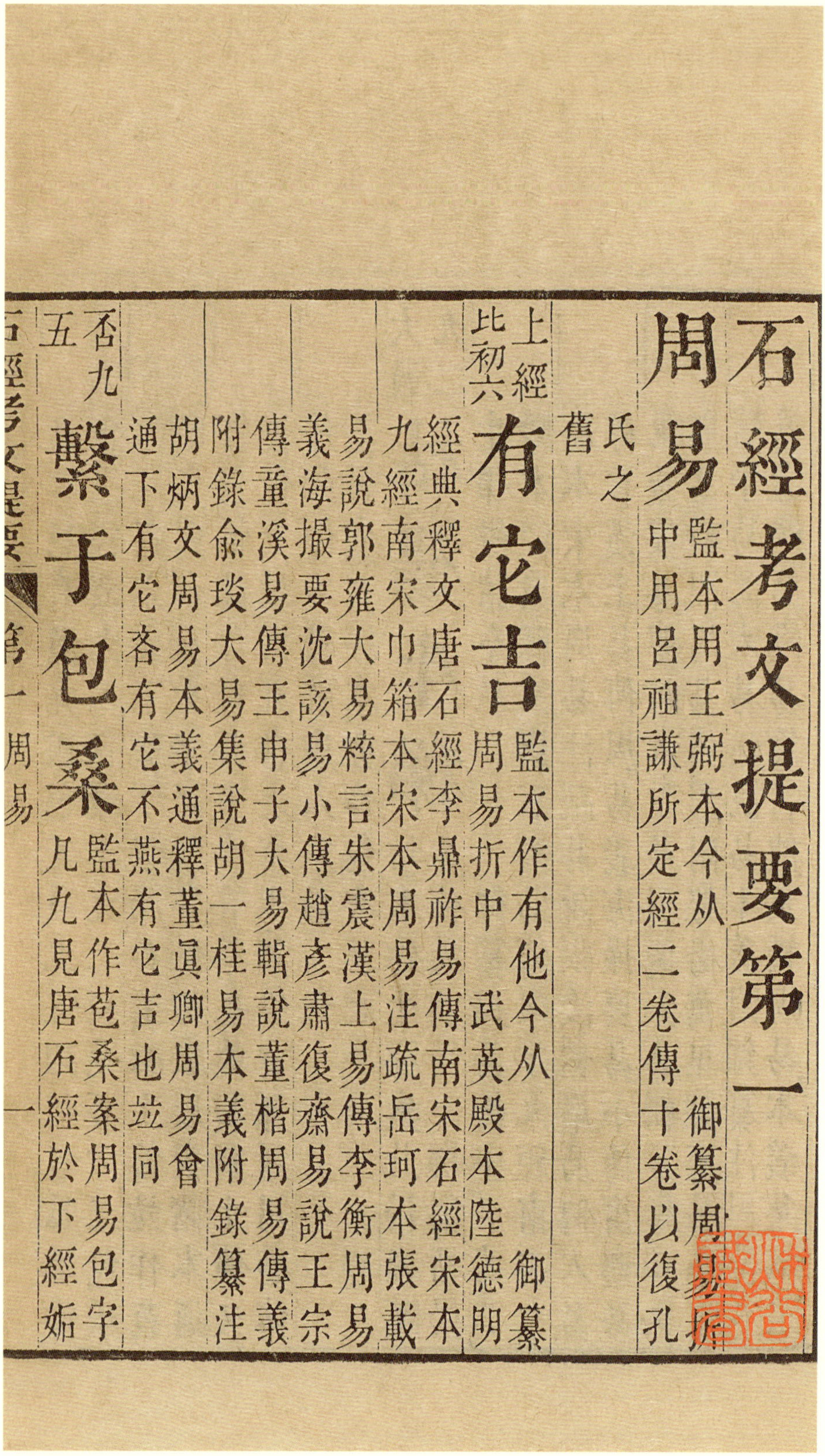
石經考文提要第一
周易 監本用王弼本今从御纂周易折中用呂祖謙所定經二卷傳十卷以復孔氏之舊
上經
比初六 有它吉 監本作有他今从御纂周易折中武英殿本陸德明經典釋文唐石經李鼎祚易傳南宋石經宋本九經南宋巾箱本宋本周易注疏岳珂本張載易說郭雍大易粹言朱震漢上易傳李衡周易義海撮要沈該易小傳趙彥肅復齋易說王宗傳童溪易傳王申子大易輯說董楷周易傳義附錄俞琰大易集說胡一桂易本義附錄纂注胡炳文周易本義通釋董眞卿周易會通下有它吝有它不燕有它吉也玆同
否九五 繫于包桑 監本作苞桑案周易包字凡九見唐石經於下經姤
石經考文提要 第一 周易 一

153

153
彭元瑞撰　石經考文提要十卷

清嘉慶四年（1799）刻本。2册，書長18厘米，寬14厘米。

備　注：潘貴生舊藏。
鑒藏印：秋谷藏書、潘康寶秋谷印信長壽

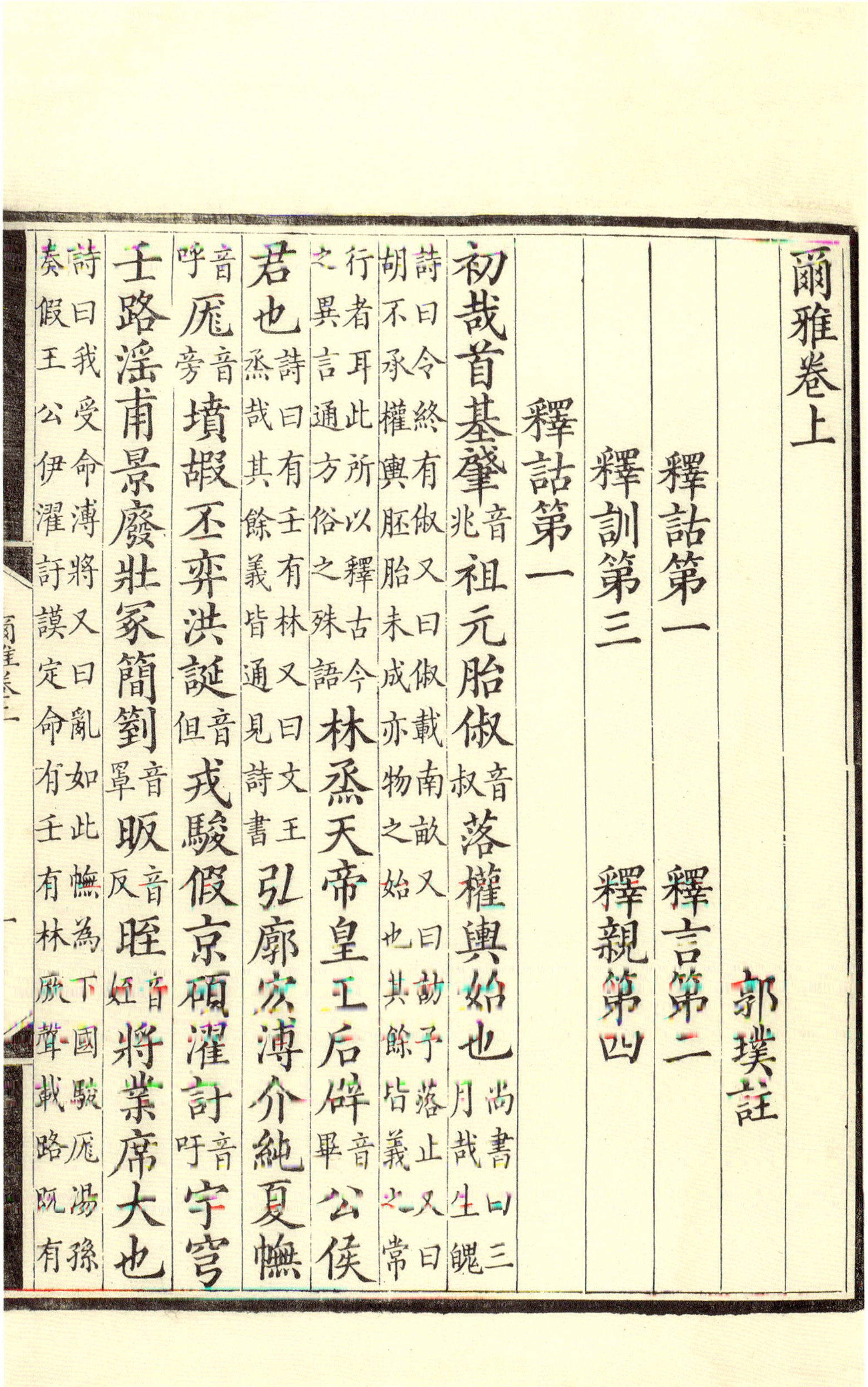

154

154

郭璞注　爾雅音圖三卷

清嘉慶六年（1801）藝學軒刻本。3冊，書長27.8厘米，寬22.8厘米。

提　要：首有嘉慶六年曾燠序，卷中後有“秣陵陶士立臨字，當塗彭萬程刻”。

著　録：1、《國立北平圖書館館刊》第五卷第六號，《顧鶴逸藏書目》。

2、《中國著名藏書家書目匯刊–近代卷22》頁571，商務印書館，2005年。

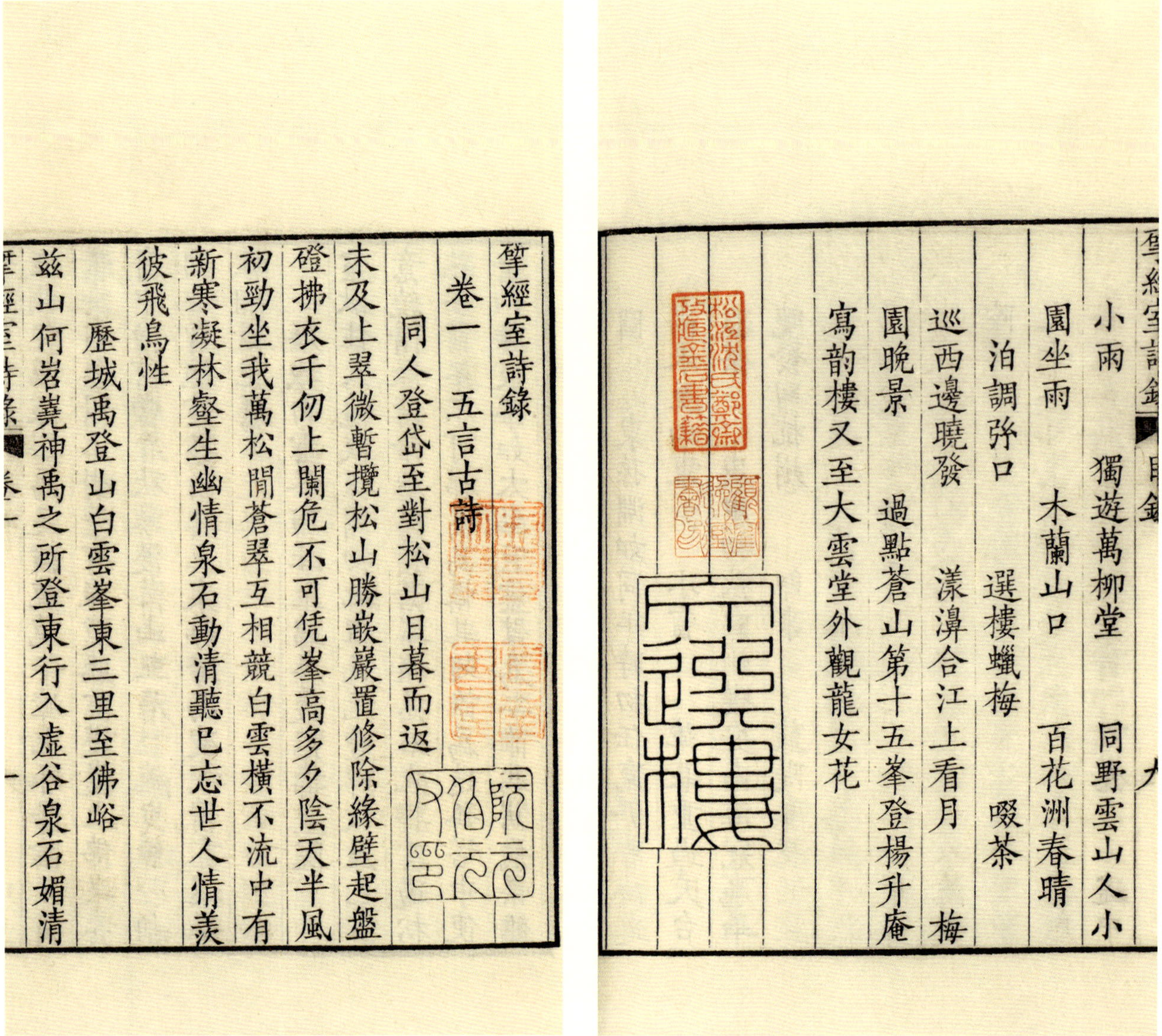

155

155

阮元撰　擘經室詩録五卷

清嘉慶間刻本。1册，書長17.2厘米，寬13.6厘米。

提　要：沈樹鏞題識稱此本爲阮氏家藏初印本。閱此本紙白字新，初刻初印無疑，内有阮亨收藏之印，確係阮氏家藏，名家收藏，甚是名貴。沈樹鏞舊藏并題記。

鑒藏印：鶴市廙公、秀水王祖錫之章、阮亨梅叔、怡志林泉、松江沈氏鄭齋攷藏金石書籍、顧鶴逸藏書印、道南書堂、阮亨仲嘉、沈樹鏞印、鄭齋、阮亨校本

著　録：1、《國立北平圖書館館刊》第五卷第六號，《顧鶴逸藏書目》。
2、《中國著名藏書家書目匯刊–近代卷22》頁575，商務印書館，2005年。

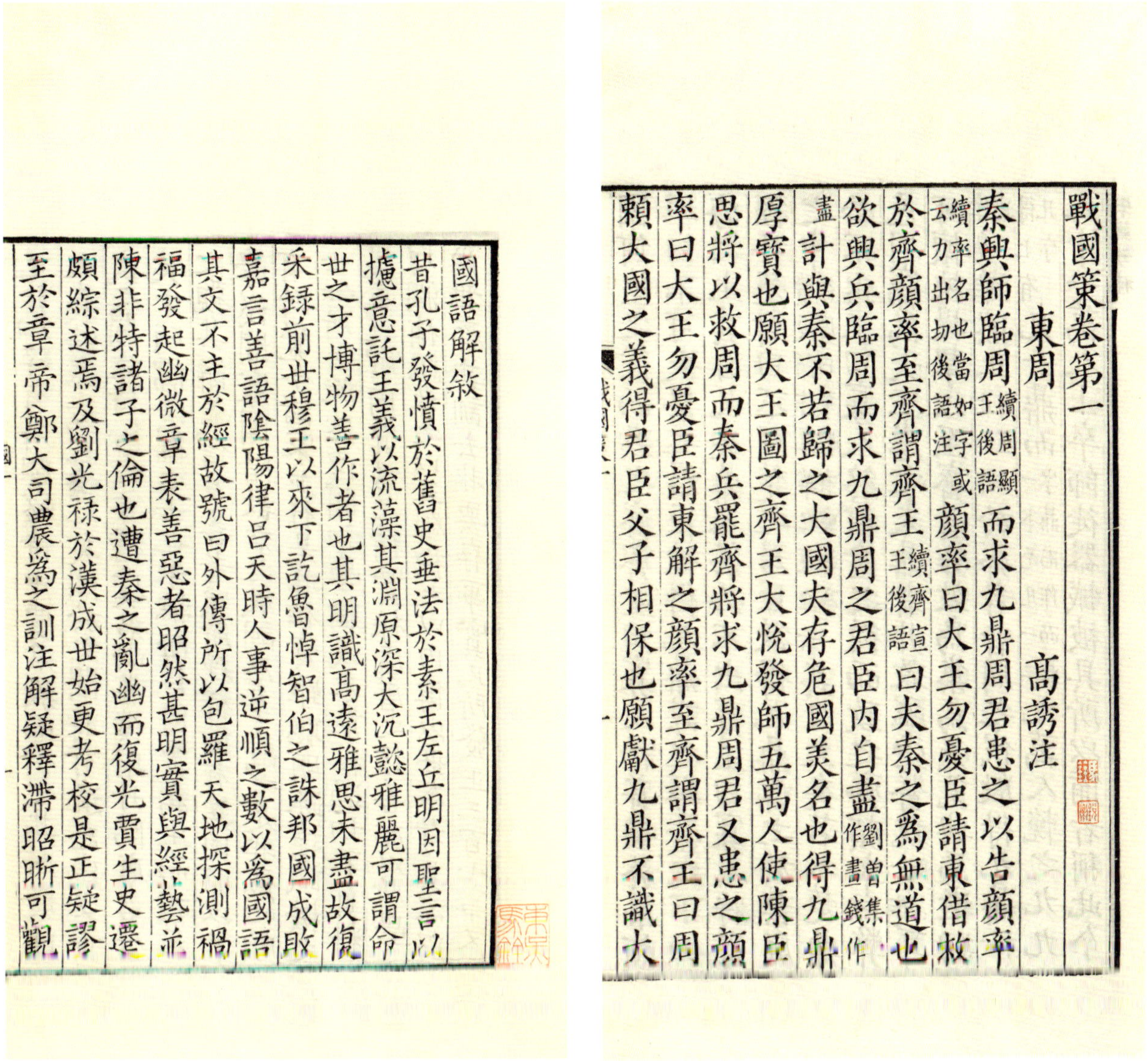

國語解敘

昔孔子發憤於舊史垂法於素王左丘明因聖言以攄意託王義以流藻其淵原深大沉懿雅麗可謂命世之才博物善作者也其明識高遠雅思未盡故復采錄前世穆王以來下訖魯悼智伯之誅邦國成敗嘉言善語陰陽律呂天時人事逆順之數以爲國語其文不主於經故號曰外傳所以包羅天地探測禍福發起幽微章表善惡者昭然甚明實與經埶並陳非特諸子之倫也遭秦之亂幽而復光賈生史遷頗綜述焉及劉光祿於漢成世始更考校是正疑謬至於章帝鄭大司農爲之訓注解疑釋滯昭晰可觀

戰國策卷第一

東周　高誘注

秦興師臨周[續周顯王後語]而求九鼎周君患之以告顏率[續率名也當如字或云力出切後語注]顏率曰大王勿憂臣請東借救於齊顏率至齊謂齊王[續齊宣王後語]曰夫秦之爲無道也欲興兵臨周而求九鼎周之君臣內自盡[劉曾集作畫錢作畫]計與秦不若歸之大國夫存危國美名也得九鼎厚寶也願大王圖之齊王大悅發師五萬人使陳臣思將以救周而秦兵罷齊將求九鼎周君又患之顏率曰大王勿憂臣請東解之顏率至齊謂齊王曰周賴大國之義得君臣父子相保也願獻九鼎不識大

156

156

黄丕烈編　士禮居叢書二種

清嘉慶八年（1803）吴門黄氏讀未見書齋刻本。8册，書長22厘米，寬15.2厘米。

提　要：影刻宋本書二種，内包括《國語》二十一卷札記一卷、《戰國策》三十三卷札記三卷。
《國語》前有嘉慶五年錢大昕、段玉裁序。
《戰國策》前有錢大昕乾隆二十八年序。

鑒藏印：馬鈺、鋭卿、東吴馬鈺

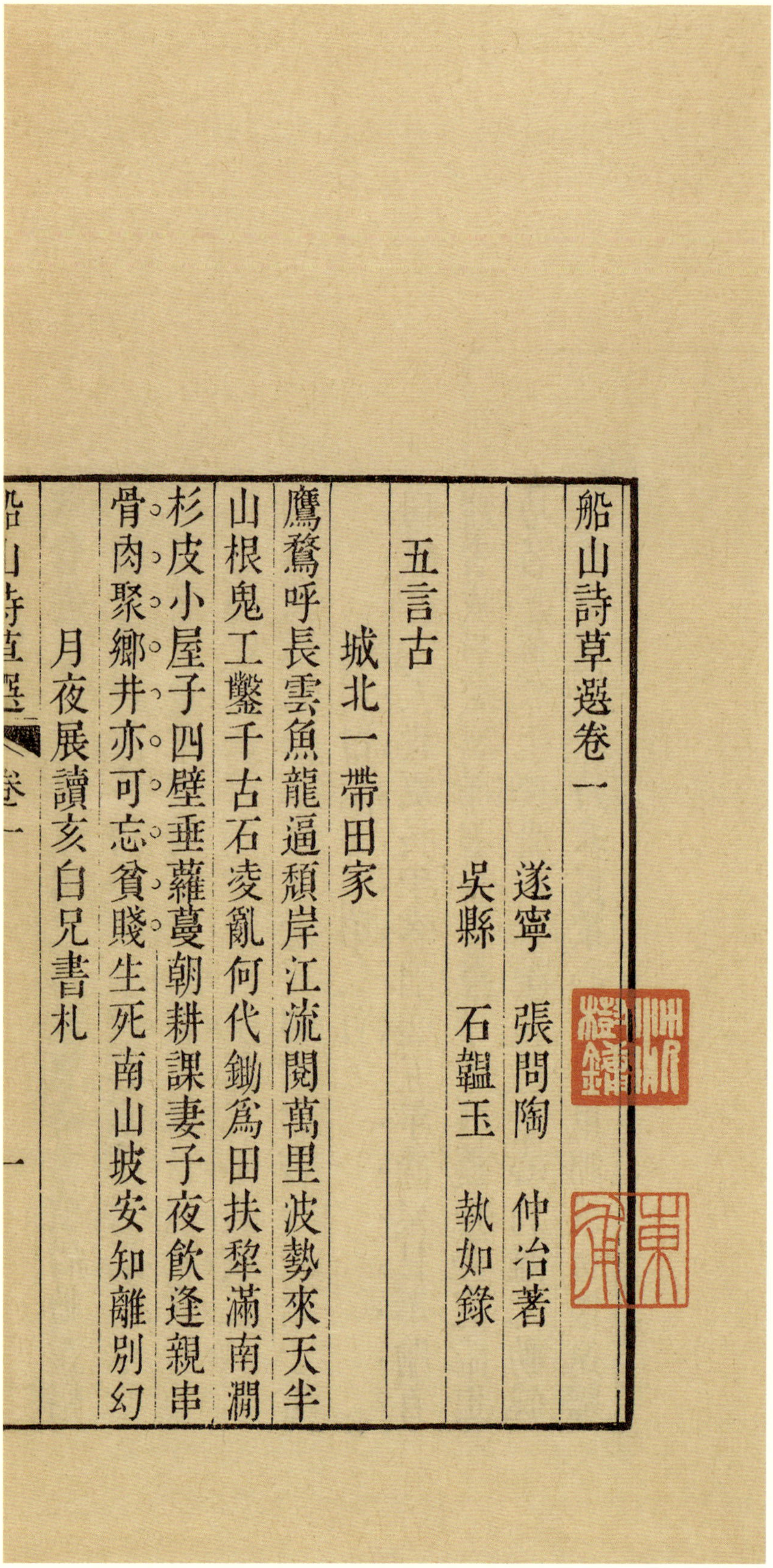
船山詩草選卷一

遂寧　張問陶　仲冶著

吳縣　石韞玉　執如錄

五言古

城北一帶田家

鷹鷲呼長雲魚龍逼頹岸江流閱萬里波勢來天半山根鬼工鑿千古石夌亂何代鋤爲田扶犂滿南澗杉皮小屋子四壁垂蘿蔓朝耕課妻子夜飲逢親串骨肉聚鄉井亦可忘貧賤生死南山坡安知離別幻

月夜展讀亥白兄書札

船山詩草選　卷一　一

157

157

張問陶撰　船山詩草選六卷

清嘉慶十年（1805）吳門黄丕烈學耕堂刻本。1册，書長16.8厘米，寬11.5厘米。

提　要：沈樹鏞藏書，此爲《船山詩草》版本中最精者。
鑒藏印：鄭齋藏書、沈樹鏞、東甫

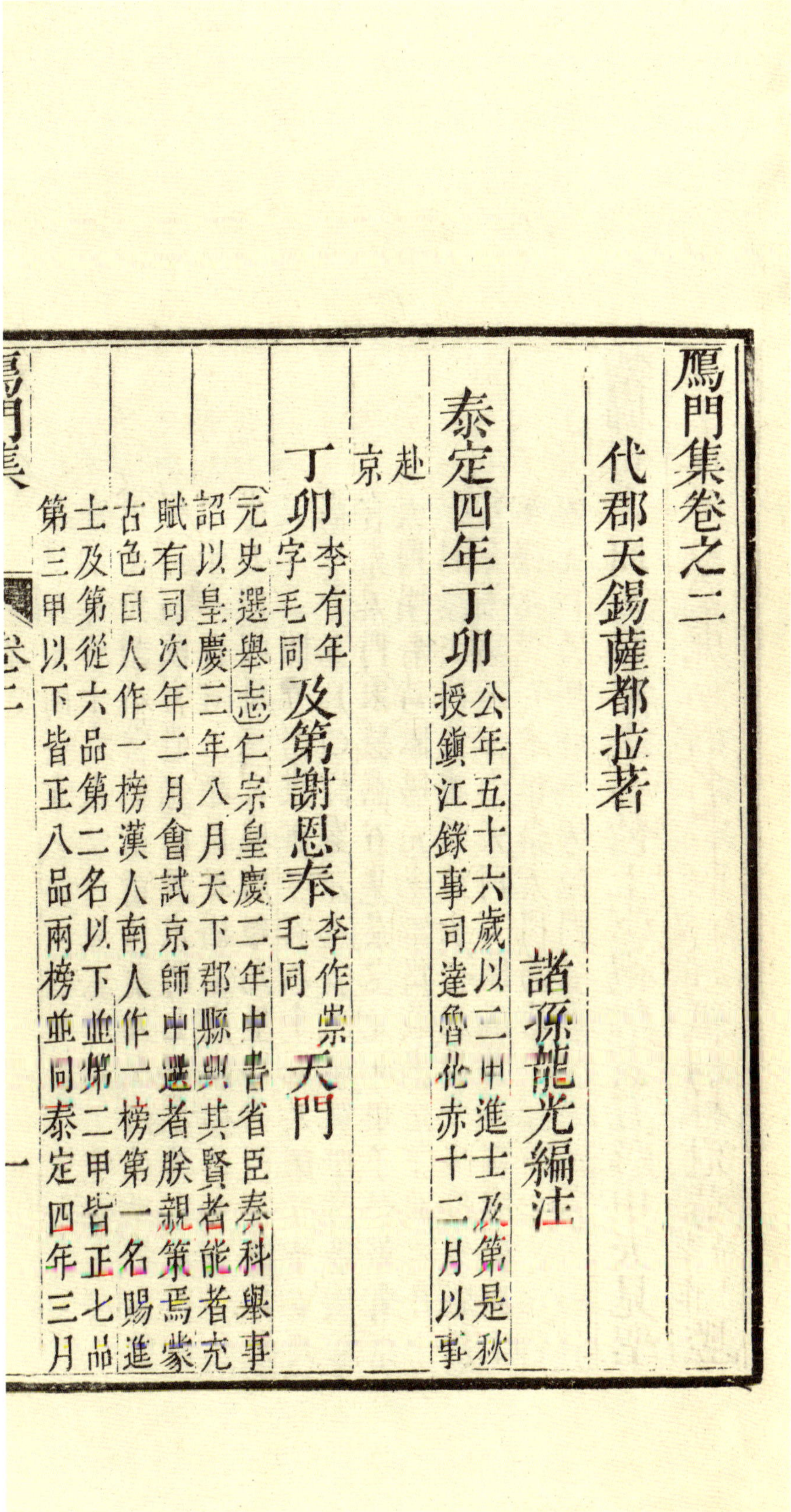

鴈門集卷之二

代郡天錫薩都拉著　諸孫龍光編注

泰定四年丁卯公年五十六歲以二甲進士及第是秋授鎮江錄事司達魯花赤十二月以事赴京

丁卯李有年字毛同及第謝恩奉李作崇毛同天門

〔元史選舉志〕仁宗皇慶二年中書省臣奏科舉事詔以皇慶三年八月天下郡縣興其賢者能者充賦有司次年二月會試京師中選者朕親策焉蒙古色目人作一榜漢人南人作一榜第一名賜進士及第從六品第二名以下並第二甲皆正七品第三甲以下皆正八品兩榜並同泰定四年三月

鴈門集　卷之二　一

158

158

薩都拉撰　雁門集十四卷附録一卷

清嘉慶十二年（1807）代郡薩氏侯官刻本。8册，書長18.8厘米，寬13.8厘米。

159

鄭玄注　禮記二十卷

清嘉慶十一年（1806）陽城張氏影宋刻本。6册，書長20.5厘米，寬15.2厘米。

提　要：書内有錢泰吉題記。
鑒藏印：錢泰吉印、嘉興錢氏頤和室收藏、頤和室、馬銓、鋭卿、頤和堂圖書記
備　注：錢泰吉舊藏。
錢泰吉(1791–1863)，字輔宜，號警石，又號深廬，浙江嘉興人。好校古書，假人善本，勘校數周，一字之舛，旁求衆證。藏書數萬卷，精校讎之學，經其手校的書，多成善本。

禮記卷第一

曲禮上第一　禮記　鄭氏注

曲禮曰毋不敬 禮主於敬 儼若思 儼矜莊貌人之坐思貌必儼然 安定辭 審言語也易曰言語者君子之樞機 安民哉 此上三句可以安民說曲禮者美之云耳 敖不可長欲不可從志不可滿樂不可極 四者慢遊之道桀紂所以自禍 賢者狎而敬之 狎習也近也謂附而近之習其所行也月令曰雖有貴戚近習 畏而愛之 心服曰畏曾子曰吾先子之所畏 愛而知其惡憎而知其善 謂凡與人交不可以己心之愛憎誣人之善惡 積而能散 謂己有蓄積見貧窮者則當能散以賙救之若宋樂氏 安安而能遷 謂己今安此之安圖後有害則當能遷晉舅犯與姜氏醉重耳而行近之 臨財毋苟得 爲傷廉也 臨難毋苟免 爲傷

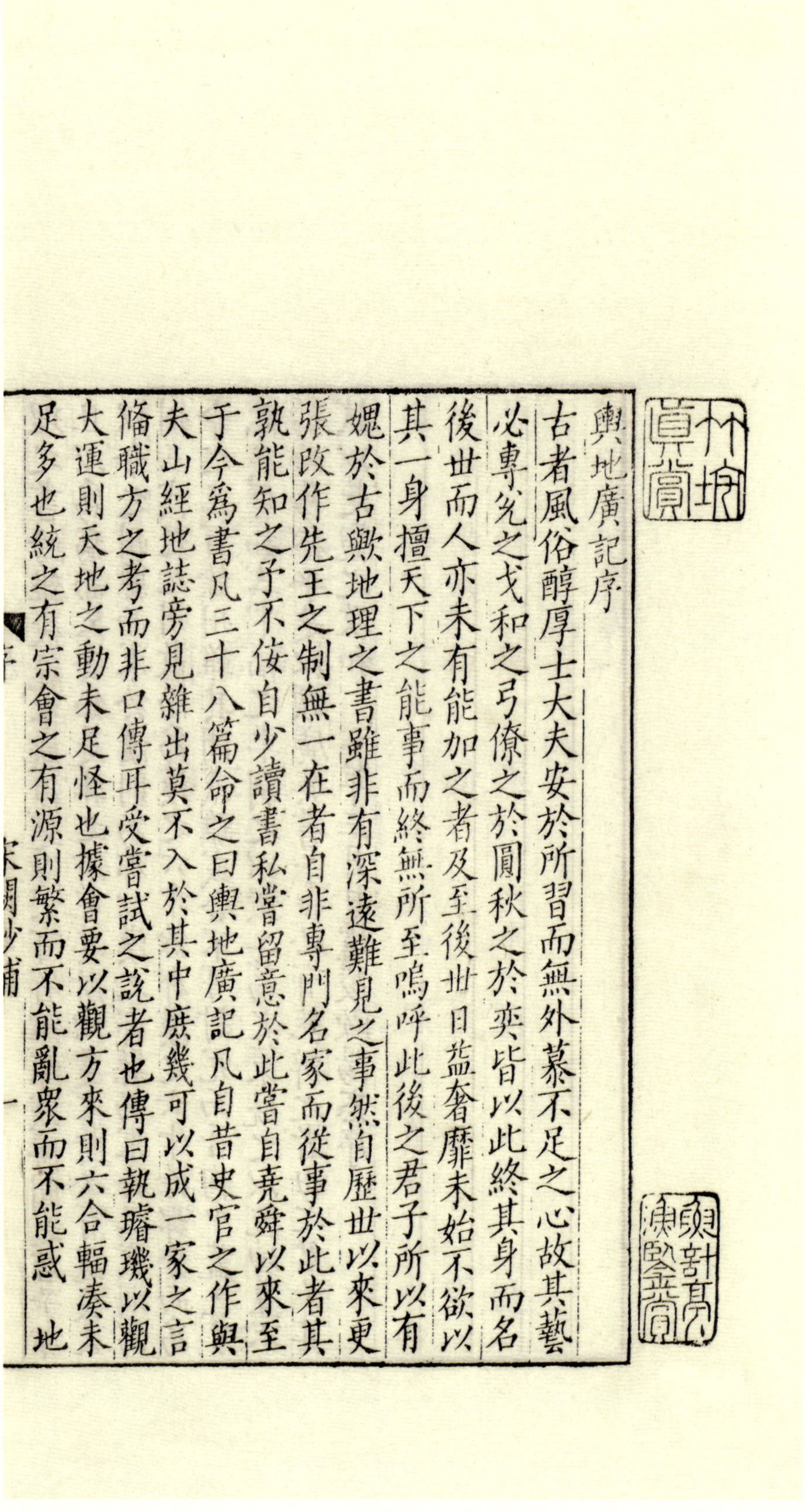
輿地廣記序
古者風俗醇厚士大夫安於所習而無外慕不足之心故其藝必專羿之弋和之弓僚之於圓秋之於奕皆以此終其身而名後世而人亦未有能加之者及至後世日益奢靡未始不欲以其一身擅天下之能事而終無所至嗚呼此後之君子所以有媿於古歟地理之書雖非有深遠難見之事然自歷世以來更張改作先王之制無一在者自非專門名家而從事於此者其孰能知之予不佞自少讀書私嘗留意於此嘗自堯舜以來至于今爲書凡三十八篇命之曰輿地廣記凡自昔史官之作與夫山經地誌旁見雜出莫不入於其中庶幾可以成一家之言備職方之考而非口傳耳受嘗試之說者也傳曰執璿璣以觀大運則天地之動未足怪也據會要以觀方來則六合輻湊未足多也統之有宗會之有源則繁而不能亂衆而不能惑 地

160

160
歐陽忞撰　輿地廣記三十八卷

清嘉慶十七年（1812）吴門士禮居據宋本影刻本。4册，書長18.7厘米，寬12.3厘米。

提　要：此本爲士禮居精刻精印，紙白墨新，品相極佳。

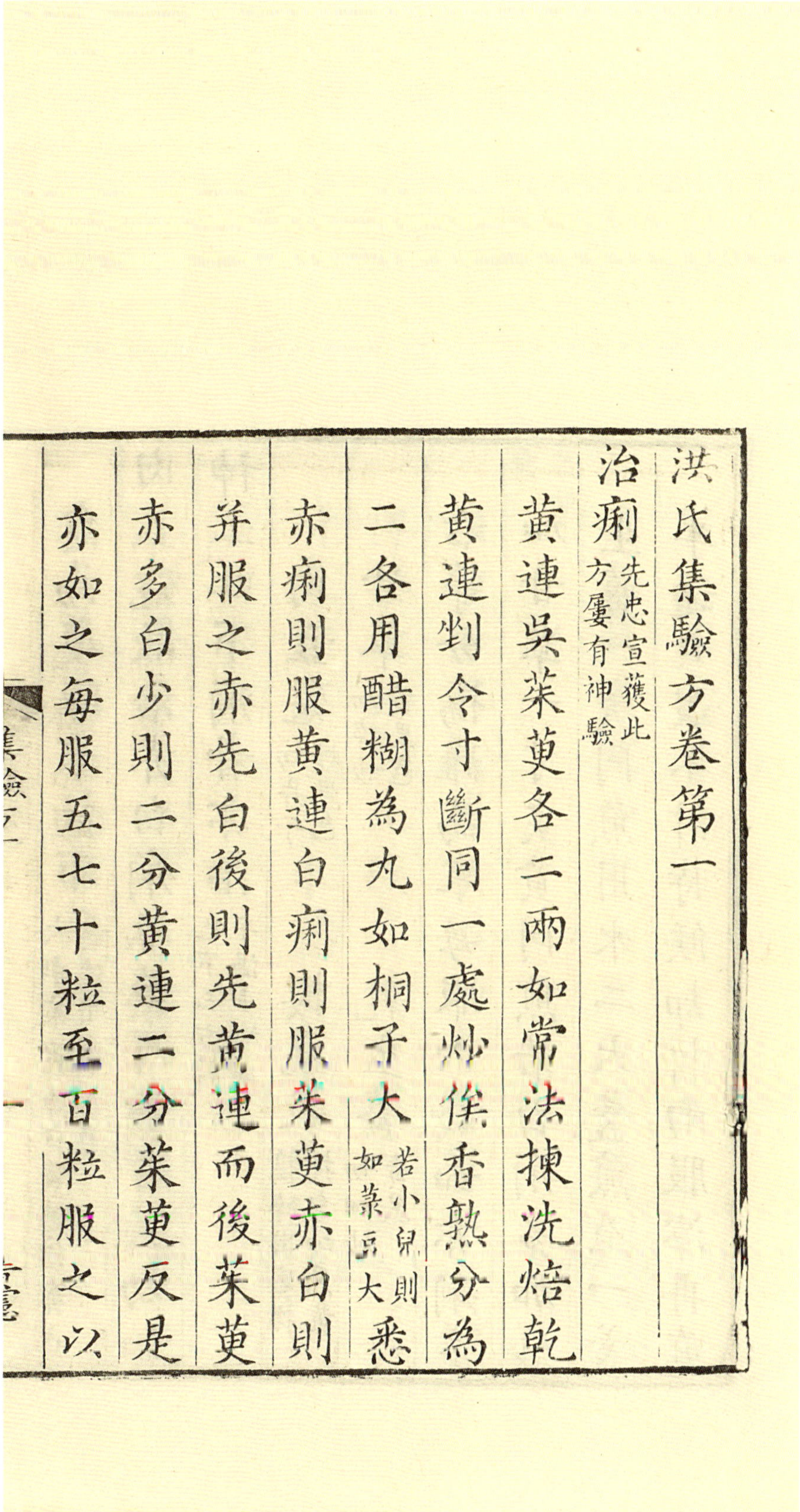
洪氏集驗方卷第一

治痢 先忠宣獲此方屢有神驗

黃連吳茱萸各二兩如常法揀洗焙乾黃連剉令寸斷同一處炒候香熟分為二各用醋糊為丸如桐子大 若小兒則如菉豆大 悉赤痢則服黃連白痢則服茱萸赤白則并服之赤先白後則先黃連而後茱萸赤多白少則二分黃連一分茱萸反是亦如之每服五七十粒至百粒服之以

集驗方一

161

161

洪尊撰　洪氏集驗方五卷

清嘉慶二十四年（1819）黃氏士禮居刻本。2册，書長17.2厘米，寬14.5厘米。

162

丁度等奉敕修訂　集韵十卷

清康熙十五年（1676）曹楝亭揚州使院刻嘉慶甲戌補刊本。10册，書長16.1厘米，寬11.5厘米。

提　要：此本爲清康熙丙戌曹楝亭揚州使院刻楝亭五種之一，嘉慶甲戌間原板漫壞，由顧廣圻主持補版重印，凡補版者書下均有“甲戌重刊”字樣，由金陵名工劉文魁刊板。全書有陳倬過録批校；朱筆爲余蕭客校宋本；黄筆爲段懋堂校影宋本；緑筆爲校真宋本即段校所自出，“凡歷三校，以緑筆爲定”。

鑒藏印：汾陽宋氏珍藏、培之、臣陳倬印

一百戶

集韻卷之一

翰林學士兼侍讀學士朝請大夫尚書吏部郎中知制誥判秘閣兼判太常禮院群牧使上柱國濟陽郡開國侯食邑二千一百戶賜紫金魚袋臣丁度等奉

敕修定

韻例

昔唐虞君臣賡載作歌商周之代頌雅參列則聲韻經見此焉爲始後世屬文之士比音擇字類别部居乃有四聲若周研李登呂靜沈約之流皆有編著近世小學寖

真宋本譌字甚多不盡可從也其確知爲譌者另冊記出上方所識亦未必皆是暇時當再細校之陳倬又記

棟亭藏本丙戌九月重刻于揚州使院

坐

互

景祐元年三月太常博士直史館宋祁三司户部判官太常丞直史館鄭戩等奏昨奉差考校御試進士竊見舉人詩賦多誤使音韻如敘序坐坐氐氏之字或借文用意或因釋轉音重疊不分去畱難定有司論難互執異同上煩

朱筆為余蕭客校宋本黃筆為段懋堂校影宋本綠筆校真宋本即段校所自出凡歷三校以綠筆為定壬申三月陳倬記

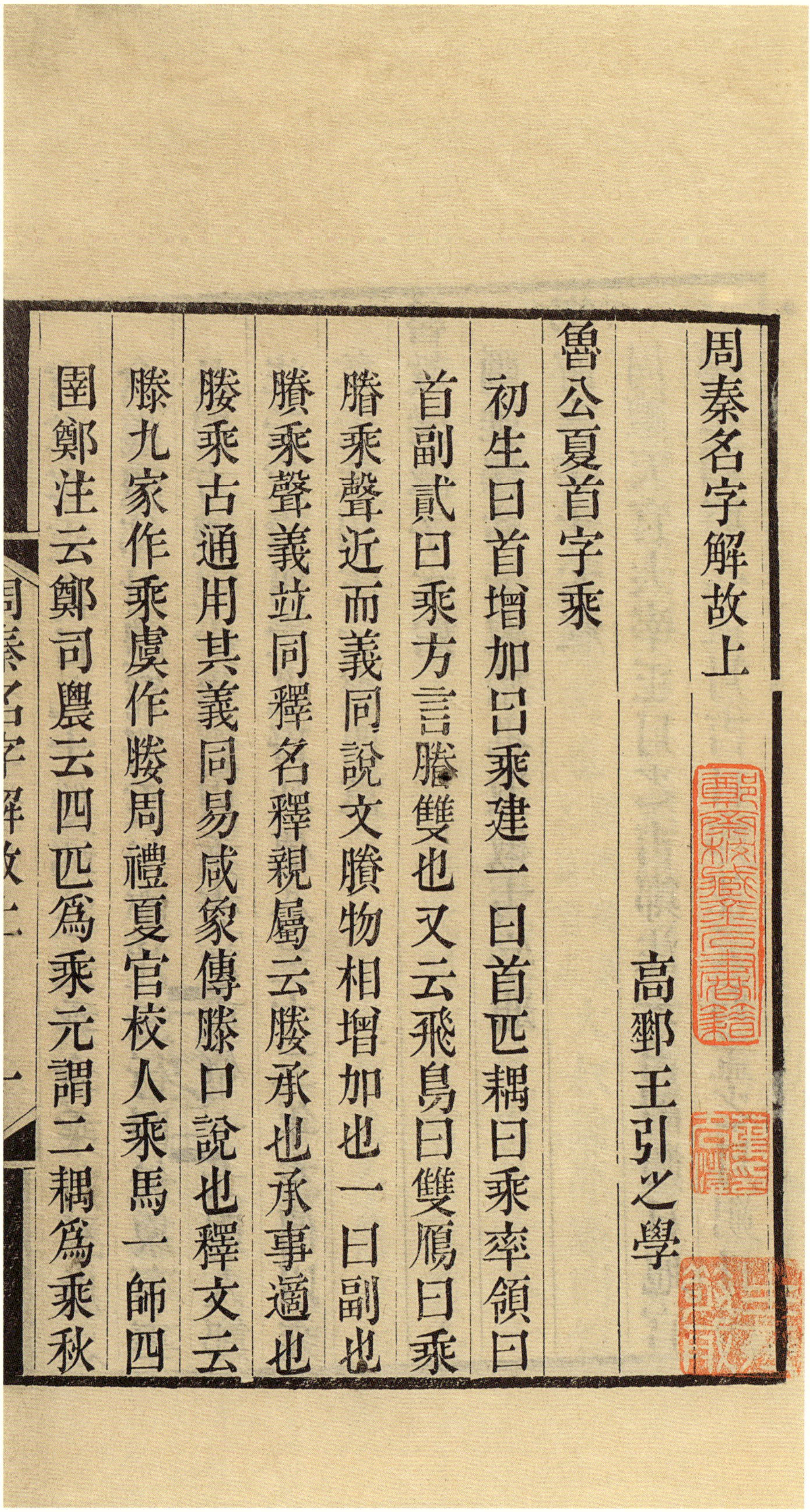
周秦名字解故上
高郵王引之學
魯公夏首字乘
初生曰首增加曰乘建一曰首匹耦曰乘率領曰
首副貳曰乘方言賸雙也又云飛鳥曰雙鴈曰乘
賸乘聲近而義同說文賸物相增加也一曰副也
賸乘聲義竝同釋名釋親屬云媵承也承事適也
媵乘古通用其義同易咸象傳滕口說也釋文云
滕九家作乘虞作媵周禮夏官校人乘馬一師四
圉鄭注云鄭司農云四匹爲乘元謂二耦爲乘秋

163

163

王引之撰　周秦名字解故二卷

清嘉慶間刻本。1册，書長20.8厘米，寬15.5厘米。

鑒藏印：鄭齋校藏金石書籍、葉名灃印、生冂敬戒

提　要：此書初稿付刻，罕有流傳，後改爲《先秦名字解詁》。沈樹鏞舊藏。

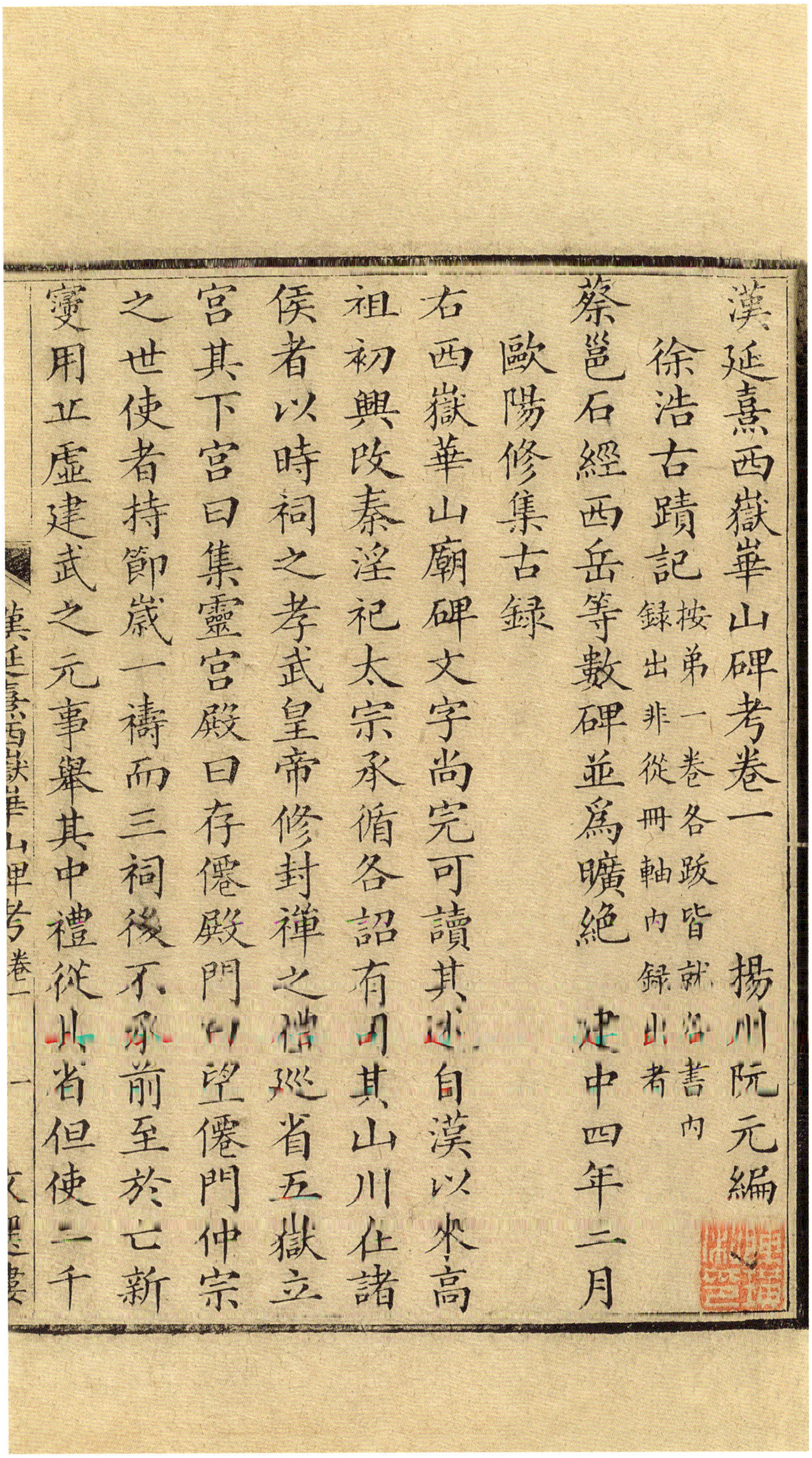

漢延熹西嶽華山碑考卷一　揚州阮元編

徐浩古蹟記 按弟一卷各跋皆就原書内録出非從冊軸内録出者

蔡邕石經西岳等數碑並爲曠絶　建中四年二月

歐陽修集古録

右西嶽華山廟碑文字尚完可讀其述自漢以來高祖初興改秦淫祀太宗承循各詔有司其山川在諸侯者以時祠之孝武皇帝修封禪之禮巡省五嶽立宮其下宮曰集靈宮殿曰存僊殿門曰望僊門仲宗之世使者持節歲一禱而三祠後不承前至於亡新寖用丕虛建武之元事舉其中禮從其省但使二千

漢延熹西嶽華山碑考卷一　一　文選樓

164

164

阮元編　漢延熹西岳華山碑考四卷

清嘉慶間阮氏文選樓刻本。2册，書長18.5厘米，寬14.2厘米。

鑒藏印：陳璜私印

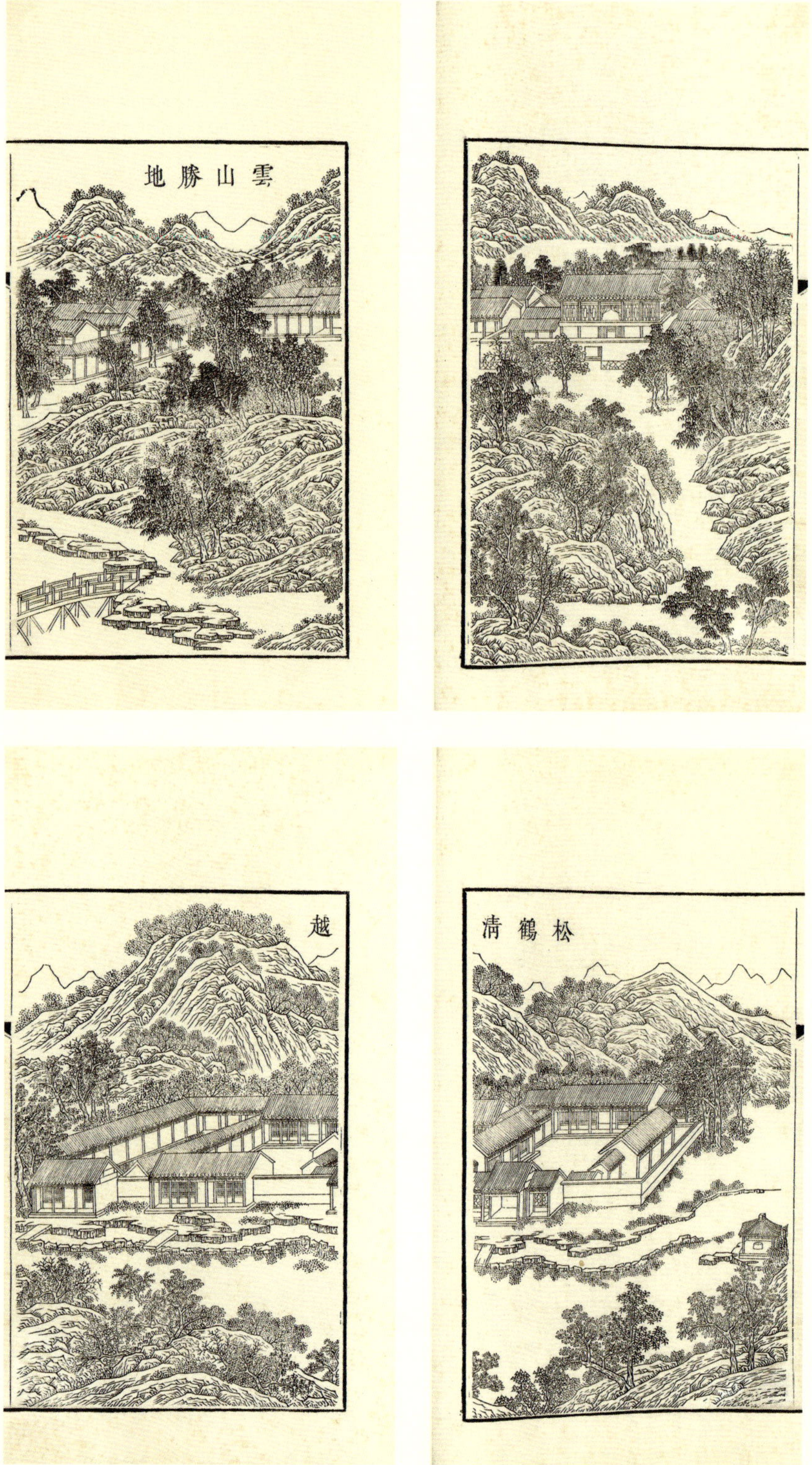

165

165

熱河避暑山莊圖

清中期刻本。1册，書長21.1厘米，寬14.5厘米。

提　要：此書抽印《御製避暑山莊詩》圖板部分，輯印二册，亦極爲罕見。雕版細膩，紙白墨濃，爲清内府雕印之版畫精品。

鑒藏印：吴莊咸字際虞號子漁

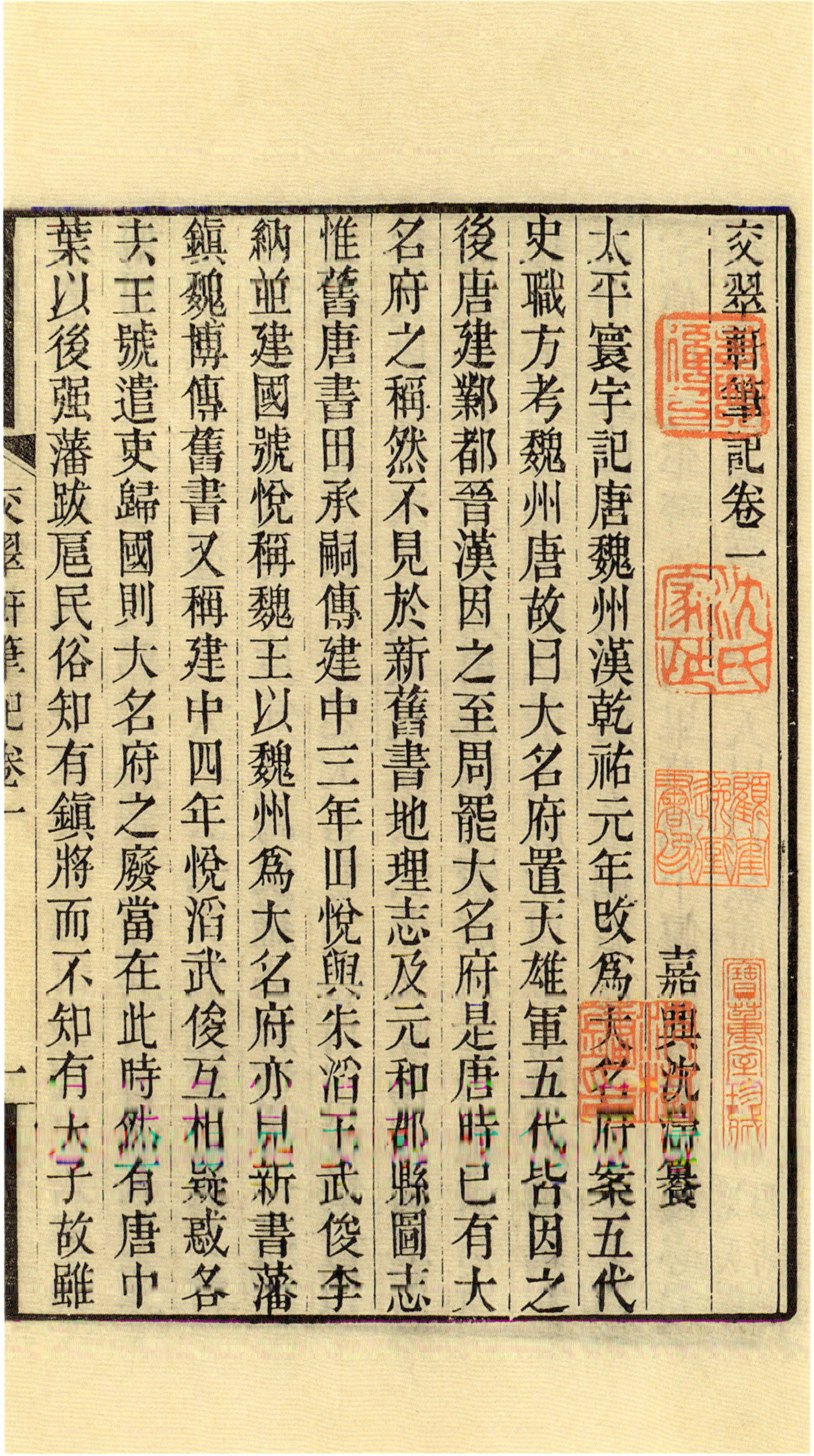
交翠軒筆記卷一

嘉興沈濤纂

太平寰宇記唐魏州漢乾祐元年改爲大名府案五代史職方考魏州唐故曰大名府置天雄軍五代皆因之後唐建鄴都晉漢因之至周罷大名府是唐時已有大名府之稱然不見於新舊書地理志及元和郡縣圖志惟舊唐書田承嗣傳建中三年田悅與朱滔王武俊李納並建國號悅稱魏王以魏州爲大名府亦見新書藩鎮魏博傳舊書又稱建中四年悅滔武俊互相疑惑各去王號遣吏歸國則大名府之廢當在此時然有唐中葉以後强藩跋扈民俗知有鎭將而不知有天子故雖

交翠軒筆記卷一　一

166

166

沈濤撰　交翠軒筆記

清道光二十八年（1848）刻本。1册，書長18.8厘米，寬13.8厘米。

鑒藏印：校經廬、沈均初收藏印、沈樹鏞印、寶董室珍藏、沈氏家藏、顧鶴逸藏書印

備　注：沈樹鏞藏書。

沈樹鏞（1832–1873），字均初，一字韵初，號鄭齋，川沙城廂人。官至内閣中書。生平收藏書畫、秘籍、金石甚豐。尤對碑帖，考訂精辟。著有《漢石經室叢刻目録》等，與趙之謙合編《續寰宇訪碑記》。

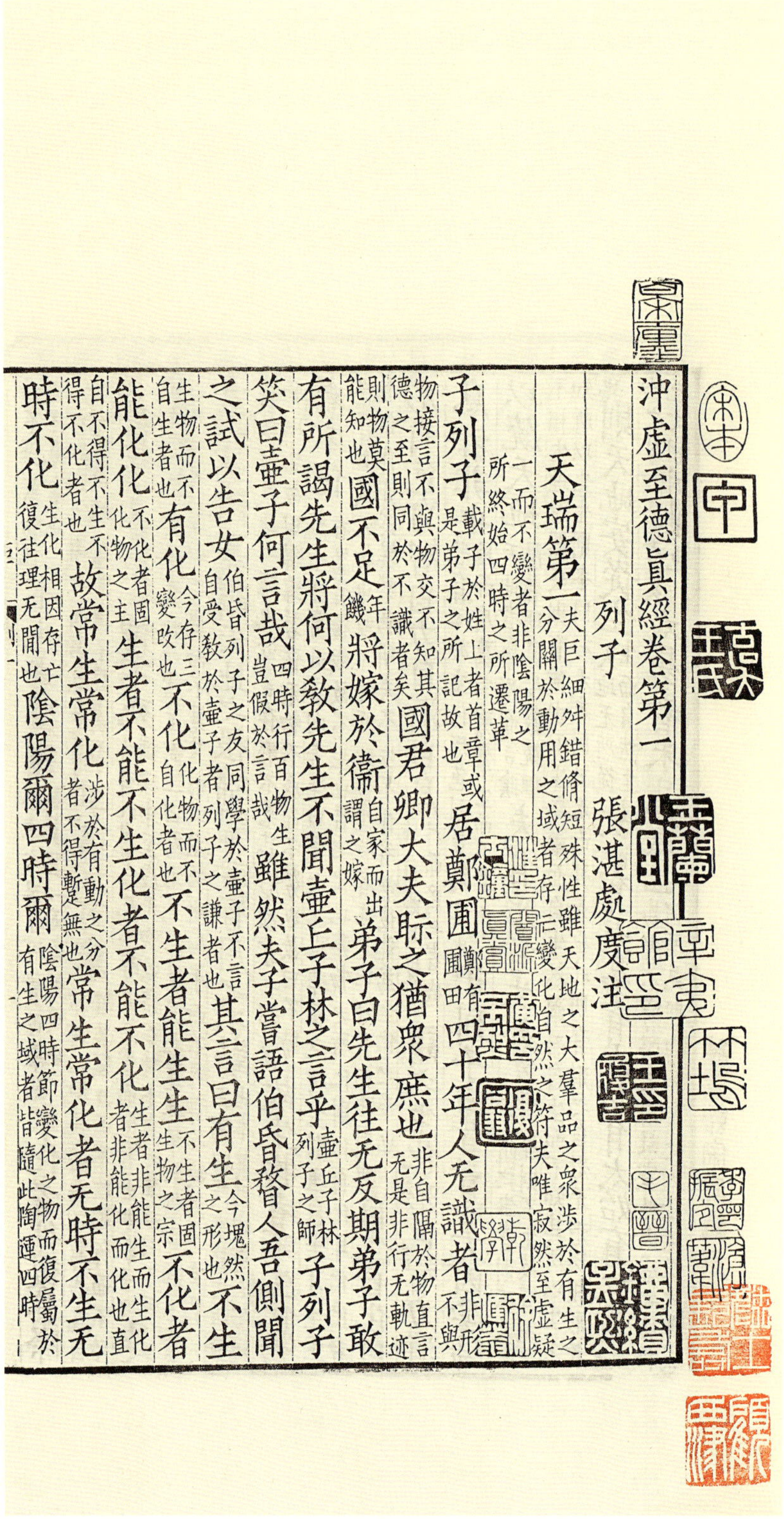

167

167

蔣鳳藻輯　鐵華館叢書

清光緒九年（1883）蔣氏影宋刻本。12册，書長16.5厘米，寬12.7厘米。

提　要：楊峴題書名，共計6種，由著名學者葉昌熾匯刊并校。葉氏聘請寫刻能手金輯甫、徐元圃雕版，以版本精善著稱，代表了晚清雕版藝術的成就。此叢書有兩套。

鑒藏印：顧西津、麟士長壽

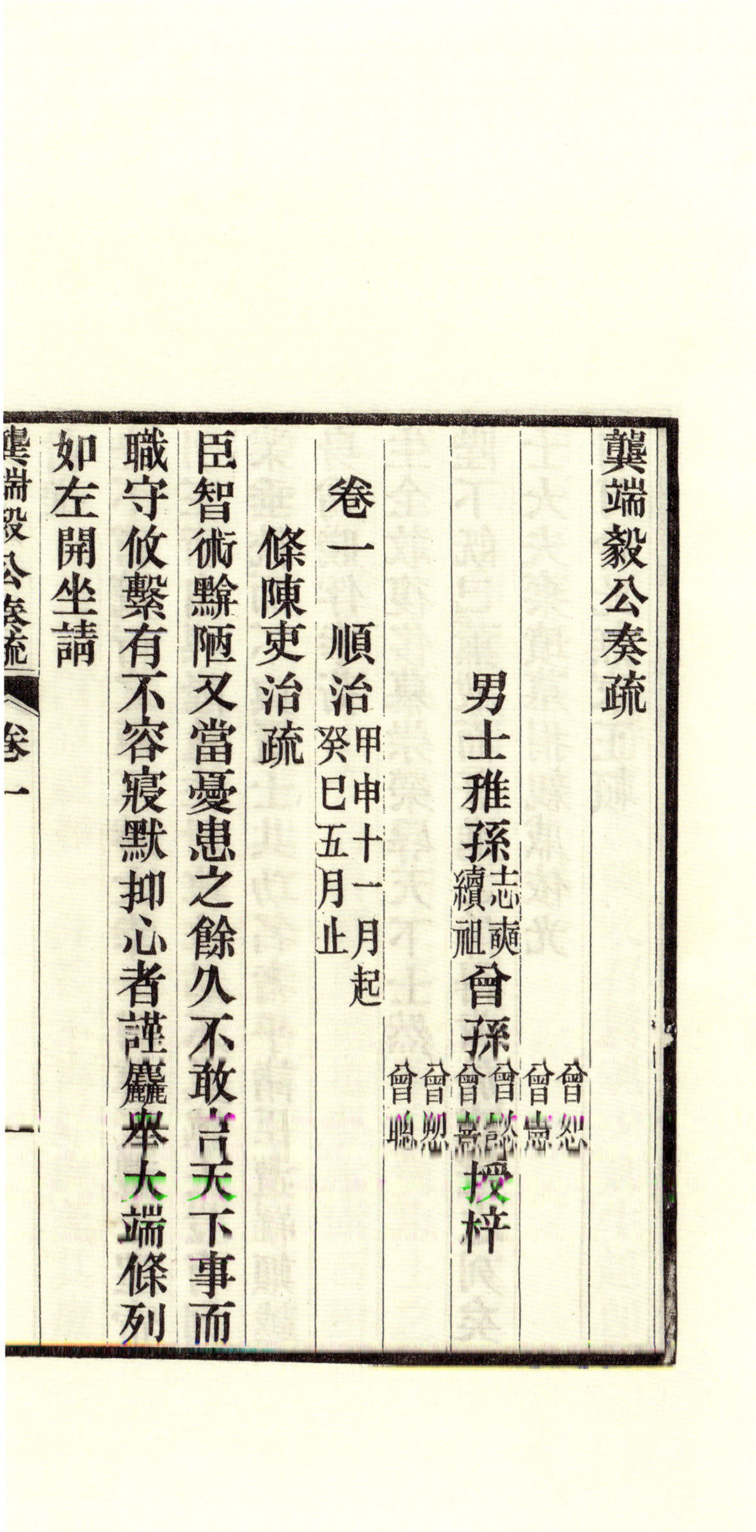

龔端毅公奏疏

男士雅孫志奭續祖曾孫曾恕曾憲曾諮曾熹曾愬曾聰授梓

卷一順治甲申十一月起癸巳五月止

條陳吏治疏

臣智術黯陋又當憂患之餘久不敢言天下事而職守攸繫有不容寢默抑心者謹臚舉大端條列如左開坐請

龔端毅公奏疏　卷一　一

168

168

龔鼎孳撰　龔端毅公奏疏八卷附一卷附録浠川正譜二卷

清光緒九年（1883）聽彝書屋刻本。5册，書長18.2厘米，寬13.3厘米。

提　要：前有李振裕序。

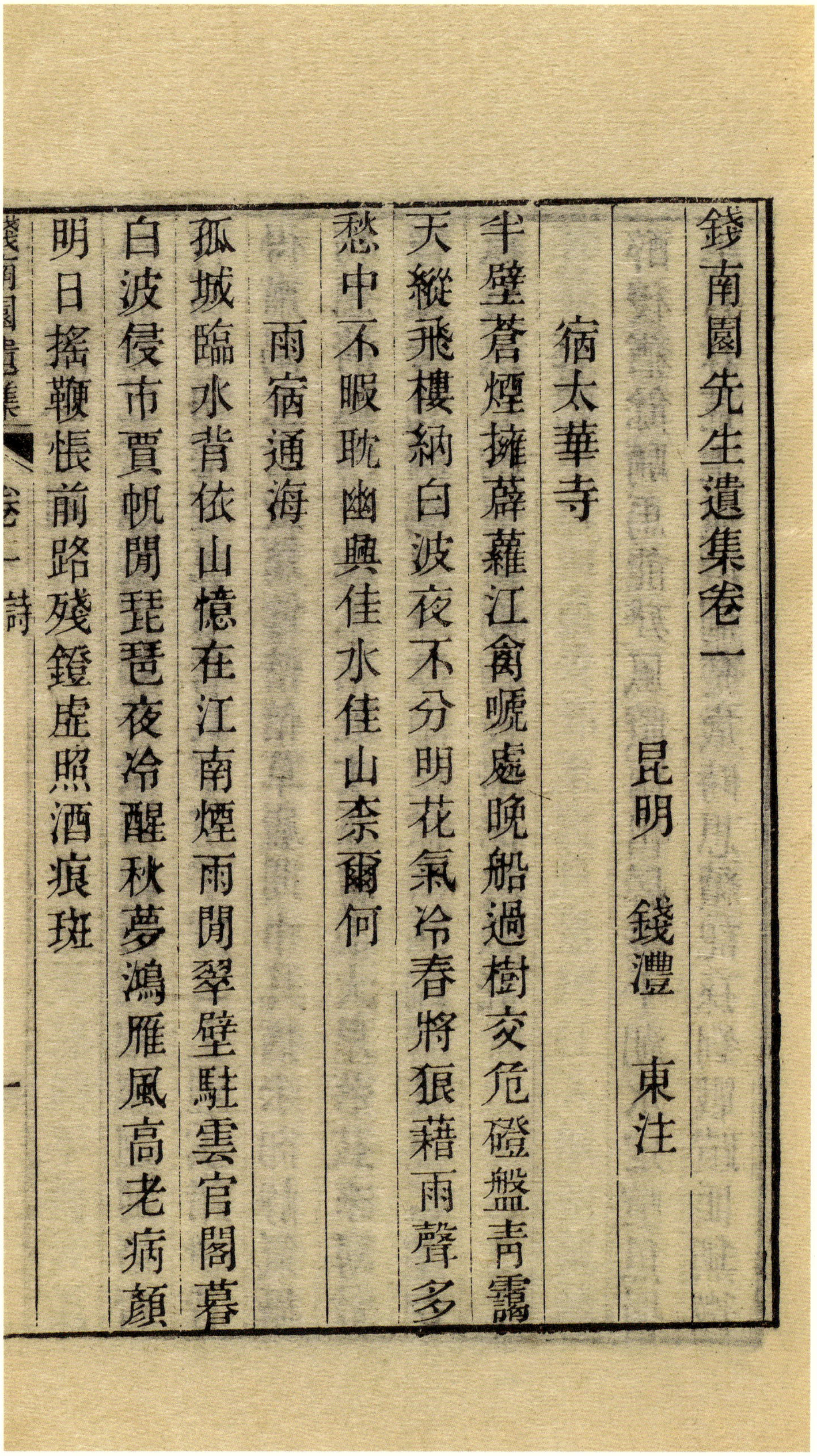
錢南園先生遺集卷一

昆明　錢灃　東注

宿太華寺

半壁蒼煙擁薜蘿江禽唬處晚船過樹交危磴盤青靄
天縱飛樓納白波夜不分明花氣冷春將狠藉雨聲多
愁中不暇耽幽興佳水佳山柰爾何

雨宿通海

孤城臨水背依山憶在江南煙雨閒翠壁駐雲官閣暮
白波侵市賈帆閒琵琶夜冷醒秋夢鴻雁風高老病顏
明日搖鞭悵前路殘鐙虛照酒痕斑

錢南園遺集　卷一　詩　一

169

169

錢灃撰　錢南園先生遺集五卷

光緒十九年（1893）浙江書局刻本。4册，書長18.7厘米，寬13.2厘米。

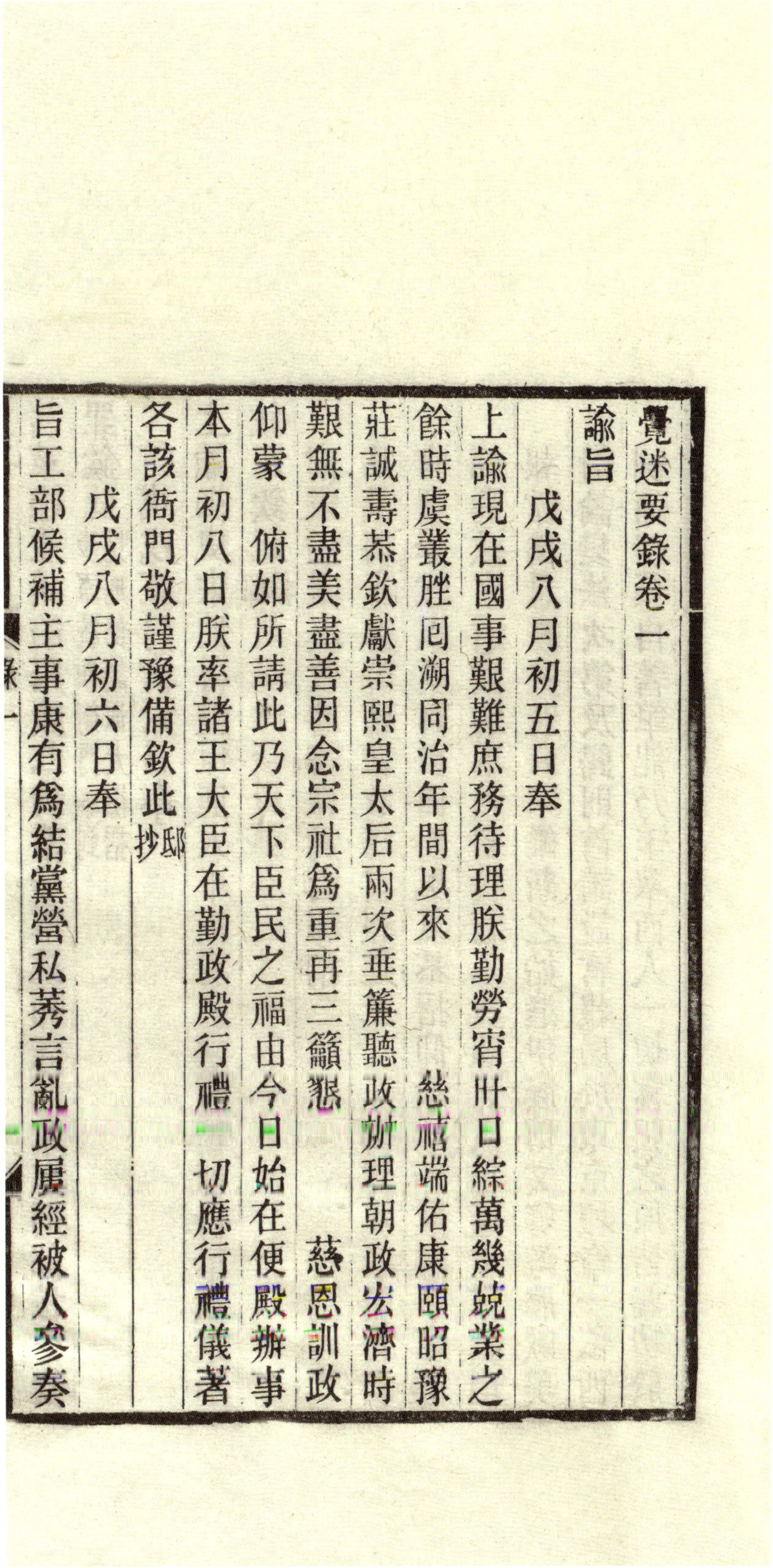

覺迷要錄卷一

諭旨

戊戌八月初五日奉

上諭現在國事艱難庶務待理朕勤勞宵旰日綜萬幾兢業之
餘時虞叢脞同溯同治年間以來 慈禧端佑康頤昭豫
莊誠壽恭欽獻崇熙皇太后兩次垂簾聽政辦理朝政宏濟時
艱無不盡美盡善因念宗社爲重再三籲懇 慈恩訓政
仰蒙 俯如所請此乃天下臣民之福由今日始在便殿辦事
本月初八日朕率諸王大臣在勤政殿行禮一切應行禮儀著
各該衙門敬謹豫備欽此 邸抄

戊戌八月初六日奉

旨工部候補主事康有爲結黨營私莠言亂政屢經被人參奏

170

170

葉德輝撰　覺迷要録四卷

清光緒三十一年（1905）。刻本2册，書長17.5厘米，寬11.9厘米。

提　要：湘人唐才常在鄂起兵反清失敗，葉德輝編述《覺迷要録》，以爲“康梁逆案之定讞”，光緒二十七年編成，三十一年刊行。

清光緒二十一年（1895）元和江氏靈鶼閣據南宋陳道人臨安書棚刻本。16册，書長16.8厘米，寬13厘米。

提　要：潘志萬舊藏。内有殷文珪詩集一卷、僧無可詩集一卷、李遠詩集一卷、王周詩集一卷、唐女郎魚玄機詩一卷、李丞相詩集二卷、唐李推官披沙集六卷、曹鄴詩集二卷、崔塗詩集一卷、張蠙詩集一卷、於武陵詩集一卷、喻鳧詩集一卷、唐求詩集一卷、秦韜玉詩集一卷、唐齊已詩集一卷、儲嗣宗詩集一卷、唐貫休集一卷、劉兼詩集一卷、於濆詩集一卷、會昌進士詩集一卷、林寬詩集一卷、劉駕詩集一卷、項斯詩集一卷、無名氏詩集一卷。

鑒藏印：志萬、大佛潘氏、碩庭藏書記

于濆詩集

秦富人

高高起華堂遠遠引流水糞土視金珍猶嫌未奢侈陋巷滿蓬蒿誰憐有顔子

擬古意

白玉若無玷花顔須及時國色久在室良媒亦生疑鴉鬟未成髻鸞鏡徒相知翻悲効顰者却笑從人遲

思歸引

不耕南畝田爲愛東堂桂身同樹上花一落又

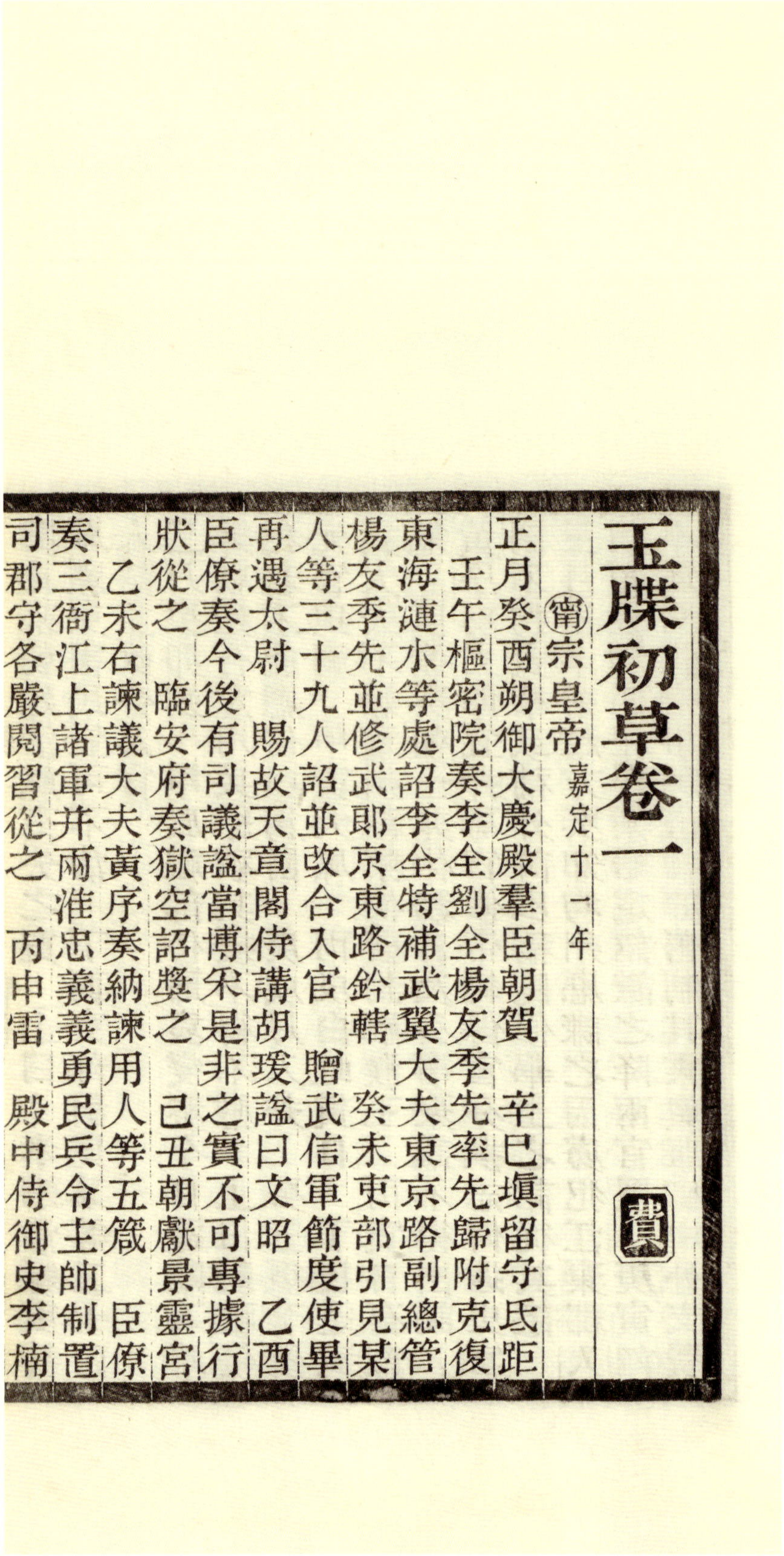

玉牒初草卷一　賁

甯宗皇帝　嘉定十一年

正月癸酉朔御大慶殿羣臣朝賀　辛巳塡留守氏距
壬午樞密院奏李全劉全楊友李先率先歸附克復
東海漣水等處詔李全特補武翼大夫東京路副總管
楊友李先並修武郎京東路鈐轄　癸未吏部引見某
人等三十九人詔並改合入官　贈武信軍節度使畢
再遇太尉　賜故天章閣侍講胡瑗謚曰文昭　乙酉
臣僚奏今後有司議謚當博采是非之實不可專據行
狀從之　臨安府奏獄空詔獎之　己丑朝獻景靈宮
乙未右諫議大夫黃序奏納諫用人等五箴　臣僚
奏三衙江上諸軍并兩淮忠義義勇民兵令主帥制置
司郡守各嚴閱習從之　丙申雷　殿中侍御史李楠

172

172
劉克莊撰　玉牒初草二卷

清光緒三十四年（1908）刻本。1冊，書長15厘米，寬12.1厘米。

提　要：尾有繆荃孫跋，後藝風老人輯入《藕香拾零》叢書。

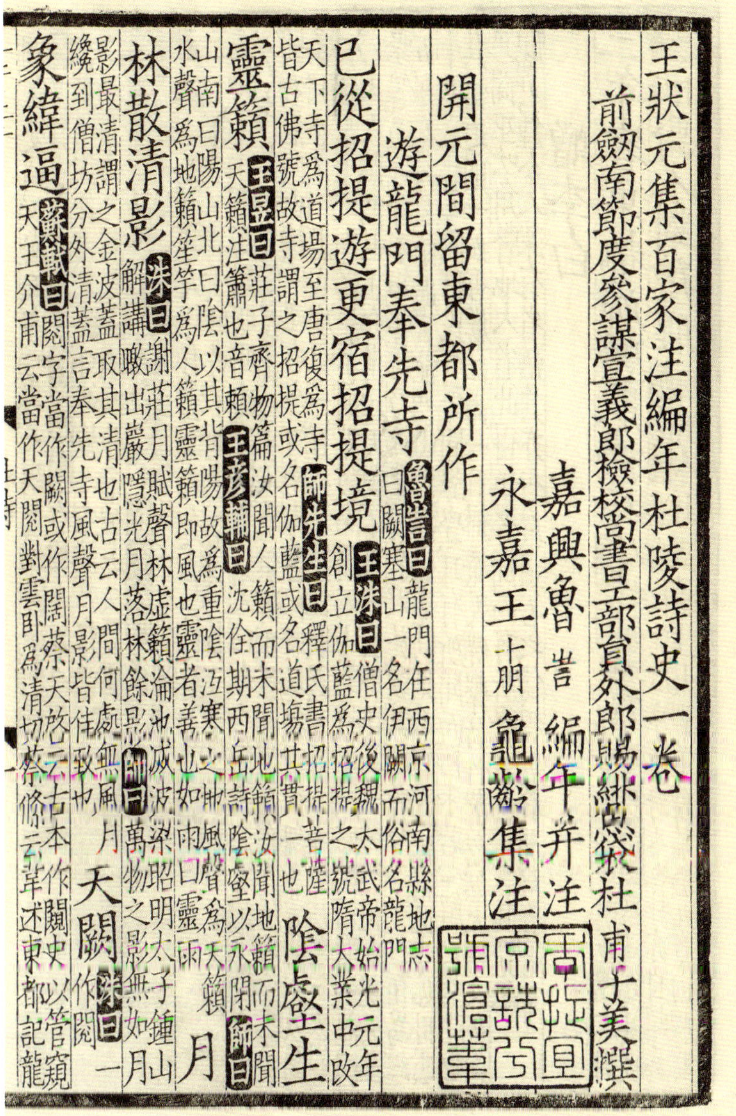
王狀元集百家注編年杜陵詩史一卷
前劒南節度參謀宣義郎檢校尚書工部員外郎賜緋魚袋杜甫子美撰
嘉興魯訔編年并注
永嘉王十朋龜齡集注
開元間留東都所作
遊龍門奉先寺（魯訔曰）龍門在西京河南縣地志曰闕塞山一名伊闕而俗名龍門
已從招提遊更宿招提境（王洙曰）僧史後魏太武帝始光元年創立伽藍爲招提之號隋大業中改天下寺爲道場至唐復爲寺（師先生曰）釋氏書招提菩薩皆古佛號故寺謂之招提或名伽藍或名道場其實一也陰壑生
靈籟（王昱曰）莊子齊物篇汝聞人籟而未聞地籟汝聞地籟而未聞天籟注簫也音賴（王彥輔曰）沈佺期西岳詩陰壑以永閑（師曰）山南曰陽山北曰陰以其背陽故爲重陰沍寒之地風聲爲天籟水聲爲地籟笙竽爲人籟靈籟即風也靈者善也如雨曰靈雨月
林散清影（洙曰）謝莊月賦聲林虛籟淪池滅波梁昭明太子鍾山解講噉出巖隱光月落林餘影（師曰）萬物之影無如月影最清謂之金波蓋取其清也古云人間何處無風月繞到僧坊分外清蓋言奉先寺風聲月影皆佳致也天闕（洙曰）一作閲
象緯逼（蘇軾曰）閲字當作闕或作闊蔡天啓云古本作闚史以管窺天王介甫云當作天閲對雲臥爲清切蔡絛云草述東都記龍

173

173
杜甫撰、王十朋注　王狀元集百家注編年杜陵詩史三十二卷拾遺一卷

清宣統三年（1911）劉世珩刻本。8册，書長19.4厘米，寬13厘米。

提　要：劉世珩影宋本。

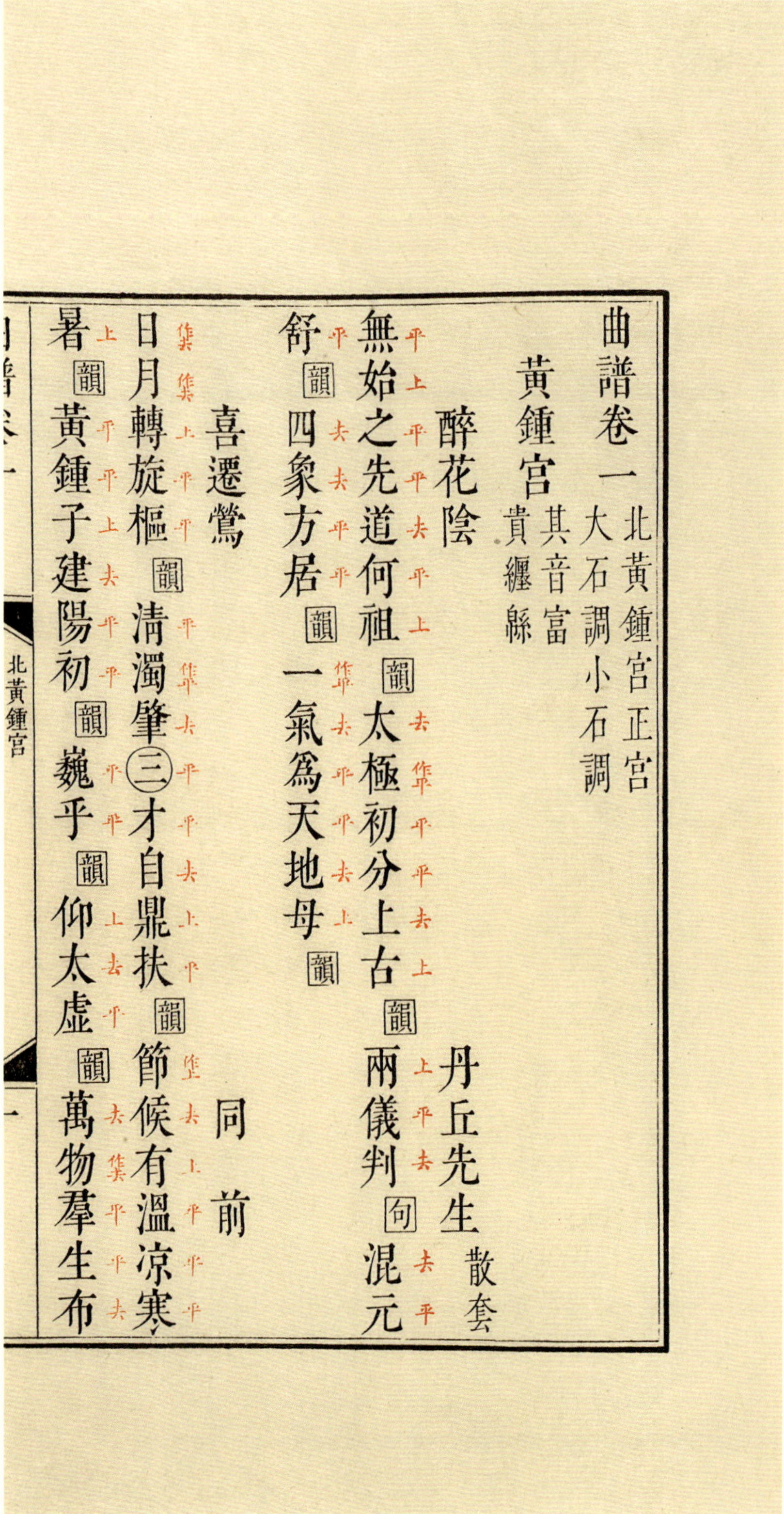
曲譜卷一　北黃鍾宮正宮　大石調小石調
黃鍾宮　其音富貴纏緜
醉花陰　丹丘先生　散套
無始之先道何祖韻太極初分上古韻兩儀判句混元
舒韻四象方居韻一氣爲天地母韻
喜遷鶯　同前
日月轉旋樞韻清濁肇三才自鼎扶韻節候有溫涼寒
暑韻黃鍾子建陽初韻巍乎韻仰太虛韻萬物羣生布
北黃鍾宮

174

174

曲譜十二卷附一卷

清內府朱墨套印本。8册，書長19厘米，寬12.4厘米。

提　要：此本雕印精良、紙佳色正，爲清代套印上品。
著　録：1、《國立北平圖書館館刊》第五卷第六號，《顧鶴逸藏書目》清朝精印本。
2、《中國著名藏書家書目匯刊－近代卷22》頁586，商務印書館，2005年。

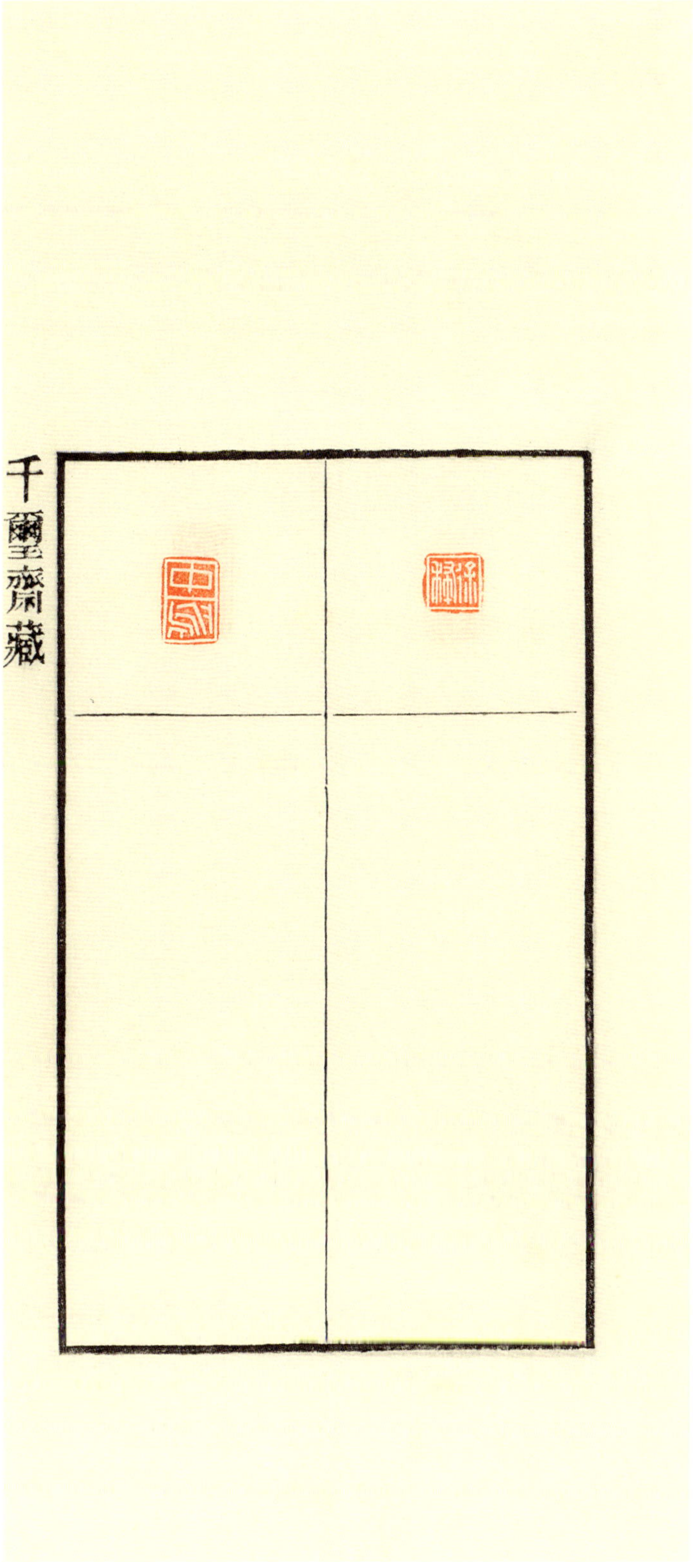

175

175

千璽齋印譜

清末鈐印本。3册，書長28厘米，寬16厘米。

提　要：此本爲吴大澂千璽齋古銅印譜。

176

李嘉福輯　唫蓮館印存

清中期鈐印本。12册，書長25.8厘米，寬15.2厘米。

提　要：此本爲李嘉福先生集古今印譜，夾板有佚名人題云："不亞於飛鴻堂也。"内有秦漢古璽至清代流派印衆多，無一不精。

備　注：李嘉福（1829–1894），字麓蘋，號笙魚，一號北溪，自署石佛庵主、語溪老民，浙江石門人。精鑒賞，收藏極富，鋭志學畫，山水蒼潤，曾爲戴熙弟子。嘗問字於何紹基。與吴江翁小海有金石交。

177

西泠印社輯　丁龍泓印譜

西泠印社鈐印本。4册，書長14厘米，寬9.8厘米。

提　要：此爲清代著名書畫家、篆刻家丁敬印譜，印風各異，饒有風範。

備　注：丁敬（1695–1765），清代書畫家、篆刻家。字敬身，號鈍丁、硯林，别號龍泓山人等，浙江杭州府錢塘縣人。乾隆初年舉鴻博不就，賣酒街市。嗜好金石文字，工詩善畫，所畫梅筆意蒼秀。尤精篆刻，擅長切刀法，爲“浙派”開山祖，“西泠八家”之一。有《武林金石記》、《硯林詩集》、《硯林印存》等。

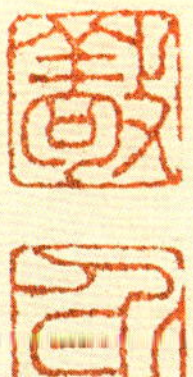

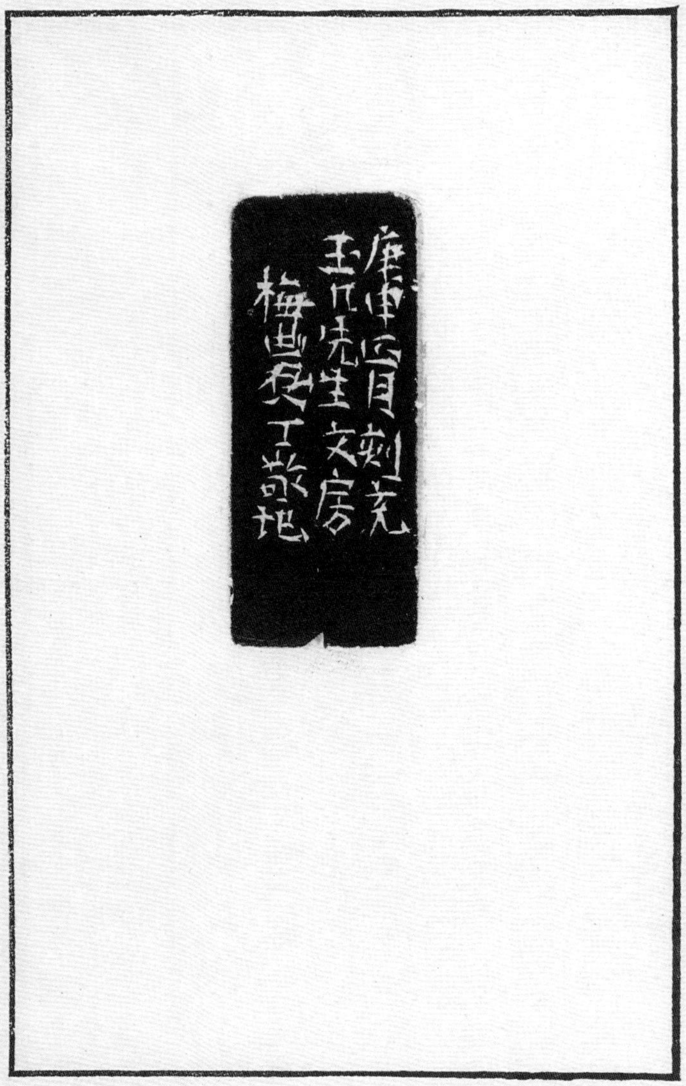
庚申四月刻充
玉几先生文房

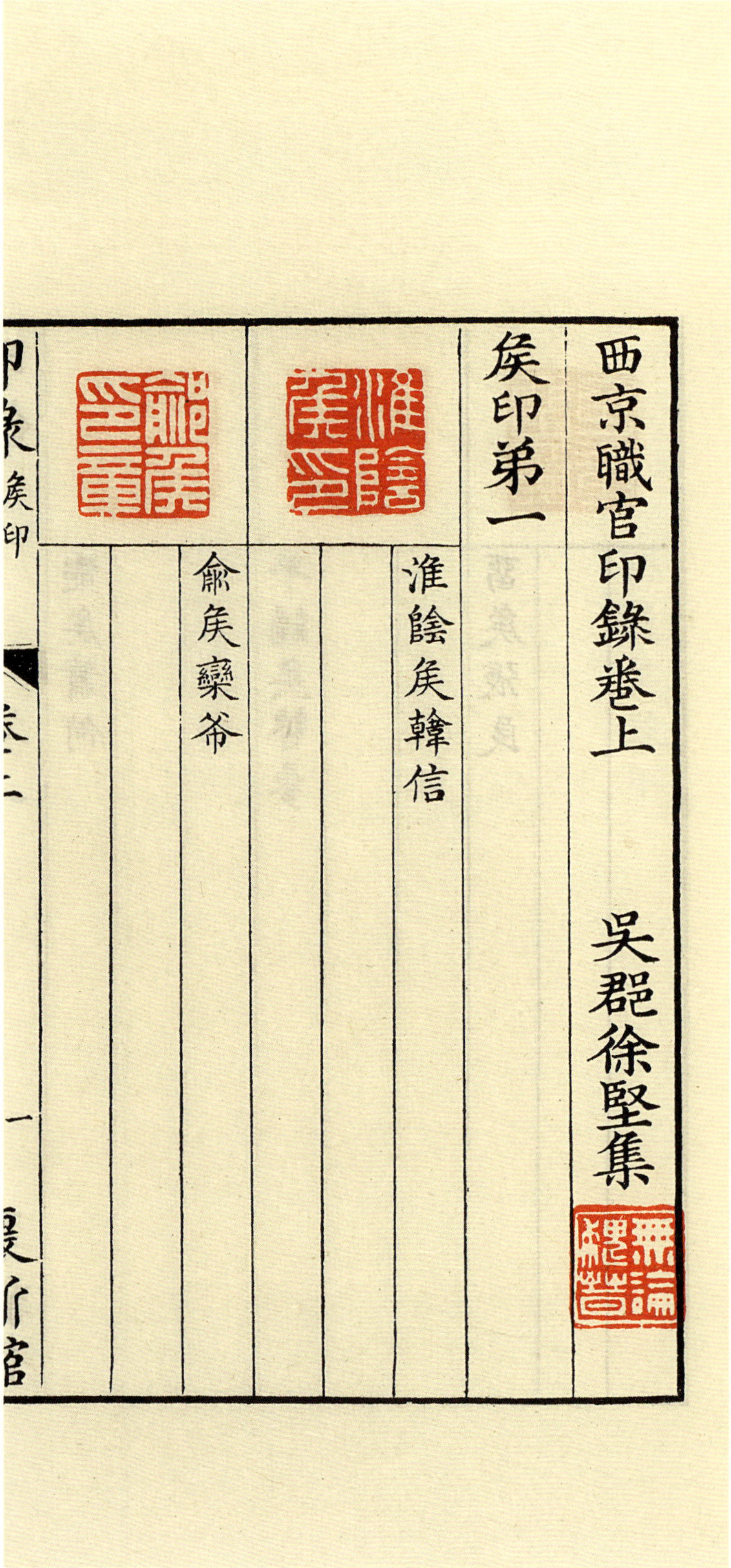
西京職官印錄卷上　吴郡徐堅集

矦印第一

淮陰矦韓信

俞矦欒布

178

178

徐堅集　西京職官印録

民國二十四年（1935）商務印書館影印本。2册，書長18厘米，寬11.6厘米。

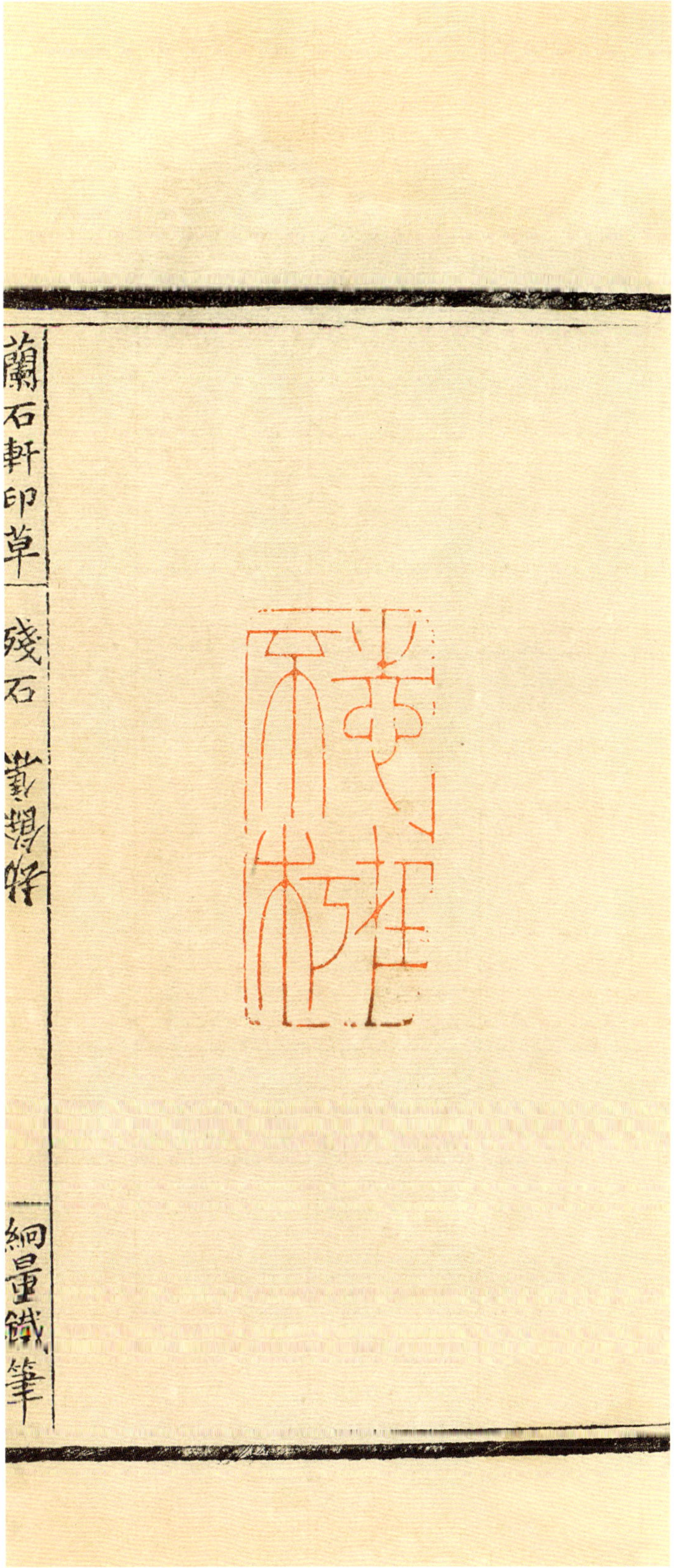

179

179

龐世龍編　蘭石軒印草劫餘篇

民國二十九年（1940）鈐印本。1册，書長20厘米，寬10.5厘米。

提　要：此本爲龐裁藏印，於丁壬劫餘之後所遺數十方殘石鈐印而成。
鑒藏印：公碩

圖書在版編目（CIP）數據

過雲樓藏書書目圖録 / 陳海燕主編. -- 南京 : 鳳凰出版社, 2014.4
ISBN 978-7-5506-1885-5

Ⅰ. ①過… Ⅱ. ①陳… Ⅲ. ①藏書樓－圖書目録－中國－清代 Ⅳ. ①Z842.49

中國版本圖書館CIP數據核字(2013)第229772號

書名	過雲樓藏書書目圖録
主編	陳海燕
責任編輯	郭馨馨
裝幀設計	姜嵩
出版發行	鳳凰出版傳媒股份有限公司 鳳凰出版社(原江蘇古籍出版社) 發行部電話025-83223462
出版社地址	南京市中央路165號,郵編:210009
出版社網址	http://www.fhcbs.com
經銷	鳳凰出版傳媒股份有限公司
印刷	上海雅昌彩色印刷有限公司 上海市嘉定區嘉羅公路1022號,郵編:201800
開本	890×1240毫米 1/16
印張	21.25
版次	2014年4月第1版 2014年4月第1次印刷
標準書號	ISBN 978-7-5506-1885-5
定價	880.00圓

(本書凡印裝錯誤可向承印廠調换,電話:021-68798999)